U0885437

THE 4-HOUR BODY

每周健身4小时

用2.5%的努力，
达到95%的健身效果

[美] 蒂莫西·费里斯◎著
Timothy Ferriss

海绵◎译

文化发展出版社
Cultural Development Press

图书在版编目（CIP）数据

每周健身4小时 / (美) 蒂莫西 · 费里斯著 ; 海绵译. — 北京 : 文化发展出版社有限公司, 2017.3
ISBN 978-7-5142-1695-0

Ⅰ. ①每… Ⅱ. ①蒂… ②海… Ⅲ. ①健身运动—基本知识 Ⅳ. ①G883

中国版本图书馆CIP数据核字（2017）第064755号

版权登记号：01-2017-1811

THE 4-HOUR BODY:
An Uncommon Guide to Rapid Fat-Loss,Incredible Sex,and Being Superhuman
by Timothy Ferriss
Copyright © 2007 by Tim Ferriss
All rights reserved.
This translation published by arrangement with Harmony Books,an imprint of the Crown Publishing Group,a division of Penguin Random House LLC

每周健身4小时
著　　者：（美）蒂莫西 · 费里斯
译　　者：海　绵

责任编辑：肖润征
封面设计：蔡小波
出版发行：文化发展出版社（北京市翠微路2 号 邮编：100036）
网　　址：www. wenhuafazhan.com
经　　销：各地新华书店
印　　刷：三河市冀华印务有限公司

开　　本：710mm × 1000mm　1/16
字　　数：470千字
印　　张：28.5
印　　次：2017年7月第1版　2018年7月第4次印刷
定　　价：48.00元
I S B N：978-7-5142-1695-0

目录

THE
4-HOUR
BODY

第一部分　起步篇

第一章　更瘦、更大、更快、更强——如何使用本书 2

第二部分　基础篇——首先和首要

第二章　最小有效量——从微波炉到减脂 18
第三章　改变规则的规则——流行的都是错的 22

第三部分　零基础启动、自治

第四章　原宿时刻——你决定成为一个完整的人 38
第五章　难以捉摸的脂肪——你到底在哪儿 46
第六章　从不敢拍照开始——不失败就是成功 63

第四部分 追踪脂肪

基 础

第七章 慢碳水化合物饮食（一）——我如何在30天内减掉9千克却根本用不着运动健身 80

第八章 慢碳水化合物饮食（二）——常见问题解疑 90

第九章 损失控制——暴食之后也不会长肉 115

第十章 减脂战斗中的四个骑士——PAGG 129

进 阶

第十一章 冰川时代——掌控温度，操控重量 137

第十二章 葡萄糖转换——美丽的数字 150

第十三章 最后一英里——甩掉最后那5千克 163

第五部分 增加肌肉

第十四章 塑造完美外形——或者可以说减掉50千克以上 174

第十五章 6分钟腹肌——两种最有效的练习方法 192

第十六章 从书呆子到大块头——如何在28天内增重15千克 199

第十七章 奥卡姆剃刀原则（一）——最小量付出达到最佳效果 211

第十八章 奥卡姆剃刀原则（二）——问答篇 235

第六部分　提高睾丸激素

第十九章　把睾丸激素提高 3 倍，你敢吗 246

第二十章　完美落幕和提高精子数量 258

第七部分　完美睡眠

第二十一章　启动入夜后的完美睡眠 270

第二十二章　成为现代人——“多相”睡眠，不用睡很多 281

第八部分　扭转伤局

第二十三章　扭转“永久性”损伤 290

第二十四章　边度假边逛医院 318

第二十五章　热身——对伤痛有准备的身体 324

第九部分　跑得更快，跑得更远

第二十六章　超级耐力（一）——12 周内从 5 千米到 50 千米 346

第二十七章　超级耐力（二）——12 周内从 5 千米到 50 千米 369

第十部分　变得更强壮

第二十八章　无须费力做超人——跟巴里·罗斯一起打破世界纪录 384
第二十九章　吃掉一头大象——如何让你的平躺推举多加 45 千克 404

第十一部分　从旱鸭子到游泳健将

第三十章　十天内如何轻松学会游泳 416
第三十一章　闭气大法——如何比魔术师更厉害 427

第十二部分　活得更长，活得更好

第三十二章　永生——疫苗、放血和其他的乐趣 434

第十三部分　后记

第三十三章　后记——特洛伊木马 446

感谢 449

第一部分

起步篇

THE
4-HOUR
BODY
每周健身4小时

第一章

更瘦、更大、更快、更强
——如何使用本书

翻开历史书看看，大众的意见有哪次是对的？

——罗伯特·海因莱因（美国现代科幻小说之父）

我喜欢笨蛋的实验，这就是我一直以来做的事情。

——查尔斯·达尔文（英国生物学家，进化论的奠基人）

引子：加利福尼亚，山峦环绕，周五，晚上十点

海边的露天剧场High翻了天。

两万多人参加了这场整个北加州规模最大的音乐盛典。台上声嘶力竭地连唱带喊的正是九寸钉乐队，据说这是他们最后一次巡回演出了。

可实际上，后台才是真正的娱乐现场。

“嘿，哥们儿，我刚才去厕所方便，你猜我看到了什么？蒂莫西的脑袋就在厕所的小隔间里起起伏伏的，他竟然在上厕所的时候做下蹲练习！我×，一点儿动静都没有，吓了我一跳！”

我的摄像师朋友格伦边模仿我的动作，边笑得口水横飞。说实在的，他学得不咋像，因为他的两条腿分得不够开，这样不合标准的姿势即使不笑也很难站得稳。

“准确地说，是做了40个下蹲。”我主动爆料。

凯文·罗斯是Digg（掘客）网站的创始人，现在这个网站已经跻身全世界最受欢迎的500个网站之列。他听后被逗得不行，扔给我一瓶啤酒。我们一起为这个小插曲干了一杯。不过，我更期待后面的大餐。

在接下来的45分钟里，我吃了两整张烤鸡口味的比萨饼和三大把乱七八糟什么都有的坚果杂烩，这些东西加起来超过4400卡路里。这已经是我今天的第四顿饭了。早上，我喝了两大杯葡萄汁、一大杯加了肉桂粉的咖啡，吃了两个巧克力牛角面包和两个熊掌面包。

九寸钉乐队的唯一固定成员特伦特·雷泽诺刚刚下台，我这边的好戏就上演了。

大约72小时后，我用一个超声波分析机测试了我的体脂百分比。这台先进的仪器是劳伦斯·利弗莫尔国家实验室的一名物理学家亲自设计的。

根据我最近的记录，我的身体脂肪含量已经从11.9%下降至10.2%。也就是说，14天内，我的体脂比重总共降低了14%。

怎么做到的？靠大蒜、甘蔗和茶叶提取物。

想要在用这些东西减脂的整个过程中没有一点被强迫的感觉也不难，只需要一点小小的变化。或者说，若将这些细节割裂开来看，它们都是无足轻重的，但如果把这些小的变化组合起来，就会发生你意想不到的颠覆性变化。

若想让咖啡因更好地发挥燃烧脂肪的作用，你需要柚（苷）配基。可是，哪里有这种玩意儿呢？很简单，葡萄汁里就含有这种物质，你只要张开嘴巴就可以了。

每周都要聚餐一次？腐败一次？放纵一次？那好，增加胰岛素的敏感性，就能更好地消化碳水化合物和脂肪了。方法是，每周六早上在你的主食上撒点肉桂。这个不难吧？

假设你在吃一顿大餐，全是高热量的食物，你想大快朵颐又不想摄入过多的热量和糖分，怎样能既舒舒服服地享用美食，又能对自己的健康毫无负罪感呢？办法实在太多了，而且没有一个是需要你有钢铁般意志的。

当然，即使这样，在两周内减掉2%的体脂听上去还是有些悬乎。因为，大部分实践者都宣称每周减脂2斤（1千克）以上是不可能的。那好，我只好把这个令人伤心的事实告诉你：几乎所有“一刀切”的论断，包括我现在说的这句话，都离真相很远。

你能改变自己的肌肉纤维类型吗？当然可以。去他妈的遗传，去他妈的基因吧！

你要没完没了地计算卡路里？卡路里很重要，但不是用来限制你吃饭的。我一直在吃，并没有节食或者挑食，可我的体脂一直在减少。而且说句实话，你敢说你不喜欢吃奶酪蛋糕？

专家的意见还有很多，但我的反驳更多。

所以我决定，让专家们下台，我来给你们看看我的实践结果。

这就是本书的初衷。

狂人日记

2007 年春天对我来说是一个令人难忘的季节。

我第一本书的出版过程是这样的。我先后造访了 27 家出版商，然后成功地被 26 家出版商拒绝。书被印出来之后，一下子上了《纽约时报》畅销书排行榜，而且颇有当“经管类图书排行榜”老大的潜质。几个月之后，这本书真的当了老大。看到它在江湖上混得这么开，我发誓，没有人比我更傻眼了。

我所接受的第一个重量级媒体采访是一通电话采访，对方是《连线》杂志的克莱夫·汤普森。当时，我在圣何塞，那天天气好得不得了。正式采访之前，我们随便聊了两句。我跟他说：“要是我的声音听上去很不对劲儿，我得道歉。”实际上，连我自己都听得出我的声音有多古怪。我当时刚做完一个 10 分钟的热身训练，又空腹喝了一杯双份的意大利浓缩咖啡。这是我当时设计的一个新实验，每周这样“折腾”10 分钟，就能把我的体脂比例控制在个位数。

克莱夫想让我谈谈对电邮和 Twitter（推特）等网站的看法。我开玩笑说，现代人的主要忧虑基本可以归结为以下两个：太多的电子邮件和太多的赘肉。克莱夫大笑着表示同意。当然，这些都不是真正的采访内容，纯属热身。

后面的访问进行得很顺利，但是这个玩笑却没有因为采访的结束而消失。在之后的一个月里，我不厌其烦地把这个笑话重复给别人听。令我惊讶的是，几乎所有人的反应都是一样的——点头同意。

看起来，这本书，不得不写了。

外人认为我非常热衷于对时间的管理，但他们并没看到我的另一面——更神经质、更无法理解的一面。没错，我热衷于“热衷”本身。

从 18 岁开始，我就记录了几乎每一次锻炼的数据。并且，我手里已经攒了1000多张验血报告单，而它们仅仅是2004年以来被我收集的而已。有时，我每两周就验一次血，而且我的验血报告详尽得会让有些人想挠墙。从完整的脂质面板、胰岛素数值、糖化血红蛋白、类胰岛素一号增长因子到游离睾酮，事无巨细。为了修复某些“永久性”伤害，我服用了从以色列进口的干细胞生长素；为了和中国茶农讨论普洱茶的消脂功效，我干脆飞过去实地考察。在过去的10年中，为了这些测试和数据收集，我花了大概25万美元。

有些人喜欢用设计独特的家具或者气质诱人的艺术品来装饰自己的家，而我则喜欢在家里摆满脉搏血氧仪、超声波机和各种各样的医学测量设备（从皮电反应到眼球快速转动期睡眠，就没有我测不出来的）。走进我家的厨房和卫生间，你会以为自己误闯了急症室或者《实习医生格蕾》的拍摄现场。

如果你认为这是疯狂的，那你说得对。幸运的是，你是人，而不是这些仪器钟爱的实验小生命——豚鼠。

在过去的两年中，有数百名男性和女性对“每周健身4小时”（4-Hour Body，4HB）提供的技术进行了测试，并且我已经对这些人的数据做了跟踪整理（本书引用了其中一百多人的真实数据）。许多人在第一个月内就成功减脂十几千克。对其中的绝大多数人来说，这是他们第一次尝试如此迅速的减脂方法，而且他们的确做到了。

为什么4HB的方法可行，而使用别的方法却失败了？

因为4HB建议的改变一般不是很简单，就是很微小，通常是两者兼具，而且每个人都能明白，一点也不高深。更重要的是，这些小小的改变所带来的巨大变化是能看得见、摸得着的。既然4HB的效果如此显著，那还要别的方法干吗？

只用四行，我就可以给你总结出当下流行的饮食标准。准备好了吗？

- 多吃绿色蔬菜。
- 少摄入饱和脂肪。
- 多运动，多消耗点热量。
- 多摄入ω-3脂肪酸。

这些，本书都将不涉及。并不是因为它们没用，它们在某种程度上还是很有用的，只是这种标准太难把握了，至今我也没找到它们具体在哪儿藏着呢。而且，如果你想让朋友们见到你就羡慕嫉妒恨地惊呼：“天啊！你最近在搞什么啊，怎么变成这样了？”那么就请忘了上面这四条吧。

我要带领你前往的，是另一个截然不同的国度。

真的没想当什么黑马

我先说明一点，我既不是什么医生，也不是某某博士。我只是对数据着迷，以至于世界上最优秀的运动员和科学家所掌握的数据，在我这儿也都能找到。

这使我显得相当与众不同。

因为我不是专家，所以反而很少受到条条框框的束缚。我可以把文化现象、民族特点和医学研究成果很自然地融合在一起，不过我最大的优势还不在于此。相比那些主流的从业者，我能更加自由地在自己身上做实验，以验证“专家意见”的真实性和可操作性。当然，我并没有诋毁专家的意思。对于这本书的出炉，他们贡献颇丰。正是因为有了他们的帮助，我才能在这里侃侃而谈。在挑战权威的同时，我的确总结出了一些简单易行却看起来有些“离经叛道”的方法，这些方法还会对困扰大家已久的顽固性问题很有效。

不信，你听听这个。

体重过重？试试在餐前饮用柠檬汁，同时服用蛋白质。

肌肉不够结实？试试多食用生姜和泡菜。

睡不好觉？试试别盖那么多被子，让自己受一下冻，这样可以增加体内的饱和脂肪。

不过，你要是觉得此书只是我的一家之言，那你就错了。这本书包含了100多位包括博士、美国宇航局的科学家、医生、参加奥运会的运动员、专业运动协会（从橄榄球到美国职棒大联盟）、世界纪录保持者、美式橄榄球“超级碗”总决赛的康复专家，甚至是前东欧集团教练的意见和建议。你会看到一些令你难以相信的真实案例，这些参与者变身前后的差别非常惊人。

我不是专业人士，也不受专业条例的限制，这本书不是我用来获得职称或者饭碗的工具，所以我不怕得罪谁，也不怕被人忽视。我觉得这是件好事。当然，我这个人就是有点自我感觉良好。曾经有一名来自著名的常春藤盟校的医学博士在吃午饭的时候对我说：“我们接受了20年的职业训练，唯一的目标就是不要冒险、不要出错。实验？我们当然想做，也很喜欢。可如果实验的结果推翻了我这一辈子所学到的知识和常识，那我岂不是白活了？我们所做的实验必须是能够证明我们正确的实验。想破旧立新？先过了学校这关再说。”

他又补充了一句：“也许，你就是传说中的那匹黑马。”

这是一个奇怪的标签，不过，他是正确的。我没有什么威信可以失去，但同时，我也并不算是门外汉。没错，我算是准业内人士。

从2001年到2009年，我是一个运动营养品销售公司的CEO（首席执行官），我们的经销商遍布十几个国家。我们在做生意的时候很守规矩，但是也看到，除了我们之外，几乎没人在乎什么规矩不规矩。原因很简单，规规矩矩地做生意不赚钱。我们眼睁睁地看着一些公司公布那些虚假得让人淌汗的“有关营养的真相”，他们明知这些谎言会使自己吃官司、被罚款。于是，营销经理做年度营销预算的时候，就直接把这些诉讼费用和美国联邦贸易委员会的罚款支出都包括进去了。而且，我说的并不是连间办公室都没有的皮包公司，这么做的都是业内鼎鼎有名的大公司。所以，我知道消费者是怎么被愚弄的，相信我自己也被我不了解的其他行业的败类愚弄过而毫不知情。大众营养品和运动营养品行业经常宣称的“临床试验”结果和一些听上去很美的标签其实都是虚假的。与生物科技公司和大型制药公司一样，它们只为自己的利润着想。

我要教你的正是如何识别伪科学论调，之后你自己就能知道哪些专家建议只是坨狗屎，哪些产品根本就是淀粉药丸。

2009年秋天的一个深夜，我在旧金山和李·沃尔夫博士一同进餐，记得当时吃的是豆焖肉和鸭掌。我俩喝了点酒。我告诉她，我很想回到斯坦福大学和伯克利大学继续学习，然后弄个什么生物科学博士之类的头衔。在普林斯顿上大学的时候，我主修的是生物科学，一直渴望有人叫我“费里斯博士”。李·沃尔夫是本行业内某期刊的一个专栏作者，并接受过世界上最好的行业培训。她在加利福尼亚大学旧金山校区（UCSF）取得博士学位，在伯克利大学又获得了硕士学位，在哈佛医学院完成实习，曾在芝加哥康复科学研究所和加利福尼亚戴利城脊髓诊断门诊任职。她的履历很惊人。

听了我的梦想，她笑了笑，举起酒杯，说：“你，蒂莫西·费里斯，根本用不着入这行，你现在做的要远比你成为业内人士能做的多得多。”

一个人的实验室

> 只有一些决定性的实验暴露了某些理论的不正确性时，这些理论才会真正消失……而在此之前，它们正是以真理的面目存在的。
>
> ——加来道雄（美籍日裔人，世界著名物理学家，超弦理论的奠基人）

大多数表面上的科学突破或者改善都是先拿动物做实验，然后走的路线基本如下：

比赛用的马──→艾滋病患者和健身爱好者──→优秀运动员──→富人──→剩下的人（咱们）

而实验的对象从富人跳到大众还需要一二十年才能完成，前提是实验结论是真的。一瓶30块钱的营养品会历时20年，用所有普通人做研究对象吗？我估计这事发生的可能性很小。

我并不是说你应该剑走偏锋，专门拿没有经过测试的药品来犒劳自己。我只是说政府机构（美国农业部、美国食品和药物管理局）目前的研究成果至少落后10年，而且在提供令人信服的科学数据方面至少落后了20年。

十几年前，我有个叫保罗的好朋友，他在一次车祸中脑部受到了严重的损伤，直接结果就是导致他的睾丸激素分泌量显著降低。他采取过多种睾酮补充手段（霜剂、凝胶、短效注射剂），也去拜访过很多内分泌专家，可最后，他的睾丸激素水平仍然维持在极低的水平。可后来一夜之间一切都变了，他尝试了庚酸睾酮——美国的医学专家根本没提到过这种治疗方法。那么，又是谁建议保罗这么做的呢？竟然是一个健身发烧友，这个发烧友恰好对生物化学有点研究。他本以为这只是自己的一点个人爱好，没想到却无意间救了保罗一命。

在这个睾酮事件上，医生显然是拥有优势的。但问题是，他们利用了自身的优势吗？显然没有。对于大多数医生来说，健身爱好者就是一群什么都敢尝试的疯子，为了让自己好看点，连损害健康的事都愿意做。而对大多数健身爱好者来说，医生就是永远只愿意待在围城里的胆小鬼，他们是看不到外面的世界的。

他们都不全对，但肯定也都不全错。两个阵营都有自己的宝贵资源，可惜没人愿意主动整合这些资源。

遇到医学疑问，你当然不会跑去健身房咨询那位拥有六块腹肌的健身教练。但是，除了谨遵医嘱，也兼听些来自其他领域的意见，肯定有助于你的判断。有时候，往往是最没资历的局外人能提供不受限制的全新观点，“当局者迷，旁观者清”就是这个道理。

在过去的100年里，医药领域的确有了令人难以置信的进步。但是从根本上来说，医药对我们生命的改变其实微乎其微。1900年，人类的平均寿命是60岁。2009年呢？不过也就是66岁。医学经过了一个世纪的发展，只能让我们多活 6 年而已，其实很可悲。

不过，我可以告诉你个秘密，我准备活到 120 岁，而且我要在有生之年尽可能地享受上好的牛眼肉牛排和美味的奶酪。

再多说一句废话：想看最美的风景，就得往高处走；想与众不同，那就别总人云亦云。

的确是废话吧？

未来就在你面前

当今世界，就算有人愿意出钱去研究真正适合大众的药品或营养品，可等研究结果出来了，一二十年也已经过去了。你等得起吗？或者说，你愿意等吗？

我估计够呛。

“凯泽不跟加利福尼亚大学旧金山校区说话，加利福尼亚大学旧金山校区不跟蓝盾医保组织说话。你的这些信息谁也下不了定论——除了你自己。”加利福尼亚大学旧金山校区一位出色的外科医生这么对我说。他建议，在医院没收我的论文并宣称这些是它的财产之前，我最好保管好自己的文章。所以，残酷的事实就是这样，组织越多，给你提供的帮助反而越少，获取完整而有效信息的可能性也就越低。

当然也有好消息：这些组织可以给我提供几乎免费的原始数据，而且允许我这个非业内人士跟踪记录这些数据。有了这些帮助，我才能小小地改变一下规则，但却可以产生巨大的变化结果。

Ⅱ型糖尿病患者在进行饮食干预 48 小时后就可以停药，坐轮椅的老人参与 14 周培训后再次站了起来，这些并不是科幻小说中的虚构情节，而是既成的事实。正如创造了“网络空间”一词的威廉·吉布森所说：“未来已经来临，但它只是支离破碎地展现在我们面前而已。”

80/20 原则：从华尔街到人类机器

这本书不是百科全书，实际上，我只准备告诉你有关健身和重塑生命的最关键的 2.5% 的信息。至于这 2.5% 是从哪儿来的，后面我会逐一交代。

维弗雷多·帕累托是个颇具争议的社会学家兼经济学家，他生于1848年，卒于1923年。他的代表作《政治经济学讲义》里介绍了一个资源分配原则，这个原则一经传播便引起了全世界的轰动。此后，人们用这位学者的名字命名了这个著名的经济学原理，它就是“帕累托法则”，也称“80/20法则”。

帕累托总结了社会财富分配不均的现象。他指出，80%的社会财富是由20%的人创造出来的，而这20%的人也占有了全社会80%的资源。一开始，80/20法则只是在经济学界流行。后来，这个原则被应用于各个学科。人们发现无论什么事情，用这个原则都可以解释得通。比如，帕累托自己就说，他家里的花园种了一些豆子，但是80%的豆子是由20%茁壮健康的豆荚结出的。在现实生活中，80/20法则往往体现为90/10，甚至斜线两边的数字相差更悬殊。

要想流利地用西班牙语对话，你得至少掌握2500个高使用频率的常用词。如果你做到了，那你完全可以应付95%的日常交流，通常经过5个月的认真学习就可以达到这个效果。但是，如果你想把这个数字提高到98%，那么你就需要在语言环境内练习至少5年。你自己算算，2500个常用词只占10万个西班牙语词汇的2.5%。这说明了什么？

1.当你的目标是95%的时候，只需要2.5%的努力。

2.你用12倍于2.5%的努力，也只能把目标提升3个百分点。

这极为宝贵的2.5%才是关键，它就是阿基米德撬动地球的杠杆。对于那些在有限的时间内想达到最佳效果的人来说，找到那2.5%才是成功的基础。

虽然我尽量引用其他行业对塑身的观点，但我并没想把这本书做成“××大全”。我要做的就是把我发现的告诉你。比如，到底是哪2.5%给你提供95%的重塑效果？如果你的体脂含量已经在5%以下，或者你的体重已经超过了180千克，那么很抱歉，你就是那1%的例外人士，你目前的状况的确用不着看我这本书。换句话说，这本书是为其余99%的有很大进步空间的健身爱好者准备的。它可以让你在最短的时间内体验到最佳的塑身效果，不管是速度还是成效，都绝对会让你目瞪口呆。

使用本书的五项基本原则

只要你想使用本书推介的方法，就得遵守这五项基本原则。如有异议，后果自负。

·基本原则一：把这本书当成一次自助餐。

别太较真，也无须按部就班地从头读到尾。

大多数人只需差不多150页的内容就能重塑自我了。建议拿到本书后先浏览目录，从中挑选与自身需求最相关的章节阅读。剩下的可以放一放，也许以后用得着，到时候再看。定一个改善体形的目标和改变不良行为习惯的目标，别太难，能开始才能成功。

必读部分是第二部分“基础篇”和第三部分“零基础启动、自治”。以下是一些比较普遍的目标和与此相对应的章节，你可以“按图索骥”。

1. 快速减重

（1）“基础篇——首先和首要”的所有章节

（2）“零基础启动、自治”的所有章节

（3）“慢碳水化合物饮食（一）和（二）”

（3）“塑造完美外形——或者可以说减掉50千克以上”

总共页数：114页

2. 快速变强壮

（1）“基础篇——首先和首要”的所有章节

（2）“零基础启动、自治”的所有章节

（3）“从书呆子到大块头——如何在28天内增重15千克”

（4）“奥卡姆剃刀原则（一）和（二）”

总共页数：107页

3. 快速增加力量

（1）“基础篇——首先和首要”的所有章节

（2）“零基础启动、自治”的所有章节

（3）“热身——对伤痛有准备的身体”

（4）“无须费力做超人——跟巴里·罗斯一起打破世界纪录”（仅指力量，不包括超能力，调笑之言，请见谅）

总共页数：102页

4. 快速恢复身体机能

（1）“基础篇——首先和首要”的所有章节

（2）“零基础启动、自治”的所有章节

（3）“提高睾丸激素”的所有章节

（4）“完美睡眠”的所有章节

（5）“扭转‘永久性’损伤”

总共页数：132 页

好了，既然我已经把一份看似庞大的工作浓缩到了这个地步，你就挑一个最符合自己实际情况的开始吧。

现在有了计划、有了决心，就好好研读本书吧。每个章节都提供了大量实操性很强的建议，所以别走马观花地看看标题就算了。我的意思是，这本书的信息量之大，连我自己都有些吃不消，所以你可以慢慢地看、挑重点的先看，但其余非重点的章节最好也别浪费。

• 基本原则二：如果不是特别相关，可以跳过科学数据的部分。

你用不着按照科学家的标准来要求自己，这本书也不是写给科学院的硕士、博士、博士后的。

对于偏爱细节和数据的“科学怪人”和“高校书呆子”，我当然奉上了很多超级酷的数据报告。这些数据有助于你的计划按期如愿完成，但并不是“必须阅读”的部分。我甚至给某些片段加上了“数据狂人”的标签，你看到这些标签就明白了，这是他们的地盘，“闲人免进”或者“正常人敬请绕道”。

如果你对科学报告、数据特别反感，或者以前看到的什么读物把你恶心着了，那我也建议你摒弃前嫌，因为本书里一些标有“数据狂人”标签的段落其实非常搞笑，而且它们对你的计划实施的确有所帮助，至少可以把最终效果提高 10%。

如果你实在难以接受，甚至看着就想睡觉，那就索性跳过这些表格啊，数字啊，图表啊——反正不看也绝不会把最终效果降低 10%。你说呢？

• 基本原则三：边看边质疑。

我不是上帝，还有，即使是上帝，说得也不全对。

传奇人物蒂莫西 • 诺阿克斯博士发表过 400 多篇研究论文，他最著名的那句名言就是：“我们 50% 的认识都是错误的。问题是，我们不知道错的是哪

50%。”我的这本书也是如此，但我相信自己的逻辑是100%正确的。换句话说，我介绍的理论都是可信的，不过具体到每个人身上的效果则绝不可能是100%有效。但你若问我哪些可能失效，我还真说不出来，只能等着看读者反馈了。

·基本原则四：别光顾着用脑袋、嘴巴质疑我是错的，却忘了用行动证明你是对的。

不过，诺阿克斯博士在讲述一个奥运会训练的体能方案时，也对我说过，“这方法‘也许’完全没作用，但它值得一试”。

所以，找到一个值得一试的“假设”是很重要的。

科学本来就开始于猜测。虽然孕育了科学的猜测并非无中生有，但很多时候也仅仅是人们的一个想法，经过了很多试错的过程，才逐渐有了对的概念。更常见的是，你为了一个假设犯尽了错误，却在犯错误、遇难题的同时找到了可以证明另一个假设的论据。如果你想坐在场边，什么都不做就拼命地怀疑，然后等着场上的纠纷硝烟散尽、各类科学都得出唯一的答案。那，我不拦着你。不过我得告诉你，科学这玩意儿有点像民主党和保守党一起参加晚宴，想等他们互相同意对方的观点再开饭，那你只能饿个半死。

所以，我支持你的怀疑，但希望你不要把怀疑当成不采取行动或拖延行动的糟糕借口。积极地怀疑，用尽你所有的力气证明你的怀疑是有理的。我不想说我什么都对，更不想扮演救世主、上帝，但我希望你立刻动起来，哪怕你动起来的结果证明我是错的。

如果你真的可以证明我的哪些知识或者研究结果是错的，一定要告诉我，我会谢谢你，我保证。而且，说不定这本书的新版就会把你的名字印在我感谢的名单里。

·基本原则五：享受此书与阅读、实践此书内容的乐趣。

为了让大家看着不枯燥，我举了好多看起来“缺心眼”或者“脑子进水”的例子，它们都是真的。我不是要写一本“励志鸡汤”，也不是想通过这本书获什么诺贝尔文学奖。所以，除严谨之外，我只是希望它好玩儿。你可以把它看作一个“神经病”的自我改造日记，实际上，也差不多就是这样。我希望你能从我的文字中看到：这个家伙并不是为了让别人羡慕他的六块腹肌而拼命地折腾自己。我真的是非常享受每一个改变自己身体的时刻和契机，哪怕最终失败，我也觉得非常高兴。

既然这不是你的家庭作业，也不是你的客户资料，那就好好享受吧。你是这本书的主人，让它为你服务吧。

百万富翁工作效率之谜和实验性的生活方式

“你是如何提高工作效率的呢？”

理查德·布兰森靠在椅背上，思索着这个问题。内克尔岛并不是世界上最美的小岛，但这个岛的日租金是5万多美元——目前它是布兰森的私人领地。热带微风徐徐吹来，二十几个人环坐在这间会客厅里，期待着这位亿万富翁说出一个惊人的商业秘密。这个问题虽然有些笼统，但布兰森的答案却值得期待。在座的人并非无知之辈，他们不是营销精英就是理查德慈善维珍集团的智囊顾问。理查德的慈善维珍集团是他最新的商业计划。到目前为止，理查德慈善维珍集团已经拥有了300多家子公司，员工总数超过50,000名，每年的利润高达250亿美元。如果你对250亿美元没有什么概念，那我就换个方式解释，理查德·布兰森亲自缔造的维珍帝国的价值比一些发展中国家的国内生产总值还要高。

所以，有谁不想知道他是怎么提高工作效率的呢？

最后，他打破了沉默，说道：“我健身。”

他没开玩笑。他认真地解释道：“健身可以让我每天都能额外拿出4个小时来工作，而且这4个小时的效率都极高。”

这个答案伴随着窗外习习的凉风让在场的每个人心头都为之一振。

《每周健身4小时》不仅仅是一本书。

我把这本书看成一个宣言，一个拥抱全新精神模式的召唤。这种模式不是你的医生说了算，不是按照报纸、杂志的专题去模仿，不是听别人的意见或建议。你是实验者，当然，你也是实验品，你要找到最适合你且跟你一样独一无二的健身方法。相信我，这本书带给你的改变绝对不是仅仅瘦了几斤或胖了几斤那么简单，你的整个生活都会随之发生变化。

如果你对全球大事有独到的见解，如果每次的账单你都能轻松应对，那么你就一定能从本书中学到重塑身体的科学办法。这些办法会成为你的朋友，它们不会欺骗你，绝对值得信赖。

如果你对自己的身材、身体状况不满意，或者总是找不到适合自己的饮食、运动之道，那么我衷心地希望，在你拿起这本书之后，一切都将发生变化。你的人生将会分为两个重要阶段，读过《每周健身 4 小时》之前和读过《每周健身 4 小时》之后。不管你的问题听起来多么难以克服，比如你觉得自己根本没法减掉 50 千克，或者你觉得永远不可能在水下憋气 5 分钟，这本书都可以帮你完成心愿。真的。

我既不是在开玩笑，也不是在说大话。这些事情听上去很神奇，但其实只要一步步做，都是可以看到效果的。

就像让你拍一部影片，在没有制作完成的时候，你永远都会觉得那太不可思议了，对吧？现在，欢迎你坐上导演椅。开拍！

蒂莫西·费里斯

旧金山，加州

2010 年 6 月 10 日

来点阅读乐趣

· **有关测试**

这本书提到了好几十种测试，你肯定不是每个都听过、测过。如果产生如下的疑问："我怎么、去哪儿、什么时候能做那个测试？"那么，请你留意每章后面的"工具指南"。关于每章的具体内容，"工具指南"里都有详尽的指示，包括如何购买一些具体的装备。

· **随时查阅**

不知道1克有多少？或者，总是想问4盎司（1盎司≈28.35克）到底是几粒？我们在文中对此做了详尽的描述，比如半杯坚果大概有几颗。至于度量衡转换的问题，我们也都分别以英制和公制标识出来。有时候度量衡很捣乱，别觉得不好意思，其实除了实验室的科学家，没谁是用盎司过日子的。

· **翔实性**

这本书提供了非常详尽的研究结果。同时，这本书的块头也不小。如果觉得天天捧着这么一个大砖头很辛苦，那么你也可以登录我的网站www.fourhourbody.com/endotes。上面按章节罗列的500多个科学引文与相关句子，虽然不能完全代替原书，但也非常有用。

· **来源**

为了节省时间，同时也为了保证你不用为输入长串的URL（网页地址）而头疼，新的网址换成了一个简短的地址：www.fourhourbody.com。

好了，我说得够清楚吗？

如果是，就赶紧让我们去干点"坏事"吧。

第二部分

基础篇

——首先和首要

THE

4-HOUR

BODY

每周健身4小时

第二章

最小有效量
——从微波炉到减脂

所谓完美，并非是无一物可加，而是无一物可减。

——安东尼·德·圣–埃克苏佩里（《小王子》的作者）

阿瑟·琼斯是一个早熟的孩子，他小的时候格外喜欢鳄鱼。

12岁之前，他就阅读了父亲的医学图书馆里面的所有图书、论文、资料。当然，这跟他的家庭氛围有关，阿瑟·琼斯的曾祖父、祖父、父母、同父异母的弟弟和妹妹都是医生——再典型不过的医学世家。

然而，他在行医生涯中的平步青云却并非依赖于家人的照顾。一开始，他在偏僻的俄克拉何马州做大夫。很快，他敢闯敢试的性格让他成为全世界试验科学界有影响力的人物之一。当然，他也的确如民间传闻所言，脾气不好，是个“愤怒的天才”。

埃林顿·达登博士是琼斯的门徒，他讲过一个琼斯发脾气的趣事。

1970年，阿瑟·琼斯邀请阿诺德·施瓦辛格和弗兰科·哥伦布到他在佛罗里达州海伦湖的家里做客。施瓦辛格刚刚荣获当年的“奥林匹亚先生”桂冠，风头正劲。琼斯开着卡迪拉克到机场去接他俩，然后让施瓦辛格坐在副驾驶的位置上，让弗兰科坐在后座。从机场到琼斯的湖边小屋有相当长的一段路，大概要经过12个红绿灯。一路上，琼斯开开停停，时不时地要歇息一下。

你要知道，琼斯这个人说话声音极大。这还不是最要命的，最要命的是还必须由他来找谈话的主题，得由他来决定聊什么。可施瓦辛格比他还能说，而且一说起来就没完没了。当时，施瓦辛格刚到美国，口音还特别重，琼斯根本听不清他在叽里呱啦地说些什么鬼东西。琼斯很生气，他告诉施瓦辛格少说点，可人家“奥林匹亚先生”根本没听进去，越说越兴奋，根本刹不住车。

后来，他们到一个十字路口时，琼斯实在受不了了。他把车停在路边，跳下车子，走到副驾驶的车门边，打开门揪着施瓦辛格的脖领子就把他从座位上拽了出来。他当时具体说的是什么，三人都记不清了，但大概意思是这样的：“听着，你这个狗娘养的。如果你还不给我闭嘴，一会儿我就让你好好尝尝我的老拳。而且我告诉你，我要在这四个交通灯底下揍你，让所有的人都看见，明白了吗？！”

阿诺德·施瓦辛格，这位硬汉派巨星，这位曾经的美国州长，当时像兔子一样，在五秒钟之内真诚地道了歉，钻进车里，一动不动。在后面的路上，包括之后的三四天，他都像个贵族绅士一样谦卑有礼。

阿瑟·琼斯办什么事都会发脾气，把他惹急简直像喘气一样简单。

只要他觉得这事很蠢，他就会气得发疯。而运动科学界到处是愚蠢而又流行的说法，所以他经常跳脚。好在他总能把愤怒化为力量，然后创造奇迹，让那些愚蠢的人警醒。比如，他曾经在28天之内让健身冠军凯西·维亚特增重30千克。再如，他发明了鹦鹉螺健身器，并通过销售这个器材成功跻身福布斯富豪榜的前400名。他生前，这项发明每年还为他带来至少3亿美元的销售毛利。

所以，你没法指望一个脾气如此暴躁的人有耐心去等什么科学声明。他所在的行业通常都是由一群研究肌电图（EMG）的科学家组成，科学家们通过数值得出肌肉功能各部分的表现。但你知道阿瑟·琼斯是怎么做的吗？他弄来一具尸体，把机器捆在尸体上，然后握着尸体的手臂摆动机器，再记录相关的数字。对，他就是这么干的。

阿瑟·琼斯曾感叹过他的“生不逢时”：“我所处的时代就是这样，没法改变。我知道自己没法活着见证这一切，我们所做的努力得在未来被欣赏了。现在不管它们多怪异，但从本质上来说它们都是符合科学原理的。而且，尽管时代会变，但是基本的物理知识不会变。正确的东西可以用上几百年去测试它的正确性。”他于2007年8月28日逝世，享年80岁，没有任何疾病，属于自然死亡。他去世的那一刻，暴躁的脾气也丝毫没变。

阿瑟·琼斯给全人类留下了许多重要的科学遗产，鹦鹉螺健身器只是其中之一。我要向大家介绍的这个理论，是他众多运动科学理论中最重要的一个，我们在后面所进行的一切讨论都有赖于此，这就是“最小有效量”原则。

最小有效量

最小有效量的定义很简单：用最小的量就可以达到一个你想要的理想结果。阿瑟·琼斯称这一临界点为“最小有效负载”。一开始，他仅仅是把这个理念应用到健身运动员的举重训练上。但在本书里，这个概念可以应用于任何运动上，甚至应用到生活细节中。

所有超过“最小有效量”的努力，都是浪费。

拿烧开水来说，最小有效量就是100个标准大气压。水开了就是开了，即使超过100度，水也不会更加沸腾，你继续烧也没用。如果你仅仅是想得到沸腾的水（又能想得到什么别的呢），那么到了这个最小有效量之后就不要继续浪费燃料和时间了。

如果你想晒出古铜色的皮肤，那么15分钟就是一个“最小有效量”。正常人在阳光下暴晒15分钟，体内的黑色素就有反应了。若超过15分钟则完全是多余甚至有害的，你可能会被晒伤，或者引起日光过敏。同样都是一周，每次只晒15分钟的人，晒四次后就会呈现出健康的小麦色或浅铜色皮肤。而你，则会因为贪心或愚蠢造成晒伤或者不适。在家歇一周，然后看着人家穿上美美的比基尼或者沙滩装。当然，这属于保守估计，因为每年都有数不清的人认为延长一点时间就可以快点“变色”，结果他们的皮肤不仅没有“变色”，反而“变形”了。并且，一旦被晒伤，往往需要好几周甚至好几个月来恢复。到时候，外面阳光灿烂，你却守着一身晒伤的皮肤忧郁得一塌糊涂。

在重塑身体方面，有两个“最小有效量”是必须记住的。

• 要移除顽固脂肪——你要做的是找到可以促进减脂的激素。找到它，就不用没完没了地担心卡路里的问题了。

• 要增加肌肉或者增强力量——你要做的是促进肌肉和肌肉群的运动机能。

推倒多米诺骨牌的时候，没有人会一个个地弄，因为人们知道，最关键的是第一张牌，只要找准了第一张，那后面的就会顺势倒了。所以，不管多么庞大、复杂的骨牌阵，当它倒下的时候，都是非常简单的——你只要轻轻一推。

千万别把这个过程搞得太复杂。

举个例子，如果你想增加肩膀处肌肉群的力量，那就每隔 7 天举 22.5 千克的重物连续 80 秒，这就是增加肌肉力量的最小有效量。这个运动量就足以刺激某些前列腺素、转录因子，完成所有复杂的生物反应。你肯定会问，什么是转录因子？你不需要知道。就像你每天都使用微波炉加热饭菜，却并不需要了解为什么辐射把饭菜热了，容器却不发烫。你要做的仅仅是把饭盒搁进去，然后按正确的顺序按几个按钮，就 OK（好）了。

在这个例子里，那 80 秒就相当于微波炉上的那个按钮，你照做就可以了。

或许你觉得 80 秒是天方夜谭，因为大多数健身杂志上都会建议你做 5 组重复 10 次的举重练习。你知道这会怎样吗？这相当于你为了让肤色漂亮些，就傻乎乎地在太阳底下暴晒 1 小时！没错，不是 15 分钟，而是 1 小时。你不仅浪费了时间、体力，还要承担拉伤肌肉的风险。在运动的时候，动的不仅是我们的肌肉和骨头，还有体内的器官。过量的体育运动没有给内脏留下恢复、缓冲的机会，很容易对其造成损伤。拿肾脏举个例子，它是血液清道夫，但是这位清道夫每天能过滤的血液垃圾的数量是有限的（最大量约 450mg/L）。如果你在健身房里不间断拼命地练 3 小时，你的血液肯定堵得像高峰期的环路，而且就算累死清道夫，也没办法排掉那么多垃圾。所以，你如果想在健身房中风而死，那么就请豁出去吧。

重申一遍，你用不着去研究你的肾具体是怎么工作的，只要记住下面的这条就行：

80 秒就够。

更多不是更好。事实上，最大的挑战是抵制想做更多的诱惑。

最小有效量不仅可以帮助你达到最好的效果，还可以让你在最短的时间内达到最好的效果。我们不得不再提一句阿瑟·琼斯的名言：“如果你没法衡量，就没法评价，更没法理解。”

80 秒。9 千克。

10 分钟。12℃的水。

200 毫克大蒜素提取物，睡前服用。

这些都是你会用得着的“最小有效量”。而且，在这本书里，我只提供这类“秘方”。

第三章

改变规则的规则
——流行的都是错的

流行的，都是错的。

——奥斯卡·王尔德《真诚的重要性》

（*The Importance of Being Earnest*）

“这显然是瞎说。如果 28 天增重 15 千克的话，正常人每天至少要摄入 4300 卡路里的热量。像他这种体形的，那得 7000 卡路里才行。然后，他还敢说每天摄入 7000 卡路里热量的同时，还减掉了 4% 的体脂。谁信啊？！骗谁呢！”

这很有趣。负面的评论、反对的声音、质疑的帖子并非这一个，看看后面，足有几百个。可不管他们怎么反对，事实依然没有改变：在 28 天里，我增加了 15 千克的肌肉，减去了 2 千克的脂肪，总胆固醇值从 222 降低至 147。所有的这些都是自然发生的，没吃药，没抽脂，没做脂肪移植。

整个实验由佩姬·柏拉图博士记录，她是圣何塞州立大学体育健身评估项目组的主任。她运用静水重量箱、医疗测量仪和磁带来记录每一个细节——从我的腰围变化到体质百分比的变化，事无巨细。

那 4 周里，我在健身房到底花了多少时间？

4 个小时——仅仅是 8 次每组 30 分钟的练习而已（所以每周健身 4 小时只是约算的，有的时候真用不了那么长时间）。

数据不会说谎。

但是，事实也没那么简单。如果你以为这只是掉几千克肥肉、长几千克肌肉，或者是卡路里游戏的话，那你可就大错特错了。

德国诗人歌德说得好，“神奇的东西未必都是奇迹”。要做到不可能（绕地球航行、到达月球、打破每千米四分钟的纪录，曾经它们不都是不可能的吗），首先要忘掉那些不可能。

查尔斯·芒格是沃伦·巴菲特的智囊团成员，也是这个星球上富有的人之一，他因拥有无与伦比的清晰思维和永远乐意尝试的勇气而闻名。那么，他是如何时刻使自己的思维保持清晰，然后建立一个市值3万亿美元的伯克希尔·哈撒韦公司的？

答案很简单，那就是心智模式。不管是物理学还是生物进化学，都十分重视这个概念，也正是心智模式上的与众不同，让查尔斯·芒格的投资总是能赚钱。

90% 的心智模式帮助查尔斯做出了正确而果断的决定。用巴菲特的话说就是：“他的脑袋转得比任何人都快。你还在想 A，他就已经想到了 Z。你好不容易想到了 Z，他已经开始想 Z 的价值可以衍生出几种产品。你刚说完话，他差不多都写完上市报告了。”

查尔斯·芒格是达尔文的忠实拥趸，他经常引用偶像的话：“就算你不是天才，只要你有自己的心智模式，也能达到别人永远到达不了的高度。”

在身体重塑这个领域，下面的这些心智模式能够把你送到别人永远也到不了的地方。

重塑的新原则

·没有哪种锻炼是真可以消耗大量卡路里的

你是个 100 千克的大胖子，而且你刚刚吃了半块奥利奥？没关系，就你的体重来说，爬 27 级台阶就能消耗掉那半块饼干带来的热量。

你想骂街？想捶墙？想哭？肯定的。不过，这就是事实。你以前为了半块甜饼干都做了什么我不知道，但是现在我要告诉你，你根本用不着心怀愧疚地在跑步机上冒汗。

还是那句老话，你肯定很使劲儿地减过肥，但劲儿都用错地方了。

为什么老盯着卡路里？没错，人们谈论卡路里是因为它是唯一可以把热量量化的指数，这也是杂志和媒体喜欢拿卡路里说事的原因——听上去很科学、很权威。这像不像我们很熟悉的那个笑话：一个人进城的时候喝多了，弄丢了自己的钥匙，后来他跑回去找。一个路人看见他趴在停车场的路灯底下摸索，于是问他："你干吗在停车场找钥匙啊？"这个人回答："这里亮堂啊，我能看得更清楚些。"

残酷的现实是，不是所有的研究人员都是达尔文或爱因斯坦。他们做研究的目的无非是保住一个永远不会失去的铁饭碗，赚一份补助金，或者让有钱的咨询公司抛给自己一份雇用合同，顶多也就是写本能让自己评上职称的书。既然目的是这样的，那么亲爱的研究人员也就没心思去历时几年搜集数据了。他们找100个人做调查问卷，或者让1000个人同时回答几个问题，就能得出数据。如果你是他们中的一员，难道不会拼命夸大这份数据的真实性和可靠性吗？

你可只有这么一份数据呀！

于是，根据这样的研究结果，你不骑车上班就活该肥死；你要是每天不做点锻炼，迟早就得患上中风、心脏病、脑瘫！

而至今还没有患中风、心脏病或者脑瘫的我，准备在这本书里向你介绍两位从未走上过台面的关键"人物"，它们一个叫热度，一个叫激素。

我只想让你放心，你想吃什么就尽管吃。至于那个比你还累的跑步机，你还是放了人家吧。获得完美体形的诀窍其实没那么绝对。

数据疯子请看这里

换句话说，让一个体重100千克的人移动100米（差不多就是27级台阶加在一起的长度）就需要100千焦耳的能量，也就是23.9卡路里（也就是科学家们说的"大卡"）。1磅（0.45千克）脂肪含4082卡路里。那么，跑一个全程的马拉松能燃烧掉多少卡路里呢？也就是2600卡路里左右。

有关室内健身消耗卡路里的真相会让你更难过。当你气喘吁吁、豁出老命般地去踩了1小时（甚至几小时）的踏步机，结果只消耗了107卡路里。哦，这个数字中还包括你的基础代谢率（BMR）所产生的能量。如果你一动不动地窝在沙发里看了一天的《绝望主妇》呢？对于绝大多数人来说，这样的“运动”反而每小时能消耗 100 卡路里的热量。

哦，你那 1 小时挥汗如雨的健身只比看连续剧多消耗了 7 卡路里而已。

你知道吗，就算是三段非常清爽、健康的西芹，加起来也有 6 卡路里。所以，你运动了 1 小时，渴得要死，肯定要喝点运动型饮料。而且，健身房的辛苦往往会促使你享受餐桌上的饕餮盛宴——大家都知道，运动之后吃饭格外香。所以，这些高热量的饮料加上一顿大餐，它们的卡路里难道会比西芹还少？

这么一算，是不是还不如坐在沙发上看肥皂剧？

• 药就是药，再好听的名字也不能改变它的本质

药就是药，你给它取多好听的名字都无济于事。你可以叫它“膳食补充剂”“非处方药剂”或“营养品”，但这些名字仅仅存在法律意义上的区别，从生物学角度上来说，它们都是一回事。

这些标签并不意味着盒子或瓶子里的东西就是安全或有效的。合法的草药可以像非法的麻醉剂一样置人于死地。而且，往往是那些未被授予专利权的药物，虽然对制药厂商缺乏吸引力，但它们往往可以立下奇功。比如这次我在 4 周内把总胆固醇值由 222 降至 147，靠的就是它们。即使它们没有太大作用，但至少也不会对人体产生什么损害。

你认为“纯天然的”一定比“合成的”更安全？那好，豌豆是纯天然的，可砷也是纯天然的。重组人生长激素（HGH）可从任何纯天然的人体的脑垂体中提取，但不幸的是它往往会带来克雅氏病，这就是为什么现在制造的生长激素会用重组 DNA。

另外，药的概念也需要修正。凡是你放进嘴里、被别人扎进血管里、咽进胃里的东西，其实都是一种药。要是你能明白这个道理，你就不会被那些“砖家”糊弄了。

• 20 磅（约合 9 千克）的目标

本书的绝大多数读者体重肯定超过 55 千克，9 千克的“肌肉重组”（在后面我会给出这个词的定义）就会让你看起来焕然一新。所以，我建议在开始时把9千克作为一个目标。如果你的体重不到55千克，那么就先把自己的目标设定为5千克，那就意味着你不需要减重，而是需要增加肌肉。只要你不是超轻一族，那么9千克的目标可以让你既不急躁，又不失落，踏踏实实地完成整个“肌肉重整”计划。没错，即使你有好几百千克的肥肉需要减掉，一开始的目标最好也是9千克。

这个数字并不是我信口胡说的。如果把外形吸引力分为从1到10十个级别，那么10千克就是至关重要的一个门槛，多9千克肉还是少9千克肉就可以决定你到底是9级还是6级。至少测试结果显示，男性看女性是遵循这样的规律的。

理解术语“肌肉重组”是非常重要的。这并不意味着你真能减少9千克，很可能，最后事实并非如此。我们要做到的是，你看起来像少了9千克。而这个“看起来像”并不是你没戴眼镜的近视男友的意见，而是每个人见到你都会说的话。从字面上理解，重组就是重新组合。在我们的实验里，这个组合一般是减掉6.8千克脂肪，再长出2.5千克肌肉。

真正健美的体魄既不是弱不禁风，也不是虎背熊腰。所以，真正的塑身绝不是一味地减，或者没完没了地加。这是一道混合了加减乘除的题。

你说呢？

·合理分割：饮食、锻炼、药物

那好，既然目标定下来了，那么我们怎样才能达到“9千克”这个目标呢？

想象你手里有一把尺子，上面有100个单位，然后有两条分割线。这两条分割线把这100个单位划分开来，变成三部分，它们分别代表饮食、锻炼和药物。

如果我们平均来划分，就是这样子：

——/——/——（33%饮食，33%药物，33%锻炼）

不管你怎么组合这三种方法，都有可能达成重塑身材的目标，但是仍然有一些组合方式是优于其他方式的。说实话，如果你只吃药，也就是药物占了100%，那你也可以达到瘦9千克的目的。可依靠药物塑身，往往要承担多年的副作用困扰，高兴一年，后悔十年。如果你只锻炼，也可以达到目标，但是运动损伤是不可避免的。更糟糕的是，你永远也停不下来，因为只要你停止大量的运动，你的身材立刻会恢复到以前的样子，甚至更糟。

/__________/（100%药物）= 副作用

//__________（100%锻炼）= 容易反弹

本书所举的案例大多是这么分配三者的组合比例的：

______/__/__（60% 饮食，30% 锻炼，10% 药物）

有时，你很难按照自己的饮食计划去执行，比如你要经常出差，或者你是素食者，那么你就不得不把“饮食”的比例分出去一些，平摊到锻炼和药物上，像下面这样：

_/____/_____（10%饮食，45%锻炼，45%药物）

不用刻意遵循这种分配方式，但要将这种比例组合的观念牢记于心，因为当你执行计划的时候，这个世界总会跳出来捣乱。记住，饮食和运动原则先行，因为它们是不可撼动的基础，不仅是塑身，我们整个生命都有赖于这两样。至于药品，无论多少都会增加肾脏和肝脏的负担，具体的百分比要看你个人的喜好和坚持的效果，这部分我们后面将会讲到。

·好的胶带是粘得上也粘得住的，好的减脂方法是做得了也坚持得下来的

每天至少吃一棵生菜，就能帮助你有效地减脂，同时可以控制血液中的胰岛素含量。

如果是一个正在接受密集治疗的重症病人，比如 I 型糖尿病患者，那么医生就会告诉他，他有两个选择：第一，找到其他的减脂食谱；第二，坚持吃，一直吃到病发身亡。坚持是非常关键的一环，我毋庸赘述。一个人很想减掉 9 千克，但同时，他也很想在穿牛仔裤的时候让屁股显得很性感。每天吃生菜的日子谁也过不了多久，虽然这种办法很简单，理论上也的确能减脂，但采用的人很少。是不是说这个办法压根儿就不好用呢？不，我只是说这个方法对“大多数人”来说是做不到的。这本书要做的就是，剔除这些理论上很简单，但实际上大多数人都做不到的塑身方法——哪怕你认为自己不是“大多数人”。实际上，任何人在一开始都认为自己不是“大多数人”。

我很看重坚持的功效，你的计划如果不能坚持下来，那么即使它听起来很美，也是废物。为了达到目标，你必须找到那个最能让自己坚持下来的方法。如果这个不行，就找另一个——哪怕另一个看上去不那么美，哪怕另一个似乎见效慢一些，哪怕另一个没法达到你想要的完美效果。我只是想说，一个能坚持下来的普通办法，也比一个坚持不下来的旷世良方要好得多。

·不要把“休闲运动”与“塑身锻炼”混为一谈

休闲运动有许多种：棒球、游泳、瑜伽、攀岩……只要是能给你带来快乐、让你放松的运动，我们都可以叫它“休闲运动”，这份名单可以无限长。可塑身锻炼则是另一回事，它意味着用最小有效量的运动来达到身体变化的最佳效果。没错，从最少运动到最佳效果。有效的运动不仅简单，而且是可记录的，它跟休闲运动不一样。当你为了高兴和放松而做运动的时候，你只要关注内心的感觉就可以了，用不着每次休闲完都严格地给自己的“高兴指数”评分。

休闲运动并非不伟大，我自己就很喜欢去宠物乐园，追着狗到处跑，但这跟我所说的“运动”是两个概念。本书里讲的运动和锻炼都是实操性很强的、可测量的应用型运动，目的是减少脂肪、增加肌肉、增强肌肉力量。

休闲是为了开心，锻炼是为了变化，别搞混了。

·不要把“因果关系”和“结果的相关性”混为一谈

希望自己看起来像一个马拉松运动员一样精瘦、敏捷？那马拉松选手怎么练，你就怎么练。

希望自己看起来像一个短跑选手，轮廓分明，并且肌肉像一个个小拳头？那短跑运动员怎么练，你就怎么练。

希望自己看起来像一个身高2米的NBA篮球运动员？那NBA球员怎么练，你就怎么练。

哦，等等，最后一条行不通，你这辈子可能都“练”不成身高2米。不过，前两条都是一个论调——这是一个最流行的错误论调。很多人都同意，也照做了，可却无法成功。下面有几个问题，如果能多问问这样的问题，也许我们就可以少走点弯路。

1. 如果把这些例子反过来说，是不是更合理些？比如，那些本身轮廓分明、肌肉结实的人才适合做短跑运动员？答案：是的。

2. 我们是不是总把“有”和“没有”混淆起来？比如，有人声称一直吃素食这种饮食习惯可以把我们的寿命延长 5% ～ 15%。那有没有可能多吃蔬菜是延长寿命的关键，而并非不吃肉是长寿的原因？大多数情况下，的确是这样。

3. 测试某一个变量的时候，有没有可能造成变化的是其他因素，而非研究的这个因素？比如，某项研究结果声称瑜伽可以改善我们心脏的健康状况，而研究的对象恰好都是上流社会的有钱人士。那会不会是因为这些中产以上的阶层本身就享有较好的医疗照顾，同时他们也更注意饮食的健康呢？我觉得你猜得很对！

我这么说并不是在炫耀我的想象力和逻辑分析能力。

我的意思是，要时刻持怀疑态度，学会质疑，尤其是对那些感性的标题。大部分医学界的“新研究”都是相关性的推测（A 发生的同时，B 也发生了），而不是真的得出了什么因果结论（A 的发生导致了 B 的发生）。

如果 NBA 插播广告的时候我正在抠鼻子，那我能说是我抠鼻子招来了广告吗？所以，相关性不代表因果性。如果有人告诉你 A 和 B 的故事，你就要学会质疑了。

可以负责地告诉你，他们对的时候少，错的时候多。

• 悠悠球减肥法：那不是变化，只是循环

先说一下什么是悠悠球减肥法。我们习惯称通过简单、直接甚至粗暴的方式减掉体重，然后又迅速反弹，然后又用同样的方法减重，然后又反弹的方法为“悠悠球减肥法”，这种效应就叫作“悠悠球效应”。大部分时候，悠悠球减肥是指“严格控制饮食、节食，甚至断食”的方法。

大多数人对这种塑身方式的斥责和否定简直如汪洋大海。

这种摧残身心的方法会让你失去信心，因为你一直在反复，从没真正成功过。你甚至会去看心理医生，因为懊恼管不住自己的嘴偷吃了一块巧克力饼干，于是你索性破罐子破摔，干掉了一整个奶酪蛋糕。可我要告诉你的是，这都是正常的。

吃得多点，然后吃得少点，再吃得多点，如此保持节奏地“上上下下”反而能让我们更快地达到既定的目标。允许自己退步一些，然后再催促自己进步一点，比一直苛刻地对待自己要容易坚持。但还是要视情况而定，如果不断地降低摄入饮食中的卡路里含量，而又无法控制自己暴饮暴食的欲望，那就是病态了。你可以给自己规定一个时间段，然后设定一类食品，在这个时间段可以尽情地吃这类食品，无须顾忌。记住，你需要的是解决问题，而不是把自己憋得要死，结果没问题憋出问题来。

世界一流的健身运动员都深谙此道，他们在赛前的饮食调配上都尽量遵守卡路里的“上上下下”节奏，这样可以保证他们的激素始终处于正常的水平。平均下来，他们每天摄入的卡路里在4000左右，但实际的安排是这样的：周一，4000卡路里；周二，4500卡路里；周三，3500卡路里……以此类推。

艾德·科恩是举重界的迈克尔·乔丹，在他的运动生涯里，他曾创下70多项世界纪录。其中最为人称道又最令人难以置信的一次是他在100千克级的比赛里举起了408千克，这个成绩连公斤级别数最大的选手都无法超越。艾德·科恩那时候的健身教练是马蒂·加拉福，他是个说话很直白的家伙。他说：“要想全年保持巅峰状态，那纯粹是做梦。既然你是在做梦，那就别指望每一次都梦想成真。”

你可以订一盒奶酪蛋糕，也可以把它吃掉——只要你将时机把握好。更妙的是，计划中的“上上下下”要比实在憋不住后的“上上下下”效果好得多。前者会带给你改变和进步，后者只能让你像头驴一样在原地转圈。

忘了什么狗屁平衡吧，掌握好“上上下下”的律动节奏，你一样可以在塑身这条路上走得很快、很顺当。

·易感性VS遗传性：别怪你的基因了

肯尼亚的马拉松选手一直都是个传说。

在过去的12届波士顿马拉松比赛中，肯尼亚人摘取了11顶桂冠。在1988年的奥林匹克运动会上，800米冠军、1500米冠军、5000米长跑冠军和3000米障碍赛的冠军，都是肯尼亚人。肯尼亚是个只有3000万人口的小得不能再小的国家。在像奥运会这样的国际盛事上，一届奥运会出现这么多同属一个小国家的冠军运动员的概率是多少呢？听好了，是十六亿分之一。

运动科学界一直在研究这些肯尼亚运动员，或者说肯尼亚人的运动基因。科学家猜测，肯尼亚人拥有与众不同的肌肉类型——慢动肌肉收缩纤维，而且这种与众不同只在这个族群中遗传。慢动肌肉收缩纤维是最适合进行耐力工作的肌肉类型，你说这群家伙有多幸运！

可问题来了，科学家研究肯尼亚人的肌肉运动模型，发现的结果却与他们猜想的并不一样。结果显示，肯尼亚人身上的肌肉大部分是由快动肌肉收缩纤维组成，而快动肌肉收缩纤维在短跑运动员和跨栏运动员身上很普遍。也就是说，肯尼亚人的基因跟其他国家的跑步运动员没什么区别，他们并不是在吃祖宗的老本。可为什么他们的长距离跑步成绩如此优秀呢？原来，肯尼亚选手在训练时用的度量衡是英制的，比国际通用的度量衡要短一些，所以他们在训练场上的成绩是打了折扣的，到了赛场上反而可以大放异彩。

如果你体重超重，而且你父母也有体重问题，那么你很容易把这种现象归罪于遗传。也许你是对的，但遗传绝对不是唯一的因素，因为你不知道到底是细胞基因在家族里遗传，还是饮食习惯在家族里遗传。毕竟，胖子家的宠物都是胖子，他们不至于亲密到共享基因吧。

即使你真的继承了家族的肥胖基因，也不意味着你一定会发胖。

埃里克·兰德是“基因表达谱芯片筛选基因组计划”（Human Genome Project）的负责人，他对于信仰基因决定论的愚蠢行为也颇有感慨。他说：“人们总是喜欢赖基因这赖基因那，只要是做不到的事情，就认为是基因在搞鬼，这话我们听得耳朵都快长茧子了。‘哎呀，我生来就是这样，我也没办法啊’，这纯粹是胡扯。就算有些事跟基因有关系，也不意味着就没法改变，否则我们人类是哪儿来的啊？”

所以，别成为“基因论者”。哪怕你拥有“可怕”的基因，我们也可以通过改善饮食和锻炼来改变你的未来。至少这么多年来，我做的事都是在与基因作对，而且大部分时候我都是赢家。

改变你的基因类型不是不可能的事。从现在开始，别拿基因说事了，好吗？

·别在意那些看起来很美的“营销修辞”和听起来很科学的“科学修辞”

如果有人向你推销或者建议某种健身方法，你一定要学会反问：“如果这种方法（产品、食品等）不如广告宣传得那么有效，那么它们除了广告语上的疗效，还有什么别的作用吗？”

例如有氧课程。你听到的购买理由可能是：有氧运动比其他的韵律运动更能有效地减脂、健身。实际的理由则是：有氧运动不用器材，所以健身房在器械购买上省了一大笔钱；有氧运动几乎是原地运动，不需要大幅度摆动，也不需要互动，所以对空间的要求几乎为零，小小的一个房间可以同时容纳好多人，所以健身房在房租上又省了一大笔钱。要知道，健身是个买卖，是买卖就要先衡量利润，很多新的健身方法都是基于利润最大化的前提被设计出来的。

为了营销捏造出来的漂亮话和毫无意义的形容词在本书里不受欢迎，我相信它们也无助于你的塑身计划。就像当你有了急事和困难，一些朋友想帮忙却总是越帮越糟，这种事你遇到过吧？

下面有两组词，你既不要去听，也不该去用。第一组，“营销修辞”。这类词旨在吓唬消费者，让他们相信自己身处危机之中，如果不消费某某产品，就很可能倒大霉、遭大殃。这类用语完全没什么理论基础或者研究依据，纯粹是胡编乱造。

· 有氧运动

· 塑身精华

· 固着作用

· 橘皮组织

· 紧致肌肤

“橘皮组织”这个词最早出现在1968年4月15日的《时尚》杂志上。很快，这种“病”被世界各个角落的人所熟知。一提橘皮组织，巴不得每个人都要捏捏大腿给你示范。

《时尚》在关注服饰的同时也开始关注身体本身，有一部分原因是，关注身体健康总不会被人指责为“无政府主义”吧？有一股潮流席卷而来，速度超乎想象，似乎以前一直存在的某些现象如今成了某些麻烦，而这些现象和麻烦主要是围绕女性身体产生的，就好像女人所面临的进退两难的处境还不够多似的。据统计，从1968年到1972年，与“节食减肥”相关的文章增加了70%之多。

橘皮组织就是脂肪。这既不是什么新生的疾病，也不是什么女性问题，更不是什么“不治之症”“世纪难题”，把它渲染得如同瘟疫般的媒体无非是想引人注目而已。

但是，与明目张胆赚眼球、秀浮夸的营销用语比起来，那些貌似权威的“科学修辞”则更令人防不胜防。它们更难被识别、更难抗拒，也更难被反驳。这些科学修辞被滥用，却并没有一个明确的定义——就像每个人心中都有一个耶稣一样。这就是第二组，“科学修辞”，它们包括以下词语：

· 健康

· 健美

· 最佳状态

那怎么识别哪些词是“营销修辞”和“科学修辞”呢？很简单，你反问一句，它能测量吗？

“我就是想很健康”，这么说一点用都没有。“我想增加高密度脂蛋白胆固醇，并且想提高跑一千米的速度和质量”，这话就有用。“健康”是个毫无意义、没法衡量、无法证明是否存在的东西。嗯，我想说，这个词完全是个废物。

至于“最佳状态”这家伙，在人们日常生活中的出镜率也相当高，尤其是在某些医疗场所。“你的黄体酮指数的确已经恢复到正常值了，但肯定还不算最佳状态。”在这里，很少有人会问一句，干什么的最佳状态？不够去参加铁人三项比赛的最佳状态？不够多活二十年的最佳状态？不够让骨密度提高20% 的最佳状态？不够一天做爱三次的最佳状态？

最佳状态取决于你要拿这个状态去干什么，只有你明确地知道自己的目标，才敢说这是不是“最佳状态”。所以，“最佳状态”这个词不是完全没用，而是在你头脑清醒的情况下才有用。

如果你不清楚，那么维基百科对这个词的解释最地道：一枚烟幕弹而已。

为什么卡路里不仅仅是卡路里

卡路里跟卡路里没区别，不管它们从何处而来，牛肉还是红酒，糖还是淀粉，奶酪还是饼干。卡路里就是卡路里，很多卡路里就是很多卡路里。这是一个永远没有歧义的词。

——弗雷德·斯戴尔，哈佛大学营养学系的创始人和前任主席

场景一：一对同卵双胞胎兄弟在30天内吃的东西都一模一样。两人唯一的

区别是，其中一个人刚刚结束了一场深度的抗生素治疗，肠胃的消化能力非常弱。

30天后，两人的身体状况会像他俩所吃的食物和基因一样完全相同吗？

当然不可能。第一条规则：你吃了什么并不重要，你吸收了什么才重要。如果你的食物和药物仅是穿肠而过，什么都没留下，那就不算。

发明“卡路里”这种叫法的人是19世纪的化学家威尔伯·奥林·阿特沃特，他当时并没有我们今天所拥有的先进仪器。他采取的方法是焚烧各种食物，但是燃烧和胃消化的原理并不完全一样——吃掉一个给壁炉添柴的木头棒子怎么可能和把这个木头棒子扔进壁炉里产生一样多的卡路里呢？肚子可以消化掉树皮吗？可以。但消化得轻松吗？那是绝不可能的。

场景二：三位女性，全部来自同一个种族，年龄一样，身体素质接近。她们每人每天摄入2000卡路里的热量，持续30天。其中一位女性在这30天里只吃糖，另一位只吃鸡胸脯的瘦肉，最后那位只吃蛋黄酱（2000卡路里大概相当于19.4汤匙蛋黄酱的热量）。

30天后，她们三人的身体状况会完全相同吗？

当然不可能。第二条规则：激素对于碳水化合物、蛋白质和脂肪的反应是完全不同的。

不止有一例研究证明，牛肉中的卡路里跟威士忌酒中的卡路里根本不是一种东西。

凯克维克和帕万曾经做过一项研究，他们分别让三组被试对象食用三种不同的食物，但热量都是1000卡路里。第一组被试对象所吃的食物90%都是脂肪，第二组90%都是蛋白质，第三组则90%都是碳水化合物。尽管三组被试对象都不太喜欢自己吃的食物，但最终的结果却让很多人大跌眼镜。

食用1000卡路里的90%是脂肪的食物＝每天减重0.8千克

食用1000卡路里的90%是蛋白质的食物＝每天减重0.27千克

食用1000卡路里的90%是碳水化合物的食物＝每天增重0.1千克

不同来源的卡路里＝不同的现实结果。

虽然从脂肪、蛋白质、碳水化合物中摄入的卡路里有不同的表现，但是我们认为三者都很重要，唯一需要注意的是如何调配。

营销高招：性别推销法

本书中50%的例子的主人公都是女性。

营销大师们致力于让女性相信，她们需要特别的饮食和特别的保养之法——因为她们是女人。资本主义的精髓就是，制造虚假的需要，然后制造虚假的产品来满足它。

如果有个体重113.4千克的美女跑过来找我，说她要一个2尺（约为66厘米）的腰，那我是不是要答应她，然后给她推荐一些女性的减肥食谱呢？不太可能。男女的确有别，但十之八九，两种性别对美的定义都是相近的：少点脂肪，多点肌肉；该胖的地方胖，该瘦的地方瘦。有一句话叫“胖不见肉，瘦不露骨”，应该是天底下男女对完美体态的正常追求。而且在99%的情况下，男女为了瘦身塑形所做的努力都是一样的。

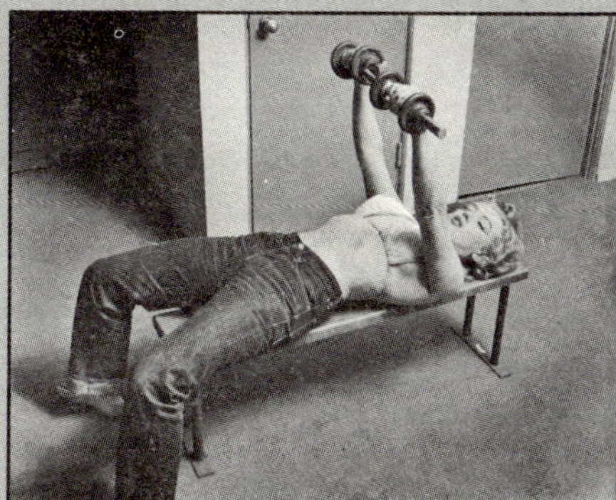

玛丽莲·梦露——美国人心中的性感女神

一般来说，女性体内的睾丸激素不到男性的十分之一（大部分人连四十分之一都不到）。这种生理差异让女性无法像男性一样催生强壮的肌肉，除非你是个统计学上的例外。所以，如果你是女性读者，在使用本书推荐的方法的时候，完全不用担心自己会练成什么“大块头”。

就算你属于易感体质，比如锻炼对你的体形影响快于他人，你也可以稍微减量或者缩短锻炼的时间。但无论如何，你觉得“拎两下杠铃就能变成施瓦辛格”的猜测是完全不成立的，许多男人巴不得锻炼几次就练出肌肉。实际上，若真想让肌肉毕现，就算是男人也要练好久，还得是在专业人士的指导下锻炼——比如我。

也许有一些科学家会跳出来反驳我：女人的慢动肌肉收缩纤维要比男人多很多，怎么能说男女没有差别呢？难道不应该为女性单独设计一种健身方式吗？我真不敢苟同，而且我也不是第一个表示不苟同的人。本书所罗列的数据和分析阐述都在讲两件事：1. 肌肉类型是可以改变的；2. 你应该为了自己的既定目标调整饮食和锻炼习惯，而不是根据自己的现状来设定饮食和锻炼习惯。

女性主义在锻炼中没用。如果有人跟你打"女性独享"牌，那他不是骗子，就是营销公司的新员工。

工具指南

• Peter Bevelin, *Seeking Wisdom: From Darwin to Munger*（www.fourhourbody.com/wisdom）：《寻求智慧：从达尔文到芒格》是对心智模型研究和使用方法阐述得非常好的书之一。当时是德里克·锡弗斯介绍我看的这本书的手稿，希望它有助于锻炼我的批评思维。德里克·锡弗斯成功地卖出了自己的公司 CD Baby，获利 2200 万美元，是个不可多得的商业奇才。

• *Poor Charlie's Almanack: The Wit and Wisdom of Charles T. Munger*（www.fourhourbody.com/almanac）：《穷查尔斯宝典：查尔斯·芒格的智慧箴言录》包含了许多查尔斯·芒格的访问和讲座。虽然已售出近 5 万册，但出版商没为它做过任何媒体广告或平面宣传。

• *Munger's Worldly Wisdom*（www.fourhourbody.com/munger）：《芒格的世俗智慧》是根据查尔斯·芒格给南加州大学商学院做讲座的演讲稿整理成书的，他讨论了那些影响了他 90%决定的思维模式是如何产生和被训练出来的。

第三部分

零基础启动、自治

THE
4-HOUR
BODY

每周健身4小时

在个人层面上，自治的意思就是能够冷静地进行自我评估，不断地进行自我净化和自我依靠……当我们能控制自己的时候，就是我们实现自治的时候。

——圣雄甘地，《年轻的印度》（*Young India*）的第 772 页，1928 年 6 月 28 日出版

第四章

原宿时刻
——你决定成为一个完整的人

我必须摆脱恐惧。恐惧是谋杀理智的凶手，是死亡的兄弟。我要直面恐惧。我允许恐惧穿越我的身体和心灵，可无论它何时来何时走，我的内心都会有一只观察之眼盯着它。恐惧所到之处，无痕无迹，唯有我会永存于此。

——弗兰克·赫伯特所著的科幻小说《沙丘》（*Dune*）

对于我们大多数人来说，书架上的那些“指南类”书籍永远是一份向往，而不是真能听进去的意见和建议。

旧金山的几家知名科技公司的CEO都反复地问我要过同一个东西：一张写有如何减去腹部脂肪的步骤卡。他们每个人都声称：“你只要告诉我具体该做什么就可以，无论什么，我都做得到。”

尽管这话我从来不信，但每次我都按照要求给他们制作了便于携带、保管、阅读的小卡片，上面工工整整地写着我多年来总结的心血经验和建议。结果呢？说实话，至今没见谁的肚子变小过。

人们拼命地想得到建议，却在接受建议的时候畏缩不前，就连世界上最大胆、最有自制力的人也不例外。我琢磨了一下，原因有二。

1. 大多数人的行动还是缺乏动力。也就是说，他们不满，但还不是极度不满；他们想改变，但并不是真的想改变。人们觉得“如果……就好了”，但并不是“必须……才好”。不是每个人都有自己的原宿时刻。

2. 没人提醒他们第一条的存在。没有跟踪记录，就没有意识；没有意识，就没有改变。你自己有多重？感觉是否舒服？这谁也说不出来。世界一流的健身大师也没法强迫你承认“我现在的体形很糟糕”。

那什么是我所谓的“原宿时刻”呢？

应该说那是一种顿悟，是根本性的转变，是从“有了也不错”到“必须拥有才叫好”的转变。如果开始不是做，而只是想，那“开始”就毫无意义。不仅减肥如此，增加力量也是如此，改善性生活质量更是如此。不管我作为专业人士给你多少有效的建议、指导、提醒，最关键的还是你自己要达到一个点，然后你要让这一切发生。

查德·福勒很清楚这一点。

查德是 InfoEther 公司（一家技术咨询公司）的首席技术官，他人生的大部分时间都花在了用 Ruby（一种为简单快捷的面对编程而创的脚本语言）计算机语言为客户们排忧解难。同时，他也是 RubyConf 和 RailsConf 年会的组织者之一——我们第一次见面就是在这个年会上。第二次见面的地点换成了科罗拉多州的博尔德，他用温柔的语气教我这个根本不懂编程的人如何使用 Ruby 语言。

查德是个天生的老师，他耐心细致，善于表达和沟通。可我还是学得很慢，很重要的一个原因是我老想着别的事。查德在不到 12 个月的时间里，成功减重 70 磅（约合 31.5 千克）。我太想知道他是怎么做到的了。

最让我惊讶的并不是他能减掉 70 磅，而是在如此短的时间内能办到这件事，其中的秘密实在让我心痒痒。要知道，查德不是胖了一天两天了，十几年来，他都挺着自己的大肚子。这种“顽固型”肥胖人士，怎么就能“嗖”的一下瘦了呢？回到旧金山之后，我给他发了一封电子邮件，提出了自己的疑问：

“到底是什么事触动了你的哪一根神经，让你一下子可以减掉 70 磅呢？”

我不想问他的食谱或是他使用的是哪种健身器械，我想知道的是那个激发他下决心减重的“引爆点”。一个从商十余年的成功企业家到底为什么突然把重心转移到减肥这件事上，而且大获成功的呢？

他的答案，我将在这章着重介绍。

即使你没有减脂减重的需求，读了下文，你也会愿意举个杠铃、跑个5000米，或者长点肌肉什么的。

但是，先让我们谈谈这个怪现象：数卡路里。我一直在抨击这种做法，而查德的成功恰好为我提供了极好的佐证。

查德减掉70磅（约合31.5千克）的时候，这本书还没影儿呢。很多办法都比记录卡路里要好，可是如果非让我在什么都不记录和记录卡路里之间选择，那我还是选择记录卡路里吧。做点什么总比什么都不做好。

如果你极度肥胖、极度瘦弱、极度僵硬，极度这极度那，那么记录你的变化数字是判断所用方法是否适合你的最佳标尺。

这个办法再度强调了我推崇的一条原则：你用不着时刻都准确、正确、精确。你只需要明白几个基本的含义，比如微波炉，你知道哪个键是定时，哪个键是定温就可以了，东西放进去，自然就热了。

塑身的整个流程也一样。

好，现在我们一起走进查德·福勒的世界吧。

原宿时刻

“十年来，我越来越胖，胖到走形了。我原来其实特别瘦，也是那种不健康的瘦。但是突然有一天，我决定让我的体形变正常些。

“我记得那个时刻、那个点——我下决心的那个点。

“当时，我跟一群朋友在日本东京。我们去了原宿，那里的日本青年以穿着出位、时髦著称。我们也想给自己搞几件拉风的衣裳——那里有很多时尚小店。一起的朋友里有些很懂时尚的人，他们在去之前就已经想好自己要买什么了。我们进进出出了好几家店，可我什么都没买。一个跟我一样的朋友也不想继续逛了，我俩就在店外面等着别的朋友在里面挑衣服。

“我俩实在是跟不上潮流，土得根本没法跟原宿融合在一起。我俩都觉得挺悲哀的。

“然后，也不知道怎么想的，我就跟我那个朋友说：‘我根本不在乎穿什么，我也没想把自己捯饬得多好看。’

“他当时好像也同意我的说法，还是别的什么，我有点记不清了，但这不是重点。重点是，我说那些话的时候，那条吵闹的商业街突然静得掉根针都能听见。每个人都在看我，每个人都听到了我的‘宣言’。我尴尬极了，真想找个地缝钻进去。我也听到自己的话了，我没去琢磨自己说的到底是不是实话，但我听出了语调中的那股绝望。我查德·福勒虽然算不上是什么旷世奇才，但还算个比较成功的职业人士。我做事有自己的计划，而且我总是能按计划执行好。我的事业如此，我去学音乐、学外语也是如此。基本上，我做任何事都是这种套路。

“在很长一段时间里，我都用这个方法设定一个高的目标，然后为了这个目标而奋斗。我知道自己会成功，因为事情就应该是这样。

“如果我想要一个 80 分的职业生涯，就不能随波逐流——因为大部分人的目标是60分。他们有目标，却缺乏动力，所以目标变成结果的时候就大打折扣。我也许比别人勤奋一点点，但这绝对不是我的成功秘籍，因为勤奋是件很简单的事。如果我真有与众不同之处，那我觉得在别人‘想’的时候，我在‘做’。

“可在原宿那天，我放弃了对身体的控制、放弃了对健康的期望。我胖了很多年，有时我甚至想：生一场病是不是就能瘦下来？我一直梦想着自己能瘦下来，等着天上掉馅饼。结果呢？什么都没发生。在这件事上，我只配得 60 分，甚至连 60 分都得不到。

“所以，的确，我用不着穿得多漂亮、多时髦，可这件看起来很肤浅的事却最终促使我做了绝不肤浅的决定。一次购物打击让我彻底把心里那个障碍物连根拔起了，从那一刻开始，我真的改变了。

“现在，我明白这就是一种模式。干我们这行的——写程序的、每天接触高科技的人，似乎就崇尚这种残缺，而且很流行，也很容易互相模仿。最近，我觉得我的生命有了新主题：找到这些劣根、这些黑洞，我要把它们补上，我要成为一个完整的人。

“一旦我下定决心开始减肥，似乎什么障碍都不存在了，一切都那么简单，甚至我还乐在其中。

“我也没做什么特别的，一开始就是注意饮食，然后一周去健身房做三四次运动，没有人督促。我只是想让今天比昨天好，明天又比今天好。第一天很容易，因为不管我做什么，肯定都比前一天好。

“假如你问一个普通的胖子：‘如果坚持锻炼一年，你就能获得正常的体形，你愿意吗？’我想百分之百，他都会兴奋地喊道：‘靠，当然愿意了！’可问题是，对于正常人来说，减肥并没有放之四海而皆准的方法。大多数人都可以做到控制饮食，也可以加强锻炼，但这样做的结果不一定能减掉脂肪，尤其想在短短一年之内看到效果，实在是件不好控制的事。

“如果做一件事却看不到效果，那就算是上帝也做不下去。所以当务之急就是找到可以记录效果的方法——还有什么比数据更有用呢？

“我知道有个东西叫基础代谢率，按照这个计算，保持当时的体重需要摄入的卡路里数简直是个天文数字，我自己都被吓了一跳。我去找了一份常见食物的卡路里对照表，看完心里踏实了不少，因为我要是想继续这么胖下去，那得一天不停地吃。也就是说，对那时的我来说，变得更胖比变得更瘦要难。基础代谢率告诉了我两件事：第一，少摄入点卡路里对我来说很容易；第二，我之前的饮食习惯一定犯了巨大的错误，不是小错误，是巨大的错误才会造成我这么胖。这也算是个好消息，因为你看，我这不是正准备改正错误吗？既然吃错了会胖，那么吃对了就一定可以恢复正常体形。

“接下来，我又知道了4000卡路里相当于一千克脂肪的热量。我知道这么换算有点太简单了，但是没关系，简化是下一个推荐的减肥利器。

“下一步，我知道了4000卡路里的热量大约相当于1磅的脂肪。我知道这么说有点过于简化，不过没关系，把复杂的事情过分简单化，正是接下来我将介绍的一个减脂工具。如果每天摄入大约4000卡路里——约1磅的脂肪，而我的基础代谢率很高，意味着我很容易代谢掉每天摄入的热量。我突然明白了，在不用做太多运动的前提下，我也能够减掉很多脂肪。我们假设减脂期间每天做30分钟的有氧锻炼，那么根据消耗的卡路里数，我很快想出了一个公式，大概就是这样：

基础代谢率 =2900 卡

实际摄入量 =1800 卡

饮食缺乏 = 基础代谢率产生的能量 - 实际摄入量 =1100 卡

30分钟有氧运动燃烧的卡路里 =500 卡

总缺乏 = 饮食缺乏 +30 分钟有氧运动燃烧的卡路里 =1600 卡

“根据食谱，假设我每天只摄入 1800 卡路里，结果我却代谢掉了 2900 卡路里，有氧运动又消耗了 500 卡路里。也就是说，我一天释放了 1600 卡路里，几乎相当于一天就减掉半磅（约合 0.225 千克）体脂。也就是说，不用怎么太努力地健身，我就可以在十天之内减掉 2.25 千克。如果你超重 22.5 千克的话，这就意味着你在十天内减掉了超重重量的 10%，这个数字可太诱人了。

“我刚才提到的一个很重要的事情就是，所有这些数字在某种程度上来说都只是废话一堆。这没关系，事实上，意识到‘数字是废话也没关系’是我的最大变化。当你超重 22.5 ～ 31.5 千克（而不是 2.25 ～ 3.15 千克）的时候，去计较自己的运动消耗了多少卡路里，或者计较自己吃饭摄入了多少卡路里，那简直太痛苦了。我相信不少人不会因为肥胖而自杀，但会因为必须要计算这些热量而结束自己的生命。因为事实是，普通人找不到什么工具能随时告诉我们摄入或消耗了多少卡路里。但是，只要你‘有点’正确，只要你的大概方向是对的，只要那些数字没有被计算颠倒，只要它们能显示到底是在上升还是在下降，只要有一个趋势能指引你，你就会做出巨大的改变。

“还有另一个伪科学的数据对你很有帮助：显然，减掉 4.5 千克的话就意味着你可以穿上小一码的服装（比如从超大码变成大码，从大码变成中码，从中码变成小码）。这是一个巨大的动力。我太想把自己衣橱里的所有衣物都捐给慈善机构，然后赶紧去原宿肆无忌惮地把自己装扮一新。

“作为一个书呆子，我发现自己如果收集不到准确的数据就很不愿意继续做收集数据这项工作。训练自己学会不较真也是我的课程之一。

“除了这些知识，你还得懂点有关新陈代谢的基础知识，不用很深，了解最基本的工作原理就可以。我的饮食主要改变为：醒来后 30 分钟内吃完早餐，每天进餐五六次，每顿饭大约含 200 卡路里的热量。我是怎么计算卡路里的？我不计算。我制订好一周的饮食计划，精确到每一餐、每一种食物，然后去采购，回来后就按照这个饮食计划吃一周。绝对严格地遵守计划，食谱上写的怎么吃、吃什么，我都照办。所以，我也用不着再跟卡路里较劲了。仅仅一周后，我就意识到随意地吃却想精确地控制卡路里是多么愚蠢的行为。

如果你真的在乎卡路里，就应该制订固定的食谱和饮食计划，然后按照食谱吃，只有这样才能真正控制卡路里的摄入量。

“还有几个提示，很个人化，对你来说不一定好使，但我想跟大家分享。

“我建了一个工作站。我在办公桌前弄了一个健身单车，所以可以边工作边蹬自行车。我是真的在工作：为《激情程序员》杂志（*The Passionate Programmer*）的部分栏目撰写文章，玩电子游戏，跟朋友聊天，看以前觉得很无聊、很浪费时间的电视节目，而我的双腿在我工作、娱乐、交际的时候没停下，一直在勤奋地蹬啊蹬。我知道很多从事创意工作的人非常讨厌运动，因为运动属于重复性动作，自然会很无聊。我以前也是这么认为的（现在我可不是了……一旦你投入进去一次，你就再也不可能觉得运动是无聊的）。自行车和办公桌工作站的确是我的救星，不过，真正起效的是我找到了一个有效又有趣的测量系统。

“我买了一个心率监视器（HRM），然后像个孩子一样，不管干什么事都要用上这个东西才甘心。我连打电玩的时候都用它监测心跳，以确保在找乐子的时候也顺便做有益健康的事。如果你知道自己的心率区间（在互联网上很容易找到），就会非常清楚自己做多少时间的运动可以消耗多少卡路里的热量，没有任何歧义，也没有任何借口。计算你燃烧了多少卡路里（高级一点的心率监视器都带有计算卡路里的功能）的过程很有趣，也能激励像我这样的胖子多动少坐。后来，就连做烦人的家务的时候，我也带着它。于是，不但完成清洁工作变得迅速，而且我还知道刷碗可以消耗多少脂肪、拖地可以消耗多少卡路里，这实在是劳逸结合。自从有了这个心率监测器，我的世界中每一件事都是‘可以减脂的’。不信，请看监测器上的数字。这对平时比较懒的人来说太重要了，因为你如果叫懒人去做一件违反懒惰规律的事情，懒人是很不愿意行动的。

“你也知道，增加肌肉是燃烧脂肪最好的方式。但是，像我这样的书呆子怎么会懂增加肌肉的好处？就像我刚才说的，书呆子不喜欢去做他们不确定会成功的事情。我们喜欢数据，我们崇拜专业感。于是，我雇了一个教练教我怎样健身。上了一阶段的课程之后，我想可以让教练放手了，因为我已经学会了‘正确’的锻炼方法。可别以为这时间很短，这位女教练训练了我整整一年，我才出师。

“最后，再说一个事情。我跟一个朋友说，我减肥虽然很成功，但似乎没什么经验和秘诀能跟大家分享。我的成果很特别，可我的方法实在没什么特别的。她告诉我，没什么特别的方法就是我的方法。

“在某种程度上，减肥成功的方法无非就是‘饮食和锻炼’，再不可能有什么别的噱头了。我使用的数据也没什么神奇的，都是普通的信息，你知、我知、天下人都知。我相信生物学原理可以创造奇迹。我试了大概20天，减掉了非常多的肥肉。更妙的是，我开始享受锻炼，不是为了减脂，而是因为锻炼的时候我的确感觉很好。

“这很容易。”查德说。

查德·福勒，减脂前后的对比

这对查德来说是很容易的，因为他找到了自己的原宿时刻。查德的方法奏效，是因为他让数字监督自己——谁能跟数字争辩？

原宿时刻之后，就是快乐的减脂时刻了。

工具指南：

•“Practical Pessimism: Stoicism as Productivity System” Google Ignite（www.fourhourbody.com/stoicism）：这是一个我做的5分钟演讲，讲述了2009年我亲身经历了自己的原宿时刻的一些故事。我想跟你分享的是：如何正视自己的恐惧，然后如何让它臣服，为你的目标服务。

•Clive Thompson, *Are Your Friends Making You Fat*? *New York Times*, September 10, 2009,（www.fourhourbody.com/friends）：《是你的朋友让你发胖？》，作者克莱夫•汤普森，刊于《纽约时报》2009年9月10日。

第五章

难以捉摸的脂肪
——你到底在哪儿

第一条军规就是不能糊弄你自己，可事实证明，你总是那个最容易被糊弄的人。

——理查德·范曼（诺贝尔物理学奖获得者）

了解自己。

——阿德尔菲的阿波罗神庙上的碑记

某男士的电子邮件记录：

• 2008年12月27日

开始，体重111.1千克

• 2009年1月30日

月末[①]，首次103.4千克

• 2009年3月1日

月末，第二次100.9千克

（在过去的四周里，白天吃的蛋白质太少。每天刚醒来的30分钟之内要增加30克的蛋白质摄入量，这样才能继续燃烧脂肪。）

• 2009年4月2日

月末，第三次92.4千克

（90天一共减重18.7千克）

① 此处“月末”是指每次减脂一个月的月末。

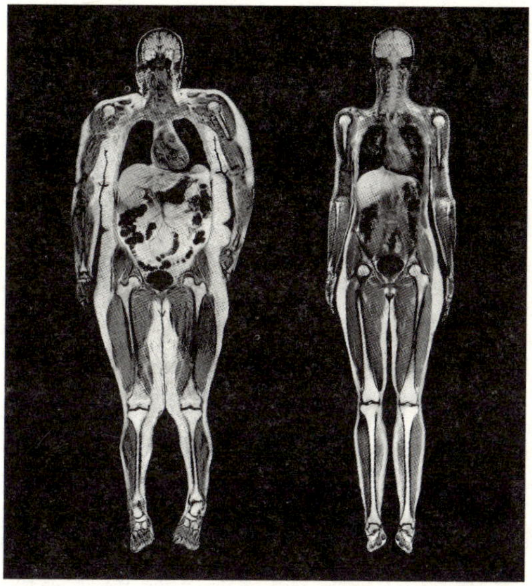

你以为脂肪都在皮肤之下？别做梦了。这是一个 MRI（核磁共振成像）对比，左侧是一位体重 113.4 千克的女性，右侧是一位体重 54.4 千克的女性。你可以清楚地看到，113.4 千克的这位女性身上的脂肪都堆积在内脏周围，而她胃里大量未消化的食物更是让人震惊。

- 2009 年 5 月 1 日

月末，第四次 90.7 千克

- 2009 年 6 月 1 日

月末，第五次 87.5 千克

- 2009 年 7 月 1 日

月末，第六次 84.5 千克

- 2009 年 7 月 31 日

月末，第七次 83.9 千克

他在最后两个月里只减掉了 3.6 千克，而他第一个月就减掉了 7.7 千克，这中间一定发生了什么事情，才让他的减脂速度慢下来。

这位 65 岁的男士看到自己的减脂速度一下子慢了下来，也非常懊恼。问题是，他真的用得着为自己的“慢”而懊恼吗？

会骗人的“秤”

看他的运动日志，你会发现，他力量增大最多的那三个月正是他减肥最慢的三个月。我不认为这是一个巧合。在所有运动中，他的力量几乎翻了两倍。同时保守估计，他在这三个月里还增加了4.5千克的瘦肌肉。也就是说，他的实际减脂成绩应该是8.1千克，而不是磅秤上显示的3.6千克。

他发过这封电子邮件之后，肌肉增长的速度放缓慢了，减脂的速度也又再度提升了，他从83.9千克降至78.5千克，减重总量为32.6千克。

但是，减脂总量是多少呢？估计我们永远也不可能知道了。这个减脂计划开始得过于仓促，我当时没有坚持让他去做体脂检测。

不过也无所谓了，长这么大，我头一次看到父亲比我还轻。减重成功四个月后，他去做年度体检。他的医生说：“你现在比你一年前还年轻啊，你想返老还童，变成神仙吗？”一年前，我爸爸身高1.68米，体重111.1千克。而如今，他还是1.68米，体重却变成了78.5千克。一年前，他还属于心脏病高发人群，仅仅过了12个月，他看上去像年轻了10岁，心脏病什么的早就跟他没关系了。

尽管如此，当磅秤戏弄了他的时候，他还是相当失落了一阵，以致本应该高高兴兴庆祝自己成功的时候，他却想放弃了。两个月减3.6千克，的确让人有点泄气。

我是他儿子，可以随时为他答疑解惑。可如果你遭遇了这样的“瓶颈”，该如何正视减脂数字，不让自己一时的粗心毁掉数月的努力呢？

很简单，几组简单的数据就能保证你的航行方向不会偏离航道。掌握它们，你就会知道自己所做的到底有没有减脂的作用。

虽然我时不时地建议你可以跳过那章、省略这章，但下面的内容我强烈建议你一定要在行动前读完，因为它们真的非常非常重要。若没有导航仪，出海就是寻死，你说呢？

选择正确的工具

我开车的时候，曾经有过一个习惯性动作。

我很赶时间或者第一次去某地的时候，马上就到目的地了，可能也就差几百米，有时候甚至就五六十米，我突然就会觉得自己开过了。没有任何理由，也没有任何提示，反正我就是坚信，自己开过了。然后，我就掉头向相反方向的车道开，再绕回去。但道路不是为我这种人设计的，一旦掉头，我可能又要多开不知多少千米才能回来。所以每到此时，最好的情况是，这种折返浪费了我的时间，让我迟到。最差的情况是，我如此沮丧，压根儿就没心情去赴约了。

这正是大多数人在减脂和运动时会遭遇的境况和做出的反应。

用不得力的测量工具，比如磅秤，就会给减脂的人造成错觉——自己根本一点都没减，还是那么肥。而事实上，他们的进步巨大，只不过磅秤无法告诉他们而已。被磅秤欺骗的人们会非常愤怒，他们会停止自己的减脂计划，还会报复似的吃更多的东西、睡更长的时间。而他们不知道，只要再坚持一下下，就连磅秤都无法阻止他们巨大的成功。所以，如果你的目标是减掉 9 千克，你就需要跟踪记录正确的数据。磅秤只是一个工具，你可以使用它，但不要任它摆布。下面是安吉尔的一篇反馈，她使用“慢碳水化合物饮食法”［见“慢碳水化合物饮食”（一）和（二）］两周了。以下是她的原话，我没编辑过。

“我的‘去你的减脂日’是周六。上周六过后，我重了 1 磅，不过，这对我来说是正常的……周二，我又减掉了这 1 磅。除了这 1 磅，第二周我的体重再没什么变化。但我并不气馁，因为虽然重量没变化，但尺寸有变化。我的臀部缩小了半英寸（约合 1.3 厘米），这太棒了。我两条大腿也一共缩了一英寸。所以，这周我总计缩了 1.5 英寸（约合 3.8 厘米），真是不赖啊！跟尺寸比起来，重量都不那么重要了！从我减脂的第一天算起，到今天我的身材已经缩小了 5 英寸（约合 12.7 厘米）……耶！如果继续这种速度，哪怕一千克不减我也没意见！我可是一点运动都没做哦！”

后来，我买了 GPS（全球定位系统），没事瞎掉头的问题自然就消失了。

GPS 之所以能解决问题，就是因为它可以回答那个简单的提问：“我们快到了吗？”

而在“身体重组”这个世界中，我们的重心并不在于“重量”，而是把身体中的成分“重组”。

你多重并不重要，重要的是你有多少有用的肌肉，又有多少无用的脂肪。在通向重组的路上，我们的忠实伴侣是周长和体脂测量。

到本章最后，你将开始设计自己身体的GPS。这个导航系统会把你带到一个叫“成功减脂9千克”的地方。

测周长很容易，用一个卷尺就够了。在本章结尾的网站中，我们都有详细的推荐。

但是，我们如何测量实际的体脂百分比？

其实，有很多的选择，最普通的往往是最差劲的。

找到真相

在24小时之内，我亲自试用了十几种体脂测量仪，其中有到处都能买到的，也有用起来非常复杂的。

下面就是我的测试结果，从最低到最高：

- 7%——3分SlimGuide（某卡钳品牌）卡钳
- 7.1%~9.4%——Accu（准确的）测量仪
- 9.5%——BodyMetrix（一种手持超声波测试仪）
- 11.3%——DEXA（双能X线骨密度仪）
- 13.3%——BodPod（一种体脂检测仪器）
- 14.7%~15.4%——欧姆龙手持式生物阻抗（第二个值是在五分钟后喝了两公升水后测出来的）
- 15.46%~16.51%——4度SlimGuide卡钳

我确信自己的体脂在24小时之内不能从7%升至16.51%，也就是说，这里面一定有那么几种体脂测量仪是根本不准确的。问题是，是哪些呢？

事实是，它们谁都不准。这也没关系，我们只需要确保选择的方法或者器材是一致的，就可以了。

下表列出了我测试的各种仪器，排序是按照误差最大到误差最小。

	测试成本	测试时间（分钟）	测试所需技巧	被测者的舒适度	误差率（百分比）	评论
周长	低	5	从低至中等	低	3.0～3.6	
卡钳	低	5	低	高	2.5～4.0	被测者的饮水状况很影响仪器的准确度
生物电阻	低	5	高	低	2.0～3.5	需要很好地掌握换算公式
超声波	低	5	中等	高	2.3～3.0	这是唯一花费不多但能同时测量体脂和肌肉的仪器
BodPod	高	30	高	中等	2.3～2.8	
水下测重	高	30～60	高	低	2.3～2.8	测量需要很小心，被测者需要适应水下环境
DEXA	高	15～30	高	高	1.2～2.5	可以同时测试体脂、瘦肌肉含量和骨密度
X光	高	10～15	高	高	1.0～2.0	辐射很大
MRI	高	30～45	高	高	1.0～2.0	

由路易斯达席尔瓦博士提供。他是加州大学戴维斯研究中心的生物光子学的科学与技术专业的科学咨询委员会会员。

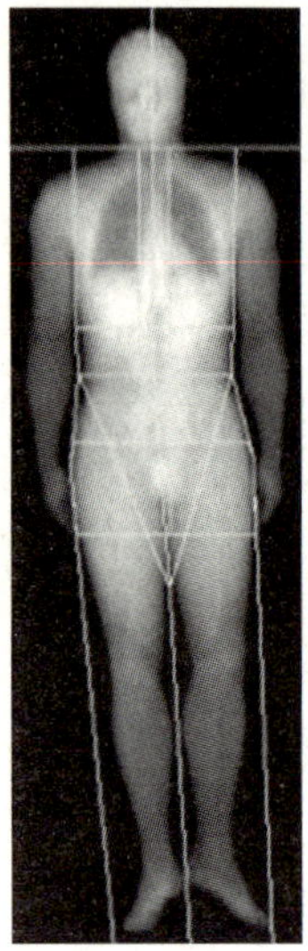

我自己的 DEXA 扫描成像

通过不同实验者在不同时段使用不同测试仪器的准确性，又考虑到稳定性和便利性（包括成本），有三个明显的赢家：

1. DEXA

2. BodPod

3. BodyMetrix

前三名：

DEXA

DEXA 全称是双能 X 线骨密度仪，每阶段测试大概需要 50 ～ 100 美元。它无疑是我的最爱。这个仪器测试的结果能给你提供许多除了体脂含量之外的有用信息，而且你可以反复测试。我用的是 GE 出品的“月亮奇迹”（GE Lunar Prodigy），是专门为测试骨密度而设计的，可以同时把人体分成几个部分，然后分别测试。

你可能会问，我又不是得了骨癌或者股骨头坏死，看这鬼东西有什么用？

我来告诉你它的优点。虽然你是对称生长的人，但是你的左右肌肉并不完全相同，而 DEXA 会让你非常直观、准确、科学地看到这一点。

下面是我的测试结果：

左臂——4.6 千克

右臂——4.7 千克（我是右撇子，所以这个结果很合理）

左腿——12.4 千克

右腿——12.8 千克

左侧躯干——18.9 千克

右侧躯干——17.9 千克

在后面的章节中，我们还会讲到如何在运动中预防肌肉损伤，而 DEXA 的使用也是至关重要的。只需要 5 ～ 10 分钟，你就可以清清楚楚地看到自己全身的肌肉状况和左右不平衡的程度。我可以负责任地说，即使是最优秀的治疗师给你做长达几个小时的检查，也未必有这一份测试报告详尽真实。

BodPod

每次花费 25 ～ 50 美元。BodPod 的工作原理是把空气抽走，然后利用临床医学中的黄金定律——静水力学原理在水中进行测量。被测者（不用看了，就是你）坐在一个密封舱中，通过改变水压来测试被测者的身体成分。当然，有了 BodPod，就不用费这么大的劲真的搞密封舱让人坐在里头，而且测试的速度和准确度也更高。目前，BodPod 是美国国家橄榄球联盟（NFL）选拔赛指定的体脂检测仪器，330 名来自美国各高校最优秀的橄榄球选手都要接受它的检测。联盟的教练和星探们都通过这个检测数值来判断这群小伙子值不值上百万、上千万美元的签约费用。

跟传统的卡钳测试仪不同，BodPod 可以测试重量超过 226 千克以上的对象，其测试范围极为广泛。

BodyMetrix

BodyMetrix 是一款手持超声波测试仪，测试者把它放在身体的哪个部位，BodyMetrix 都能测出该部位的脂肪厚度，而且可以精确到毫米。我以前就常用它，现在更是离不开了。

超声波早在十几年前就开始作为一种测试脂肪和肌肉特性的方法被广泛使用，适用于所有的活体。你甚至可以拿它来检测盘子里的高级神户牛肉的纤维组织，酷吧？当然，生过孩子的女人对这玩意儿更是熟悉得不得了。在孩子出生之前，超声波是产科医生能仰仗的仅有的几个精确仪器之一。

而超声波进入体育行业的时间其实并不长。升级版的 BodyMetrix 测试仪小到能放进上衣口袋，可以通过 USB（通用串行总线）跟电脑相连，方便实用。全球体育界的大腕和明星队都在使用这款产品，包括美国扬基队和 AC 米兰球队。它的便捷无可比拟，我可以随时随地进行测试，测试时间不到两分钟，而且测试结果可以以数据和图表两种方式显示。插上 USB 接口，我就可以把文件上传到我的苹果电脑中［事实上，如果你用的是 PC（个人计算机），上传速度会更快，它的软件默认的是 PC，不过苹果电脑也能用］。

虽然说现在很多健身房也都提供这项测试体脂的服务，但均收费不菲。与其测试一次（测一次的结果有什么用啊？）花一次钱，我宁愿自己买一台。专业型售价大概为2000美元。为了使用方便、记录方便，买一台绝对不亏。如果你想买一个普通的，大概也就1500美元。

找不到这些花哨的玩意儿?

如果你觉得“方便”不值那么多钱，或者说你有时间和精力去做一些不那么方便的测试，那么你只有卡钳测试仪和生物电阻测试仪可选了。如果你想做长期的记录，但又不想使用我推荐的前三甲产品，那么在长期使用这些不那么准确的测试仪器的时候，必须注意以下几点：

1. **不要拿在不同仪器上测试的前后结果做对比**。

不同仪器的结果是不能拿来对比的。我的意思是，当然你有权利这么做，但那毫无意义和作用可言。我曾经做过一个疯狂的实验，在24小时内不停地对自己进行体脂测试。结果，BodPod的测试结果是12.3%，而DEXA的结果是11.3%。假如我一开始用的是DEXA，测出体脂含量是11.3%，后来我又改用BodPod测试，结果是12.3%，那我肯定以为我的体脂增长了1%。可如果我一开始就用BodPod测试，我就应该知道，实际上我是减掉了1%。这一出一入的误差可就太大了。

2. **如果你选了生物电阻测试仪（BEI），你需要持续地进行水分摄入**。

至于生物电阻测试仪，喝水就可以影响它数据的准确度。有一次，我在两次测试的间隙喝掉了两升水，结果在短短5分钟之内，我的体脂数据就变化了1%。现在，我马上就要告诉你一个搞定水分摄入对测试结果影响的办法。

每天一醒来，就马上喝掉1.5升的冷水（冷水对减脂也有帮助），不过必须保证水温恒定。也就是说，如果你需要连续测试10天，那么这10天的水温必须是一致的。过30分钟后排尿，再用生物电阻测试仪测试体脂。在测试之前，什么都不要吃，什么也不能喝。你最好准备标有准确容量的杯子或者桶，大部分饮料都有750毫升装的瓶子。你可以留两个，每天早上灌满，然后喝掉。

3. **如果你选了卡钳测试仪，你必须持续地进行运算**。

即使你一直用同一把卡钳，只要你计算的方式不同，结果也会不一样。我建议你别自己操作，最好求助于健身馆或者你的私人教练，让他们来完成测试和计算的工作。

建立属于你自己的生理GPS——步骤

想重塑身材却什么都不想记录，就像什么呢？就好像你一直在计划旅行，却不知道从哪儿出发。我敢打包票，不管你用了什么招儿，只要你少了记录数据这个环节，早晚会后悔。所以，我真诚地建议你，别瞎转悠了，赶紧制订好路线图吧。

我爸爸已经成功减掉了近32.6千克，而且在力量训练中表现得十分出色。可即使是这样，他仍然时常念叨“当初如果测试一下体脂，做个记录就好了”。

别怕花钱，别怕花时间，别怕花精力。我告诉你，一切都值得。坚持不下去的时候，偶尔疏漏一两次，或者记录得不太详细都成，只要你别一点都不记就好。

步骤如下：

1. 先记录下塑身之前的原始数据。用卷尺就成，测量以下四个部分：左右臂的上臂周长（以卷尺围住肱二头肌中间的部分为准）、腰围（以卷尺盖住肚脐的部分为准）、臀围（以卷尺围住腰部以下最宽的部分为准）、两腿的周长（以卷尺围住大腿中部为准），把所有这些数据记入“全部长度”这个栏目下。这个栏目的数字变化是最明显也是最有意义的。

2. 测试你的体脂含量，相关的指导请看后面的“审查”。

3. 选择最适合你的工具，给自己定一个测试的频率。

如果你超重30%，最好还是别用卡钳测试仪，应该依次选择前三甲产品。如果你所在的地方实在找不到这些高科技产品，那么你可以选择生物电阻测试仪，但必须要注意在正确饮水的情况下记录数据。

如果你超重25%，也建议你先使用前三甲产品。如果找不到，那么你可以选择卡钳测试仪，但前提是最好有专业的测试人员协助你进行长期的测试与记录（最好一直是同一个人帮你测试，不要中途换人）。使用的换算方法最好是我建议的杰克森·波洛克进制。如果这两者你实在都达不到，那至少也得使用一种专门测量大腿的换算方法或者三分进制换算方法。大腿脂肪非常难测，可又必须准确测试，所以不能忽视。不管你用什么算法，都把算法的名字记清楚。

检测方法：目测体脂指南

在塑身之前，你一定会问自己，我的目标是多少呢？对大多数人来说，我建议大家慢慢来，把自己的体脂目标定得尽量人性化些。

男士们：

如果你本身已经严重超重，那么我建议你将目标定为减掉20%的体脂。

如果你只是略有赘肉，那么我建议你将目标定为减掉12%的体脂。

女士们：

如果严重超重，那么我建议你将目标定为减掉25%的体脂。

如果略有赘肉，那么我建议你将目标定为减掉18%的体脂。

无论男女，如果你的目标是增重，那么后面的章节会帮到你。

请翻到后面众多实验者真人照片的部分。惊人，对吧？想拥有这样的变化，对吧？每张照片旁边几乎都标注了实验者当时的体脂含量，你觉得哪个跟你自己的实际状况比较接近？别不相信你的眼睛，我建议你最好先看照片，然后再读下面的文字。有很多人看了照片之后，立刻就能总结出自己的体脂状况，甚至都不用听我在后面啰唆。

下面的这些描述和体脂比例基本上是基于高精度卡钳对男性的测试结果而得出的，当然对女性也同样具有指导意义。这些照片就算不是用来目测体脂也非常有用，因为它们真实，而且非常令人震撼。如果你想时常看看这些作为鼓励自己的目标，那么请到网站上浏览更多的对比照片（www.fourhourbody.com/bodyfat-Examples）。

· 当你拥有 20% 的体脂

你的身体上没有明显的肌肉线条。如果你的确是个大块头，而且也经常锻炼，那么你的肌肉群之间会有轻微的分离现象，但不明显。相关图片，请参看：

www.fourhourbody.com/20a，

www.fourhourbody.com/20b，

www.fourhourbody.com/20c。

· 当你拥有 15% 的体脂

略有些肌肉线条，但主要集中在肩部（三角肌）和上臂。没有腹肌。相关图片，请参看：www.fourhourbody.com/15a。

· 当你拥有 12% 的体脂

肌肉线条更为明显，尤其是胸部和背部的肌肉线条开始显现，腹肌开始出现。如果你站在亮度适宜的室内灯光下，可以隐约看见自己的腹肌呈四块状。相关图片，请参看：

www.fourhourbody.com/12a，

www.fourhourbody.com/12b。

· 当你拥有 10% 的体脂

手臂、胸部、腿部和背部的肌肉线条愈加分明，即使不用力，六块腹肌也清晰可见。相关图片，请参看：www.fourhourbody.com/10a。

· 当你拥有 7% 的体脂

腹肌明显，非常明显，手臂肌肉的血管突出，胸、背肌肉分明，脸部的线条逐渐呈几何形，越来越有棱角。相关图片，请参看：

www.fourhourbody.com/7a，

www.fourhourbody.com/7b。

· 当你拥有 5% ～ 7% 的体脂

用力时，肌肉上的网状血管清晰可见。同时，下腹部和大腿处也有血管突出。只有职业的健美运动员为了在比赛中获胜才会让身体处于这种状况。相关图片，请参看：www.fourhourbody.com/5a。

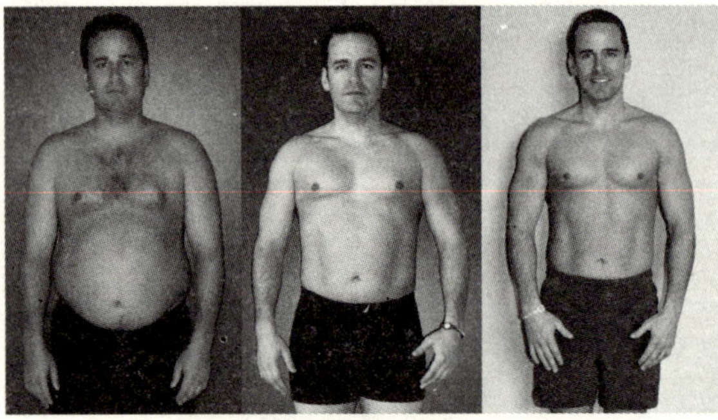

正面的特莱沃 · 奈维尔
33% 的体脂时，19% 的体脂时，9% 的体脂时。

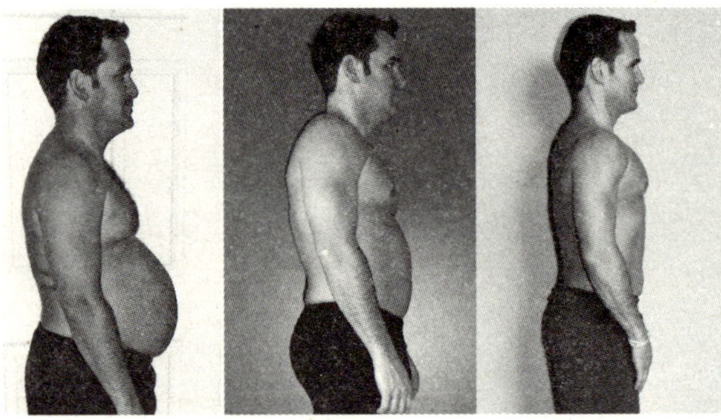

侧面的特莱沃 · 奈维尔
33% 的体脂时，19% 的体脂时，9% 的体脂时。

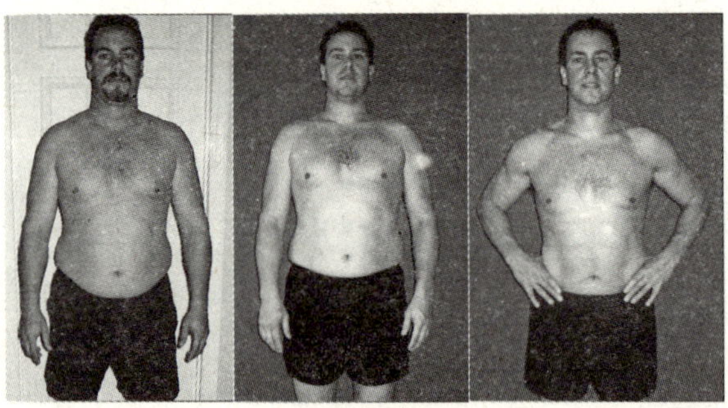

雷 · 克鲁尼斯
31.56% 的体脂时，24.7% 的体脂时，12.65% 的体脂时。

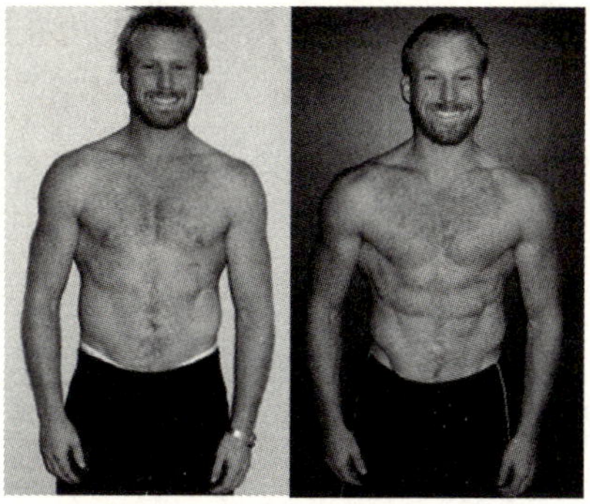

尼克·欧文
22% 的体脂时，5% 的体脂时。

南森·乍鲁（Nathan Zaru）
8% 的体脂时。

我之所以把这张照片放上来，并不是因为他长得帅，而是这张照片完美地诠释了当一个成年男性只有 8% 体脂时会达到什么样的状态。人们热衷于锻炼健身，却大大低估了体脂的作用。很少人会相信，只要减到 8% 的体脂，我们的身体自然会呈现出一种力量美。只要你不是面条形人物，平时爱做运动，有点小肌肉，当你的体脂达到 10% 以下之后，你就是这副样子。

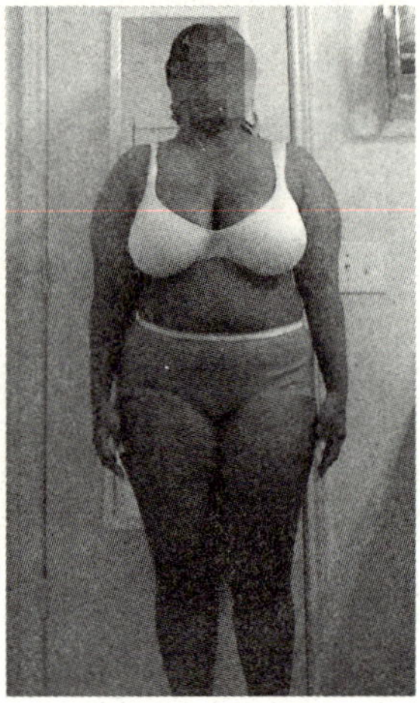

100千克，39.8%体脂。

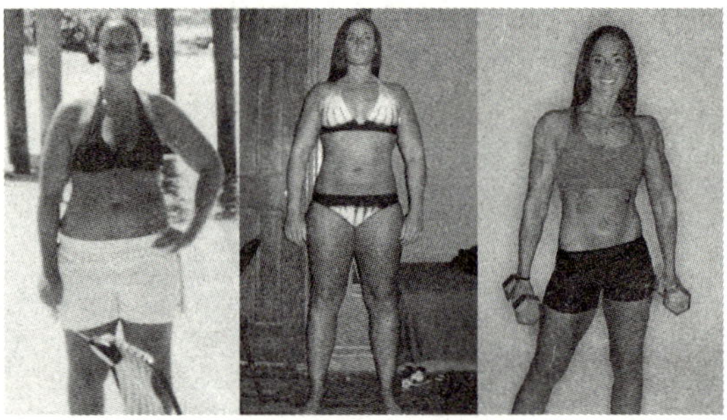

艾琳·罗阿迪斯

30%的体脂时，25%的体脂时，12%的体脂时。

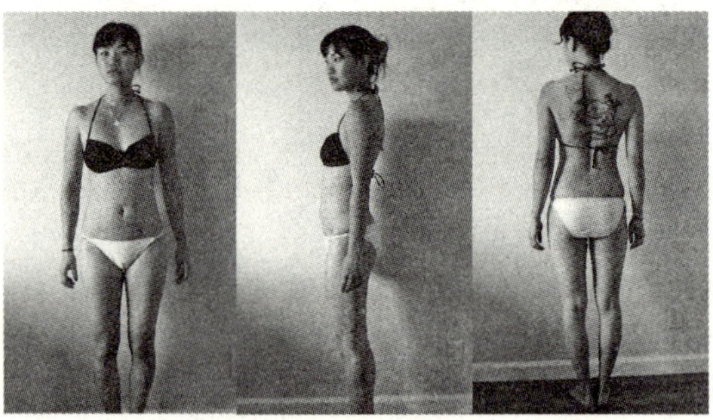

茱莉22%的体脂时。

（把这姑娘的照片跟前面特莱沃和尼克的照片对比一下，你就会明白，虽然他们性别不同，但是他们的体脂含量在20%左右时，呈现的身体状态是非常相似的，尤其是肩部。）

安德里亚 · 贝尔
13.4% 的体脂时。

工具指南：

• OrbiTape One-handed Tape Measure（www.fourhourbody.com/orbitape）：卷尺虽然很普通，但这款 OrbiTape 单手操作军用软卷尺的最大特色是精准。它可以测量你身体的任何部分，而且操作起来极为方便。军队在体检时，这款卷尺的出镜率是最高的。

• 去哪儿找 DEXA：DEXA 的使用必须经过相关部门批准，而且仅限于医疗机构，所以在健身房、俱乐部这样的地方你是不可能见到它的真面目的。首先，上网查一下你所在的城市是否有“DEXA 体脂”这样的词条出现。如果压根儿没有这样的信息，那就说明你所在的城市不提供 DEXA 检测体脂这项服务，你就只能先搜索“DEXA”“骨炎检测”“骨密度检测”这样的医疗词条了。引擎搜索是门艺术，更是技术，相信你在搜索“DEXA”时，至少会跳出几百万个词条，所以你一定要学会组合关键词，比如加上你所在地的邮政编码或者在“DEXA”后面加上“设备”等字样。我是在加州里德伍德市的一家名叫“身体组成检测中心”的地方做的测试，每次花费 49 美元（www.bodycompositioncenter.com）。

• BodPod Locators（www.lifemeasurement.com/clients/locator）：BodPod 是美国橄榄球联盟指定的一款测试运动体脂、肺活量的产品。这个网站提供了 BodPod 在全美境内 50 多家销售评估的网点，大家可以在离家最近的那个网点买到产品。

• BodyMetrix（www.intelametrix.com）：这款手持式超声波检测仪器可以检测

人体的成分，并且可以把结果精确到毫米。基于它的便携性和精准性，它是我最常使用的一款工具。

• Escali Bio-impedance Scale（www.fourhourbody.com/escalibio）：Escali 生物电阻秤不仅可以称量体重，还可以检测体脂，并可以供 10 个人同时使用。

• Slim Guide Skinfold Calipers（www.fourhourbody.com/slimguide）：Slim Guide 皮脂卡钳估计是全世界范围内最畅销的一款卡钳产品了，价格低，质量却奇佳，准确度甚至值得专业人士信赖。提醒一句：在计算时必须把腿部测量结果囊括进换算公式中去。

• Cosmetic Fat vs. Evil Fat—How to Measure Visceral Fat（www.fourhourbody.com/evil）：你肯定见过这样的人，他们的肚子巨大，活像在腰间长了一面鼓。你戳戳他们的肚子会感觉有点像肌肉，但又好像不是。很多老年人都有这样的大肚子。那真的是肌肉吗，还是他们积攒了太多脂肪？实际上，他们体内的脂肪不是皮下脂肪，而是医生口中常说的内脏器官脂肪。这种脂肪才是最可怕的，油脂把体内的内脏包裹得严严实实，让器官不能进行呼吸和良好的新陈代谢，导致内脏十分集中的腹腔越来越大，就是普通人所谓的“啤酒肚”。卡钳和超声波类的测试产品有个缺陷，它们只能测出皮下脂肪是多少，却并不能告诉你哪些是脏器脂肪，哪些是皮下脂肪。下面的这篇文章是迈克尔·伊兹医师和玛丽·丹·伊迪丝医师共同撰写的，两位大夫在文中介绍了一种不依赖高科技就能测试出内脏的脂肪数量的方法。对于体脂含量超标 25% 以上的人群，或是任何中年人，了解这个概念并学会使用这种测试方法都是至关重要的。

第六章

从不敢拍照开始

——不失败就是成功

我有个绝佳的减肥方法。这种方法是，你想吃什么都可以，不过无论你吃什么都必须跟一个光着身子的胖子一起吃。

——埃德·布卢斯通

只要是可测量的，就都是可控制的。

——彼得·德鲁克

引子：199.2

特莱沃盯着面前的LCD（液晶显示器）的屏幕，上面显示着这个新数字。他眨了几下眼睛，有点不敢相信。199.2（约合89.6千克）。然后，他又揉了揉眼睛。

“我的天啊！”

他高二之后的一年里长了10磅（约合4.5千克）肉，从此就再也没有停下来。大学毕业的时候，他已经是240磅（约合108千克）重的大胖子了。在他的成年岁月里，今天是第一次——当他站到电子磅秤上，屏幕上显示的是199.2。没错，200磅（约合90千克）以下。

两年前，他开始在跑步机上锻炼。当时，他的目标就是把自己的体重减到200磅（约合90千克）以下，可在那时候看来，这个目标简直遥不可及。

现在，他完成了目标。你肯定想问他怎么减下来的。可我更想问，他的方法怎么会这么有效呢？

很简单。他跟一个同事做了个约定，他俩每周一起去健身房三次，谁要是错过一次，那就得给另外一个人一美元。

两人第一次去的时候，特莱沃一共在跑步机上跑了四分钟。

不久之后的一次，他一口气在机器上跑了一千米。这可是他自四年级体育考试结束之后，第一次连续跑完一千米。

想知道他现在能跑多少吗？两个半全程马拉松的量。

倒不是他多在乎那一美元的缺席罚款——实际上这家伙很能赚钱，而是潜意识中不想输的心理让他达成了减肥的目标。

不管是一美元惩罚还是一英尺（1英尺≈0.3米）计划，总有什么东西让你从一开始就能认真对待，而且坚持不懈。你要做的就是，找到这个“什么东西”。

世界上最廉价的保险——绝不失败的四个秘诀

我喜欢看航机杂志，尽管很多人不理解。可有一天，那天是周四，我记得很清楚。我坐在飞机上，手中拿着一本最新的航机杂志，竭尽全力地集中精力于那些游泳池边的吊床和各国的地图时，我发现我做不到。我喜欢吊床、地图和航机杂志，可我当时就是看不进去，通道那边的一幕实在让我无法不去看、不去想、不去问。

整个机舱都非常安静，但在紧挨通道的座位上，一个体形硕大的男士正在旁若无人地撕开一袋塑料包装的零食，那声音可想而知。我从来不叫别人“胖子”“肥仔”之类的，可对于这位男士，我实在找不出更恰当的词来形容。他胖到正常的安全带完全没法把他固定在座位上，空姐给他拿了一条“延长带”才算搞定。而刚扣好，他就迫不及待地打开那袋零食开始大嚼起来，完全没理会广播里刚刚说过这个是给大家带下飞机食用的。过了没两分钟，他又掏出一包奥利奥。我们还没飞出机场，他的奥利奥饼干已经全部进肚了。我看着他，完全忘了看手里的杂志。

如果不是怕挨揍，我肯定会摇摇他的胳膊，问他：“一个人怎么可以在神志清醒的情况下，这么吃东西？”我看见他带了个手杖，所以才管住了自己的嘴巴。我相信，答案是他根本就神志不清。我并不是说他在梦游或者什么，而是说他完全没有思考过自己吃东西的这种行为，完全没有。他不知道自己该吃什么、该怎么吃、该吃多少。“吃”这件事对于他来说，完全是无逻辑、随性而为的一件事。

我们许下承诺，然后又用可笑的行为打破承诺。要不然怎么会有发誓要减肥的人却非要在晚上睡觉之前吃掉一桶冰激凌的事情？一个在公事上极有效率的行政人员每周却抽不出 30 分钟做简单的健身操？有人因为吸烟问题婚姻岌岌可危，可他偏偏就是离不了烟？

很简单：逻辑失误。如果让你用四个字去总结一下过去 100 年里行为心理学的精髓，那么你已经做到了，就是这四个字而已。

幸运的是，知道了这个，就有可能避免错误。经过对那些被忽视的数据、图片的总结，以下四个原则可以让你的塑身计划万无一失。

1. 知道自己在做什么，提高自我意识。

2. 喜欢自己在做的事，提高娱乐性。

3. 把自己在做的事情变成比赛，提高积极性。

4. 把计划制订得小而具体，避免大而空洞。

· 知道自己在做什么，提高自我意识。闪光灯加旧照。

改正一个行为的最佳时机是你正在做这件事的时候，而不是之后。

能证明这个理论的最有趣案例莫过于“闪光灯饮食法”。这种饮食方法是由威斯康星大学的莉迪娅·泽皮达博士和戴维·迪尔博士共同创造的。他们让 43 名实验的参与者在吃饭前拍下他们每餐要吃的东西（包括零食、水果和糖果等任何要送进嘴的食物）。跟传统的饮食日志不一样，这种边吃边拍的方法没有滞后性。参与者在吃之前就花费时间为食物拍照，这也为他们赢得了思考的时间：自己真的要吃掉这些东西吗？有一名参与者这么说自己的体会：“我本来很喜欢超大包装的食品，比如大包装的 M&M 巧克力豆。可现在我实在没法喜欢它们了，谁愿意拍一个像面口袋那么大的一包巧克力豆呢？太丑了。”

研究人员得出结论，图片比文字更能刺激人们去完成自己的减肥计划。之前还有研究证实，坚持写饮食日志的人要比什么都不记录的人减肥效果好上三倍左右。那么也就是说，如果你采用拍照片的方法，你哪怕不采用什么特殊的食谱，只是在吃前把它们挨个拍一拍就能达到非常惊人的减肥效果。

当然，你还可以把自己每天体形的变化用相机记录下来。只要坚持，过一小段日子，照片里的自己就会大不一样。

谈到记录，我不得不提一下“旧照”的作用。我分析了历届 Body-for-Life 挑战赛（在过去的 50 年里，全美影响力最大的减肥 / 增肥比赛）冠军的情况，他们使用的方法可能各不相同，但是在接受采访的时候，他们无一例外地提到了“以前的照片”是多么刺激他们。那些变化最大的参赛者，往往是受“旧照”影响最大的人。他们把自己以前的照片贴得满屋子都是，而且都是躲也躲不过的地方，比如冰箱。每次一看到以前的模样，他们发誓要改变的志向便又坚定了一分。

我建议你也找一张或拍一张你所认为的自己的“底线照片”，就是自己再怎么也不能落到这种地步的照片，越让你受不了越好。这不是摧残你，因为你不会再这样了，不是吗？

·喜欢自己在做的事，提高娱乐性。杰克·斯塔克的故事。

杰克·斯塔克快要紧张死了。那是 1983 年，他和他的雇员刚刚买下 SRC——一个接近破产的发动机重造工厂，母公司国际收割者（International Harvester）把这个小厂子卖给了他们。当时，杰克的做法引起了极大的轰动。这次收购他只支付了 10 万美元的首款，却向银行借了 900 万美元的贷款，债率是 89 ∶ 1。给他办贷款的银行经理在签字后的几小时之内就被这家银行解雇了。

虽然现金只有 10 万美元，但也是一笔天文数字，包括杰克在内的 13 名经理，每个人几乎都拿出了自己的毕生积蓄。他们不知道自己的选择对不对，所以我一开始说“杰克·斯塔克快要紧张死了”并不是妄言。不过，时间证明了一切。1993 年，10 万美元的集资变成了 2300 万美元，仅仅用了 10 年而已。到了 2008 年，公司销售额已经从当时的 1600 万美元飙升至 4 亿美元，股价从每股 10 欧元蹿升至每股 234 美元。

他为什么会如此成功？

游戏精神。

杰克·斯塔克教所有员工如何看金融报表，让他们多看书，告诉他们每个员工的表现是预示企业是否稳定的标志。他给他们制订了很多与数字相关的目标，每天都会检查这个目标他们是否达到。因为目标是数字化的，所以检查起来非常客观，员工几乎每天都能完成指标。

伊利诺伊州西塞罗市的西部电力公司底下的霍索恩工厂也意识到了这一点，不过起因却是一次小意外。那是1955年，很偶然的一次机会，他们发现，提高工厂内部的亮度可以促进工人提高他们的工作效率。然后有人又指出，降低工厂内部的亮度一样可以提高工人的效率，真是令人费解！实际上，不管是更亮还是更暗，只要光的亮度有变化，工人们的效率就会提高！

原来，每次灯光一变化，工人们就怀疑有人正在盯着自己，于是就赶紧加快干活的速度。这种现象被称为“观察者效应”。大家更熟知的名词可能是“霍索恩效应”。

虽然两者并不完全相同，但是杰克·斯塔克和西部电力公司的做法都可以用一个公式来总结，那就是：可测量的=有激励效果的。

数字的变化最能让重复性的工作变得有趣起来，不管是对大人还是孩子。所以，对需要提高效率、产量的企业来说，没有什么比让数字说话更有用的手段了。甚至，测量这种行为本身比测量的内容和结果还要重要。引用一句工业统计师乔治·博克斯的名言：“所有的模型都是错误的，不过其中的确有些很有用。”

测量至关重要，但这也引发了下面这个问题：我应该隔多久测量一次呢？

而我也会解答下面这个问题：要连续测试多少次才能让我看到数据的变化，从而受到鼓励，坚持到最后呢？按照耐克赞助的跑步队伍的经验来看，这个神奇的数字是5。有超过120万名跑步者参与了这次记录活动，他们总共记录了长达1.3亿千米的跑步实况。

“如果有人在这个记录网站只上传了一次跑步数据，那说明他根本就是来玩玩的。但是一旦这个家伙连续上传了5次记录，那就说明他已经开始认真了。数据对他来说已经起到了激励作用，通常这些人会一直坚持下去。”

亚里士多德也同意这个观点，只不过他没说出具体数字罢了：“我们重复做什么，我们就是什么。”只需要5次重复（5次健身、5顿饭，任何5个选项）就能助我们达成目标。

当你有疑惑的时候，“来5次”就是答案。

· 把自己在做的事情变成比赛，提高积极性。害怕失去也是一种动力。

如果让你选，你是愿意更加努力工作赚取100美元呢，还是愿意更努力工作以防止自己损失100美元呢？纽约大学的社会科学实验中心经过研究表明，害怕失去100美元的焦虑更能促使人努力工作。

实验是这样的，将被测者分成三组：第一组被测者得到15美元，并被告知如果在下一个竞猜环节输了，那么这15美元还得被收回；第二组被测者被告知，如果在下一个竞猜环节中赢了，那么他们就能得到15美元；第三组被测者什么都没得到，竞猜开始之前也没人跟他们说什么。结果表明，第一组永远能赢得竞猜游戏。

参与这个实验的经济学家埃里克·肖特这样解释这种“怪现象”：

“经济学家经常观察大家在竞标时的表现，思索为什么会有人在某个时刻举牌，他们想竞争到某件物品的冲动到底来源于哪里？经过我们的观察，大多数过高的出价都是源于一种‘这件东西已经是我的了，我害怕失去它’的心理。这种理论是以前从来没人提出过的。”

别害怕，这个发现其实非常有用，只要你别天天泡在拍卖现场就行。既然我们知道，害怕失去一件东西比期待得到一件东西更有激励作用，那么你的塑身计划就要考虑加入“有可能失去”这项元素，而且必须公开这种可能性。有一个减肥网站叫DailyBurn，大概有50多万名注册会员，大家可以在这里交换关于饮食、锻炼和各种记录的信息。我们随机抽看了其中500名会员的资料，结果是，跟同龄人打赌、比赛、赌气的会员比没有这些行为的会员平均多减掉2.5千克。

既然这样，那么团体塑身就是一个非常好的选择。给自己找个伴儿，或者加入一个组织，互相之间既可以比较，也可以竞赛。换句话说，这个小圈子肯定有人的塑身效果不如你（萨拉才减了不到0.5千克，我可比她强多了）。当然，肯定也有人比你厉害（麦克有什么了不起的，他能减这么多，那我也能）。所以不管怎么说，你都会受到刺激，然后会再加一把劲儿。

在 DailyBurn 上，每个人都可以选择跟其他会员比较，而且直接把比较的结果公布出来。同时跟三名以上会员比较的人，比其他人平均要多减掉 2.6 千克。越多人跟你较劲，你就减得越起劲。看来，起哄也能帮到你不少。

所以，别怕起哄，别怕比较，这并不孩子气，你需要它。

• 把计划制订得小而具体，避免大而空洞。

下一节的这些要点实操性非常强，也非常重要，因为细节决定一切。

问题和行动

你决定阅读其他章节之前，我希望你至少要做到以下四条中的两条。当然，做不做还是取决于你。

1. 我穿内裤的时候就是这个德行？给自己拍照，正面、背面、侧面全要拍到。如果你是男士，就只穿条短裤。如果你是女士，就穿件泳衣，三点式的，不是为了卖弄风情，是为了尽量多地露出你的皮肤。如果你不能自拍，又没什么靠谱的邻居朋友，就用电脑的摄像头给自己拍。把正面照冲洗出来，放在屋子最显眼、最绕不过、每天都要看到好几次的地方。比如你的冰箱上、厕所的镜子上，或者你家宠物狗的额头上。

2. 我吃的就是这个？用你的数码相机或者手机的拍照功能，连续 5 天拍下你吃到嘴里的任何东西，这 5 天至少包括一个周六或周日。为了让食物的大小显得准确，每次拍的时候都把手掌伸到食物旁边做对比。你要是想得到最好的效果，就把这些照片公开，让别人看见。

3. 谁能跟我一起干这事儿呢？找到至少一个同伴结成小组跟你一起塑身，人越多越好。把这当成竞赛，当然必须是友好氛围内的。你们互相比的内容就是各自身体的各部分尺寸（比如你的臀围是多少，是不是比对手的臀围大，等等）和体脂含量。我不建议你们比较体重，因为体重说明不了问题，不过如果你们非要比，那也只能随你。不能只是口头说说“我们来比赛吧”，必须制定惩罚或奖励的规则，而且必须来真的。

4. 我到底怎么测？拿个卷尺，测试以下四个部位：左右臂的上臂周长（以卷尺围住肱二头肌中间的部分为准）、腰围（以卷尺盖住肚脐的部分为准）、臀围（以卷尺围住腰部以下最宽的部分为准）、两腿的周长（以卷尺围住大腿中部为准），把所有这些数据记入“全部长度”这个栏目下。之所以又重申了一遍是因为我知道，你们在看完上一章之后根本没去找卷尺，也没测量自己的大腿和胳膊。我说错了吗？那你现在为什么还在看？赶紧抬起屁股去测！总共也用不了5分钟。

5. 我能做出的最小但最了不起的改变是什么？一定要把计划制订得现实一些，也就是把目标拉得近些，别好高骛远。如果你现在已经把上面四个步骤中的两个做完了，我就得说，这就是你今天最小但有最重要的改变和进步！剩下的，你只会做得更好，相信我。

拉米特的激将法
如何在一周内增重2.3千克

拉米特·萨西是印度人，他总爱拿自己那“印度式的小体格”开玩笑。

好多年了，他总想变得更壮些，可那不足57.6千克的身体实在不争气，他一直没胖起来。直到有一天，他跟人打了一个赌。他在自己的Gmail里记录了跟朋友们打赌的整个过程，到目前为止，赌金已经高达8000美元。

这次，他赌的是他可以在三个月之内增加6.8千克肌肉。

在一开始的7天里，他增加了近2.3千克体重，这也是他的历史最重纪录。最后，他成功地增加了20%的体重，远远超过了当初6.8千克的目标。同时，经过测试，他的体脂并没有明显增长。现在，这个赌已经过去三年了，他依然保持着自己的“魁梧身材”，体重和打赌结束时相比几乎没有任何变化。

他增重的梦想在过去那么多年里都没有实现，为什么这一次突然就成功了呢？

他利用了“打赌怕输”的心理，同时把打赌过程公之于众，相当于受到了大家的监督和鼓励。

拉米特把自己的体重状况上传到了一个公共网站，并把网址告诉给所有跟他打赌的人，所有人都可以在他的记录下随便评论。而拉米特这家伙也不是个省油的灯，他在网站上胡言乱语，十分嚣张。

无须赘言，如果他增重不成功，不仅会输了这个赌局，也会让别人觉得他纯粹就是在吹牛。所以，不管是从尊严还是从获益来讲，拉米特都告诉自己不能输。

变化（单位：磅）	评论（随意添加）
一开始的体重	我的开始，对手的末日。——拉米特
+3.2	害怕啊。——拉米特
+2.2	几乎是我的历史最重纪录了。估计妇女和小孩看见我已经开始绕着走了。——拉米特
+2.2	又创新高！新高之后还是新高！嗯，说着说着，我又饿了。——拉米特
-1.4	休息，休息一下。我会回来的。——拉米特
+1.4	回归！唉，不佩服自己都不行，总能说到做到。——拉米特
-2.0	股评家爱说，偶尔跌一下是为了更好地蹿升。我觉得他们是在说我。——拉米特
+3.8	我是个大块头！是全世界最魁梧的巨人。我从来不轻易过桥，因为怕它们经不住我的重压。我也尽量不抱孩子，因为怕他们受不了我的铁砂掌。我告诉你们，我的小宇宙要全面爆发啦！——拉米特

“学点心理学总会有用，别一味地就是锻炼啊，吃东西或不吃东西啊。如果你已经无数次重复过这个过程，可还是没有达到目标，你就得想想是不

是自己一个人的力量不够。动员大家来帮你，或者干脆，你也打个赌什么的，很管用。”

1. **他主意够正，谁的反对意见也甭想影响他。**

拉米特的话：

“意见谁都有。有些人说，‘哦，拉米特，你一定会变胖的’。就好像我是魔术师，想变胖就变胖，而我一直以来只是没时间念咒语而已。这还不是最要命的，最要命的是，一谈到减肥、增肥，谁都是专家。他们不停地告诉你该吃什么、喝什么，健身的时候该注意什么。

“有些人一看到我的增肥计划——健身、跑步、多吃，就立刻表示反对，而且就好像这计划侮辱了他们似的。‘什么？你跑步还想增肥？！绝对不行，那还不越跑越瘦啊，你怎么连这点都想不清楚啊？’我也不想说太多，一般碰到这样的评论我就回一句‘计划执行得还算比较顺利’。毕竟数字在那儿摆着呢，在开始的七天里，我就完成了打赌增重的三分之一，所以他们也就慢慢闭嘴了。

“对于你的所作所为，每个人都有自己的意见。可事实是，他们不过是靠一张嘴闲得没事意淫你的计划而已。只有你自己才知道你的行动有了怎样的结果。人人都有发言权，但谁在行动，谁才有决定权。

“他们谁的话我也没听，我就听我自己的。”

2. **比起理论，他更重视经过实践的方法。**

“有人跟我说，在开始之前我必须明白脂质和碳水化合物都是怎么工作的，学了原理才能制订计划。我觉得这纯粹是扯淡。我就先锻炼起来、吃起来，剩下的那些什么漂亮理论，我可以以后慢慢学。胖点儿、瘦点儿这种事还非得去上个大学、考个证吗？真是的！”拉米特说。

3. **计划制订得细致可行，每一步都简单、实在。**

“减压，减压。”

迈克尔·莱文曾经就是靠“减压”为生的，如今，这门技术已经让他声名显赫。他出版过60多部文字作品，是全美受欢迎的非文学类畅销书作家之一。他正在进军编剧界，马上就要在好莱坞崭露头角。这位“减压”大师给我（蒂莫西）的建议跟拉米特的计划有异曲同工之妙——每天写两页，这应该是每个作家的目标。对于写书，我总是诚惶诚恐，想得特别多，可到了写的时候却总是写不出来。当我咨询迈克尔·莱文的时候，他就给提出了以上建议。同时他强调，最重要的是，这两页一定要在每天上午完成。

福格博士是斯坦福大学激励技术实验室（Persuasive Technology）的创始人，他的毕业论文写得不慌不忙，他也从不觉得非要笔耕不辍。不过，他坚持了一点，就是每天都写，哪怕是凌晨三点刚跟朋友聚完会也要写，一行也算。在其他所有同学都在愁眉苦脸地想着毕业论文有多庞大、多复杂、多难搞的几年中，福格博士的毕业论文就这么一行一行地按时完成了。这是奇迹吗？

好好琢磨一下这个道理吧。IBM 公司一直是计算机世界的销售王者，可实际上 IBM 销售员的任务额是全行业中最低的，因为 IBM 公司不想让这些销售人员成天只焦头烂额地应付自己身上庞大的销售压力，公司需要这些人接电话。只要他们接起电话，公司的原则和产品的性能就自然会脱颖而出，产品会自己卖自己。

减压在《每周工作 4 小时》这本书里的意思就是，别被宏伟的计划压得喘不过气来。千里之行，始于足下。你抬脚能够到哪里，哪里就是你计划的第一步。不管一开始看起来有多不起眼、多幼稚、多缓慢，只要你开始且感觉坚持下来没有那么难受，那就说明你找对方法了。

别一制订计划就六个月起，或者巴不得自己半辈子都这么吃、这么跑、这么锻炼。先尝试个一周，甚至三天都可以。就当玩游戏了，这个计划不成，再换别的。

如果你想每天步行一小时，那就不要从一小时开始做，因为拿出整整一小时来走路，你肯定会为自己找各种理由不去完成。如果你从 5 分钟开始，那我相信你肯定不好意思说“我很忙，我没有 5 分钟”“我好累，我连 5 分钟都走不了”之类的屁话了。福格博士的妹妹想减肥，福格博士仅仅是给她买了一双漂亮的跑鞋，结果这姑娘真的就瘦了下来。一开始，她当然是想秀秀新鞋子，正是因为没有什么宏伟目标，反而让她更轻松地接近了目标。

所以，你呢？是不是也该给自己减减压，从一些不起眼的小事做起呢？

“宏图伟愿”属于每一个人，只要你敢想，你就能想。但是，“想”解决不了任何问题，再大的“想”也不如最小的“做”。不管你是决定节食还是锻炼，请把这个想法转变成行动。当你说节食的时候，你想到一个具体的动作会比一个空泛的概念要好很多。

实干型懒惰
一张图表如何战胜“砖家”意见

2008年，258磅（约合116.1千克）的菲尔·里宾决定做个实验，看看自己能懒到什么地步。

他想减肥——所有的体重超标者都想减肥，这不是新鲜事。所有体重超标者都管不住自己的嘴，并且抬不动自己的腿，这也不是新鲜事。几年来，他断断续续地“减肥”。有的时候，一些方法的确管用，他可以在短时间内减掉几千克。可没过几天，他的其他生活习惯又会让这几千克乖乖地回来。更糟糕的是，往往回来的比减掉的还要多。

几次反复之后，他自己也有点腻歪了。难道就没有简单点的减肥方法？比如，什么都不做。

菲尔当时想得很简单：如果自己该怎么吃就怎么吃，该怎么懒就怎么懒，然后每天都测量自己的体重数，那最终会发生什么？

没错，从那时开始，菲尔身上发生的一切就都是新鲜事了。最终，菲尔在丝毫没有改变生活习惯的前提下，六个月内成功地减掉了12.6千克。

一开始，菲尔坚定地认为，自己要是能减到230磅（约合103.5千克），那就绝对是奇迹了。他在Excel表格里制作了一张图表，纵线代表他计划的体重变化，从258磅到230磅。实际上，按计划这应该是在两年内而不是六个月内完成的任务。横线是这个实验历经的天数。他计划每天只减重0.1%，这似乎只是少喝一口水的事，但菲尔就是这么给自己定的目标。

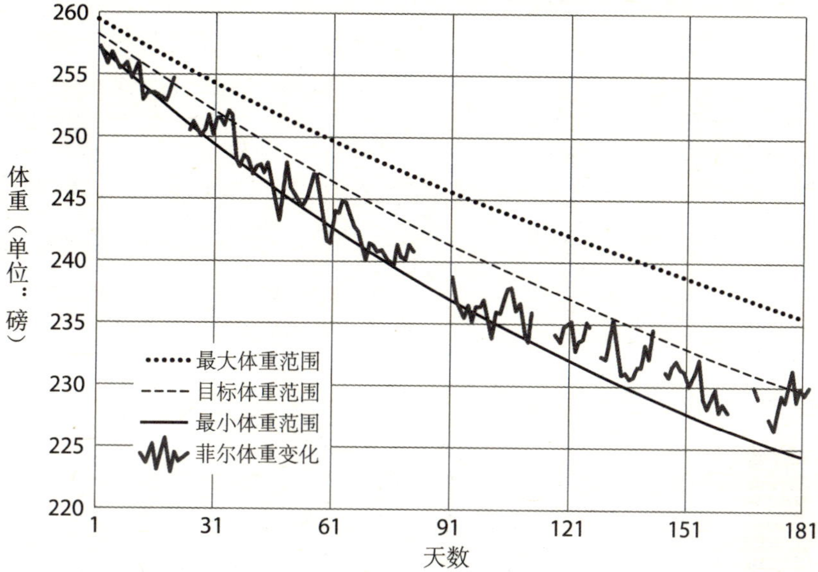

体重曲线组合图

在这个图表上有四条线，点虚线代表菲尔给自己设定的“最大体重范围”，实线是“最小体重范围”，杠虚线是“目标（完美）体重范围”，而那个像心电图的曲折线就是菲尔实际的体重变化。你会发现，菲尔并没有着急让自己的体重接近目标，他觉得那样的话自己就太有压力了。

他是怎么办到的呢？

菲尔每天起床之后，都会准时称一下自己的“净重”（光着，没错），然后再去吃早饭。他一般会称几次，然后把平均数值填进 Excel 表中。所以，你看到的上图弯弯曲曲的线就是这么靠每天一个点连接起来的，中间断掉的部分表示他出差或者有事没法称体重。

菲尔把这个图表上传到了一个网站上，这样他无论在什么地方，只要登录网站就能看到这张图表。实际上，他的确也是这么做的，每天都看，每天都看好多遍。

他全心投入地做这件事，除了没有做特殊的锻炼和节食之外，他跟任何一个积极减肥者一样，很投入。

唯一的差别在于，菲尔努力要做到的是“别产生变化”。

他说：“我一直都小心翼翼地避免改变我的生活方式和锻炼习惯，改变难，保持一成不变也不太容易。也就是说，我得不停地吃，然后什么锻炼都不能做。我想测试的是，仅仅是全神贯注于减肥这件事情，是否就能达到减肥效果。我能感觉出来，‘我在实验’这个概念一直充满我的脑海，而这个概念潜移默化地影响了我对很多事情的判断——可能我自己都没意识到。至少，现在你让我举例，我就说不出具体的事件。”

奇怪的是，菲尔认为体重增加和体重减少都不是什么好事情。

他说：“你看到图表中的曲折线有几次突破了代表‘最小体重范围’的直线，那是因为我做了一些事情，体重就真的下降了。不过第二天我肯定要补回来，多吃几个甜甜圈之类的。我不希望自己体重一下子长得太多，更不希望自己的体重一下子降得太厉害，稳中有降才是最安全的。我曾经以为如果放开来大吃，那么我的曲折线应该接近‘最大体重范围’的点虚线，但实际情况是，从来没有。我求的并不是六个月瘦30千克，我希望看到的是在什么都不做的情况下，我可以慢慢地、慢慢地瘦下来。”

菲尔做到了。

他仅仅是把意识集中于这张图表上，就已经打败了无数拥有学位、理论、头衔的“砖家”。

这就是数据的力量。

工具指南：

• Grossly Dramatic and Realistic Replicas of One Pound or Five Pounds of Fat（www.fourhourbody.com/fatreplica）：我不否认仿真脂肪模型真的很令人恶心，但我得承认它们很刺激——很能激励你的塑身欲。我在冰箱的抽屉里放了一个0.5千克重脂肪的模型，每天打开冰箱差不多都能看见它。而2.25千克脂肪的模型简直是我见过的“最刺激”的玩意儿了，若看过它一眼，估计所有人都会认真考虑减脂这件事。一个生物科技公司的CEO最执着，他的高级公文包里就有一坨这个模型，不管见谁，他都要拿出来炫耀一下。嗯，严格来说，应该是教育一下。他绝对是个“减脂教”的传道士。

• 提供上传、张贴“之前”“之后”对比照的网站：

Evernote（www.evernote.com）

Posterous（www.popsterous.com）

Flickr（www.flickr.com）

• PBworks Personal Wiki Pages（www.fourhourbody.com/pbworks）：已经出场的拉米特•萨西就在维基网站上建立了一个Pbworks网页，他邀请了所有跟他打赌的人通过这个网页来监视自己的增重行动，他还在这个网页上发表了不少挑衅的宣言和对质疑者的回击，很热闹。

• Eat.ly（http：//eat.ly）：这是目前我发现的对“食物拍照记录”来说最便捷的网站了，而且它提供了跟踪对比功能。每隔一段时间，你就能全景式地回顾自己都吃了些什么。

• Habit Forge（www.habitforge.com）：这是一款通过电子邮件提醒你养成每日新习惯的网络工具。你想在日后养成某种新习惯的话，就登录这个网站，告诉这个网站的工作人员。然后，他们会连续21天给你发邮件提醒。如果你没执行，那21天后，他们就重新提醒你一遍。

• stickK（www.stickk.com）：这家网站的建立原则就是“做什么事情不重要，重要的是你坚持做了哪些事情”。他们认为“好的动机”加上“有效的督促”才是达成目标的两大关键要素。创始人之一迪恩•卡兰是耶鲁大学的一名经济学教授，他一开始的想法是创建一个“网络承诺商店”，让大家都兑现自己的承诺。这个想法被落实后，最终成就了今天的stickK。有趣的是，如果你没能兑现你的承诺，stickK就会自动把你失败的消息告诉你所有的朋友和联系人，并叮嘱他们一定要尽情嘲笑你。

• BodySpace（www.bodybuilding.com/superhunman）或DailyBurn（www.dailyburn.com）：找到同伴，一起比赛，或者一起失败。这两个网站上一定有你需要的朋友。前者有超过60万的用户，后者则是50万，他们都在网站上公开自己的减肥信息和图片。上去看看，你会发现原来你不是一个人在战斗。

第四部分

追踪脂肪

THE 4-HOUR BODY

每周健身4小时

基础

第七章

慢碳水化合物饮食（一）

——我如何在30天内减掉9千克却根本用不着运动健身

走出混乱，找到最简之道。

——阿尔伯特·爱因斯坦

（1879—1955，德裔美国物理学家，诺贝尔物理学奖获得者）

引子：2009年6月20日，周六上午11：34，旧金山

我收到一条来自伦敦的短信，估计这家伙是想炫耀。因为那边跟我这里有8小时的时差，所以我看到的是：

这是我的晚餐，不错吧？

对方附了一张照片：一根意大利香肠，一个巨大的香肠比萨（大到我的手机屏幕都装不下它的全貌了）。

发短信的家伙叫克里斯，是参与实验的一位同事，我俩约好每周都要展示自己的食物。

现在轮到我了：

这是我的早餐。没错，早餐！听到胰岛素呼呼地往外冒的声音了吗？胖小子，想跟我比？哼！

我发过去的照片上有：两个熊掌面包、两个巧克力牛角包、一杯葡萄汁、一大杯咖啡。

克里斯回复过来：

我的天！你可别让我也吃这么多……

我管这个叫“短信比吃大赛”，实际上，每周六我都会跟一同参与项目的朋友分享、较劲。在过去的四年里，有上万名参与者跟我玩了这个游戏。不是比萨就是芝士蛋糕，可最厉害的参与者在吃着这些食品的同时减掉了整整9千克。有人在参与完整个项目后，总共减掉了四五十千克。

你可能无法相信，吃着这些食物竟然能减肥，还能减掉那么多。那是因为我们做了一个小小的革命性改变。

让我来慢慢给你解释，克里斯和我是怎么在保持12%体脂（经常一不注意就跌到了10%以下）的同时又能大快朵颐，想吃什么就吃什么的。

慢碳水化合物饮食——简单意味着我们只甩掉了脂肪

在30天内减掉9千克有三种可行性办法：锻炼、节食、吃药。减掉9千克对任何人来说都足以产生巨大的外形变化，如果你以前穿6号的衣服，减掉9千克后，你就是4号的料。这9千克一般都体现在腰和臀部脂肪的减少，目测就能看出来。

到2007年4月6日为止，我已经在六周内把体重从81千克减到74千克，同时我增加了4千克肌肉。也就是说，我减掉了大约11千克的脂肪。这个结果令所有人都大跌眼镜，除了我自己。

在这章里，我将要向大家介绍一种饮食方法——慢碳水化合物饮食。除了十分极端的“循环酮饮食法”（CKD），慢碳水化合物饮食是我用过的最有效的减脂方法，对于大肚腩尤其有效。

而且它的好处就是非常简单，只有五条原则需要遵守。

原则一：不沾所有“白色”的碳水化合物

避免摄入所有白色的、有可能成为白色的碳水化合物，这就是第一条至关重要的原则。下面这些食物是完全禁食的，除非你是特种部队的士兵或是正在计划增肥的身形不足者（在之后的章节有专门为你们提出的饮食建议）：所有种类的面包、米饭（紫米、黑米之类的也包括）、谷物制品、马铃薯、面食、薯片和用面包屑煎炸的食物。如果你能做到不吃这些，甚至不吃任何白色的东西，那么你就绝对不会变得更胖。

不要吃白色食物的原因还有一个，为了刺激你一下，我决定如实告诉你。几乎所有的面粉漂白剂（没错，实际上谷物磨出来的面粉根本没那么白，在你购买的时候它们之所以能呈现出雪花的白色，是因为它们已经被漂白剂处理过了）的主要成分都是二氧化氯。二氧化氯跟食物中的蛋白质发生化学反应后会形成四氧嘧啶。四氧嘧啶肯定不在你的知识范围内，但对于实验室里的研究人员来说，这玩意儿很常用。比如，他们将四氧嘧啶用在小白鼠身上，让它们患上糖尿病，再测试各种医治糖尿病的药剂是否有效。没错，四氧嘧啶就是糖尿病急先锋。现在，你还想吃白色的东西吗？

不吃白色食物是保证你不再长胖的第一要义。

原则二：重复地吃固定的食物搭配餐

不管是要减肥，还是要增肥，最成功的塑身者永远都是那些吃固定搭配餐的家伙。去超市看看，你就会知道如今的食品业是多么发达，成千上万种成品、半成品食物可供选择，而说实话，能让你不发胖的没有多少。

下面列出的食物都是经过挑选和实验的，它们是安全的食物。我把它们分成三类，你可以自行选择搭配。同时，我在减脂效果最好的食物旁边用“*”标注出来了。至少对于我来说，它们是最值得推荐的：

蛋白质类：

蛋白加上1～2个全蛋（如果你能负担得起有机鸡蛋，那可以是蛋白加上2～5个全蛋）*

鸡胸肉或鸡腿肉*

牛肉（最好是吃草的牛而不是吃饲料的牛）*

猪肉

豆类：

小扁豆*

黑豆*

花斑豆

红豆

黄豆

青豆

蔬菜类：

菠菜 *

蔬菜杂烩（西蓝花、菜花，或者任何十字花科的蔬菜）*

泡菜（不知道这东西没关系，在后面的“损失控制——暴食之后也不会长肉”章节，我们会详细讲解）*

芦笋

豌豆

西蓝花

以上的这些食物你想吃多少就吃多少，但前提是别过度烹饪，做法越简单越好。

在每类食物中选一两样，然后固定搭配好，反复地吃，别轻易改变。即使你外出就餐也不难做到，现在随便哪家饭馆都提供蔬菜沙拉配薯条、米饭之类的，你挑蔬菜吃就行了。让我惊讶的是，在尝试了大部分国家的美食后，我发现墨西哥饭馆提供的食物搭配最接近慢碳水化合物饮食的标准。

大多数没能坚持使用慢碳水化合物饮食的人都会抱怨这样吃东西会没劲儿，因为摄入的热量太少了，所以选择了放弃。半咖啡杯米饭的热量是300卡路里，可等量的菠菜只含15卡路里。蔬菜的确是卡路里含量极低的食品，所以我推荐的饮食单上必须有豆类，这样才能满足正常一天的热量需要。

少食多餐对于高碳水化合物饮食来说可能有帮助，因为它可以避免暴饮暴食，但对于我推荐的饮食组合来说没多大用处（还记得我刚才说的吗，只要是吃清单上的食物，你爱吃多少都行）。同时，把一日三餐变成一日八餐、十餐对于促进新陈代谢也没什么实际作用——虽然很多媒体宣称这种吃法“大有裨益”。我不是说压根儿不能少食多餐，我们后面的章节也会介绍这种吃法，但不是为了减脂。

下面的这个饮食时间表是为“夜猫子族”准备的，因为我自己就是不到凌晨两点根本不会沾床边的人。就算两点钟我已经待在床上了，手里也会拿着一杯酒或者一本书。所以，如果你是“正常人”，那就别跟我学，按照你自己的作息习惯列出时间表。提醒一下，你的第一餐最好是在你起床后的一小时内吃完，不管你是几点起床。

每餐最佳间隔时间为四小时。

上午 10：00——早餐

下午 2：00——午餐

下午 6：30——少量加餐

晚上 8：00～9：00——固定的运动、娱乐节目

晚上 10：00——晚餐

午夜 12：00——一杯红酒、看《探索频道》、上床

下面是我反复采用的食物组合，仅供参考：

- 早餐（在家吃）：液体蛋白和一个全蛋、黑豆、微波炉烤的蔬菜杂烩
- 午餐（在墨西哥餐馆吃）：草食牛肉、花斑豆、蔬菜杂烩、鳄梨调味酱
- 晚餐（在家吃）：草食牛肉、小扁豆、蔬菜杂烩

我知道你在想什么，提醒你一句，这份食谱不是为了好吃、好玩、好看而设计的，这么吃的目的是有效减脂。所以，如果你觉得很枯燥、很无聊，那是很正常的。你可以稍微调整一下，让它看起来不那么单调，但你必须明白你不是要做厨师，而是要减脂。

原则三：卡路里不能吃，也不能喝

在减脂期间，你可以尽情地喝水、不含糖分的茶、咖啡（加奶的话，必须保持在两勺以下，我建议用肉桂粉替代你喜欢的奶油），以及任何不含卡路里和低卡路里的饮料。别喝牛奶（豆奶也不行）、软饮料或果汁，即使是代糖饮料，一天的摄入量也不能多于 16 盎司（约合 0.45 千克），阿斯巴甜本身就能让人变胖。

我是红酒爱好者，几乎每天睡前都要来上一两杯。在减脂期间，这个习惯似乎没对我造成什么阻碍。当然，我不认为红酒是慢碳水化合物饮食中的必需品，不过如果你有跟我一样的饮酒习惯，至少我能够向你保证，你可以继续喝，这不影响你塑身。

不过，每天两杯是极限了，别再多了。

原则四：别吃水果

人类用不着一周里六天都吃水果，就像我们用不着一年三百六十五天都啃各类果树的果实一样。

如果你是欧洲人，或者你的祖先是欧洲人，500 年前的冬天，他们能吃着什么水果？隆冬十二月，他们能吃着佛罗里达产的柑橘？做梦吧。可你不还是进化得很好，成为了一个健康的现代人吗？人类不会因为不吃水果而灭绝，或者越长个儿越小，或者器官越来越衰竭，对吧？

不过，有一样水果逃过了这条“水果禁令”，它就是鳄梨。但鳄梨吃起来也不能过多，每天只能吃一次，一次最好不要超过一杯。不吃水果的原因很简单，水果中所含的糖分、果糖比其他任何碳水化合物都更容易转化成甘油磷酸酯。甘油磷酸酯通过肝转化成甘油三酯，然后就变成了囤积在体内的脂肪。从生物学的角度来说，这个转化过程 90% 是不可避免的。所以，一周六天不吃水果是避免脂肪产生的最有效策略。

可为什么我非要说“一周六天”？

因为上帝说第七天，我们可以休息。一周里剩下的那天，你可以“大开杀戒”。不管是蜜桃派还是香蕉蛋糕，只要你想吃，可以吃到吐。

原则五：一周休息一天

我建议把周六设为“去你的减脂日”。每周六，我都会让自己放开来吃，尽量吃些平时很想吃但又知道不应该吃，结果就没吃成的东西，比如冰激凌、士力架、大香肠。如果我喝啤酒（实际上我从不喝啤酒，除了有一次在慕尼黑，那里的啤酒比等量的矿泉水便宜近三分之一），那我就挑最带劲的德国黑啤爽个够。

每个周六我都很过分，有时即使我并不想吃某种食物，可为了让自己疯狂一下，我也会尝试。周六一过，我都不想回忆自己吃了什么。有趣的是，每周来一次这样突击型的超大量卡路里摄入有助于减脂塑身，因为这么做可以保证你的新陈代谢率不会因为平时的热量摄入过少而减速。

没错，越是垃圾食品就越能帮你减肥。欢迎来到减脂理想国！

虽然从翻开这本书开始，你就看到我不停地唠叨这个规矩那个原则，但在每周的这一天，请你把我说过的话都忘记，尽情地享受你与食物的约会。

应该提醒一点，在你迎接这个疯狂的一天之前，最好已经开始使用慢碳水化合物饮食至少五天了。我的意思是，如果你决定将周六作为“去你的减脂日”，那么你最好从周一就开始按照食谱吃饭。

没了，就这些！

既然美国的开国元勋能用六页纸写完《美国宪法》，那我们为什么不能用五条原则总结出适合地球上 99.9% 的人的减脂妙方？好好地阅读，严格地遵守，这些原则从来都没有失效过。从来都没有。

不管你又听说了什么新的减肥理论，或是你讨厌我没完没了地唠叨，只要看看下面浓缩的这五条原则就可以安心了：

原则一：不吃白色的碳水化合物（包括那些经过加工后是别的颜色的）。

原则二：按照同样的食谱，反复吃。

原则三：不通过饮料摄入卡路里。

原则四：不吃水果。

原则五：一周挑一天让自己忘记以上四项原则。

更妙的内容，请参看下章。

每餐平均花费 1.34 美元，可能吗？

安德鲁·海德是 TechStars 的一名社区主管，TechStars 是一家专门培养创业者的培训中心，总部设在科罗拉多州的博尔德。同时，他在网络世界里也是一名重量级的交易星探（专门寻找投资商机的投资人）。我用“重量级”这个词不仅是在形容他的影响力，也是在说他的体重。他身高 1.95 米，体重 110 千克，是个不折不扣的重量级人物。

准确地说，他“曾经”是 110 千克的重量级人物。在使用慢碳水化合物饮食两周后，他减掉了 5 千克。更令人惊奇的是，这两周里，他在饮食上的花费总共只有 37.7 美元，平均每餐只花费 1.34 美元。

他买的可是货真价实的食草牛的牛肉哦！而且，这还是他坚持吃自己最钟爱的大份沙拉的花费。如果他可以把这个固定菜式换成普通沙拉，那么他两周的饮食花费就只有 31.7 美元。他是怎么办到的？

我们来看看他给自己挑选的食物搭配。

早餐：蛋白，全蛋，蔬菜杂烩，鸡胸肉。

午餐：蔬菜杂烩，豆子，菠菜沙拉。

午餐加餐：鸡腿肉，黑豆，蔬菜杂烩。

晚餐：牛肉（或猪肉），芦笋，花斑豆。

他还很大方地公布了他的购物清单，把价钱写得清清楚楚：

1 打鸡蛋（12 个装）1.2 美元

4 包各式蔬菜（每包 0.45 千克）6 美元

1 份鸡胸肉　2 美元

1 份有机青豆（每包 0.9 千克）2 美元

2 包菠菜（每包 1.36 千克）6 美元

3 个鸡腿　9 美元

2 份食草有机牛肉（每份 0.22 千克）4 美元

2 份猪肉（每份 0.45 千克）3 美元

2 束芦笋　2 美元

1 份花斑豆（每包 0.45 千克）1.5 美元

1 份黑豆（每包 0.45 千克）1 美元

得到这样的价格并不需要你拥有“讨价还价专业”的博士学位，你也用不着在网上花几个小时从几百千米之外的地方搜集。安德鲁的做法很简单，他去规模较小的超市。到晚上快收摊的时候，小超市的青菜和肉类都以打折价出售，而且它们本身也还新鲜，只是不能留到第二天进行销售而已。安德鲁甚至在家附近的一家墨西哥杂货店买到了自己爱吃的所有豆类，当然还有食谱上建议的其他食物。

事实上，安德鲁的饭量可算不上小。他的身高、体重，再加上他每周都要进行两三次的剧烈运动，能喂饱这个大块头的食物绝对可以喂饱你了。

而且，安德鲁并不是个什么万里挑一的例外。

就算你不一定能做到每餐只花费1.34美元，但所有尝试过慢碳水化合物饮食的人都会感慨："这种吃法真是够省钱的啊！"

所以，事实并非"吃得好就得吃得贵"。

水果禁令：果糖

喝果汁真的会影响减脂吗？

没错，它影响，而且产生的影响还极其恶劣。

这么说，不是因为我想当然，而是我实验过。我设计了两种食谱，第一种食谱是完全不含水果和果汁的，第二种食谱允许每周摄入14盎司（约合0.4千克，大玻璃杯差不多一杯半的样子）的果汁，一般是早晨起来和上床前各喝一杯不含果肉的橙汁。除了橙汁，两种食谱的其他组成部分是完全一致的。实验进行了一周，两种实验结果大相径庭。

	10月16日，未摄入任何果糖	10月23日，喝果汁	
胆固醇	203	243（超过了安全标准）	
LDL	127	165（也超标了）	
白蛋白数	4.3	4.9（依然超标）	
铁	71	191（这不仅是超标，简直都超到大气层外面去了，我要变成外星人了吗？）	

白蛋白对睾酮的影响很大，它可以降低睾酮的分泌，降低男性的"性趣"和表现。超标就够糟糕的了，再搞得我的雄风不再，我可一百个不愿意！

如果你看到铁元素的变化时禁不住想骂人，那好，我们是一国的。新数字超标得有点离谱，这对我们男人来说可不是好消息。女性可以通过每个月的月经排掉身体内多余的铁元素——甚至大部分女性是缺铁的，但我们男的可没有月经这玩意儿。喝果汁意味着，一方面我们身体里的铁元素不断增加，另一方面我们又没什么好手段将其排泄掉。铁元素过量是会中毒的，所以，由于过多摄入果糖所引起的铁元素猛增甚至比胆固醇增高很值得我们警惕。

为什么喝果汁会让铁元素含量蹿升这么多呢？这里有一篇研究报告，也许能解答疑惑。

果糖摄入过量是新陈代谢紊乱的原因之一。除此之外，它还影响体内很多元素的稳定和平衡。比如，果糖可以促进人体和实验室动物体内的铁吸收。果糖摄取也会降低超氧化物歧化酶（SOD）的活性，同时会减少血清和肝铜蛋白的聚合性。

就算你不想减肥，我也不建议你喝果汁，更不应该碰任何含有果糖的食物。减脂毕竟是为了健康，如果一个东西本身就很不健康，那还是趁早远离它吧。

工具指南：

• The Three-Minute Slow-Carb Breakfast（www.fourhourbody.com/breakfast）：早餐这个话题向来会引起热议。在这段“3 分钟慢碳水化合物饮食”的视频中，我会演示给大家看，如何做一顿富含蛋白质的慢碳水化合物式早餐，只需要 3 分钟哦。它对于既想减脂又必须打卡上班的白领们来说，简直是完美的。

• Still Tasty（www.stilltasty.com）：不知道过了三周的鸡蛋还能不能吃？想确定昨晚的泰国菜外卖能留到明天吗？每次都打电话给妈妈问这些鸡毛蒜皮的事让你很懊恼？“味道依然”这个网站会告诉你一切关于食品保质期和保存方法的信息。

• Food Porn Daily（http：//foodporndaily.com）：到了“去你的减脂日”，却不知道该怎么疯狂？美食美色网站提供了无数装饰精美、极尽奢华（指原料丰富，并不是原料太贵）的美食，而且吃法都不怎么健康。到了周六，就点开它看看吧。

• Gout：The Missing Chapter（www.fourhourbody.com/gout）：既关心蛋白质摄入量，又不想放弃美味？“美味：有关吃的最后一个秘密”这章是被删节的，因为编辑觉得它过于理论化。不过，我在网站上将它保留了下来， 因为这章的作者加里·陶比斯是名出色的科学作家，读读他的文章，我敢保证，让你大开眼界。

第八章

慢碳水化合物饮食（二）
——常见问题解疑

说到方法，没有一万也有一千。可说到原则，十个手指头就够用了。真正的聪明人总是先抓住原则。有了原则，你选的方法才是正确的方法。

——拉尔夫·沃尔多·爱默生（美国思想家、文学家、诗人）

系统就是解决方法。

——美国电信（AT&T）

这一章将会解答与慢碳水化合物饮食相关的问题，不仅有理论和方法，而且有真实案例和心得分享。当然，我也会把一些常见的错误拿出来，跟大家谈谈这些误区是怎样产生的，又该如何避免。

我个人喜欢把周六作为“去你的减脂日”，所以我的回答都是基于这个选择。当我说“周六你就可以……”那就是说在你的“去你的减脂日”里你可以……不过，你可以自行选择将哪天作为休息日，最好选你不用工作、压力较小的日子。

虽然我不认识你，也根本不了解你，但几年来的实验结果证明，不管是谁，都有可能在某个时刻蹦出这些问题，至少我罗列出的50%的问题和疑惑你都会碰到——只要你是个正常人。所以，如果你是认真的，你真的想甩掉赘肉、重塑自己，那我建议你把每一条（哪怕目前来看那并不是你的问题）都仔细阅读一遍。

常见问题解答

• 这么严格的饮食计划，我怎么可能坚持下来?

如果你这么想了，那就先从改变早餐开始，暂时不用将另外两餐列入计划。即使是这样，你的减脂效果也会极其明显。在第五部分第十四章“塑造完美外形——或者可以说减掉50千克以上”中，一位名叫弗勒的女士在四五周内仅仅通过改变早餐食谱就成功地减掉了3%的体脂。我相信，一旦看到效果，你就会迫不及待地实施完整的慢碳水化合物饮食食谱了。更何况，六天的“严格”执行后，还有一天“去你的减脂日”可以狂欢呢。

经过一周的实验，你可以根据自己的感觉评价一下，这个饮食计划真的有那么“不人道”吗？至少我严重地怀疑这种说法。如果你需要点小技巧来提高自控能力，一位ID是“美棕双瞳”的网友的经验也许能帮助你：

在塑身期间，有一个小习惯对我帮助挺大的，那就是随身带个小笔记本。每次我特别馋、特别想吃某种东西的时候（一般都是甜食，或是以前天天吃，可现在不能吃的小零食），我就把它记在小本子上，然后留着在“去你的减脂日”里好好吃个够。这个习惯既让我知道在放纵的那天我想吃什么，同时又提醒自己这个东西能吃到，只不过不是现在而已。这就好像仅仅是拖延了一下享受的时间，而不是因为节食就被剥夺了某种权利。

如果你还觉得实在管不住自己的嘴，别忘了无糖果冻这个东西。当你处在崩溃边缘的时候——我猜大部分是晚上寂寞难耐的时候，就来点果冻，这至少可以让你胃里那头饥饿的困兽暂时平静一下。

• 总吃同样的东西，我还不得被烦死、恶心死啊?

大多数人都高估了他们平时餐食的种类，就算你不节食，你也没吃多少种东西。不信，你可以自己数数。

如果你不出差的话，回忆一下，在过去的一周里，你早餐都吃了哪些食物、喝了哪些饮料？午餐呢？如果我猜得没错，也就不超过15种。早餐的搭配更是单调得可以，最多不超过三种搭配。我猜对了吗？

把几种固定搭配的餐食重复几周根本没那么难，至少吃起来没有想得那么难，让你难受的估计是失去选择的权利。可你要明白，在过去的几十年里，这种权利你根本没运用好。否则，你不会如此急迫地需要减脂。如果甩掉赘肉、看起来神采奕奕、感觉轻盈有力还不能成为你重复几顿吃喝的理由，那么你的减脂计划的确不会成功。更何况，我都不知道已经重复多少遍了，我们还有一个令人兴奋的周六，你可以放开来吃喝。事实证明，成千上万的人都在重复中找到了自信和乐趣。下面的分享来自杰夫。

我已经坚持两周了，减了6.8千克。天啊！我想在30岁之前减掉13.5千克，现在我已经减了一半，可离我的30岁生日还有4个月呢。

我的食谱很简单，上午吃蛋白、小扁豆和西蓝花，午餐吃鸡肉、黑豆和多种蔬菜炖在一起的杂烩煲，晚饭吃鸡肉、小扁豆和蔬菜沙拉，晚上睡觉之前来一杯上好的红酒。

说实话，不可能不腻，毕竟没那么多花样。可是当你看到磅秤上的数字没完没了地往下降的时候，什么腻不腻的根本不是问题。而且我变着法儿地换一些调味的酱汁，让同样的食物呈现出不同的味道。你也可以多发明点调味料组合，挺管用的。

到目前为止，我只享受了一个“去你的减脂日”，不过明天马上就是第二个了。上周的这一天我做得有点儿过分，一下子吃掉了5000卡路里的食物，平常我再怎么吃也就1300卡路里左右。不过让我惊讶的是，就算那么吃，我也没有因此增重。周一早上，我一上秤，体重又恢复到了大吃之前的水平。

我不喜欢锻炼，所以我的减脂计划里没有“运动”这一项，但是我有几个哥们儿还是连拉带拽地把我拖到了健身房，所以我一周大概要踩30～45分钟的动感单车。我也不知道这管不管用，不过至少可以让我的屁股和沙发小别一下。

我很想看看自己再坚持两周会发生什么变化，这么多年了，我的体重第一次降到90.7千克以下。我的最终目标是83.9千克。

• 我需要补充一些微量元素吗？

我建议补充一些钾、镁和钙。这份饮食食谱会让你失去过多的水分，所以电解质的流失也是必然的。

通过食用含钾的盐可以补充钾元素，我喜欢从墨西哥餐中的鳄梨调味酱摄取流失的钾元素。鳄梨调味酱中的主要成分——鳄梨本身就是含钾极高的水果，它的含钾量比香蕉还要多 60%。同时，鳄梨还含有 75% 的可溶性纤维，这也对你的身体极有好处。如果你喜欢药片的简便，那每次吃饭的时候吃 99 毫克的含钾维生素片就足够了。

镁和钙是比较普通的维生素，在很多食物中都有。镁片和钙片也比较容易买到，睡觉之前吃 500 毫克的镁片还能有助睡眠。

如果你更喜欢从完整的食物中摄取这些微量元素，请你参看下列的清单，这些食物按所含元素的递减次序排列。注意，菠菜是唯一含有三种微量元素的食物。

钾（以 25 岁成年男子为例，建议摄入量为平均每天 4700 毫克）

1. 利马豆，煮熟，4.9 杯（1 杯 = 969 毫克）
2. 甜菜，煮熟，4.9 杯（1 杯 = 961 毫克）
3. 大比目鱼，煮熟，2.6 片（半片 = 916 毫克）
4. 菠菜，煮熟，5.6 杯（1 杯 = 839 毫克）
5. 花斑豆，煮熟，6.3 杯（1 杯 = 746 毫克）
6. 小扁豆，煮熟，6.4 杯（1 杯 = 731 毫克）
7. 三文鱼，煮熟，3.4 片（半片 = 683 毫克）
8. 黑豆，煮熟，7.7 杯（1 杯 = 611 毫克）
9. 沙丁鱼，7.9 杯（1 杯 = 592 毫克）
10. 蘑菇，煮熟，8.5 杯（1 杯 = 555 毫克）

钙（以 25 岁成年男子为例，建议摄入量为平均每天 1000 毫克）

1. 带骨三文鱼，1.1 杯（1 杯 = 919 毫克）（你要是只猫肯定觉得这美味死了）
2. 带骨沙丁鱼，1.8 杯（1 杯 = 569 毫克）
3. 马鲛鱼，罐头，2.2 杯（1 杯 = 458 毫克）
4. 豆腐，硬的，3.6 杯（1 杯 = 280 毫克）
5. 羽衣甘蓝，煮熟，3.8 杯（1 杯 = 266 毫克）
6. 菠菜，煮熟，4.1 杯（1 杯 = 245 毫克）

7. 黑眼豆，煮熟，4.7 杯（1 杯 = 211 毫克）
8. 青萝卜，煮熟，5.1 杯（1 杯 = 197 毫克）
9. 印度豆豉，5.4 杯（1 杯 = 184 毫克）
10. 琼脂，干的，5.7 杯（1 杯 = 175 毫克）

镁（以 25 岁成年男子为例，建议摄入量为平均每天 400 毫克）

1. 南瓜子，2.6 盎司（2 盎司 = 300 毫克）
2. 西瓜子，干的，2.8 盎司（2 盎司 = 288 毫克）
3. 花生，1.6 杯（1 杯 = 245 毫克）
4. 大比目鱼，煮熟，1.2 片（半片 = 170 毫克）
5. 杏仁，5 盎司（2 盎司 = 160 毫克）
6. 菠菜，2.5 杯（1 杯 = 157 毫克）
7. 黄豆，煮熟，2.7 杯（1 杯 = 148 毫克）
8. 腰果，5.5 盎司（2 盎司 = 146 毫克）
9. 松子，5.7 盎司（2 盎司 = 140 毫克）
10. 巴西坚果，6.3 汤匙（2 汤匙 = 128 毫克）

• 没有乳制品？没开玩笑吧？牛奶不是低糖食品吗？

你说得没错，牛奶的确符合低糖指标。而且在所有低糖食品的排行榜中，全脂牛奶排名 27，颇为靠前。可不幸的是，乳制品虽然本身不含糖，但却可以促使胰岛素反应加速，结果提升胰岛素指标（Ⅱ型）。瑞典伦德大学的研究者们发现了这个惊人的事实：在食谱中剔除乳制品，就能大大地加快减脂的速度。

看看墨菲的经历你就知道了。

好吧，到目前为止，我已经听蒂莫西的话，杜绝奶制品整整一周了。知道发生了什么吗？我减掉了 2 千克多。更让我惊奇的是，我以前也不是特别钟爱奶制品，顶多是早晨吃鸡蛋的时候加点碎奶酪或者每天想起来的时候喝杯牛奶。所谓的“杜绝”，不过是把以前很少的摄入量改成零摄入量而已。

那咖啡怎么办？没有了牛奶的咖啡还能叫咖啡吗？你可以把牛奶换成淡

奶油（晕了吧？其实淡奶油不是牛奶做的），不过每次不能超过两勺。我喜欢在喝咖啡的时候加点肉桂粉，偶尔还来点香草精。

·不吃水果？那膳食结构还能平衡吗？

首先提醒你一下，“平衡膳食”这个玩意儿根本就没来由。我和我的科研同事一起努力找了很久，我们查阅了几乎所有美国农业部和相关部门发布的文件，根本没找到哪条文字解释了“平衡膳食”到底是什么。我也没找到任何官方文件或者哪个科学家通过实验证明，人如果每周只吃一次水果（我的周六，你的随便哪天），膳食结构就不平衡了。

所以，我只能得出结论，这个词儿纯粹是媒体多年来扯淡的结果。

至于为什么不吃水果，你往前翻几页看看“水果禁令”那部分内容就明白了。

·天啊，我最烦豆子了！我就不能吃点别的东西代替它吗？

你是烦豆子呢，还是烦“吃了豆子爱放屁”这个事实呢？

如果是后者，我可以教你几招避免“豆屁”的尴尬。

首先，小扁豆最不容易引起“排气”的问题，所以一旦我需要吃豆子，我首选小扁豆。所有的豆类，有机种植的都要比非有机种植的好，也不容易导致排气现象。如果有机豆类还是不能让你“安静”，那就在吃豆子之前先把它泡上几个小时，这会直接切断豆屁的来源——低聚糖。这也是我更愿意选择罐装豆子的原因——它们经过长时间浸泡，已经不会让你不停地放屁了。不过，你需要把罐装豆子的酱汁去掉，彻底清洗后再吃。如果连罐装豆都不行，那你就在豆子里加点豆酶粉或者土荆芥（墨西哥商店里都有卖，网上也找得到），就绝对不会有问题了。

还有排尿的问题，这更容易解决了——在豆子里加点香醋或蒜末。红豆比黑豆或者花斑豆更适合有排尿问题的人。

你不喜欢的是满嘴豆子的味道和豆子那种粗粗的口感？试试达纳发明的“假土豆泥”烹饪法：

在平底锅里放点橄榄油，加一罐白腰豆（菜花也成），用铲子把它们压碎，加点水，让豆子变成糊状。加入调味料——盐、胡椒和大蒜粉，如果你愿意，还可以加点帕尔玛碎奶酪。闻起来香极了，而且做法简单，总共也花不了3分钟。

这种“假土豆泥”的做法也适用于煎炸过的豆子，做的时候别忘了再加点其他辅料调味。我的早餐通常是把几种蔬菜和小扁豆拌在一起，再放些蛋黄酱含量极少的调味酱。我发誓，如果这些蔬菜和豆子是单独烹饪的，我是绝对提不起食欲的。不过，它们搅和在一起的时候，味道还是相当不错的。

有人会问，每餐都需要吃豆类吗？并非如此。你可以把豆类省略，但要注意其他事项。

我也不是每餐都吃豆子，因为中饭和晚饭我几乎天天都在外面吃。如果我自己在家做饭，那么首选的固定豆类是小扁豆和黑豆。在外面吃的时候，主菜我就尽量多点些富含蛋白质的食物，开胃菜则一定会点符合慢碳水化合物饮食规则的小食，比如不沾面包屑的乌贼，我还会要求在我的沙拉里多加些橄榄油和醋。如果你实在忍受不了食谱中出现豆类，那么你就必须要注意多摄入高碳水化合物的食物，至少要比你平时摄入得多。记住，不吃豆类就意味着你的卡路里摄入量不足，那你就得从其他建议食物上把这些热量补回来，恐怕你得吃得要吐了才能在数字上达标。

• 我的上帝、真主、佛陀啊！“去你的减脂日”之后我肥了一大圈，我是不是前功尽弃了？

绝对不是！对于一个体重 54 千克的女性来说，突然增加的碳水化合物摄入可以在 24 小时之后变成 3.6 千克的体重，这看起来很吓人，但这 3.6 千克其实大部分是水分。大块头的男性甚至可能增重 4.5 ～ 9 千克。所以，在迎接疯狂周六的同时，你必须做好心理准备，尤其是在第一次解禁之后，你可能会增重很多，多到让你害怕。你要做的就是放松，放松，再放松，等着增长的这些虚胖在过后的 48 小时之内会慢慢消失。

下面是马克跟大家分享的经验：

我用慢碳水化合物饮食法减脂快 10 周了，每天晚上我都上秤称体重。每次“去你的减脂日”结束后，我的体重都会涨 2 千克，但是最晚到周三，我的体重就又恢复到疯狂周六之前的水平了。然后，在下一个“去你的减脂日”到来之前，我会再减掉 1 千克（平均值）。

到目前为止，我已经减掉了 12 千克。除了疯狂一日之外，我都算得上是一个对自己十分苛刻的家伙，对饮食原则我是严格执行的（蛋白质 + 豆类 + 蔬菜，再没有别的东西了）。同时，我每周会去俱乐部参加大概三四次健身活动和格斗术的训练。唯一的特别之处是，蒂莫西建议我每锻炼一小时就要补充一份乳清蛋白粉。

在第一次“去你的减脂日”开吃之前，一定要给自己称体重，然后不用去管这天之后你到底胖了多少，因为那个数字不能说明任何问题。你需要注意的是称重日的体重数字，那是你真正长了多少肌肉的证明。

肌肉线粒体的增加可以提高你氧化脂肪的能力，所以这部分重量的增长是积极而有益的，但是肌肉线粒体不会今天有明天就消失，它们会持续 1 ～ 2 周。

我想说的是，重量未必说真话，但尺寸绝对不说谎。

很多参与者在看到自己暴涨的体重后都放弃了计划，他们觉得很失望。还记得安吉尔吗？之前的章节里提到过她。是的，我又要把她拿出来说一遍。并不是为了凑字数，我知道如果我不大言不惭地重复，那么大多数读者根本不会注意这个不起眼的案例。

［第一周］大家好。我想跟大家一起分享一下我第一周的成就，我已经减掉了 7 磅（约合 3.2 千克）。我给自己设定的是周一称体重。我的两个大腿的腿围都瘦了 1 英尺（约合 0.3 米），臀围也缩了半英尺（约合 0.15 米），以前根本穿不进去的裤子现在貌似很合身了。这就是我的动力，我要更瘦！

［第二周］周六是我的“去你的减脂日”。上周六过后，我重了 1 磅，不过这很正常。以前，我有过更吓人的纪录，但那些突然增加的重量很快就自己消失了。所以，这 1 磅也很快会下去的。我第二周的成绩没有第一周那么好，坦白说，我一点也没瘦。不过我不灰心，因为虽然电子秤显示我没瘦，但卷尺却告诉我，我的臀围又小了半英尺，我的两个大腿也分别缩了半英尺。如果我的下身能这么持续地瘦下去，我才不管自己到底多重呢。我可以在重量上是大象级别的，只要我的腰身是安吉丽娜级别的就成。到现在为止，我总共已经瘦了 5 英尺（约合 1.5 米）！耶耶耶！我可是一点运动也没做哦！

安吉尔的经验至少告诉我们两件事：第一，“去你的减脂日”之后增重是理所当然的事，完全不用担心；第二，量该量的地方跟吃该吃的东西一样重要。

• **我能吃辣椒、盐和轻口的调味酱吗？除了你建议的主料，在调料上都有哪些禁忌呢？**

辣椒和各种香料都可以成为你的减脂好友，但是要避免以奶油为底料的酱汁。其实，调料可选择的范围很广，而且也不贵。拿上50美元去趟超市，你就知道自己该选什么了。我保证，50美元的调味料足够你用上几个月了。

蒙特利尔牌牛排蘸料、无糖的萨尔萨酱、蒜味食盐、深色海盐、泰式的各种酱料，光是这些就能让你开始进行慢碳水化合物饮食了。至于沙拉的调味料，我建议来几滴不含糖的甜味剂，比如Stevia甜味剂，再配上醋和芥末。这样有酸有甜，还有点辣味，完全可以满足你味蕾的需要了。我最爱的搭配，也是我去餐馆用餐时必点的菜式——一份普通沙拉加点香醋和橄榄油，美味又健康。

黄油也可以吃，前提是它的成分只是黄油和盐。

如果自己在家做饭，低温烹饪可以用橄榄油，高温煎炸就用葡萄籽油或澳大利亚坚果油。

• **澳大利亚坚果油，是比普通橄榄油更健康的新式油品？**

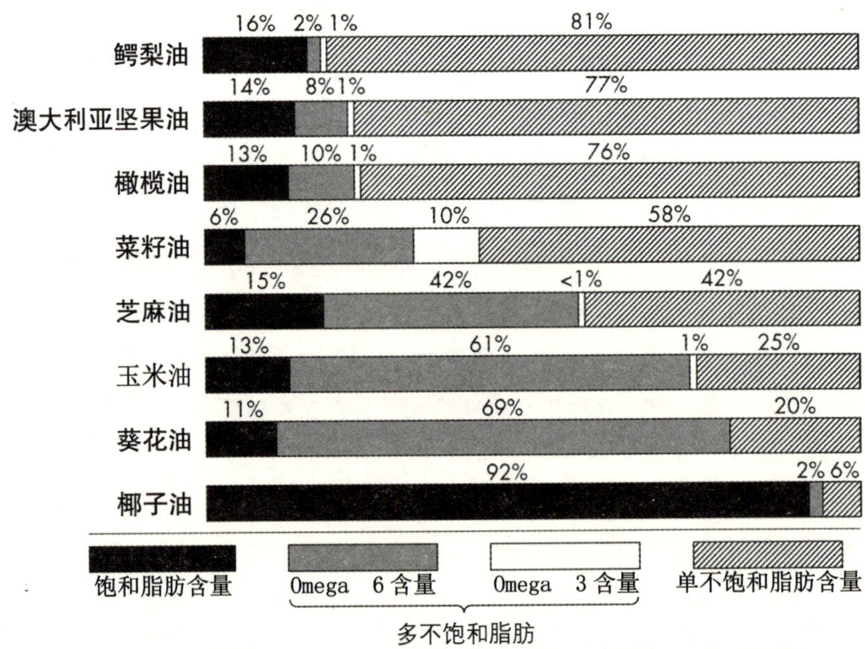

《食用脂肪和食用油的对比》，人类营养信息服务机构发布的《农业手册》，编号No.B-4。相关网址www.adoctorskitchen.com/about/about-fats。

澳大利亚坚果油是一种全新的改进型橄榄油。自从有几个水平较高的健身教练向我推荐了这个宝贝之后，我就一直让它镇守厨房。

看看下面的几条，你就会知道我为什么这么喜欢它了。

1. 它的口感非常像黄油。精炼初榨橄榄油单独食用非常好吃，拌沙拉也不错，可如果用它来炒鸡蛋，那味道……活像我家猫昨晚吐出的猫粮。

2. 跟橄榄油不一样，澳大利亚坚果油非常耐高温（最高234℃）。这就大大拓宽了这种油的烹饪范围，可以说煎炒烹炸它都能胜任。我现在只在做牛肉的时候用黄油，其他所有菜式我都是用澳大利亚坚果油烹制的。

3. 它的保质期更长，性质也更稳定，不像橄榄油那么畏光，动不动就变质、过期，不能用了。如果你用透明容器装橄榄油，吃到嘴里的油很有可能是发臭过期的。有专家甚至估算出，超过50%的大规模生产的橄榄油在被消费者买回家以前，就已经变质了。

4. 它是所有食用油中Omega-6含量最低，同时棕榈油酸含量又较高的唯一一种。人类皮肤层皮质中也含有棕榈油酸，所以澳大利亚坚果油同时也能起到滋润肌肤的作用。爱美不爱美的先不说，拥有健康的皮肤总不是一件坏事吧。

5. 澳大利亚坚果油里的脂肪有80%都是单不饱和脂肪，这也是所有烹饪食用油中单不饱和脂肪含量最大的。

• 减脂期间我能喝酒精饮料吗？什么类型的酒是最好的选择？

如果是在“去你的减脂日”，你想喝什么我都没意见。我甚至建议你在冰箱里常备点酒类，在“去你的减脂日”里可以随意畅饮一下。不过如果是在平时，你非常想饮酒的话，最好只喝干酒。“干”的定义是，酒里的剩余糖分含量低于1.4%。按照这个标准，最“干”的单品红酒是黑皮诺、赤霞珠和梅洛；最“干”的白酒是赤霞珠干白和阿尔巴尼诺。看看我，你知道，喝酒本身并不影响减脂进度，我最爱的酒类是产自阿根廷和美国加利福尼亚州津芬德尔的马尔白克。

当然，并不是所有葡萄酒都适合在减脂期间饮用，比如你最好不要碰雷司令、白津芬德尔葡萄酒和香槟。

• 如果我想吃点零食，你有推荐的吗？

从理论上来讲，你没有需要也并不应该产生任何生理反应让你有“我想吃零食”的欲望。如果你饿了，那就是你每餐摄入的蛋白质不够，会不会是你拒绝了豆类，又没增补别的蛋白质含量较高的食物？这是新手常犯的错误，一开始的时候我也犯过。解决之道就是，多吃点。

如果你明明吃得够多，可还想吃零食，那就是心理在作祟。以前常吃，就会成瘾，把瘾戒掉可不是什么容易的事。每个人在减脂期间都会多多少少地“吃瘾”发作，有的人一发作就去厕所，有的人一发作就用冷水洗个脸，也有的人一发作就直接开吃。这三种人都曾经是我，所以，我理解你说的那种“百爪挠心”的感觉。

如果你实在忍受不了这种瘾发作时的痛苦，必须要吃零食压制一下，那就去吃胡萝卜。不过说实在的，那时候吃一袋胡萝卜，你会觉得自己像被驴踢过一样，既想吐，又觉得很丢人。如果我要吃零食，我就吃点在泰国餐厅打包回来的剩菜，比如罗勒炖鸡，不吃配的米饭，把卡路里限制在 200 ～ 300。要是还缓解不了，那就再按照食谱加一餐。反正只要是符合慢碳水化合物饮食原则的食物，想吃多少都没问题。

如果你有头疼或者低血压的症状，十有八九是因为你没吃饱，至少是吃得不够量。初次使用慢碳水化合物饮食的人可以在头几天吃一定量高卡路里的碳水化合物（比如面包圈或者比萨）作为过渡，等身体适应了，再用差不多同等量的慢碳水化合物食物替代。这个时候一定会出现卡路里摄入不足的情况，因为 300 克菠菜的卡路里数怎么能跟 300 克甜甜圈的相比呢？所以，为了避免热量流失，你必须多吃，至少要吃普通食物的两三倍才能把卡路里补回来。

同样，如果你因为饥饿而产生了入睡困难的问题，也是因为你吃得不够多。如果有这种情况发生，那就在睡前补充点蛋白质。你可以吃 1 ～ 2 勺杏仁酱（最佳选择，最佳量）或者吃点没有添加剂的花生酱（花生酱的原料必须只是花生和盐，如果还有很多其他成分，那就放弃吧）。

给有些女士提个醒，一勺的概念就是用茶勺挖下去够吃一口的量，而不是说一勺挖空半罐花生酱，然后啃上半小时才吃干净。

•我非得在一周安排一天作为“去你的减脂日”吗？不这么做，不可以吗？

每周刺激一下身体，保持卡路里的摄入能力，对于减脂的成效来说是至关重要的。

在“去你的减脂日”里大吃大喝，不仅可以减轻你的心理压力，还可以促进激素变化，加快减脂的速度。增加的 cAMP 和 GMP 可以促进 T4 型甲状腺激素加速向更为活跃的 T3 型转变。

况且，每个在节食的人最终都会走向一场狂欢，何不在一切都来得及之前，就直接把这个时刻纳入你的计划呢？这样做会最大限度地减轻暴饮暴食对你减脂计划的破坏，而且还能顺带刺激激素和新陈代谢，让减脂进行得更顺利，何乐而不为？

我坚持六天严格、一天放纵的慢碳水化合物饮食法七年了，在所有我尝试过的饮食法中，这种方法是最有效也最持久的。

• 如果不是每周放纵一天，而是每周放纵一餐，效果会不会更好？

大多数男人可以，但有些女性不能这么做。

瘦素（leptin，又名轻体素、肥胖激素，是一种新近发现的蛋白质激素。它的功能是加快生物的新陈代谢、抑制食欲、控制体重）水平过低可能导致女性非正常停经。有一名女性读者在坚持了七个月严格饮食而从不“放纵”后就遇到了这种情况，最后她不得不重新把“开胃日”（她给自己的“去你的减脂日”取的名字）纳入计划。不过，她仍然认为两周一次“开胃日”就足够了。被动的暴食可以在短时期内促进瘦素加速循环 40%，所以我还是强烈建议大家，最好在一周里安排一天作为“去你的减脂日”。别在 12 ～ 24 小时里把自己吃病了，这就是底线，剩下的，你完全可以肆意而为。如果你增加了太多体重、达到瓶颈期或仅仅是很焦虑，那就在“去你的减脂日”的早上吃一顿高蛋白质的早餐，然后从午餐一直大吃到晚餐。我现在就是这么做的。

我不想炫耀吃到马上要吐的能耐——说实话这不算什么能耐，但有时候我的确喜欢挑战极限。下面是我给一位使用慢碳水化合物饮食法的朋友的回信。

是的，你想吃什么都行，想吃多少都行，只要那天是“周六”。我的习惯是，每四个周六中就有一个周六是非常非常过分的，我会在那个周六吃到马上要进急症室的地步。然后在另外三个周六，我就显得不那么急迫和卖力了。我喜欢士力架，超喜欢，还有巧克力糖，还有熊掌面包（实际上所有的面包甜点都是我的心头之好）。哦，还有冰激凌。所以，好好享受吧，老兄。

提醒一条：如果可以，在“去你的减脂日”里，最好去外面吃饭。

不管你吃的是什么，在第二天早上之前，把家里清理干净，该扔的扔，该丢的丢。如果过了这天你的房间里还有这些“暴食类”食品，那你一定会想用自己的胃把它们解决掉。有些正在减脂的朋友管这种剩下的食物叫“犯罪勾引者”。

·早餐你怎么吃？

我最经常吃的早餐搭配是蛋、小扁豆和菠菜。即使不减脂，我也很喜欢吃小扁豆。我买的小扁豆几乎都是罐装的，直接倒在碗里，有时候配点黑豆。鸡蛋我都是提前煮好很多，每天早上吃的时候拿出来热一下就行。总之，早餐拒绝复杂。

实际上，早餐是减脂食谱中最难调整的一环，因为我们生活的国度崇尚的就是早餐吃烤面包和麦片这种专门负责长肉的食品，而慢碳水化合物饮食食谱所规定的早餐看起来更像午餐。如果你明白早餐也是一餐，而不是随便对付的一顿，它跟三四小时之后的午餐一样需要食物搭配的话，那么从普通饮食到食谱饮食的转变会更容易些。不管你之前对早餐的概念是什么样的，只要你能坚持慢碳水化合物饮食法四五天，就肯定能看到显著的效果。如果你把早餐的蛋白质含量提高30%，那么增长的蛋白质摄入量不仅会减轻身体水肿的状况，而且会促使新陈代谢率提高20%。

如果你想让自己的早餐看起来更“慢碳水化合物”式，那就吃鸡蛋和火鸡熏肉（或者任何有机熏肉）配土豆片，非常美味。农庄奶酪是我妈妈在减脂期间的最爱，也是不错的补充食品。你用酥油炒过鸡蛋吗？去试试，你肯定会爱上这道美味的。

想知道为什么我会把鸡蛋、小扁豆和菠菜作为我的固定搭配吗？别着急，对于你们这些喜欢打破砂锅问到底、只信仰科学的家伙，下面的内容肯定能满足你的求知欲。

科学疯子请看这里

科学家设计的随机实验证明，吃鸡蛋是最有助于减脂和促进新陈代谢的方法。在实验中，随机抽取的超重妇女被分为两组，一组在八周内至少每周有五天的早餐吃掉两个鸡蛋，另一组则吃同等卡路里的甜甜圈。实验结束后，吃鸡蛋的女性比吃甜甜圈的女性平均多减了65%的体重。更重要的是，前者的腰部减脂效果要优于后者近83%。但两组女性的血浆总数、高密度脂蛋白数、低密度脂蛋白数和甘油三酯指数都没有明显差别。

蛋黄也是胆碱的主要来源之一。胆碱的主要功能是保护肝脏，适度摄入胆碱有助于减脂塑身。胆碱会代谢成甜菜碱，同时为甲基化过程提供甲基分子。北卡罗来纳大学查贝尔·希尔学院的史蒂文·蔡塞尔是这么说的："暴露在氧压环境下是炎症产生的主要诱因。甜菜碱是在线粒体内由胆碱形成转化的，这个过程促进了线粒体的氧化还原作用。"猜猜还有哪种物质是甜菜碱的主要来源？菠菜。

没错，菠菜就是减脂塑身界的黄金。

在某种特定的环境下（比如著名的皮氏培养皿中），菠菜中含有的植物性蜕皮甾类能将人类肌肉组织的生长速度提高20%。就算你并不想让自己的肌肉长得像施瓦辛格的那样，菠菜也会加速你体内的葡萄糖代谢。植物性蜕皮甾类在结构上类似于昆虫的蜕皮激素——你终于找到不用花大把银子就能消费得起昆虫激素的方法了，是吧？！

最后还是要隆重推出小扁豆，它富含蛋白质（氨基酸）、异亮氨酸、赖氨酸，价格低廉，谁都能吃得起。异亮氨酸和赖氨酸都属于branch-chain氨基酸（BCAA），BCAA对于受损肌肉修复起着至关重要的作用，赖氨酸更是促进人体葡萄糖新陈代谢的主要功臣。

• 蔬菜只能从你推荐的食物清单上选吗？

不，你没必要一定从我推荐的食物清单上挑蔬菜来吃。但是，我经过多次试验发现，你可选的蔬菜种类越多，你放弃的可能性就越大。因为挑菜、买菜、烹饪、洗碗、储存剩菜这些环节都会因为蔬菜种类变多而需要更多的时间和精力。

就像我之前声明的，慢碳水化合物饮食不是为了好吃，不是为了好玩，尽管无数的参与者很喜欢这种饮食方式，但它的确不是为了让人喜欢而设计的。清单上的蔬菜是我和很多实验者经过一次次的切身体会，总结出它们在一次次地被重复之后依然是“可以忍受”的。如果你想拥有选菜的权利，绝对可以用别的蔬菜来代替，但最好别排除豆类。

有一种蔬菜最容易被第一条原则（不吃白色食物）牵连，那就是菜花。实际上，菜花很安全，而且非常健康，你想吃多少都没问题。用菜花做的假土豆泥也非常美味。除此之外，第一条原则还是非常重要的。对，就是不能吃白色食物。

·罐装食物可以放心地吃吗？

罐装食物绝对没问题。我吃的蔬菜几乎100%都是冷冻食品（占80%）和罐装食品（占20%）。我最爱的罐头食谱是将罐装金枪鱼用水稀释一下，配上小扁豆和碎洋葱。

·我能吃燕麦吗？

不能。

·如果我是乳蛋素食者（饮食包括乳制品和蛋类的），我能使用慢碳水化合物饮食法吗？

没问题，肉本来就不是必需品，只不过在减脂期间吃点肉会让这个塑身过程看起来没那么残酷。鸡蛋和豆类对于减重来说足够了，但我个人是不碰任何牛奶制品的。农庄奶酪是个例外，它不会影响任何代谢进度，而且这种奶酪所含的干酪素貌似有加速减脂的作用。

有个读者跟你一样也是乳蛋素食者，她平时吃素热狗和高蛋白布丁，再加上鸡蛋就足够满足她身体对蛋白质的需求了。如果你的胃肠消化功能不错，黑米蛋白质、青豆蛋白质都适合素食者补充体力。虽然我知道大豆是素食者的主食之一，但我不建议你们食用任何经过深加工的大豆产品，包括所有品种的豆奶和单独提取的大豆蛋白营养品。

·我能吃萨尔萨酱吗？

萨尔萨酱非常适合我们的慢碳水化合物饮食，尤其是一点中辣的萨尔萨酱配上玉米粒、青豆做成的沙拉，永远能让我胃口大开。实际上，我自己也不爱吃蛋白，更不要说天天早上都吃。连我这个发明者都受不了，更不要说你们了。所以，我在大部分时间还是选择吃全蛋。可如果我在蛋白或者全蛋上加点萨尔萨酱，那情况可就不一样了。不过，别用萨尔萨酱配小扁豆，这两者混合在一起只能让你变成放屁精。真的，不信你试试。

• 我能吃煎炸食物吗？

爆炒类菜品非常适合我们的慢碳水化合物食谱。实际上，在泰餐和中餐里，爆炒是主要的烹饪手法。但是，纯粹的过油、长时间油炸、蘸面包屑的炸食最好不要吃，这种食物没什么营养可言。

豆泥也可以吃，30 多位慢碳水化合物饮食法的使用者都曾经在减脂期间把它当成每天的主食，而且得到的效果也不赖，平均每天减掉 1 磅。读者戴维依靠吃罐装豆泥曾经在 30 天内减掉了 20 磅（约合 9 千克），他几乎一日三餐都以豆泥为主。他最后提供给我的数据显示他一共减掉了 42 磅（约合 18.9 千克），与他饮食安排差不多的妻子则减掉了 36 磅（约合 16.2 千克）。

作为主食，豆泥虽然在热量上完全达标，但也要注意豆泥中钠的含量。如果你不是高血压患者，那么它的威胁性还不是很大。如果很不幸你恰好有高血压症状，那么长时间依赖豆泥摄入营养的话肯定弊大于利。所以，我建议最好把豆泥和其他的豆类混合食用。过多食用豆泥还会导致水肿，不管你的体脂含量多低，每天都像注了水似的肯定不好看。

我自己也是个豆泥爱好者，不过在按食谱减脂后，我都会刻意地忘记自己的爱好，尽量把它作为一种原料而不是一道菜。

• 如果我经常出差，必须总在机场吃饭，如何最大限度地坚持慢碳水化合物饮食法？

如果你总需要在不同的机场穿梭，又找不到能够提供合适餐食的机场餐厅，我建议你在便利店里买点生杏仁和核桃仁带在身上，随时吃点。但要注意，吃了这些果仁之后，你就不能再在路上吃任何含淀粉的食物了。一包果仁相当于两三顿简餐的热量，足够你支撑 12 小时。大多数机场都有卖鸡肉沙拉的，丢弃除了橄榄油和醋之外的调料，我相信果仁加鸡肉沙拉完全可以支撑你走完普通的出差行程了。

如果这些你都办不到，那就稍微饿一下，不要破坏你的食谱计划。

不过说实在的，我在执行慢碳水化合物饮食法期间（当然是不止一次），曾经去30多个国家旅行过，有些机场设施很好，有些则不尽如人意，但我没有一次因为硬件的问题破坏饮食规划。所以，出差真不是一个好借口。

• 你对减肥药怎么看？

我的确可以推荐一些“效果非常显著”的生物药品，但只要是减肥药，就意味着依赖。吃的时候效果不错，停药后就很难说了，再加上副作用和无数测不出来的后遗症，我觉得减肥药这条路，不值得一试。

在外吃饭和墨西哥餐原则

坦白地讲，我是一个不擅烹饪的单身汉，一日三餐要有两顿在外面解决。但是，在过去的五年里，我的慢碳水化合物减脂计划丝毫没有受到“到饭店怎么能吃到完全符合食谱的东西”这个问题的影响。

秘诀就是下面这八字箴言：别放淀粉，多放蔬菜。

对于大部分餐馆来说，把餐食里的米饭、面包、薯条换成菠菜或者其他任何普通的蔬菜都不算什么过分的要求。如果对方的确认为你这个要求很过分，那你在八字箴言后面再加一句：“如果需要额外付费，我愿意支付。”

如果付钱也买不到这种服务，你就只能暂时勒紧裤腰带，先点一份单独的蔬菜和一份单独的豆类，然后在吃别的菜的时候尽量要求不放淀粉。通常，把淀粉食物换成蔬菜需要额外支付3美元左右。依照我的经验，70%的时候这个服务是免费的。至于另外30%，就把这个当成你的瘦身税好了，3美元而已，千万别斤斤计较。如果你觉得这3美元真的很宝贵，那好，你少喝一杯加料拿铁，或者少看一份八卦周刊就可以了。

我发现，最符合慢碳水化合物原则的饮食是泰餐（我建议不要吃咖喱，因为如果不加米饭，咖喱的味道实在太冲了）和墨西哥餐。艾瑞克·福斯特正是在墨西哥干辣椒的帮助下，成功地完成了他的减脂计划。在不到10个月里，艾瑞克减掉了45.5千克，体脂含量从一开始的44%变为23.8%。

他的食谱如下，十分值得借鉴和参考。

早餐：一杯咖啡、一个鸡蛋（有时是炒的，有时是煮的）。（我相信，他要是每天再多吃一个鸡蛋，肯定减得比 45.5 千克还多。）

中餐：Fajita bol（胡椒、洋葱、牛排、西红柿萨尔萨酱、绿黏果酸浆萨尔萨酱、奶酪、酸奶油、鳄梨调味酱、长叶生菜）。

晚餐：Fajita bol（胡椒、洋葱、牛排、西红柿萨尔萨酱、绿黏果酸浆萨尔萨酱、奶酪、酸奶油、鳄梨调味酱、长叶生菜）。

三餐加起来大概有 1480 卡路里，其中包含 29 克非纤维类的碳水化合物。艾瑞克也是一个吃墨西哥餐减脂的慢碳水化合物饮食法的使用者，他在 11 个月内减掉 54.4 千克，从 136 千克的大胖子变成了 81.6 千克的帅小伙。

可每天这么吃，不烦吗？至少艾瑞克没有这种感觉，他说："坦白地讲，在开始前，我非常担心自己坚持不了几个月就会被这些食物腻歪死。可一直到结束，我也没觉得腻歪。真是谢天谢地！可能是我在减脂之前，就非常喜欢吃墨西哥餐，几乎一有时间就去犒劳自己一顿。为了严格遵守饮食要求，我在减脂期间还是对常吃的菜色做了些调整。可是，不知道是我调整的本事太高，还是墨西哥餐怎么调整都好吃，反正我没觉得有太大差别，我还是像以前那么爱吃。"

艾瑞克的经历至少告诉我们一个道理，减脂不一定是遭罪，也不一定就是把简单的事情搞复杂。只要尝试使用慢碳水化合物饮食法一周，你就再也不会有任何顾虑了。

• 高蛋白质的食物不是会增加肾脏的负担吗？如果我患有痛风怎么办？

首先，我不是医生，甚至连扮演医生的兴趣都没有。如果你有任何生理疾病，必须去咨询医生。现在，我从自身的角度来解释一下有关蛋白质的数据。

如果你没有严重的病史，那么食谱中的蛋白质的量绝不会对你的身体造成任何损害。至于蛋白质摄入过多会增加肾脏负担的说法，也没有有力的证据。麦克•伊迪丝博士管这种谣言叫"吸血鬼迷思"，因为这种谣言似乎永恒不死，但是你要找证据，却怎么也找不到。

痛风嘛……

人们一般会把痛风和嘌呤联系在一起，然后就直接跳到了蛋白质上。我妈妈就被诊断为痛风，医生给她的建议就是多吃低蛋白质的食物，少吃豆类，碳酸饮料中的磷酸也应该尽量避免摄入。

我妈妈的尿酸水平对于慢碳水化合物饮食的要求来说是正常的，尽管食谱推荐的食物是富含蛋白质的，但她在减脂期间仍服用低剂量的别嘌呤醇，这是她作为一个痛风病人跟普通参与者在饮食上唯一有区别的地方。

总而言之，不管你是减肥还是增肥，你是做实验还是尝试新事物，千万别自作主张地停药或者违背医生的嘱咐。对于自己能做什么不能做什么，医师的意见应该被列为第一参考。

• 我的减脂计划遇到了瓶颈期，我觉得自己很长时间都没什么进步了，我该怎么办?

下面马上要讲到的“常见错误解疑”中的前三个常见错误（吃得不够及时、吃得不够多、喝水喝得太少）就是你这种状况的罪魁祸首。

而且不管怎么说，你一开始减掉的体脂一定比六个月后减掉的要多，这个数字必然是逐渐减少的。你肌肉组织中的线粒体含量在很大程度上决定了你的减脂速率，等你看到本书第五部分的章节时，你就会明白肌肉是怎么工作的了。现在，你可以通过固定的锻炼走出困境，哪怕是每周20分钟也很有效，而且不管是否有效，我都建议你能在2～4个月内持续这样的小规模健身。

常见错误解疑

• 错误之一：没有按照建议在早上醒来后的一小时内进食，更不用提遵循“最好在起床后的30分钟黄金时间里吃完第一顿饭”的原则了。

我爸爸就有这个问题，所以他每次都是一开始的成效很好，但一小有成绩他就开始退步。

看看他的进度表：

2008年12月27日：开始，体重111.1千克。

2009年1月30日：月末，体重103.4千克。

2009 年 3 月 1 日：月末，体重 100.9 千克（过去的四周里，他摄入的蛋白质太少了，我不得不给他加了 30 克的 Myoplex，用搅拌机打成糊状，让他在每天早上起床后的 30 分钟之内喝光，这才又恢复了他身体的减脂能力）。

2009 年 4 月 2 日：月末，体重 92.4 千克。

成绩总结：90 天减重 18.7 千克。

在第一个月里，他的减脂速度是 7.7 千克 / 月。第二个月，他早上开始犯懒，将吃早饭的时间一拖再拖，结果减脂速度直线下降，变成 2.5 千克 / 月。到了第三个月，我给他加配了蛋白质，同时敦促他在醒后 30 分钟之内服下，他的减肥速度竟然像坐了过山车一样，从 2.5 千克 / 月蹿升至 8.5 千克 / 月，翻了三倍多。

当然，数字不是一切，实际上，他除了用食谱减脂，还在用我之后介绍的方法增加肌肉。不过，这种直升机式的变化毕竟是真实的，也是我要说的重点。早餐很重要，不吃早餐的人通常会在晚上大吃大喝，所以，别忽视早餐。如果你早上总是没食欲，也不是什么大问题。别吃太多，保证蛋白质含量丰富就行，比如，两三个全熟（硬心）鸡蛋，再加点海盐就可以了。

还有一个真实的案例跟大家分享，这次故事的主人公叫杰。

2008 年 10 月 18 日到 2009 年 2 月 14 日

开始时体重：117.9 千克

结束时体重：96.2 千克

哇！自从大一开始，我的体重就没下过 97.5 千克！不过，圣诞节后，我也遇到了瓶颈期，体重在 99.8 千克的地方就怎么也不动弹了。我吃的还是那些，喝的还是那些，可体重就是不再发生变化了！我坚持了那么久可不是为了这个数字的，我该怎么办？吃得更多！你敢相信吗？我就是这么想的，也是这么做的，因为蒂莫西以前说过，如果遇到瓶颈期可以试试这招：早上一醒来就用水冲至少 30 克蛋白质粉喝掉。我战战兢兢地加大了我早餐的热量。你猜怎么着？我现在 96.2 千克了！呜呼！

不吃早餐，或者吃得太晚（起床一小时之后才吃）都会让你的减脂计划失败。

• 错误之二：没有摄入足量的蛋白质。

每餐必须含有至少20克的蛋白质，必须！

在早餐食谱中，蛋白质是至关重要的一环。如果蛋白质为早餐贡献的卡路里少于40%，那么碳水化合物的消化吸收就会受阻，同时对脂肪平衡也有消极的影响。保证蛋白质摄入的方法很简单：第一，早餐你可以吃两三个全蛋；第二，如果刚起床你实在吃不掉那么多鸡蛋，那就换点高蛋白质的食物，比如火鸡烤肉、有机熏肉、有机香肠或者农庄奶酪；第三，用冰水冲30克蛋白质粉喝下——我爸爸就是这么干的。

在最初的几周里，你会觉得自己是在强迫自己吞咽下这些食物。慢慢地，你的饮食生物钟调整好了，就会感觉棒极了。无论如何，都要保证每餐20克的蛋白质摄入量。

与此相关的错误做法是，压根儿没吃饱。千万别觉得自己在减肥，所以就故意吃得很少，或者非要避开高卡路里的食物。每餐都要吃到你觉得饱了为止，只要是符合慢碳水化合物饮食法原则的食物，你吃多少都没问题。如果你没有做到，那结果就是，要么你的新陈代谢功能减弱了，要么你不得不在三餐之间找点“违规”的食物填补一下空虚。

克里斯托减脂没成功，而且变得非常易怒。为什么？因为他把豆类从自己的食谱中画掉，并用更多的蔬菜来代替，结果卡路里摄入量严重不足。如果你是在按食谱搭配食物，那就别担心卡路里多少的问题，你要想的是怎么才能尽可能多地把豆类增加到自己的食谱中来。克里斯托在做了一个积极的改变后，取得了巨大的进步。

“这周，我采纳了你的建议，把豆子作为食谱中的主角。我觉得自己有劲儿多了，脾气也不那么暴躁了。在一开始的几周内，我都是主攻蔬菜，偶尔吃一点点豆类和肉类。到了这周，变成了早上豆子、中午豆子、下午豆子、晚上豆子……我现在已经减掉了4.5千克。呜呼！”他说。

• 错误之三：没有喝足够多的水。

为了确保在减脂期间使肝功能达到最理想状态，增加饮水量是必需的。

水分摄入量不足（你的解释很可能是“我的确没有那么想喝水啊”）是女性身上最常见的问题。我妈妈在减脂的时候也遭遇过稳定期体重不再减少的尴尬，我检查了她的饮水量，建议她每天多喝几杯。她听了我的建议后，当周就减掉了 1.35 千克。她所做的改变也就是每天多喝几杯水而已，再没什么复杂的了。

尤其是在“去你的减脂日”里，你一定要摄入比平时更多的水分，因为你暴食的同时也摄入了更多的碳水化合物。这些碳水化合物需要足够的水分进行消化分解，转化成糖原。如果你只吃不喝水，那等待你的就只有头疼发作了。

·错误之四：总是觉得自己很会做饭，哪怕自己明明是个单身汉。

也就是说，如果你没有自己做饭的习惯，那在一开始减脂的时候，就买罐装或者冷冻的食物。不要因为自己开始塑身了，就幻想自己成了大厨，这两件事情压根儿不相关。

尤其是别买一大堆需要很高厨艺、很长时间、很多容器才能加工好的半成品——你并不是为了成为厨师而吃，你是为了减脂而吃，永远别忘了这个目标。我见过很多人，一开始的时候兴冲冲地去超市采购，结果买回来才发现，杂志上的烹饪图片都是骗人的。想把食物弄熟都不是一件简单的事，更别说弄得健康且简便了。这时，除了浪费食材，更多的是受到打击。厨师没当成，减脂也受了挫。嗯，我不是在说别人，看看杰克给冰箱里的烂洋葱拍的照片，你就知道我说的是谁了。

杰克家的洋葱

我的橱柜里现在还放着一大袋子脱水的小扁豆，它们在那儿躺了六个月了。为什么？因为我太懒了，懒得去煮。就这么简单。

减脂期间的烹饪要尽量简单。头两周至少用冷冻食物和罐装食品对付一下，它们不是最完美的选择，在这个世界上没有那么多完美的事情。

我的意思是，不要一下子彻头彻尾地改变，先改变对食物的选择，下一步再说食材的准备。慢慢来。

• 错误之五：在错的时间称量体重。

女性在月经周期到来前，身体内的水分含量会大大高于平时。所以，如果你是女性，在测量和计算的时候就要把这个特殊时期考虑进去。那个时候，你会在电子秤上突然“变胖”，但你自己要知道是为什么。

在月经期前 10 天，电子秤显示的体重都可以忽略，因为它们不能如实地反映你身体的真实情况。如果你能够严格按照食谱建议吃一日三餐，你肯定会减脂成功。月经结束后再称体重——我建议在月经结束后的第一天称，那天的数字会最真实。

别让暂时的身体水肿打击了你的积极性，计算好你的月经周期，在恰当的时候称量体重，那才是指引你进行减脂的关键数字。

• 错误之六：吃了太多“多米诺食物”，比如鹰嘴豆、花生之类的。

有些食物，你在减脂期间吃，原则上是完全没问题的，但是它们的“后劲儿”很大。我管这些食物叫“多米诺食物”。也就是说，吃一小点就能产生一系列多米诺骨牌效应式的影响。

我在减脂期间，也曾经遭遇过三次瓶颈，全都是杏仁惹的祸。一把杏仁看起来很不起眼，并且还是补充蛋白质的第一选择，又可以随时买到，实在是太合格的慢碳水化合物饮食的食材了。然而，我忘了每杯杏仁的热量高达 823 卡路里。就算你在汉堡王点个最大个的汉堡也不过只有 678 卡路里，而一把杏仁比一个大汉堡的热量还高出 145 卡路里。

几粒杏仁并无大碍——几粒的意思是 5～10 粒，可问题是，很少有人在吃杏仁的时候还真去数数。更没有人能真的每次只吃 5 粒，那需要太大的自控力。

卡萝知道应该避免这类“多米诺食物”，但是她知道得有点晚，而且错过了最佳时机，所以不得不重新开始。

“我已经重新开始慢碳水化合物饮食了。我之前开始过一次，可是没有完全按蒂莫西的建议执行——我在食谱里加入了花生，而且我一直在吃鹰嘴豆，结果我一斤也没减。所以，我觉得到了该有点诚意的时候了。5 天前，我严格按照食谱上的要求开始了一日三餐。现在，我高兴地宣布，我已经在 5 天内减掉了 2.25 千克。我没增加任何新花样，只是踏踏实实地选择食材、不再有侥幸心理，然后一切就这么发生了。”

觉得自己可以做到每次只吃一片奶油饼干，抱着薯片桶却能拒绝诱惑每次只吃两片薯片？

我劝你还是悲观一点。自制力这种东西很复杂，不是一两句话能说清楚的。最重要的是，自制力不可信。如果你对自己的自制力没有足够的信心，就别去碰那些太具诱惑力的东西。与其让自责和羞愧破坏了整个减脂计划的心情，不如现在就把那些你控制不了的食物清理出去，至少放到你平时看不到的地方。

·错误之七：人工合成甜味剂吃得太多了（全天然的也不行），比如龙舌兰蜜。

即使不含任何卡路里，一些人工合成或纯天然的代糖物质还是会促进胰岛素分泌。尽管阿斯巴甜（适用范围最广的一种代糖）看上去的确对胰岛素没什么影响，但这并不意味着你可以随心所欲地吃含有阿斯巴甜的食品，因为它经常会伴随有安赛蜜（acesulfame-K，学名乙酰磺胺酸钾，俗称 AK 糖）这种对身体极为有害的物质。低卡和零卡的甜味剂也都会让你发胖，它们的挚友是脂肪，不是你。

别以为我是那种为了健康成天“布道”的家伙，我自己也非常爱喝低糖可乐。虽然我知道它于我无益，可我就是喜欢，没辙。

放纵自己的这个嗜好就是每天喝 16 盎司（约合 0.45 千克）的无糖可乐，似乎没影响我的减脂计划。不过，我和其他的慢碳水化合物饮食者都发现了，如果超过这个量，那你的减脂效果有 75% 的概率会大打折扣。

“全天然”甜味剂也会产生和果糖一样的作用，从而破坏新陈代谢的规律，它们对身体的伤害更甚于果糖含量很高的各种糖浆。

所谓的“无糖”健康食品其实含有大量的甜味剂，比如浓缩苹果汁、梨汁中三分之二的成分都是果糖。而市场上出现的最新型的代糖产品，比如生龙舌兰蜜，其中 90% 都是果糖。吃这种东西还不如吃精提炼的白糖和所谓不健康的糖浆呢！

尽可能地避开一切甜味剂。如果它真的很甜，那就意味着它刺激到了你的胰岛素，并且已经搞乱了你的新陈代谢。需要调味的时候用辣椒或者肉桂、香草的提取物代替，效果会好很多。

·错误之八：健身房去得太频繁。

一位使用慢碳水化合物饮食法的女性这样写道：

“我每周去健身房五次，每次都要在跑步机上跑两小时左右。除此之外，每周我还要上两节一小时的旋转操课程……我以这个频率锻炼了差不多三个月。前三周，我减掉了20磅（约合9千克）左右，可在那以后又长了7磅（约合3.2千克）。我几乎锻炼了我所知道的所有肌肉群——腿部肌肉、手臂的肌肉和臀部。”

后来的7磅（约合3.2千克）就是增长的肌肉，这是好现象。但是，按她的锻炼量，她一周要在健身房里待12小时。我猜她的问题也是我在其他减脂者身上看到的状况，是因为间断性过量训练，同时导致了饮食过度。所以，我给她回信建议道：

根据你的描述，我觉得你可能是运动过度。你原本是在努力减掉肌肉，但过度的锻炼会降低你的基础新陈代谢率，使你存储脂肪的能力增加。我建议你在减脂期间，把每周锻炼的时间控制在2～3小时之内，最好的室内健身项目是举重（如果你有固定的运动项目也可以，我的建议不是强制性的），而且你要随时测量自己体脂的百分比，而不是只关注体重。

跟你想的不一样，运动太多反而会阻碍减脂的进度。因为在做了大量运动后，必然有强烈的欲望去吃得更多、喝得甜，也很容易给自己找理由“补偿一下”。

记住，少即是多。

第九章

损失控制
——暴食之后也不会长肉

生命本身就是适当的暴饮暴食。

——茱莉娅·蔡尔德（美国知名厨师、作家和电视节目主持人）

甜甜圈本就是健康、平衡饮食的一部分。

——布鲁克·史密斯

［Krispy Kreme（美国知名的甜甜圈品牌）的女发言人］

我正在约会。这是我俩的第一次约会，地点选在了旧金山的萨摩瓦茶室。

神秘的香薰，悠扬的东方音乐，摇曳不定的烛光。我俩神情迷离，十分陶醉，不知自己到底是身在神秘的华夏大地，还是在北欧风情的荷兰咖啡馆。更巧的是，我俩都点了一款叫 Schizandra 的浆果茶。知道茶包上是怎么介绍这款茶的吗？

中国古代，尝百草的神农氏发现这种茶具有延年益寿的功能，还具有某种“神药”的功能（你想要力量，喝了就有力量；想放松，喝了就能放松；想美丽，喝了就变漂亮；想变成性爱机器，喝了就增力无穷）。

嗯，苗头很不错。至少现在看起来，这是一次很成功的约会。

我们又暧昧地调了一会儿情，说了些不疼不痒的客套话。我准备来点实际行动了。

“你别害怕啊，可能会有点怪。”我说完，便从随身带的皮包里拿出了一个电子食物秤，开始逐一称量面前的每一小份食物。不用我说，你也知道对面的女孩是什么表情。好的开始的确不错，不过，也只剩下个“好的开始”了。

我能怪她吗？我的行为难道不像电视里常演的连环杀手吗？

不过，爱情这事可以慢慢来，现在，我有更重要的事情需要考虑。

我要在12小时之内摄入足够的脂肪，这是我进行的第二次尝试了。第一次，我试图一次吃掉5千克带有大块肥脂食草牛的牛肉，可没成功。吃了2.5千克后，我就差不多要全吐出来了。之后的测试显示，我一两脂肪也没吸收。

你肯定会问，我这到底是在折腾什么呢？一次吃那么多肥肉干吗？

因为我想证明，那种“吃进多少卡路里，就会吸收多少卡路里”的理论纯粹是狗屁，至少是不全面的、有失偏颇的、过于武断的说法（这跟狗屁有多大差别呢）。而最好的证明方法就是，我在短时间内摄入大量的卡路里，然后再把测试的结果拿给大家看。

这次，我不准备跟肥牛肉较劲了，我找到了一个新办法。

那天晚上11：43，我终于挣扎着把最后一包黄油零食塞进了嘴里。差两分钟就到约定时间了，我真是吃不下去了，可我不能连续失败两次。这次我在12个小时内吃进6000卡路里的食物，这些食物都是从Twitter（推持）上的朋友推荐给我的卡路里数最高的普通食品中挑选的。我答应他们我会尽量吃，直到要吐为止。我把我咽下的每一口食物都做了准确的称量，并拍了照片。

下面就是这“夺命12小时”的记录，有些记录是跟吃无关的，但却是非常重要的，之后我会慢慢解释它们为什么如此重要。

上午11：45 开始

- 1份蒸菠菜（30大卡）
- 3茶勺杏仁酱配一大段西芹（540大卡）
- 2大勺Athletic Greens（一种粉状补剂），冲水饮用（86大卡）
- 鸡肉咖喱沙拉，195克（大约350大卡）

卡路里总数=1006大卡

中午12：45

- 葡萄汁（90大卡）

• 大杯咖啡加 1 勺肉桂粉（5 大卡）

• 含脂 2% 的牛奶，315 毫升（190 大卡）

• 2 个大号巧克力羊角面包，168 克（638.4 大卡）

卡路里总数 =923.4 大卡

下午 2:00

• 花果功夫茶，16 盎司（60 大卡）

下午 2:15

• 排便

• AGG（一会儿再讨论这是什么）

• 脂状脂肪和发酵鳕鱼肝

下午 3:00 ～ 3:20

• 下面三组锻炼每组做 15 次

■ 弯腰划船

■ 上斜推举

■ 腿部推蹬

下午 3:30

• 1 升有机全脂牛奶（600 大卡）

下午 4:00

• 益生菌

• 20 分钟冷水浴

下午 4:45

• 奎奴亚藜，230 克（859 大卡）

下午 5:55

• 糖果（216 大卡）

• 巴拉圭茶（30 大卡）

卡路里总数 =246 大卡

下午 6:20

• 排便

下午 6:45

• 40 个深蹲和 30 个推墙俯卧撑

下午 6:58

• 混合型奶酪，33 克（116 大卡）

• 蜂蜜，30 克（90 大卡）

• 中号苹果，1 个（71 大卡）

• 夹心饼干，8 克（30 大卡）

•印度茶配豆奶（不得已，不是我选的，但是我必须喝），12 盎司（175 大卡）

卡路里总数 =482 大卡

晚上 9:30

• 男厕所，40 个深蹲练习

晚上 9:36

• 比萨（馅料是红洋葱、波萝伏洛干酪、蘑菇、意大利咸肉和橄榄油，外加一个全蛋），8 块全部干掉（每块 64 克）（1249 大卡）

• 1 小杯红酒，5 盎司（124 大卡）

• 香草味冰激凌，50 克（140 大卡）

• 双份意大利浓咖啡（0 卡）

卡路里总数 =1513 大卡

晚上 10:37

• 2 大勺 Athletic Greens，冲水饮用（86 大卡）

晚上 10:40

• PAGG（一会儿再讨论）

• 60 个立式拉力器拉动练习

晚上 11:10

• 排便

晚上 11:37

• 花生饼干，40 克（189 大卡）

• 黄油零食（250 大卡）

卡路里总数 =439 大卡

凌晨 2:15

• 上床

给我计算器，快！我撑得已经走不动路了。哦，我的天啊，总共 6214.4 大卡啊！

根据基础代谢率，我们来计算一下：我在 24 小时之内的基础代谢率使我能够消化大概 1764.87 卡路里的食物，那也就是说我在 12 小时内只能消化掉 882.4 卡路里。

还有两件事我们得综合讨论一下：20 分钟中等强度的举重锻炼（最多消耗 80 卡路里）和走路。

在这 12 小时之间，我走过了大概 16 条街——都是没有起伏的平地，然后又走了一个缓慢上升的街区，消耗了大概 110 卡路里——这是按照我的体重和行走距离换算出来的。20 分钟的举重加上走路，一共消耗 190 卡路里，就粗略算成 200 卡路里。这 200 卡路里可以从这 6000 多卡路里中抵消掉。

按这么算，我的代谢率还是不够消化掉 12 小时内吃掉的这些脂肪，远远不够。

那可怎么办呢？让我们来看看我对体脂和体重的测量结果，我用的是 BodyMetrix 超声波测试仪。两天内的每次测试都分别测了三次，给出的最终数字是三次测试结果的平均值：

2009 年 8 月 29 日，周六（暴食当天早上测试）：体脂 9.9%，体重 76.6 千克。

2009 年 8 月 31 日，周一（暴食后 48 小时测试）：体脂 9.6%，体重 74.8 千克。

怎么可能？

我来讲给你听。

失传已久的“暴食术”

感恩节到了，大家都坐下来，等待着烤得流油的大火鸡端上餐桌。圣诞节到了，所有的饼干里都有香甜的黄油，所有的甜品里都有双倍的奶油。

听起来非常像暴饮暴食啊。然而，你完全不用为此感到内疚，更不用担心大吃后会长肉。如果你提前把这天的“必须暴食”纳入计划，或者你懂点科学的小常识，完全可以把暴食对你的伤害降到最低。每个周六，我想吃什么就吃什么，想吃多少就吃多少，那是因为我在暴食后遵循下面的几招，可以把企图占领我身体的脂肪降到最低。

其实，我们的目标很简单，要么把吃进去的东西排泄掉，要么就把吃进去的东西变成肌肉组织。

那么，遵循以下三个原则，就能办到。

·原则一：把胰岛素的释放降到最低，因为胰岛素是专门负责储存的激素。

降低胰岛素靠的是血糖，所以最好做到以下几点。

1. 确保你一天中的第一餐不是暴饮暴食，第一餐应该富含蛋白质（最少0.03千克）和不可溶解性纤维（豆类就符合这个标准）。蛋白质会让你降低食欲，即使你在第一餐后开始暴食，也吃不下太多东西，这从第一步就防止了你“过分”暴食。同时，第一餐中的纤维对预防暴食后的腹泻非常有效。第一餐的卡路里应该保持在300～500。

2. 在第二餐之前摄入少量的果糖，比如喝点葡萄汁饮料，第二餐你就可以大吃大喝了。我一般都是在一天中的第一餐喝葡萄汁，但我习惯在喝葡萄汁的时候来杯咖啡。这样，葡萄汁中的柚皮苷就会让咖啡因发挥更大的作用，相当于一剂催化剂。

3. 用其他手段增强胰岛素的敏感度：AGG（PAGG的一部分）和PAGG（下一章介绍，不要着急）。这章我们涉及的都不是很极端的例子，所以我一般只吃两次。如果我正处在要把自己吃到吐的边缘，那我会在一醒来就再加一剂PAGG。它会降低胰腺释放胰岛素的数量，这是最保险的办法。

4. 喝柠檬类的饮料。不管是把柠檬榨成汁配水喝，还是直接把柠檬汁挤到菜肴上，或者是做成柠檬工夫茶，都可以，只要它们含柠檬酸就好。

·原则二：加快胃清空的速度，或者加快食物离开胃的速度。

通常我不会这么想，不过，在“去你的减脂日”里或任何毫无顾忌地大吃大喝的时候，我希望食物（有时是部分食物）能够以最快的速度通过我的胃肠道，快到胃肠压根儿没时间去吸收其中的成分。

为了达到这个目的，我的主要手段就是喝咖啡因饮料和巴拉圭茶。这两种饮料里含有可可碱（黑巧克力里也含这种物质）和茶碱（绿茶的主要成分就是茶碱），可以刺激胃肠蠕动。在暴食或吃了不该吃的东西之后，我会喝 100 ～ 200 毫克的咖啡因饮料或者 450 克的冰巴拉圭茶。

这些真的有用吗？品尝完味道，然后就催促着食物赶紧离开自己的身体去跟马桶说“哈啰”？身体真的会因为食物通过的速度加快就不吸收其中的养分吗？

不止一个人跟我说，这纯粹就是扯淡，理论上听着挺对的，实际根本不是那么回事。

我先提醒大家一句，如果你现在正在吃东西，那最好跳过这个部分，因为……我的论据可能不那么“美味”。既然我的说法有太过理论化之嫌，那我就只好用行动来为自己做证了。于是，我称量了自己的排泄物（实在抱歉，不过我刚才已经提醒过你了，对吧）。通过多次称量，我得出了这样的因果关系：排泄物较多 = 吸收较少 = 我的腹肌受到巧克力、羊角面包的攻击较轻。很简单，但很有效。不过，这个话题别在跟女孩子约会的时候谈起，永远都别。

·原则三：暴食的时候，时不时地让肌肉拉伸一下。

拉伸肌肉的运动，我首选深蹲、推墙（用三角肌的力量去推墙面，相当于在墙面上做俯卧撑）和借助弹性工具的扩胸运动。这三项运动的共同特点就是无须借助复杂工具、无须占用过大空间、无须承担拉伤肌肉的风险，也无须进行专业的训练。深蹲之外的两项运动谁都能做，连没有走路能力的老人都可以每天练两下。

可为什么要在吃东西之前几分钟做 60 ～ 90 秒的古怪运动，然后在吃东西之后最好再重复 90 秒呢？

答案很简单，因为这么做可以把葡萄糖转运蛋白 4 型（GLUT-4）带到肌肉细胞表面，给卡路里流入打开更多的入口。胰岛素也会刺激葡萄糖转运蛋白 4 型来到脂肪细胞上，所以肌肉细胞的入口越多，我们就可以把越多的热量吸引过来形成肌肉而不是脂肪。

以下是更详细的解释。

数据疯子请看这里

在过去的15年中，科学家对葡萄糖转运蛋白4型（GLUT-4）的研究热情几乎高涨到了白热化的程度。早在1995年，实验就已经证明，运动和胰岛素都能激活GLUT-4，虽然途径不同，但原理是类似的。这对我来说绝对是个好消息，换句话说，运动可能比通过食物摄入胰岛素更能有效地把果糖转换成肌肉纤维。

但，做多少拉伸运动才够呢？实验证明，至少在动物朋友身上，所需要的运动量似乎比我们想的要少多了。日本科学家曾经拿老鼠做过实验，在8天的时间里，使两组老鼠分别做高强度间歇性运动（HIT，14组20秒的快速跑，每组之间有10秒的间歇时间）和低强度延时性运动（LIT，6小时不间断地运动）。

实验结果显示：

在8天的测试期内，时长280秒的HIT运动跟时长6小时的LIT运动对于GLUT-4的刺激度是相似的。

肌肉中的GLUT-4分别增长了83%（HIT）和91%（LIT）。280秒的成绩和6小时的成绩仅仅相差了8%。

当然，动物的实验数据不会照搬到人类身上。但是我想，如果人类用不着280秒那么漫长呢？这个问题引发了很多其他问题，我都回答不出来：

- 我们需要一次完成280秒的运动，还是可以把280秒的运动分开来完成？
- 280秒就是最佳答案了吗？我们人类可不可以用更短的时间获得相同的效果？
- 有没有这种可能，60～90秒的中强度运动就能产生让人满意的效果？

因为我自己回答不出来，所以我带着这堆问题咨询了一个又一个实验科学家，其中包括密歇根大学安娜堡分校的肌肉生物研究室研究GLUT-4的专家们。

他们给出的答案是肯定的：很有可能。

每次吃主菜之前，我都会先做60～120秒的深蹲或者推墙练习。为了让效果更显著，饭后的一个半小时之后，我会做另一组，这次的时间是60～90秒。饭后一小时是血液里葡萄糖指数最高的时候。

最好在卫生间里做这个简短的运动，而不是在桌旁。如果你因故没法离席，那就做相同时间的腿部收紧运动，要认真地做。当然，你最好保持正常的面部表情，而别让人误会你要抽筋了。

这听起来容易，实际上这绝对是门功夫。

在中国，有一句俗语叫“饭后百步走，活到九十九”。也许是智慧的东方人民在几千年前就知道了GLUT-4的运作模式，也有可能押韵的话都是真理。

反正我的意见是，我不能保证你活到九十九，但如果你每餐饭后都能做这个小运动，你肯定能活到腹肌显现的时候。

深蹲，永远别忘了深蹲。

深蹲、推墙俯卧撑和扩胸

对我来说，每个动作都要重复做30～50次。

深蹲

推墙

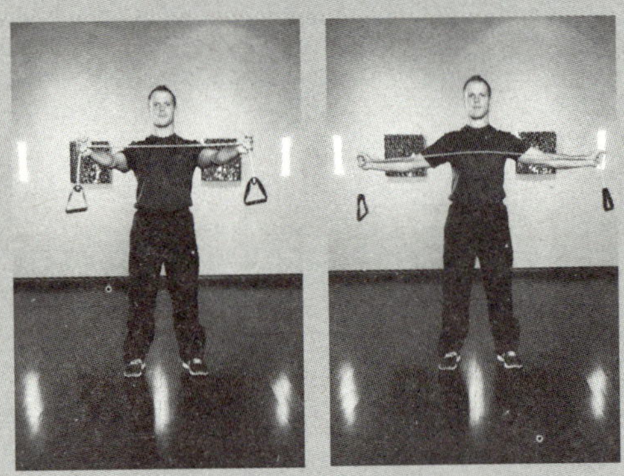

扩胸

神秘来客：方茎青紫葛

方茎青紫葛是一种来自印度的草药提取物。

它算是补剂舞台上的新面孔，尽管包装上的疗效描述写的是“有助于关节修复”。2009 年 7 月，我因为针眼感染接受了一个肘部手术，之后服用了高剂量的方茎青紫葛来帮助我的手肘恢复。那时，我正在服用PAGG。出乎意料的是，方茎青紫葛不仅对关节恢复有效，同时还有极强的抗肥胖和促进新陈代谢的功效，尤其是在暴饮暴食的情况下。

在中国的农村，我还是坚持进行方茎青紫葛实验，每顿都吃不少米饭和甜食，每天要吃 3 ～ 5 顿。农村的朋友饭量都很大，基本没什么菜是只做来好看的，所以真是催人长肉的环境啊。

可即使是这么吃，方茎青紫葛也成功地保住了我的腹肌。我每次服用 2.4 克（2400 毫克），每天三次，餐前服用。也就是说，每天的总量为 7.2 克。这只是少量、微量，甚至不是正常量，可是它的减脂作用和新陈代谢效用却非常明显。这就是传说中的神秘小药丸吗？

我大概有 160 磅（约合 72 千克）瘦肌肉，也就是说，45 毫克每磅的瘦肌肉的比例是最佳起效比例。也可能，这个神奇的小药丸根本对任何体重的人都有效。当然，目前没有对方茎青紫葛副作用的研究和报告，所以我不建议每天服用量超过 7.2 克。

对于手头比较宽裕的朋友，我建议你可以在暴食的阶段尝试一下服用方茎青紫葛，它会带给你非常意外的惊喜。我希望有更多的科学家重视这个小药丸的功效，尽快研究出它的副作用到底有哪些。在这之前，我还是不会长期服用它。不过在 8 ～ 12 周的肌肉增加训练中、在"去你的减脂日"、在关节受伤之后，我还是会把它请出来。

凯文·罗斯是我这三周来的旅行伙伴，他经常哭诉，说："格兰和我越来越胖，裤子的扣子都快扣不上了，这家伙（指我）的肌肉却像健美运动员似的，这是什么世道啊！"

我的一个朋友是一家计算机公司的首席技术官，他给方茎青紫葛取了个外号，叫"醒后一片药"。因为他明明看见我在服用方茎青紫葛前，刚吃了一大份花生酱冰激凌和一块巧克力布朗尼（美国一种很普通的家庭点心）。

没错，方茎青紫葛很管用。

微生物学角度看减脂

为什么几十年前没有像今天这样有这么多超重的男男女女？

研究者开始从细菌的角度寻找答案。这些寄生在我们消化肠道内的小东西在几十年间发生了巨大的变化。研究结果显示，这个变化跟持续增长的肥胖人群有很大关系。

在我们的身体内，细菌细胞的数量是人体细胞的 10 倍。假如你的体内

在北京，连着暴食了三周之后，每餐吃得都像一头猪。

有10万亿个人体细胞，则细菌细胞就会有100万亿个。重要的是，这些小家伙是好帮手，它们增强了我们的免疫力、提供维生素、防止坏细胞感染从而破坏身体功能。同时，这些细菌也负责调节我们从食物中吸收养分的能力。

迄今为止，有两组主要的细菌被证明与脂肪吸收有关，尤其是在节食时期：拟杆菌门和厚壁菌门。体形较瘦的人拥有较多的拟杆菌门和较少的厚壁菌门，超重人群则正好相反，他们体内的拟杆菌门较少，而厚壁菌门较多。超重人士随着体重下降，其体内拟杆菌门的比例也会逐步上升。

正是基于这项研究发现，在2007年年底，美国全国性的健康机构“全美健康研究所”正式启动了“人类微生物组计划”，算是细菌版的“人类基因计划”。这个计划旨在推动对四万种不同微生物朋友的研究，从而解开它们如何影响人类健康之谜，使细菌更好地服务于人类。

当然，这个计划不是一蹴而就的。研究需要时间，但你却用不着等着最终结果出来了才行动。以下几项建议就可以让你立刻在自己的体内培植健康有益的细菌群。

1. 远离蔗糖素。杜克大学在2008年做了一项研究，发现食用蔗糖素的白鼠体内有益菌群会大幅度减少。所以，我又要唠叨一遍，那些所谓的代糖根本不是好东西，它们还不如真正的糖来得健康。

2. 使用酵素。韦斯顿·普赖斯博士曾经对全球12种传统减肥饮食法做过研究，他发现这些饮食法有一个共同的元素，就是酵素类食品——不管什么减肥法，在日常饮食单上一定有这类食物。不同种族、地域的减肥者可能有不同的饮食习惯，但是看看日常饮食单上的这些酵素食物：奶酪、日本纳豆、俄式酸奶酒、朝鲜泡菜、德式泡菜、腌鱼，至于不含糖的酸奶和工夫茶（发酵茶）

也是被公认的减脂饮品。发酵类食物含有大量的有益菌，不论你是否在为体重发愁，都应该把这类食物列入你的超市扫荡清单里。每天早饭前，我都会吃5大勺德式泡菜，而且只要我在家做饭，不管做什么都会加点朝鲜泡菜调味。

3. 考虑使用益生菌和益生元。益生菌也是细菌。我在训练期间和服用抗生素药物之后都会摄入Sedona Labs iFlora牌益生菌。益生菌是一种发酵基质，可以帮助细菌生长繁殖。我尝试过有机菊粉和低聚果糖，毫无疑问，有机菊粉更招人喜欢，我通过服用Athletic Greens来摄入它。有机菊粉的甜度只有普通糖的10%，但是跟果糖不同的是，它对胰岛素没有影响。如果你喜欢从食物中摄取有机菊粉，那么大蒜、韭菜和菊苣中的有机菊粉含量都很高，强烈推荐。

尽管目前的研究还处于初级阶段，但是在饮食中加入益生菌和益生元仍然是有百利而无一害的，因为它们对过敏、老化、超重和一系列顽固疾病——从Ⅱ型糖尿病到艾滋病——都有着积极影响。菊粉可以改善人体对钙的吸收能力，而吸收钙的能力提高了就意味着葡萄糖转运蛋白4（GLUT-4）的运作效率提高了。也就是说，你可以免于超重。

如果你对超不超重没什么感觉，那么细菌群还能平衡你的“第二大脑”。

我们大部分人都听说过5-羟色胺，这是一种作用广泛的神经传送体。当我们的体内缺乏5-羟色胺时，情绪就会低落、抑郁。百忧解（Prozac）和其他同类药物的作用原理就是提升抑郁症患者体内5-羟色胺。一说到“神经”，我们就很容易联想到大脑。然而实际上，在脑部“神经传送体”5-羟色胺的含量只有5%，剩下的95%都是由肠道分泌的，这也就是我们为什么称肠道为“第二大脑”了。

好好升级一下你肚子里的细菌群吧，培养好的，然后让它们杀死坏的。减脂是有好处的，获得更佳的精神状态则具有更大的好处。

工具指南：

• Twelve Hours of Bingeing in Photos（www.fourhourbody.com/binge）：这里面有大量实时拍摄的暴食照片，全部来自Flickr网站。你看过之后肯定会对“暴食”中的“暴”到底可以“暴”到什么程度有一个直观的概念。

• Super Cissus Rx（www.fourhourbody.com/cq）：超级CissusRx是我在减脂

期间使用的方茎青紫葛的品牌。

• Athletic Greens（www.athleticgreens.com）：这是我的多合一保险补剂，它包含76种成分，其中的菊粉对于改善体内细菌平衡很有效。

• Escali Cesto Portable Nutritional Scale（www.fourhourbody.com/cesto）：这是一个便携式营养磅秤，只能称1磅以内的东西。我把它放在皮包中，可以随时随地测出食物的重量和其中营养成分的组成。它不仅显示重量，还能测出将近1000种不同食物的卡路里数、钠含量、蛋白质含量、脂肪含量、碳水化合物含量、胆固醇含量和纤维组织数量。虽然看到我称量食物的人总是被我吓到，但这对于减脂大计来说，非常值得。

• Nutrition Data（www.nutritiondata.com）：想知道你最爱吃的烤鸡腿或者妈妈最擅长的熏鲑鱼的卡路里到底有多少？营养数值网站提供的“食谱分析”软件就可以帮到你。只要你输入每餐所含原料和调料的名称和数量，营养管理工具就可以为你计算每道菜式总共的卡路里数。你也可以上传自己的食谱，或者去看看别人的低卡路里食谱都包含哪些食物。我经常上这个网站，本章列举的很多数据都是通过这个网站计算出来的。

• Thera-Bands（www.fourhourbody.com/thera）：我一开始做站立扩胸动作时，用的就是这款拉力器（当时，我用的还是灰色的）。很多理疗师都会为进行康复训练的健身者选择这款拉力器，所以它的专业性是毋庸置疑的。后来，我可以很轻松地每组做75次，然后把器材升级为下面的这款迷你版拉力器。

• Mini-bands（www.fourhourbody.com/minibands）：这就是我现在用的站立式扩胸拉力器，它的生产商是知名的西域杠铃健身器材的路易·西蒙斯。这款拉力器的目标用户是想通过背弯训练、深蹲、阻抗练习来增加上身力量的重量级举重练习者。说句题外话，你觉得这是年轻人的玩意儿，上了岁数就不适合练这个了？那就认识认识路易吧，他以50岁的“高龄”可以完成400多千克的蹲坐。虽然并非没有可能，但我不太相信你比路易还老。

第十章

减脂战斗中的四个骑士
——PAGG

如果不让我吃大蒜，说实话，活着真没啥意思。

——路易斯·迪阿特（纽约丽晶卡尔顿饭店的首任主厨）

引子：2007年夏，北加利福尼亚州

烟雾弥漫在空气中，伴着夏天的味道和享受食物的声音——笑声、啤酒瓶的撞击声和牛排在硕大的户外烧烤架上吱吱流油的声音混合在一起。这一幕发生在圣何塞的柳树峡谷，那时，我父母来我住的地方看望我。我待在家里，他俩则摸索着来到了市中心的林肯大街上。那是个阳光和煦的下午，整个城市沉浸在西斜的阳光下，我爸妈发现了一家名叫La Villa的意大利餐馆。于是，便出现了烧烤炉和开篇的那片烟雾。

我爸爸正聚精会神地看着烧烤炉上的各种肉类“遭受折磨”。这时，一个瘦高的流浪汉突然出现在他身边。两人谁都没说话，一起盯着烤炉边的各式调料和成摞的牛排和鸡肉。过了好一会儿，那个流浪汉终于先开腔了：“你知道我是怎么减肥成功的吗？我减掉了50多千克。”

我爸爸只有1.68米高，那时的体重却高达112.5千克。他愣了几秒钟，然后出于礼貌地问道：“为什么？”与其说他想知道答案，倒不如说他想知道这个人到底想干什么。

“大蒜，一瓣接一瓣地吃。就这么简单。”

流浪汉什么也没要，好像压根儿也没想要什么，他在很真诚地传授经验。说完这些之后，他就像什么也没发生似的，自顾自地走开了。

这则趣事对别人来说可能只是个餐后的谈资，但对我来说却意义非凡，因为那时候我正在观察大蒜在减脂中的作用。我父母的这次奇遇则成为最后的一把助力，我知道我必须要认真对待大蒜先生的出场了。于是，我开始了以大蒜为主的一系列饮食实验。我应该感谢那位流浪汉先生，他不仅分文未取，还为我的减脂鸡尾酒增添了一抹新的色彩。

听到我的这个决定，一个胃口绝对比猪还大的半职业运动员是这么说的：“我（就是用大蒜）在过去的一周里减掉了2.5千克，真他妈的太难以置信了！”他体重90千克，体脂却只有9%——想象一下他的块头和样子吧。

蒜素，大蒜中的一种成分，这正是两年以来我一直寻找却未能获得的那第四种元素。

之前：ECA

从1995年到2000年，我一直在尝试调制一种有减脂功能的鸡尾酒，这款酒的主要成分包括盐酸麻黄碱、咖啡因和阿司匹林。这三种物质被研究证明组合使用后安全有效，简称ECA。那时候，我正在使用Cyclical Ketogenic饮食法，试图让我的腹部结实有型、青筋可见。那是我第一次那么做，结果不到8周我就成功了。

盐酸麻黄碱（Ephedrine hydrochloride）：20毫克

咖啡因（Caffeine）：200毫克

阿司匹林（Asprint）：85毫克

当时，生物化学对于ECA的计算十分精确，众多研究结果也证实了ECA的功效。如果E=1，C=1，A=1，那么三者重叠使用的效果就是1+1+1=6～10。具体的原理是，盐酸麻黄碱提高了cAMP水平，咖啡因减缓了cAMP分解的速度，阿司匹林则进一步通过抑制前列腺素的产生而保持了cAMP的增长水平。

遗憾的是，ECA不是免费的午餐，更不是天上掉下来的馅饼。在可靠、可信结果的身后站着一个庞然的巨兽，令你不得不时刻提心吊胆——副作用。

所有服用说明上都说它的副作用来得非常快（在美国，麻黄碱属于非处方药，但是实际上在出售时里面都掺了甲甘苯二醚），而且一旦停用就会出现严重的头痛。服用者要么终生没法停用，要么用同样剂量和效果的其他药物代替以防止慢性疲劳等症状。我怀疑，美国有相当一大部分力量和耐力项目的运动员正在遭受这样的痛苦。他们在早年的训练比赛期间不得不服用 ECA 药物，现在已经完全没法摆脱它的控制了。为了避免产生疲劳感，他们每天都要吞服大量的药剂让自己的身体振作起来。我认识一些人，他们每天（24 小时之内）必须要喝掉 6 ～ 10 杯意式浓缩咖啡。麻黄碱和麻黄类兴奋剂服用的剂量过高、服用环境过于潮湿或炎热都会导致心脏病突发或意外死亡。

在服用了 ECA 之后的日子里，我尝尽了苦头。因为严重的窦性感染，我不得不去求助一位曾经在斯坦福受训的专家。她看过我的头部核磁共振成像后，片刻都没犹豫便问道：“你是每天喝好几桶咖啡，还是在服用别的兴奋剂类药物？”后来我才知道，我身体内的窦洞几乎全部被压缩的干枯物质堵塞住了。当时，专家惊讶于我在这种身体状况之下怎么还能起得了床。

从那之后，我开始慢慢地把兴奋剂类药物从我的生活中剔除了。过程很痛苦，不堪回首，不过最终我还是恢复了正常的肾上腺水平。很显然，如果我想继续减脂，就必须找到一条新路。

我急迫地想找到一种非兴奋剂的组合，它既能发挥功效，又不会对人体产生有害的副作用。

之后：PAGG

我找到了，它就是 PAGG。PAGG 就是：

Policosanol（甘蔗脂肪醇）：20 ～ 25 毫克

Alpha-lipoic acid（阿尔法脂肪酸）：100 ～ 300 毫克（我在每餐之前服用 300 毫克，但有些人有胃酸逆流的状况，所以只需服用 100 多毫克即可）

Green tea flavanols（绿茶黄烷醇）：325 毫克（如果是低咖啡因的，那就至少要服用 325 毫克）

Garlic extract（蒜素）： 200 毫克

每日服用 PAGG 的时间是饭前和睡前，大概的时间表如下：

早饭前：AGG

午饭前：AGG

晚饭前：AGG

睡前：PAGG

不用我说你也能明白，AGG 就是 PAGG 减去 Policosanol。

它的服用周期是一周六次，每周停服一次，每两个月停服一周。停服的频率至关重要，千万不可忽视或者胡来。

下面就看看 PAGG 里的角色分配吧。

Policosanol 是甘蔗脂肪醇

Policosanol 是一种植物蜡的提取物（通常从甘蔗中提取），也是 PAGG 这个组合中最具争议的一种成分。我一开始服用甘蔗脂肪醇的剂量不太固定，目的是增加 HDL 胆固醇，同时减少 LDL 胆固醇。跟甘蔗脂肪醇一同服用的还有定时释放药性的烟酸、睡前的一个橙子和在执行“四周从书呆子到大块头”计划（下章马上要讲到）期间服用的 Polynicotinate 铬。最终，我的总胆固醇数从 222 降到 147，HDL 胆固醇值更是翻了一倍。

至于副作用，有倒是有，不过我很喜欢——明显地体脂降低。目前并没有关于单独服用甘蔗脂肪醇可以降低胆固醇的科学结论，通常，科学家的实验结果表示甘蔗脂肪醇对胆固醇没什么影响。这可能是因为服用甘蔗脂肪醇的时间错过了胆固醇生成的高峰期——午夜到凌晨四点。总之，根据我的实验，在 AGG 上加了甘蔗脂肪醇（睡前服用 10 ～ 25 毫克）之后，减脂效果相当明显。我在测试期间使用了三个牌子的甘蔗脂肪醇药剂，分别测试了三种剂量等级（10 克 / 天、23 克 / 天、40 克 / 天）的效果。我发现每天服用 23 毫克可以达到最佳的减脂效果，使用更高剂量并不会带来减脂方面的提高。

Alpha-lipoic acid（ALA）是阿尔法脂肪酸

Alpha-lipoic acid是一款强力的抗氧化剂和自由基净化剂。实验证明Alpha-lipoic acid能再生出维生素C和维生素E，且能保持细胞内谷胱甘肽（一种随着年龄增长不断减少的抗氧化剂）的数量水平。同时，它还能加强人体对有毒重金属（比如水银）的排泄能力。

在20世纪70年代，为了治疗慢性肝病，阿尔法脂肪酸首度被合成、测试。这种静脉注射的药物干涉大大提高了人们对慢性肝病的抗衡能力，79名接受治疗的患者中有74名痊愈。

阿尔法脂肪酸之所以受欢迎，除了强大的治愈能力，还因为它对人体的副作用极小。它的NOAEL（无可检测到的有害作用水平）为60毫克/公斤体重，也就是说，一个体重为150磅（约合67.5千克）的成年人每天服用阿尔法脂肪酸的安全剂量为4091毫克。而我们推荐的剂量仅为每天300～900毫克。

尽管在自然界里，脂肪酸通常位于某些动物内脏和某些蔬菜中——包括菠菜和菜花，但是含量实在太少了。总不能为了每天摄入300毫克脂肪酸而去吃掉10吨动物肝脏吧？所以，我从1995年开始服用人工合成的阿尔法脂肪酸。

我用一句就可以解释为什么阿尔法脂肪酸如此擅长减脂：阿尔法脂肪酸帮助你把通过食物摄取的碳水化合物存储在肌肉和肝脏里，而不是脂肪里。

数据疯子请看这里

我一开始服用阿尔法脂肪酸是因为它在对葡萄糖的吸收和甘油三酯的减少方面的作用实在惊人。

我希望能提高肌肉对我摄入卡路里的吸收能力，阿尔法脂肪酸则是最佳的助推剂。肌肉吸收的卡路里越多，意味着转变成脂肪的卡路里越少，同时力量增加得也越快。

这是因为，阿尔法脂肪酸可以将更多GLUT-4型葡萄糖载体带到肌肉细胞膜表面——这基本上相当于胰岛素的功能，同时阿尔法脂肪酸还能提高胰岛素的敏感度。所以，阿尔法脂肪酸被认为是很有潜力代替胰岛素成为Ⅱ型糖尿病患者和消化紊乱患者服用的药物——拟胰岛素产品。

阿尔法脂肪酸不仅提高了葡萄糖和其他营养物质的吸收，它还能抑制甘油三酯，根据外推法，也就是说，它抑制了脂肪堆积。

Green tea flavanols（EGCG）是绿茶黄烷醇

绿茶黄烷醇（EGCG）是一种绿茶里含有的绿茶酸和黄烷醇。

这名字听起来很古怪，但其实这种物质的应用范围极广。想降低紫外线对皮肤的损害？用绿茶黄烷醇。想抑制癌细胞生长？用绿茶黄烷醇。想降低线粒体氧化压力（也就是说想抗老化）？还是要用绿茶黄烷醇。

绿茶黄烷醇是怎么做到这么大包大揽的呢？

• 跟阿尔法脂肪酸的起效原理非常相似，绿茶黄烷醇也能将更多GLUT-4带到细胞膜表面。但不同的是，绿茶黄烷醇是把它们带到头部肌肉细胞表面。

• 绿茶黄烷醇似乎可以加速成熟脂肪细胞的死亡。也就是说，不用一兵一卒，这些该死的脂肪细胞自己就把自己解决了，这也解决了肥胖反弹的问题。很多科学家认为，之所以会发生反弹，是因为脂肪细胞有记忆功能（普通的减脂只是缩小脂肪细胞的体积，并没有减少脂肪细胞的数量）。如果绿茶黄烷醇可以干脆结束了脂肪细胞，那记忆也就没什么用了。

有些实验证明，用微小剂量的绿茶黄烷醇可以达到减脂效果。但150毫克实在太少了，我们的目标是每天分3～4次服用，总共摄入325毫克绿茶黄烷醇。并且，一旦见到减脂的效果，就立刻加大摄入量。我的实验对象大部分是体重在67.5～90千克的成年人，提高后的摄入量高达每天900～1000毫克。我建议通过服用低咖啡因的绿茶提取物片剂来摄取绿茶黄烷醇——除非你非常喜欢头昏脑涨的感觉。一杯接一杯地喝绿茶会让你有天旋地转的感觉，绿茶中的咖啡因含量很高，而且也不便宜。

如果你正在接受癌症治疗，那么在服用绿茶黄烷醇之前一定要咨询你的主治医师，因为绿茶黄烷醇会增强某些药物的药效，比如他莫昔芬（选择雌性激素受体调节剂）。同时，它也会降低某些药物的作用，比如Velcade。如果你正在接受多种脊髓瘤或者大脑皮层细胞淋巴瘤的治疗，恐怕你就不能服用绿茶黄烷醇了。

Garlic extract（蒜素）

蒜素和它的某些成分也被广泛地应用于医学界，从日常的胆固醇管理到抑制致死类MRSA葡萄球菌感染，它都发挥了巨大作用。

奇怪的是，我和我的实验被测者在服用了大量的蒜素之后都取得了极佳的减脂成果。蒜素如果服用得当，可以起到抑制脂肪重新生长的作用。我之所以说“奇怪”，是和我说的“服用得当”有点关系。

大多数研究成果显示，蒜素从大蒜瓣中被提取出6天后，尤其是暴露在胃酸环境中时间久了，就不再具有生物利用率了。我们共同发现的结果要归功于把蒜素和其他成分组合服用的结果，最值得一提的是蒜碱，它的作用相当于引子。蒜碱显示出了较高的口服生物利用率，对于大型哺乳动物来说，这个比率是100%。

除非有进一步的实验证明不可以，否则我还是建议使用老蒜的提取物，老蒜相对于新蒜来说蒜素含量更高，含有其他同类营养素的品种也更丰富。

我试过直接吃大蒜瓣，或者把新鲜大蒜剁碎了吃，那种体验实在没什么美好可言，对胃的消化吸收也无益。如果你坚持从食物中摄取蒜素和蒜碱，那么就把它放在菜里，做熟了再吃，这样也可以保护你的胃黏膜。

而我为了达到准确而便利的目的，还是选择了补剂，同时在烹饪的时候尽量多放大蒜。在这样的双保险之下，蒜素的功能应该发挥得淋漓尽致了吧。

警 告

在服用PAGG的时候要确保摄入足够的维生素B族。如果你有任何疾病的病史（比如低血糖、糖尿病）或正在定期服药（尤其是血液稀释类的药物，比如华法林抗凝剂、阿司匹林、甲状腺类药物，或者是抗焦虑的药物，比如可致律锭），那么在使用PAGG之前也请你一定要咨询你的医师。

如果你是孕妇或者正在哺乳期，也不能使用PAGG。血液稀释的效果肯定不适用于婴儿，这都不用咨询医师。

工具指南：

下面列举的都是我目前正在服用的产品。坦白地讲，我不清楚它们的花费是否适合你。

• Vitamin Shoppe（www.fourhourbody.com/garlic）：Allicin 6000 Garlic，650毫克，100片装。

• Mega绿茶精华（www.fourhourbody.com/greentea）：725毫克，100粒装。

•Vitamin Shoppe(www.fourhourbody.com/ala)：阿尔法脂肪酸，300毫克，60粒装。

• Nature's Life（www.fourhourbody.com/policosanol）：甘蔗脂肪醇，60片装。

进 阶

第十一章

冰川时代
——掌控温度，操控重量

别跟我说不可能，就直说你做不到。我怀疑你压根儿就没试过……在这个世界上，我们能确定的就是麦克斯韦尔的方程式、牛顿的三大定律、两个相对论的假设和元素周期表。剩下的，都是人类的借口而已。

——迪安·卡门［赛格威思维车（Segway）的发明者］

“迈克尔·菲尔普斯每天摄入的卡路里大约为12,000……”

在房间的一角，雷·克鲁尼斯听到这则报道时不禁翻了两下眼皮。他放下手中正在编制的电子表格，找到遥控器把电视关了。

12,000卡路里……啧啧。

雷·克鲁尼斯曾经是NASA的高级原料专家，他研究的方向包括生物物理和分析化学。他参与过的项目和成功研制出的装备数不过来，也看不见——至少像你我这样的老百姓现在（也许过两年地球毁灭了、星际大战了，美国政府才会把库存的高科技玩意儿拿出来用）甭想亲眼瞅见，只能看看好莱坞电影意淫一下。

可雷·克鲁尼斯在NASA工作的这15年，现世安稳，每天对着电脑工作，每个月按时领工资，没什么竞争压力。雷身上的肥肉以每年1～3千克的速度增长着，而且怎么甩也甩不掉。当他离开NASA的时候，曾经青葱般的小伙子已经变成了胡子拉碴、身高不到1.8米却重达104千克的大胖子。

现在，雷已经成功地减掉了15千克，他盯着电子表格，回想刚才那位吃掉12,000卡路里的先生，不知道自己最多的一次曾经吃掉过多少。按计划，他还要再瘦12.2千克，可照他目前的速度，达到目标得是18～24周以后了。

雷眼前的电子表格正是跟减肥相关的，他把自己所有可以摒弃的人类行为都按卡路里数罗列在这张表格上，试图通过比较找出最佳的解决方案。他受够了当胖子，可目前的减肥速度又不尽如人意，他试图找到一条捷径。可现实无比残酷，通过计算，雷发现即使跑一个全程马拉松，他也只能消耗掉2600卡路里——折合大约0.35千克脂肪。

那个该死的菲尔普斯怎么能消耗掉那额外的9000卡路里？雷不甘心，又重新计算了一遍，结果依旧。不可能，绝对不可能。

“在正常的新陈代谢率下，菲尔普斯要是能消耗掉这么多卡路里，那他一定是外星人。”雷对我说，“我就瞅着眼前的数字，怎么也想不通。在较为激烈的比赛中，他每小时会消耗大概860卡路里。那么，按照他摄入的卡路里计算，他要消耗掉剩余的卡路里就得每天游蝶泳超过10个小时。就算他是‘飞鱼’，我觉得这也是不可能完成的任务。”

那是怎么回事？菲尔普斯在奥运会的答记者问中谎报了自己的情况？有不要命、不要脸的竞争对手乔装成“飞鱼”的样子蒙骗了写这篇报道的记者？

别傻了，这只能说明，物理学有时候不管用。

突然，雷的眼睛一亮，15年的屈辱历史即将终结，一切都显得清晰无比。

“是水温！水温的传导性是空气的24倍，而菲尔普斯这家伙每天要在水里待3～4小时。”

同理，把热咖啡倒进金属咖啡杯所传导的热量跟倒进陶制咖啡杯所传导的热量完全不同，前者会更为迅速地损失卡路里（热量）。雷用这个道理又重新计算了一下菲尔普斯的“答记者问”，完全吻合！

在接下来的六周里，从10月27日（周末）到12月8日，他迅速地减掉了12.2千克，至今没再反弹过。

游戏规则从此被改变。

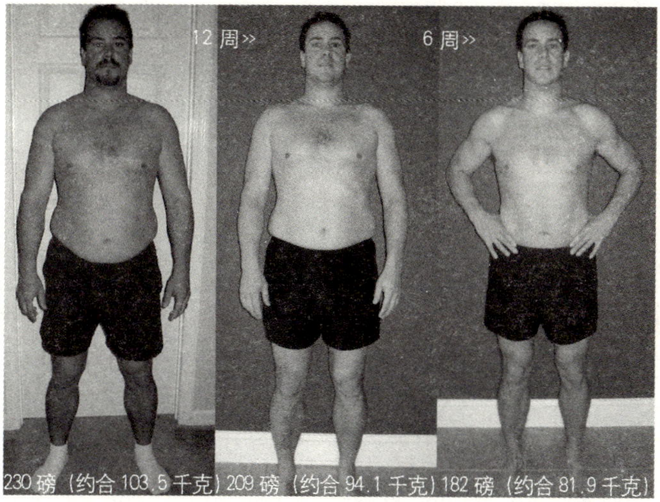

雷 · 克鲁尼斯

从 NASA 到珠峰：纠正新陈代谢等量方程式

雷·克鲁尼斯的故事太神奇了，听起来很不像真事。所以，像任何一位优秀科学家一样，雷对自己成功的第一反应是验错。

在雷所查阅的研究数据和科学报道里，让他震惊的并不是他有关温度和卡路里之间的关联理论是错的，而是虽然事实证明这个理论是完全正确的，但从来没有人把热量因素跟减脂联系到一起。

从字面上来说，雷得出的这个等量方程式很简单：体重的减少或增加 = 卡路里摄入 - 卡路里消耗。即：

重量 = 大卡增加 - 大卡减少。

这不是问题。

问题是卡路里的每次消耗都会立即引起运动的水平变化——热力动力在某种程度上被热量劫夺了。在雷的世界里，那些宇宙飞船啊，那些返回大气层理论啊，热量为王是不可动摇的，而只有不懂物理学的家伙才爱讨论热力学的种种呢。我们可以举个例子，比如下面这个简单的陈述：

热量既不能被创造，也不会消失，它们只是转化了形式。

这句话如果成立，那么它的前提是消化卡路里的方式是有限的：要么锻炼来释放能量，要么不锻炼而存储能量。实际上，人体是一个开放性的热动力学体系，其中潜伏着无数种可能性。雷那时体重209磅（约合94.1千克），他的肉体跟环境交换能量的方式既可以通过锻炼、散热这种无形的方式，也可以通过排泄这种有形的方式来实现。

跑一个全程马拉松可能会燃烧2600卡路里，但是在一个28℃的游泳池里运动四小时可以消耗6600卡路里——假设游泳者体内热量足够的话。

雷有个朋友叫斯科特·帕拉金斯基，他是名医学博士，曾经也是个宇航员。他曾两次爬珠峰试图登顶，每次从珠峰回来都会瘦25磅（约合11.3千克）。第二次去珠峰的时候，斯科特终于登顶成功。在攀登的过程中，他和队员每天都要吃猪油和黄油棒来避免体重下降。单独评估爬山这项运动的卡路里消耗的话，你会发现攀登队员并没有因为徒步、挥镐的动作消耗什么热量，真正让卡路里大量消耗的是超低的温度。珠峰有多寒冷，我就不细说了。

在发现了这个现象之后，雷开始把自己当成人肉散热器，进行了各种疯狂的实验。

他醒来后就开始喝冰水，直到上午11点，他基本上就已经咽下了4.5升冰水；他睡觉时拒绝盖被子；他只穿T恤，即便在隆冬十月冲出房门，在马路上瑟瑟发抖地疾走——幸亏他戴了护耳和手套，否则早就被冻伤了。

后来，他终于找到了不那么“变态”的方法，而且减脂效果一样棒。在第一周内，他就减掉了6磅（约合2.7千克）。

渐入佳境——魔鬼都在细节中

这不是雷第一次尝试甩掉肥肉了。

2006年，他按照比尔·菲利普斯发明的Body-for-Life（BFL）方法锻炼和节食，成功地减掉了9千克。BFL的广告并没有吹牛，雷在12周内减掉了9千克，平均每周减重0.75千克。不管用什么方法测量，这个成绩都相当惊人。不幸的是，跟所有最终的失败者一样，雷很快又把好不容易减掉的9千克肉找了回去。

好消息是，他并没有气馁，反而对减肥产生了兴趣。

在第二次尝试中，雷还是使用BFL减肥法，同时还加入了间断性的“让自己冻一下”的技术。6周之内，雷又减掉了13千克，平均每周减重约2千克——只是加入了“冷冻技术”就让每周的减肥成绩翻了三番。这一次，雷用了比上次少一半的时间，却把减肥的效果提高了61%，堪称完胜。

我发现雷在两次减肥中的成绩都非常令人难以置信，但似乎觉得有些不对劲。

首先，他用了“冷处理”技术后，不仅有效减脂，而且增加了不少肌肉。光是丧失热量就能促进肌肉增加？这好像不太合理。虽然不排除他自己在家用简易测量工具测量时可能会产生一些误差，但总不会差这么多。我觉得一定是有些原理发挥了作用，但雷并没有意识到——尽管他享受了这个原理的成果。

其次，看他给出的数据报告，运算中有很多不尽合理的地方，我较真了一下。

根据报告，进行两小时的“冷处理”可以让你消耗掉普通运动所能消耗脂肪的4倍（“冷处理”消耗脂肪的速度是176.5毫克/分钟，普通运动的速度是46.9毫克/分钟），这很厉害，但是百分比变化是很具有欺骗性的事情。假设每克脂肪含有9卡路里，并且热量持续到你进入冰水中（摄入能量后就进入消耗能量阶段，所以实际上在进入冰水的时候也不太可能保持你摄入卡路里的原数），可是你将身体浸入冰水后就必然会消耗大量的卡路里——至少139卡路里，或者说15.5克脂肪。［计算公式：（176.5-46.9）/1000g/min×120min×9cal/g］

15.5克脂肪？相当于11张纸的厚度！

使用了“冷处理”技术后，雷每周多减了3磅多（约合1.4千克）脂肪。按他的说法，他只是让自己躺在冰水里而已。可如果完全依靠冷处理技术，他得每周待在10℃的冰水中174.2小时才能燃烧掉1350克脂肪。这么算来，他每天要待在冰水里25小时。就算他不畏寒冷，也不能凭空造出1小时来吧？更何况，实际上，雷每天只在水里待差不多两小时，并且还不是泡冷水浴，而是游泳，泳池的水怎么也不可能是10℃。

一定有什么细节是雷和我都忽略了的。这个细节如此重要，却又隐蔽得这么好。是雷的其他“冷处理”怪招吗？要知道，他曾经试过带着冰块疾走，也试过睡觉不盖被子、不铺床单。

	BFL 减肥法		BFL 减肥法 + 冷处理	
	2006 年 7 月 10 日	2006 年 10 月 2 日	2008 年 10 月 27 日	2008 年 12 月 8 日
测量项目	开始	十二周后	开始	六周后
右臂（单位：英尺，1 英尺≈ 0.3 千米）	36.8	35.6	36.2	35
左臂（单位：英尺）	36.2	35.6	36.2	35.6
肚脐上方 5 厘米处（单位：英尺）	99	86	99	84.4
肚脐（单位：英尺）	101.6	91.4	102.9	91.4
肚脐下方 5 厘米处（单位：英尺）	104.1	94.7	104.1	94
屁股（最宽处）（单位：英尺）	107.3	101.6	107.3	100
右腿大腿（单位：英尺）	64	55.8	64	55.2
左腿大腿（单位：英尺）	63	56.6	63	55.2
英寸（减掉的）	无	54.6	无	61.6
皮肤褶（精确到毫米）	50.8	33	50.8	18 ～ 20
体脂百分比（精确测量）	24.70%	17.80%	24.70%	12.65%
总体脂重量（单位：磅，1 磅≈ 0.45 千克）	23.4	15.3	23	10.5
总肌肉量（单位：磅）	71.2	70.6	71.5	72.3
体重（单位：磅）	94.4	86	94.9	82.8

续表

	BFL 减肥法		BFL 减肥法＋冷处理	
	2006 年 7 月 10 日	2006 年 10 月 2 日	2008 年 10 月 27 日	2008 年 12 月 8 日
减掉的体重（单位：磅）	无	8.7	无	12.1
减掉的体脂（单位：磅）	无	8.08	无	13
增加的肌肉（单位：磅）	无	-0.6	无	0.86

雷·克鲁尼斯的减脂电子表格。12 周无〝冷处理〞的效果与 6 周有〝冷处理〞的效果对比。

通过更努力地深挖，我终于找到了那个“魔鬼细节”。我坚信即使你现在还不太了解它，但在不久的将来，它一定会成为减脂市场上的绝对宠儿：脂联素（adiponectin，由脂肪细胞分泌的一种特异蛋白质，对全身各器官系统，包括脂肪组织本身都有调节功能，与胰岛素抵抗有密切关系）和褐色脂肪组织（BAT）。

脂联素是一种很不起眼的激素，如果不特别注意，就会以为它只是一种脂肪细胞而已，但是它既能够提高线粒体内的脂肪酸氧化（脂肪燃烧）能力，又可以通过肌肉组织增加对葡萄糖的吸收。我觉得，雷的“非正常”肌肉增长正是拜脂联素所赐。不过，我这种猜测没什么理论支持，更谈不上实验结果，因为我们对脂联素的研究还处在初级阶段。对于所有人来说，脂联素王国都是一片沙漠。我在自己的网站上公布了很多我个人对脂联素的猜测，如果你感兴趣，可以去那里看看我的胡言乱语。

不过，科学家对于 BAT 的研究已经趋于成熟，我可以把这部分知识拿出来跟大家分享一下。

当然，如果你认为既然这种方法已经被证明有用，那么它怎么起作用的就不重要了，就可以跳过这一段。我这个人就是有点较真，没办法。我既想知道什么方法好用，又贪心地想知道为什么这种方法比别的方法好用。所以……

数据疯子又要上场了。

数据疯子请看这里——燃脂脂肪

不是所有的脂肪都一样，至少有两类脂肪我们必须将它们区别对待：白色脂肪组织（WAT）和褐色脂肪组织（BAT）。

WAT是我们平常认为的“脂肪”，也就是肥肉，像牛排中的白色油脂。WAT细胞是一种脂肪细胞，由一个单独的大脂肪单核滴状物组成。

而BAT则不同，它有时被称为“燃脂脂肪”，而且跟肌肉组织一样由干细胞生成。BAT细胞由多核褐色滴状物组成，之所以会呈现出棕褐色，是因为WAT细胞中含有大量的含铁线粒体。提到线粒体，人们都会想到肌肉组织，因为线粒体最为人熟知的功能就是制造三磷酸腺苷（ATP）和肌肉组织中的氧化脂肪。同时，BAT还可以帮助超过正常量的卡路里以散热的形式排出体外。如果不是有BAT在辛勤工作，这些过量的卡路里就会变成WAT，最终以啤酒肚和蝴蝶袖的形式从你的身体上冒出来。

寒冷可以刺激BAT燃烧脂肪和葡萄糖，使之变成热量散发至体表。低温，以及一种叫“β－肾上腺素能兴奋剂”的药物，都可以让WAT中生成BAT，至少科学家在老鼠和仓鼠身上证明了这个理论。换句话说，低温可以帮助你增加体内燃脂脂肪的含量，这可太有意思了。

我的经验

1995年，我开始在自己身上试验“ECA叠加减脂法”，至于经过和效果，我们在上一章已经提到。

这种减肥方法如此有效，以至完全超出了我的预期。在此期间，我曾三次中暑虚脱，其中两次我本应该去医院请求医生把我救活，可是我没有。虽然我都顽强地挺了过来，但我终于明白了一个道理：如果你死了，你多瘦、多漂亮、多有力、多……都没用。

到了1999年，经过之前四年的折腾，我变聪明了许多，ECA在我身上的副作用大大减轻了（还不能完全停服，但是在逐渐减量）。顺便提一句，即使服用等量的ECA，每个人的副作用反应也不一样。对于我来说，只要我略做锻炼或者在70%湿度的环境里暴露于阳光下，我就会中暑昏厥。这一点儿都不好玩儿。于是，我把“冷处理”技术加入ECA减脂计划中，时不时地让自己挨一下冻。

结果是：4周内，我减掉了单独服用ECA需要用8周才能减掉的重量；同时，我还避免了副作用。我用了两种常规组合达到这种效果，两种组合都非常好用：

常规组合（一）

1. 在空腹洗冷水澡前的45分钟，我服用ECA药物组合。咖啡因的代谢率（指咖啡因的清空速率）因人而异，不过在我使用口服药物60～90分钟后，血凝应该达到最高峰，这是根据药物动力学推算出的白人男性的咖啡因代谢能力。药物动力学通常以图表的形式展现某种药物进入人体后一段时间内血液凝固的相关数据。含有咖啡因的口香糖与片剂相比起效极快，大概15分钟后就能达到最高峰。

2. 我把两个5千克的冰袋放进冷水浴缸中，然后躺在里面大概20分钟，这20分钟可以分为以下几个阶段：

（1）0～10分钟只把下半身浸入冰水，水只漫到我的腰部，腿在水里，但上半身都在冰水之外。

（2）10～15分钟水浸到脖子处，整个躯干也浸入水中，但是双手放在外面（保持坐姿，双腿交叉，稍微后倾）。

（3）15～20分钟水浸到脖子处，双手也放进水里。

看起来很痛苦？那就对了，的确很痛苦。

第二种组合并不包含ECA的服用，两种组合的结果都是分批测试的。组合（二）使BAT变得活跃，同时又较为简便。

常规组合（二）

1. 我把冰袋分别放在脖子后面和上斜方肌处，保持30分钟。通常，我在晚上做这件事，因为那时人体内胰岛素浓度要比上午低很多。

嗯，没有2了，就这么多。

我每周三次（分别在周一、周三和周五）测试组合（一）的效果，每周五次（从周一到周五不间断）测试组合（二）的效果。不用测试也能得出的结论是：组合（一）的使用会给身体带来极大的不适，包括发抖等症状，但组合（二）几乎不会引起任何不适的感觉。

最终体脂测试的结果，组合（二）的效果是组合（一）效果的大约60%，外加不遭罪。

我认为，虽然只有60%，但结果也是非常喜人的。更何况，你不用冒在冰水里抽筋的风险。

1999年，出现了一种好笑的说法，大部分研究人员坚信BAT只在新生儿体内可以找到，而在成年人体内压根儿不存在或者存量极少，完全可以忽略。那时，我正在实验我的“关塔那摩湾沐浴法”，我的真实体验跟科学家的“发现”完全不相符。直到几年后，一种更先进的测试仪器“正电子发射解剖仪”（PET）诞生并被普及使用，人们才相信BAT在成年人体内是存在的，尤其是在脖颈和胸腔上部区域较为集中。

这也解释了为什么我当时把冰袋放在脖颈后部和上斜方肌处时，“冷处理”会十分奏效。

在2009年5月那期的《超重评论》（*Obesity Review*）中，一篇题为《我们是否已经迎来了BAT的下一个春天》的论文吸引了我的注意。虽然我并非权威专家，但我的实验结果对这个问题的答案绝对是：“是的，没错！”这篇论文中的一段这样写道：最近的科学发现应该弥补了我们试图通过褐色脂肪组织的分子发展来改善肥胖状况手段的空白。

所以，让我们一起来拥抱“冷处理”吧。过程并不美好，但效果却让人难以抗拒。

重游冰川时代——四处出发点指南

像雷这样的个体户科学家，不仅把整个减脂过程都用数字追踪记录下来，还疯狂地测试了你想得出来和想不出来的所有项目，有些是医学上承认的测试记录，有些压根儿就是异想天开的创新做法。不管怎么说，雷并不是唯一一个这么做的人。与很多减脂成功的人接触后，我发现他们都有自己的一套测量体系。现在，我们把这些测量数据和方法综合起来，为你总结出简单易行的几个减脂步骤：

1. 把冰袋放在脖子后部和上斜方肌附近，保持 20 ～ 30 分钟。最好是在晚上进行冰敷，因为那时人体的胰岛素浓度最低。我的做法是，在沙发上放一块毛巾，边冰敷边写东西或看碟。我把冰袋放在沙发靠背上，仰躺着看碟时，脖子正好抵住冰袋，无须用力。

2. 你可以和雷一样，每天早上一起床就空腹喝下 500 毫升的冰水。在至少两项研究中，这种喝冰水的做法都被证明可以将新陈代谢率提高 24%～30%。尽管有些数据显示要略低 4.5 个百分点，但即使这样，也相当有效。喝完冰水后的 20 ～ 30 分钟内，就可以按照前几章讲的慢碳水化合物食谱吃早餐了。

3. 在早饭前和睡前各洗一次 5 ～ 10 分钟的冷水澡。先用热水把整个身体淋湿，大概用时 1 ～ 2 分钟。然后，从热水区出来用洗发水洗头、用肥皂洗脸，把淋浴调成完全的冷水清洗头发和脸部，身体别的部分先别碰冷水。洗干净后，转身，背对淋浴喷头，让水浇在你的后脖颈下方和背部上方的区域，保持这个姿势 1 ～ 3 分钟不动。然后，你就可以该清洗哪儿就把沐浴露涂在哪儿，转过身，正常清洗身体就可以了。提醒一句，尤其是对那些从来不洗冷水澡的朋友，这个过程会让你“清醒”得一塌糊涂。

4. 如果你是个讨厌麻烦的硬汉（硬汉是不愿意一会儿冲脖子一会儿冲背的），那就洗 20 分钟的盆浴，肯定会让你颤抖个不停。具体做法查看前面介绍的常规组合（一），但是不要服用 ECA。如果需要再加点油的话，就在服用 10～20 克蛋白质（鸡胸肉或者蛋白粉）之前 30 分钟吃 200～450 毫克的辣椒（辣椒粉）。我不建议空腹服用辣椒粉或辣椒素。如果你不信，可以自己试试，不过我保证，你会后悔。

洗冷水澡的六个理由

1. 人类在短时间（30 分钟）内将身体暴露于低温环境中，体内就会分解脂肪酸为身体抵抗寒冷提供能量，在行为上主要表现为发抖。同时，发抖还可以让 GLUT-4 循环到肌肉细胞表面，促进肌肉的增长。

2. 即使时间非常短，将身体暴露于低温中所产生的颤抖也足以提高脂联素水平和从肌肉组织中提取葡萄糖的效果。这个效果在身体脱离低温环境后仍会持续，这是最值得信赖的地方。

3. 如果身体并没有因为低温而发抖，仍有可能通过刺激 BAT 的生热作用而获取“燃脂类脂肪”。有趣的是，即使身体看起来并没有发抖，但是当我们对比陆上动作和水中动作所产生的结果时，还是发现后者更能促进肌肉的增长。尽管这种增长并不十分明显，但它的确存在。

4. 冷水也能增强人体的免疫能力。正确地使身体暴露于低温环境中具有免疫刺激性效果，如果在冷水浴之前进行锻炼热身或者先冲一下热水还会加强此种效果。所以，这回你明白为什么要先用热水把全身冲一下了吧。

5. 这一条也许跟减脂没什么关系，但还是想跟大家分享一下：冷水浴对于治疗抑郁很有效果。一项研究实验曾经让被测试者先在 20℃ 的冷水中洗浴 2 ～ 3 分钟，然后再接受时长为 5 分钟的适应测验，这样被测试者就不会对之后的测验过于阻抗或感到不悦。

6. 最后一个理由无用多言，请看图吧！

之前

之后

工具指南：

• ColPaC Gel Wrap（www.fourhourbody.com/colpac）：这种液体冰包在理疗诊所中很常见，它们可以被迅速冷却，而且适用于身体各个部位，自然也包括BAT集中的后脖颈。

• “如何用2块钱自制冰包”（www.fourhourbody.com/diy-ice）：如果你喜欢自己动手，或者有经济上的考虑，那么这篇文章可以教你如何用极少的钱、极简便的手法，在极短的时间制作出结实的、可重复使用的冰包。

• “TED Talks Lewis Pugh Swims the North Pole”（www.fourhourbody.com/pugh）：刘易丝·普很有名，因为他简直就是人类中的北极熊。为什么这么说？因为他热爱冬泳，而且还曾穿着连体泳衣，游过看着都让你发抖的冰冷海水，一口气游到北极。他不是北极熊是什么？这份影像资料介绍了他的一些情况和游泳实录，非常令人震惊，值得一看。

• Ray Cronise Cold Experiments（www.raycronise.com）：“雷·克鲁尼斯的冷冻试验”这个网站是雷自己建立并记录自己实验结果的地方，你可以上去看看本书没有介绍到的一些减脂方法。既然这个家伙能让美国NASA飞船稳稳地飞在太空中，那么他也能帮你减掉那恼人的几千克体重，至少我是这么想的。

第十二章

葡萄糖转换
——美丽的数字

万事皆奇迹。人在洗澡的时候竟然没有像一块糖那样融化掉，哦，我的天啊，真是奇迹！

——巴勃罗·毕加索

注意：本章将讨论医学仪器的使用，在把这些玩意儿戳进你身体之前，一定要跟你的医师商量好。

引子：上午 7：00，德尔塔航空公司，安检排队中

我的手在出汗。

脑海里不停重复的那句解释搞得我心烦意乱。前面的长龙丝毫不见缩短，我开始像个准备战斗的拳击运动员似的，两脚频繁地交换支撑身体。当然，3 岁的孩子想尿尿的时候也这样。

可想而知，站在我身边的一对欧洲夫妇觉得我的行为很诡异，至少他们看我的眼神是这样的。我很想告诉他们，“我很高兴没有执行 A 计划”，但还是忍住了，因为就算我心烦意乱，也知道这话足以引起骚乱。

A 计划，简单地说，就是一个傻帽计划。

A 计划的内容是：我穿着一个重达 22 千克的背心，顺利地通过安检，登

上这架前往中美洲的飞机。

两天前，我把这个计划说给一个朋友听。

“我不知道那边的健身房有没有我需要的东西，所以我自己至少得把背心准备好。”

“嗯……好吧。”

“可它太重了，当行李托运肯定不行，所以我得穿着它。问题是，那玩意儿形状古怪，个头儿又大，估计上了飞机没法把它放进座位上方的行李舱，所以我得一路穿着它。一千克的举重砖是用高强度塑料做的，所以通过安检应该没问题。”

“砖头？哈哈哈，是，是，真是好主意！嗯，你被安检人员踢翻在地或者被枪指着脑门的时候一定要给我打电话啊。老兄，你没事吧？这主意谁给你出的？你招惹谁了？”

“怎么说？”

“穿着塞满塑料砖块的庞大黑色背心过安检，还想上飞机？你不知道人肉炸弹都是这么穿的吗？这简直是他们的统一制服。别说过安检了，你能不能进机场都成问题。”

于是，那件背心被我扔在了家里。

可故事还没结束，不止这一件东西会在机场给我带来麻烦。幸运的是，金属检测仪没戳穿我的B计划。并不是金属检测仪失灵，而是我带的那玩意不在我身上，而在我身体里——得需要点技巧才能把它弄进身体里。一过安检，我就赶紧在离我登机口最近的餐厅找了个阴暗角落，坐了下来——感觉有点不对劲。

这是我能找到的离人群最远的位子了。我掀起衬衫，低头检查问题所在。果然，感应器坏掉了。

“该死的！”我边嘟囔，边小心翼翼地把它从我的腹部拆卸下来。我撬起前一天晚上植入身体中的两个金属爪，把嵌在中间的东西抠了出来。表面上看不出哪儿坏了，也许是被金属探测仪弄的。

离我最近的一张桌子坐着两个尼加拉瓜人。他们表情一致，动作僵硬，目瞪口呆地看着我。

我马上用西班牙语解释："没事，没事，我有糖尿病。"这是我在排队时就一直反复练习的解释，也是我能想到的最简短、最有效的解释。虽然我并不是糖尿病患者，但那两个人听我这么一说，表情立刻恢复了正常，重新埋头吃饭。

我点了一杯咖啡，拿出一个笔记本——虽然有点小故障，但我已经收集到了不少绝妙的方法。

在飞机降落到马那瓜湖之后，我还会植入新的东西在身体里。

我很期待。

两个月前——故事发生在旧金山的萤火虫餐厅

"你真对这个感兴趣？"

这是一次多人聚餐，坐在我对面的人觉得我肯定是在开玩笑。我问他是做什么工作的，他说他是设计小型医学仪器的。一句"啊？真的啊？"之后，我就像只两岁的拉布拉多犬一样，黏住他不放了。还没等我们的酒上来，我已经连珠炮似的问了他 20 多个问题——这才刚刚开始。

他的表兄——我的一位好友——一脸坏笑地接茬道："我用自己的人格保证，他真的感兴趣。这是他唯一感兴趣的东西，够怪的吧？！"

没理会他的戏谑，一个新的实验已经在我脑海中形成了。

这是我第一次听到"DexCom"这个词、这个东西、这个仪器。我赶紧在本子上记好，然后尽量克制住自己的兴奋，让自己的举动不要过于"变态"。可是，好难。

聚餐结束后，我对DexCom做了一番彻底的了解。我给他们的总部打了电话，给他们营销部的主管打了电话，给他们教育部门的主管打了电话。我同他们的首席科学官谈了又谈，然后一遍又一遍地阅读了所有有关查利•金博尔的报道。

查理•金博尔是Ⅰ型糖尿病患者。跟Ⅱ型糖尿病患者不同的是，他需要每天多次注射胰岛素。而他恰巧是一位职业赛车手。

2006 年，查理成为历史上第一个在 F3 欧洲系列拉力赛中获得冠军的美国人。2007 年，22 岁的查理去医生那里做一个小小的皮试测验，结果当他走出医院的时候，已经被诊断患有Ⅰ型糖尿病。对于普通人来说，这是种病，而对于查理来说，这就是个悲剧，因为他不得不因此放弃赛车生涯。驾驶时速 240 千米的赛车飞过弯道的时候，你是没法停下来刺穿手指做血糖测试的，而这个小动作对于 I 型糖尿病患者来说，是必须的。

2008 年，查理重返赛场，在复出后的第一场比赛中就大获全胜。他是怎么做到的？

查理是世界上第一位把一个古怪仪器绑在方向盘上参加比赛的赛车手，这个仪器就是 DexCom 七型血糖仪（CGM）。

“我把这个小家伙列为赛车常规装备中的一项。每次出发之前，我都会检查它是否运转正常。它能够显示我所有的身体数据，同时又不是很复杂。对我来说，它很完美。”

它的接收器大概就是下面这个样子，因为具体型号不同会略有差别：

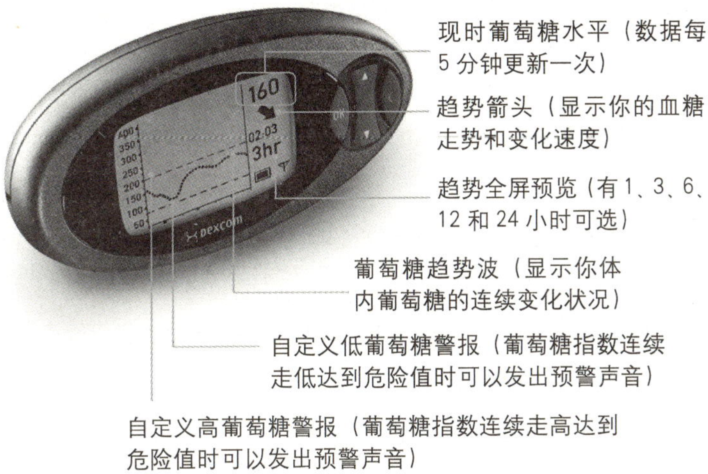

查理在他的肋骨附近植入了芯片。每隔 5 秒钟，这个芯片就会测试他的血糖水平，并将数据传送到接收器上。接收器是一个手掌大的带有阅读屏幕的仪器，查理可以通过接收器上的图表了解自己的血糖情况。图表每 5 分钟更新一次，会把血糖的波动用波形图显示出来。这样，查理就知道什么时候血糖降得太快了。仪器上还有自定义的警报系统，一旦血糖指数低于某个值，它就会报警，从而避免产生低血糖症。

可我并非糖尿病患者，为什么也想用这个东西呢？你也不是糖尿病患者，为什么我还要絮絮叨叨地把它的工作原理解释给你听呢？

好，我们来做几个假设。

如果你可以知道你吃的每餐中哪些食物是会让你长胖的，你会怎么做？

如果你可以预测到什么时候吃东西会提高你的血糖指数，然后根据这个时间调整自己的锻炼安排，从而最大限度地达到减脂或增加肌肉的效果，你会怎么做？

如果你是一个耐力赛的运动员，可以只在你最需要吃碳水化合物的时候吃，而不用随便乱吃，你会怎么做？

这个假设清单可以没完没了，现在我要做的就是，逐一检查 DexCom 是否能让这些假设成真。

列一个许愿清单……然后反复检查

在萤火虫餐厅的聚餐活动结束后，我立即着手策划我梦想中的实验，这个意外出现的小东西扫清了长久以来横亘在我前进道路上的所有该死的路障。

我一直对血糖指数（GI）和血糖负荷指数（GL）非常着迷，因为这两项指数能够直接反映出某种食物在多大程度上提高了你身体内的血糖水平。GI 或 GL 水平越高，这种食物导致血糖上升得就越多。血糖上升得越多，一般说来，你就会越胖。

但是，围绕这些指数产生了两个问题。第一，在真实世界里，大家吃的东西五花八门，没人会真的像做实验一样搭配自己的每一餐。你什么时候吃过 100 克纯土豆淀粉？什么都不配，就吃这 100 克淀粉，有过吗？第二，这些指数是“用一个恒定的原则解释这世界的万千变化”的。

现实世界是万千，在实验室里的数字就是一，你自己算算，这能对得上吗？

一个是吃法棍面包长大的欧洲人，另一个是在农场长大、向来都是吃牛羊肉、很少沾淀粉的农夫，如果他们两个人都吃白面包，那两人的血糖反应能一样吗？不可能一样。欧洲人体内的淀粉酶含量肯定要更高，所以把淀粉转化成糖的能力也更高。

所以，总而言之，血糖指数是因人而异的。

当然，并不是说每个人之间的差别大到不可总结，有一些事在任何人身上都会产生一样的反应。比如，不管谁吃甜甜圈都会远比吃等量的瓜果更刺激血糖增高。可如果要做再精细一点的对比，就很难了。下面就有一系列问题，DexCom 可以帮助我们去寻找答案：

- 柠檬和醋真的有降低食物中 GL 的作用吗？
- 哪个具有更低的葡萄糖反应，是蛋白质，还是蔬菜和纤维？
- 吃含有脂肪和蛋白质的高碳水化合物餐食会比在餐食前吃脂肪或蛋白质更能有效降低 GL 吗？
- 吃饭的时候，喝水到底是提高 GL 还是降低了 GL ？

我是如何使用 DexCom 的，又从中学到了什么

9 月 23 日是我测试植入芯片的第一天。

我什么都试过了，因为我想看看最好和最坏分别能达到什么程度。接收器上的图表显示了我的数据在过去 24 小时之内的排列情况，第一幅图表中的箭头表示我在那里录入了血糖仪的数据。

测血糖的部分是唯一令我不爽的环节。

七型 DexCom 是专门为糖尿病人设计的显示血糖趋势的仪器，旨在当血糖变化过于剧烈的时候可以及时提醒当事人调整自己的行为。为了确保上面显示的数字最接近精准，你必须每天就校准两次血糖仪。

不想得糖尿病？想随心所欲地吃甜食，却不用担心患上糖尿病？你可以试试使用 24 小时血糖仪。每次校准血糖仪时，你必须要把一个采血针扎进你的手指，然后滴一滴血在试纸上，再通过一个手持仪器（血糖仪）检测试纸，最终得出数据。很多 I 型糖尿病患者每天要如此采血四次以上，其痛苦可想而知。

我一开始用的是 OneTouch UltraMini 血糖仪，这也是在美国国内销售最火爆的一款血糖仪。但是在三周之后，我就把它扔了。它测试到的数据太不稳定，根本无法信任。每次校准的时候我都试图在五分升（毫克 / 分升）之内采

集到两组数据，求平均值，然后把最后的数据输入到DexCom中。这可以把使用错误校准方法的可能性降到最低。我以为这个过程也就需要两三次扎入，实际上，几乎每次都要扎上八次才能采集到让我满意的数据。DexCom建议每天校准两次，但我给自己规定的是每天至少校准三次以上（也就是说，每天我至少要不留情面地扎自己24针，上帝啊）。如果你是靠手指工作的人，这绝对是个巨大的挑战。

湿度、温度、过分暴露在空气中，都会毁掉测试数据的准确性。最终，我选择了WaveSense Jazz 血糖仪，这也是我目前发现的能克服以上三点障碍的最佳仪器。如果你想买血糖仪，我强烈推荐你买这款。

而每天24针，每周7天追踪血糖水平只是实验的前奏，真正的曲子还没响起呢。

我把吃进肚子的每一样食物都做了记录，后来一本叫Moleskine的月刊刊登了这次实验。从那时起，我就一直订阅这本杂志。

下面是9月23日的日志，我原封不动地搬了过来——包括我的那些括号内的注释。你可以参照图片对照着看。

9月23日，周三

凌晨12：22　血糖仪（我一般会用酒精擦拭几根手指，等30秒后，用几根采血针同时扎手指采血）

中间值（Middle）102

环值（Ring）88

血红（Pinky）94

指数（Index）95

凌晨1：42　肋眼牛排 0.45kg

凌晨1：54　74 血糖（CGM）

凌晨1：40～2：30　3杯红酒

凌晨2：13～2：30　200g 牛排

睡觉

上午10：57 Er 5（血糖仪出了错误）

血红（Pinky）90（暴露在空气中5秒钟）

指数（Index）96

指数（Index）114（同一根针）

中间值（Middle）93（新针）

上午11：11　20 颗杏仁

上午11：16　67 血糖

上午11：19　2茶勺Athletic Greens+2g维生素C

休息

上午11：37　2个炒蛋，4茶勺橄榄油，热酱汁

上午11：56　1杯菠菜，133g小扁豆（自从9月5日之后的18天里，我第一次食用豆类，我当时在做一个过敏的实验）

中午12：10　2～2.5 茶勺杏仁酱配西芹

下午1：10　400ml冰水

下午1：54　40个深蹲——超出警戒线10分钟（我把发射器放在桌子上，有事走开了）

下午2：35　128 DexCom→94～96 血糖

下午2：37　Lipo-6型药片1片+2g 维生素C

下午3：50　功夫茶

午餐4：06　牛肉配茄子

下午4：46　巴拉圭茶加20g糖

晚上7：09　不加糖的巴拉圭茶

晚上7：25　15颗杏仁+2g 维生素C

晚上9：00　健身开始

晚上9：30　健身结束

晚上9：35　超级蛋白质

晚上10：00　海藻沙拉（超大份）

晚上10：15　12～15块寿司，1.75碗米饭，3杯绿茶

晚上11：05　300 ALA（丙氨酸）

晚上11：33　50个深蹲

血糖趋势：蒂莫西·费里斯［46012］

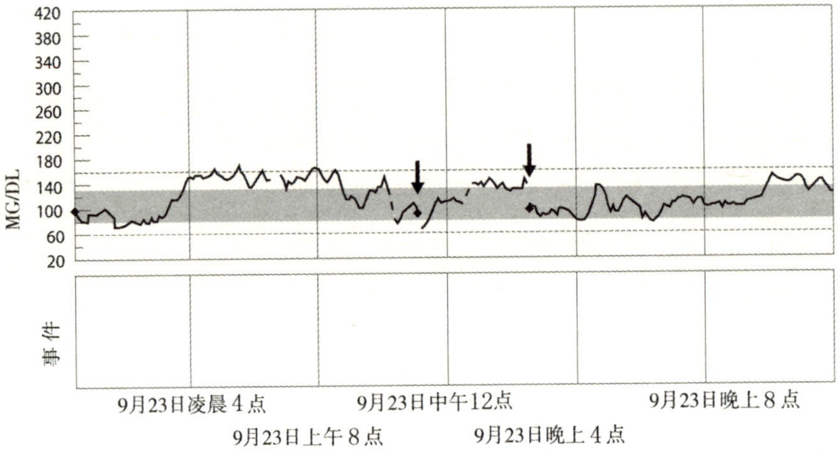

数据模型日：蒂莫西·费里斯［46012］

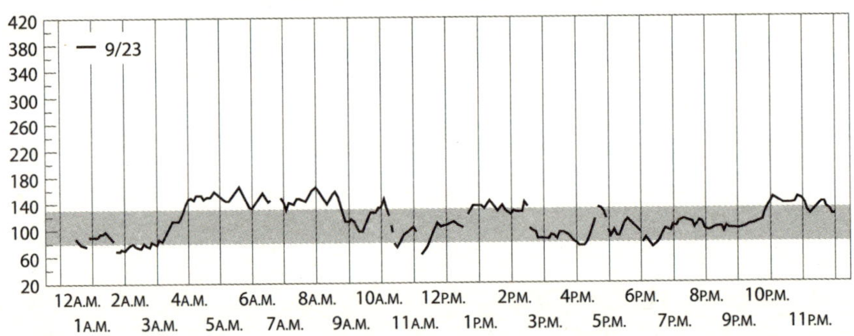

开始	总和	12A. M.	1A. M.	2A. M.	3A. M.	4A. M.	5A. M.	6A. M.	7A. M.	8A. M.	9A. M.	10A. M.	11A. M.	12A. M.	1A. M.	2A. M.	3A. M.	4A. M.	5A. M.	6A. M.	7A. M.
读数	274	7	12	12	12	12	12	9	12	12	12	12	10	9	12	11	12	12	12	12	
平均	117	86	87	80	114	154	151	149	149	143	118	104	93	121	135	112	91	104	103	90	

把 9 月 23 日的图表与下页 9 月 25 日的图表做个比较，你就会发现，下页图表上的波浪线简直都不能被称为“波浪”，它几乎就是条略微扭曲的直线。9 月 25 日，我故意吃了很多高脂肪的食物以及一些做爱之前能提高睾丸激素的零食。

值得一提的是，在前一天晚上（也就是 9 月 24 日）的 10：15，我还消灭掉了两块肋眼牛排（每块200克）和一堆西蓝花、菠菜等配菜，这也解释了为什么在早餐之前图表中的线没有太大波动。

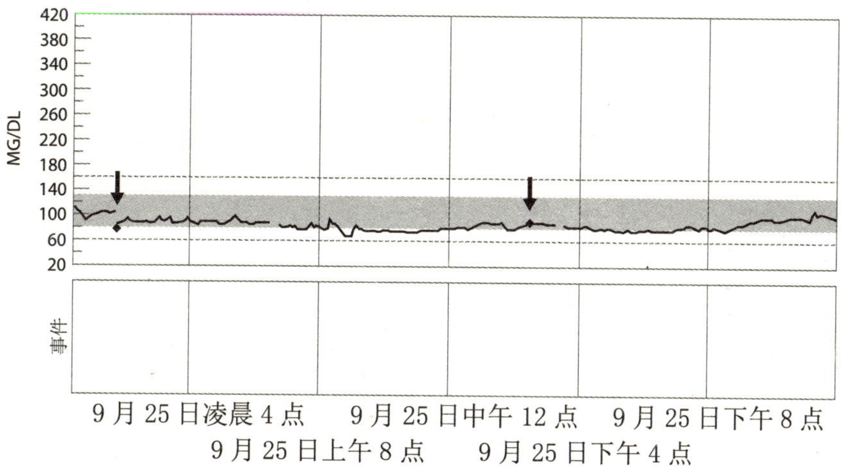

9月25日，周五

上午11：50　1片Lipo-6

中午12：10　91,86,95,108 血糖

中午12：30　食草牛牛肉，肉丸配胡桃香蒜酱，橄榄油

中午12：42　柯布沙拉（超大份）

下午5：20　25个杏仁+300mgALA

下午6：39　4颗巴西坚果，鳕鱼油，2勺Athletic Greens

晚上8：26　开胃杂菜（橄榄、猪排、肉丸）

晚上9：29　鲔鱼配鸡肉

晚上11：00～12：00　性爱（你可以看到血糖指数在这时略微升高了，这就是肝糖升高的结果。在进行某些厌氧性运动的时候，比如举重训练，血糖指数也有这样的反应）。

9月26日是周六，也是我的每周暴食日。奇怪的是，在我狂吃巧克力羊角面包和其他垃圾食品的时候，图表中的波折线仍然保持平静。

9月26日，周六

上午10：40～11：40　性爱

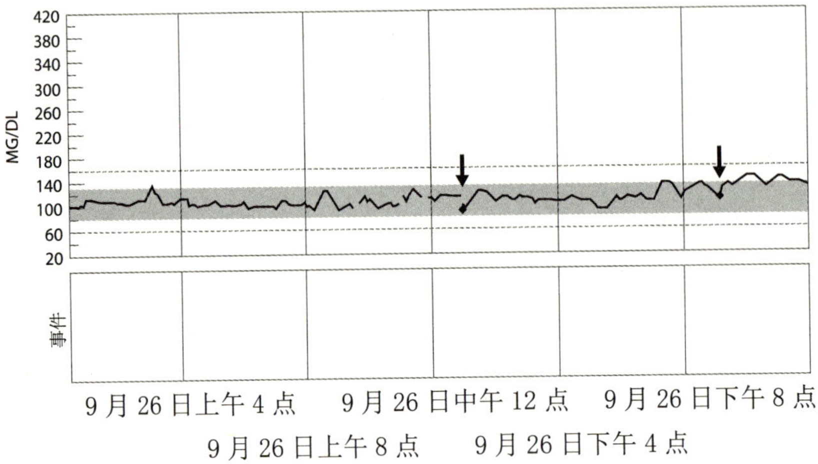

中午12：40　4颗巴西坚果，2块鳕鱼，1粒肾上腺素恢复药片，3勺肝粉

中午12：50　1杯橘汁

下午1：03　2个巧克力羊角面包，一个熊掌面包，一杯加了肉桂粉的啡

下午1：13　完成（我有时候把吃完饭的时间也记录一下，这样可以算出吃饭的时间）

下午1：44　胡萝卜汁，杏仁羊角面包

下午3：45　功夫茶

下午4：08～4：35　牛肉配茄子，半碗黑米饭

下午5：45　20颗杏仁，4个肝

下午6：45　香草口味超级蛋白质

晚上7：30　2颗巴西坚果，鸡肉咖喱沙拉（0.45kg），奎奴亚藜（0.3kg），AGG，40分钟扩胸运动

晚上10：04　1杯红酒

晚上10：45　菠菜沙拉，蛤蜊开胃菜

晚上11：00　牛排

我在9月26日这天吃了这么多高热量的“垃圾”，为什么图表中仍然没有出现波动呢？看过“损失控制——暴食之后也不会长肉”那一章之后，你肯定知道了一些小技巧，但是除此之外还有其他一些模式也在起作用。通过连续几周对我身体内植入芯片的研究，我终于摸清了这些模式，拿出来与大家分享，因为我相信你一定用得着它们。

结 果

尽管我搜集到的数据如此零碎，但是它们却让我有信心做出一些很个人化的结论，而这些个人化的结论并不一定100%适合你，但大体上是可以复制的。

1. 你在什么时候把食物放进嘴巴里并不重要，重要的是细胞什么时候吸收它们。

2. 对于血糖指数来说，食物中增加的脂肪比增加的低卡路里蛋白质所产生的刺激更小。

3. 果糖对于缓解血糖过低很有用，但这不是说你就应该摄入果糖，因为低血糖并不总意味着脂肪的增加。

4. 醋跟人们预期的不一样，并不能降低血糖的反应，而柠檬汁跟人们想的也不一样，它能够降低血糖反应。

5. 肉桂粉，哪怕很小的剂量，对于血糖水平的控制也有较为持久的作用。

6. 餐食的分量和进食的速度才是决定血糖反应的关键因素，吃的是什么反而没那么重要。

7. 想最快速度地减脂的话，就得保证每天的血糖指数不能两次以上超过100。

工具指南：

• DexCom Seven Plus（www.dexcom.com）：DexCom七型加强版是一款连续监测血糖情况的套装监视器，从我知道有这么个东西开始，我就一直在使用。它可以告诉你每天有关指尖采血样本的288项数据，即使像我一样的非糖尿病患者，也非常需要这个得力的帮手。

• WaveSense Jazz Glucometer（www.fourhourbody.com/jazz）：这是我强力推荐的一款血糖仪。它个头小巧，操作方便，而且性能稳定，可以自动根据环境因素校准数据。同时，它并非植入款，所以适合广大普通健身爱好者使用。如果你不想在身体内植入芯片，但又很想知道每餐的食物是如何刺激自己的血糖指数的，那么你需要的就是它。

• Glucose Buddy（www.fourhourbody.com/app-glucose）：血糖之友是一款专门为糖尿病患者设计的免费 iPhone App。通过它，你可以手动输入并追踪血糖指数、碳水化合物摄入量、胰岛素用量和放射性。

• Juliet Mae Fine Spices & Herbs（www.julietmae.foodzie.com）：关于肉桂的选择，我推荐朱丽叶·梅牌香料。我所有的测试所使用的都是这个牌子的试用装，包括桂皮、锡兰藻和西贡肉桂。

• MiR 50Lbs. Short Adjustable Weighted Vest（www.fourhourbody.com/vest）：这款马甲是市场上能买到的最佳重量马甲，也就是我在A计划里本来打算穿着登机的那件。

第十三章

最后一英里
——甩掉最后那 5 千克

我在那块大理石上看见了一个天使的身影，我只是凿出他的身形，让他重获自由而已。

——米开朗琪罗

（“文艺复兴三杰”之一，雕塑家、建筑家、画家、诗人）

我看了看笔记本上罗列的问题，大声地念出了第一个：“不借助药物的自然健身者最常犯的错误是什么呢？”

“自然健身者？”约翰·罗马诺反问道，然后大笑起来，“好吧，他们最常犯的错误是以为自己的方法‘很自然’——不吃药，然后每天吃 20 块鸡胸来增重，对吧？你管这叫自然？我给他们的建议是，使用非处方药。”

我们的谈话刚开始，但我已经感觉到这将是一次充满欢乐的采访。

约翰曾经担任《肌肉发展》杂志主编 20 多年，这个行业里的每一个小动作都逃不过他的眼睛。《肌肉发展》是一本非常主流但是跨界的健身杂志，它既有对科研结果的深度讨论，也有对健身界各种疯狂行为的报道，可以说是亦庄亦谐。然而，这么一本杂志还是满足不了约翰的胃口。于是，他离开杂志社，跑去办了一个名叫 RX muscle 的网站。

我知道他是想了解如何能通过辅助药物或者完全不借助药物把体脂降到 10% 之下，他在这个行业里肯定无数次地见识过肥佬变成施瓦辛格的过程。坦白地讲，约翰自己就是他最拿得出手的职业名片：他已经年过半百，可看上去只有30多岁。

他与他的生意合作伙伴——也是他口中的“竞争者”戴夫·帕鲁姆波共同发明的减脂方法是对付顽固分子（通常是最后的2.5～5千克）的法宝，它既有效又专业，是防止你功亏一篑的最佳选择。

下面的这个食谱是针对体重90千克，体脂含量在10%～12%的男性的，所列出的蛋白质的剂量（体重90千克摄入230克）需要根据减脂者自身情况调整，体重每调整4.5千克，蛋白质剂量就要相应调整28克（原文按磅来计算，换算成国际单位就会出现怪异的零头）。蛋白质的摄入底线是每餐最少115克。换句话说，就算你体重只有45千克，也必须至少吃115克蛋白质，不能再低了。至于分量的大小，我们默认为半杯杏仁——差不多60颗。

必须格外注意以下几点：你可以从下列的五个选项中选一个适合自己的，每天早上醒来之后，每三小时吃一次，而且你必须在醒后一小时内和睡前一小时内吃第一顿和最后一顿。对时间的把握是非常重要的。

如果你的体重不到68千克，那就需要把剂量调小，比如将蛋白质的摄入量从230克减少到115克（或者30克蛋白质粉冲饮）。补充食物的量也要酌减，比如1/4杯果仁或者一茶勺花生酱对你来说就够了。至于橄榄油，建议你食用初榨的，或者直接选择澳大利亚坚果油。

选择（一）：50克乳清蛋白、半杯果仁或两茶勺花生酱。

选择（二）：230克煮熟的白色无脂肪鱼类（三文鱼、鲭鱼等不行），半杯果仁或两茶勺花生酱。可选的鱼类包括无脂金枪鱼、白鱼、鲈鱼、鲶鱼、狗鱼、牙鳕和比目鱼，但不止这些。

选择（三）：230克煮熟的火鸡或鸡肉，半杯果仁或两茶勺花生酱。

选择（四）：230克煮熟的含脂较多的蛋白质：红肉（最好是肋肉）、碎牛肉、含脂鱼类或者家禽、一茶勺橄榄油或者澳大利亚坚果油。

选择（五）：五个全蛋（最好都煮到熟透）。下面这些食物每餐可以无限量享用：菠菜、芦笋、羽衣甘蓝、芥菜、西蓝花，其他十字花科植物。

只要你没把半杯果仁或两茶勺花生酱加进你的食谱，那么可以将一茶勺橄榄油或澳大利亚坚果油当成调味品随时添加。在低脂餐食的选择中，你还可以多用点儿橄榄油或澳大利亚坚果油做沙拉调味汁，比如两茶勺。

别吃玉米、豆角、马铃薯。胡萝卜虽然能吃，但是食用频率不能高，每隔 7 ～ 10 天吃一次就可以了。

简单，但是有效。

健身者吃的哪些食物不适合你？

以上的食谱可以让你的体脂降到 8%，甚至更低的水平。无须多说，越往后，你越会觉得困难，减掉最后 1% 所付出的努力可能比你减掉最开始的 5% 所付出的努力还要巨大。

如果训练加饮食是减脂的全部内容，那么那些健身运动员是怎么做到让身体里只含 4% 的皮下脂肪的呢？

答案只有两个字：吃药。

约翰为健美运动员准备的这个赛前时间表（请看下文）很值得一看，此时间表的设定对象是身高 1.8 米，体重 90 ～ 100 千克，体脂在 10% ～ 12% 的一名受过良好训练的男性健美运动员。而约翰的目标是，让这名运动员在服药之前将体重降到 80 ～ 85 千克，体脂降为 6% ～ 8%。在比赛当天，这名运动员会以体脂 4%，体重 90 ～ 92.5 千克的状态走向赛场。

几乎所有的药物在使用不当的情况下都会产生副作用，你可以在谷歌上键入“Andreas Munzer Autopsy”的字样，看看如果你在吃药这件事上犯错误，会是什么下场。

这位仁兄就因为乱给自己配药，同时服用剂量过大，结果死于器官衰竭。

“我个人认为，这是最佳的备赛流程了，”约翰说，“但是，你必须有耐心。相信我，有很多人宁可去死都不愿意拿出一点点耐心来让自己好好活。大量的高强度训练（每天都要对某个部位做专门训练，每周五天），外加心脏增强训练（每天 30 ～ 40 分钟），在你进行赛前饮食法期间，你必须持续接受这种训练。你想让自己的身形紧致起来，并把体脂降低到 8% 以下，就得一直坚持部位训练和心脏增强训练，为期大概 10 ～ 12 周。听起来好像很疯狂，可为了达到最佳状况，没有别的路可走。”

“然后就开始加药了，每隔一天一片睾丸素、75 毫克的群勃龙、200 毫克的长效多乐宝灵和 2IU 生长激素。每天三顿饭要外加 75 克碳水化合物。睡前要喝掉 40 克乳清蛋白，四小时后起来，再喝 40 克。每周做四次心脏增强运动，每次 30 分钟，保持这个运动强度不要懈怠。

“八周后，把睾丸素和群勃龙转为每隔一天服用 15 毫克平衡力（Equipoise）和每周一次服用 400 毫克 Priomo Depot，把生长激素提高到每天 4IU。第一周结束时，把食谱中碳水化合物的分量降至零。训练的重量降低，但是频次提高，总体来说运动强度还是非常大。每天做 30 分钟心脏强度训练，一周六次。每天晚上做比赛指定动作 30 分钟。醒来后，每个动作还要坚持一分钟。

“四周后，每隔一天增加 100 毫克屈他雄酮丙酸酯，每天增加 100 毫克康力龙（司坦唑醇），每两小时服用两片双氯醇胺，每天早上服用 25 微克的 T–3，睡前一杯盖的生长激素，每天早晚各做 30 分钟的指定动作——这个运动强度要持续四到六周。

“比赛前两周，停用双氯醇胺。睡前增加 25 微克的 T–3，把食谱中的所有脂肪都剔除。

“比赛前一周，恢复之前的双氯醇胺用量，停服生长激素。

“比赛前三天，把食谱中所有含钠的食物剔除，在每天的第一餐中增加 50 克碳水化合物，停止心脏强度训练，增加水分摄入，每天至少要喝九升水。

“比赛前两天，进行最后的训练环节——全身训练、高频率、高磅数训练。醒来后的头两餐增加 50 克碳水化合物，停服半夜的蛋白质冲饮。

“比赛前一天，醒来后的两餐增加 75 克碳水化合物，晚上 8 点之后不再饮水——如果口干只能小口喝，尽量控制摄入量。停服双氯醇胺，睡前停服蛋白质冲饮。

“这个流程因人而异，一些细节的地方可以做具体微调。虽然每个人的反应都不一样，但大致上，这是一个非常棒的平台。”约翰继续说道。

为了赢得本不属于自己的荣誉是一回事，为了挽救本属于自己的生命又是另外一回事。所以，我要把纳尔森·维吉尔和他的故事介绍给你。

类固醇：事实 VS 小说

2001 年，休斯敦市的市长李 · 布朗宣布，将每年的 9 月 13 日定为“纳尔森 · 维吉尔日”。

1987 年，纳尔森 · 维吉尔被诊断为艾滋病阳性。从那时起，他终生都致力于研究艾滋病的预防和治疗。仅仅在诊断的两年后，他就成为艾滋病诊所评判小组（AIDS Clinical Trials Group，ACTG）新陈代谢紊乱委员会的会员。这个组织在美国的首都华盛顿，是全世界最大的 HIV 艾滋病研究机构。

纳尔森被世人记住和尊敬是因为一项十分简单的发明，然而他的这个简单发明却拯救了全世界成千上万受艾滋病困扰的人。

在一次采访中，他这么描述自己的这项发现：“我的 CD8 细胞从 900 增长到了 2500（CD8 细胞的数量是衡量艾滋病病毒携带者寿命长短的一个指标），然后我身上的症状都消失了。我感觉这辈子就从来没有这么好过，看上去也从来没这么好过。即使我还是（艾滋病）阴性的时候，也没有发生过这种好事。”

杰夫 · 泰勒是一名病史长达 25 年的艾滋病患者，曾经历过两次肺衰竭。在接受跟纳尔森类似的治疗之前，他体内的 CD8 细胞数量只有 2 个。在为期六周的治疗结束后，他的 CD8 细胞数量增加到了 300 个。他活了下来。

这个神奇的治疗方法并不是什么新型的“鸡尾酒疗法”。事实上，它根本谈不上什么“新”，因为它就是合成代谢胆固醇。合成代谢胆固醇存在于很多药物中，纳尔森服用的是环戊丙酸睾酮和长效多乐宝灵，而杰夫使用的是氧甲氢龙（氧雄龙）。

看到这里，很多人都会糊涂，类固醇不是对健康有害的物质吗？就算它没有让人死的本事，至少也会导致癌症和肝功能衰竭啊。它怎么可能是杰夫所说的“迄今为止，市场上能找到的效果最佳、性价比最高、毒副作用最少”的神药呢？

《真体育》的主持人布莱恩特 · 甘布就有此疑问。为了解开自己的疑团，他不惜花大把时间研究相关的文献，同时拜访了很多科学家，甚至还接触了正在服用这类药物的艾滋病患者。2005 年 6 月 21 日，他在自己的节目中公布了调查结果："原来类固醇离我们的生活如此之近，而且我们已经没法离开它了。除了正确地使用，没有什么更好的方法了。类固醇在很多领域中具有非常重要的作用，它过去是不是草，我不知道，但它现在是宝。"

这个总结，不用多说，与大多数人的常识大相径庭。

到底什么是类固醇？

你知道吗，严格来说，避孕药就是类固醇药物。

2004年，世界系列赛中的明星球队使用的可的松喷剂就是类固醇药物，安德里·阿加西在美国公开赛的决赛赛场上涂抹的消炎药也是类固醇药物。

类固醇所包含的激素种类异常广泛，也非常重要，它存在于成百上千的植物、真菌和动物身上。如果把身体里的类固醇都排除，你就死了。

我们平时经常听到的类固醇实际上指的是"男性合成代谢类固醇（AAS）"，媒体经常称之为"合成代谢类固醇"。

合成代谢类固醇类似于合成雄性激素，它们是一类在结构及活性上与人体雄性激素睾酮相似的化学合成衍生物。合成代谢的作用可以加快骨骼肌的增长，而雄性激素的作用可以使男性性特征更加明显。所有的合成雄性激素类固醇都有与睾酮相似的化学结构，这类药物除了具有增加肌肉块头和力量，并在主动或被动减体重时保持肌肉体积的作用外，还具有雄激素的作用。此外，它还可加快训练后的恢复速度，有助于增加训练强度和时间。但是，如果不同时进行系统的力量训练，服用这类药物就起不到增长肌肉的作用。

比较常见的口服类类固醇：

Anadrol 羟甲烯龙——Oxymetholone 羟甲烯龙制剂

Oxandrin 奥沙得林——Oxandrolone 氧雄龙制剂

Dianabol 美雄酮——Methandrostenolone 美雄酮制剂

Winstrol 康力龙——Stanozolol 司坦唑醇制剂

举个例子，南诺龙（Nandrolone）是一种睾丸激素，它是被化学界默认的可以最小化向雌性激素或二氢睾酮转变的激素。后者的转变可以使其效果不那么"男性激素化"。也就是说，不会呈现出过于明显的男性第二性征，比如浓密的毛发（或者过早脱发）或者粗哑的声音。

下面是正常的睾丸激素和市场上销量最佳的南诺龙产品代卡－多乐宝灵（纳尔森使用的就是它）的比较。

关节受伤后，我一直都在法律允许的范围内使用小剂量的男性合成代谢类固醇和其他生长补剂。当然，是在专业医师的监督和指导下进行的。每隔 2～4 周，我都会去医院做一次全面检查，以确保没有产生严重的副作用。这些药品对促进蛋白质合成很有效。根据我的手术情况，当时的用量是非常温和而合理的。

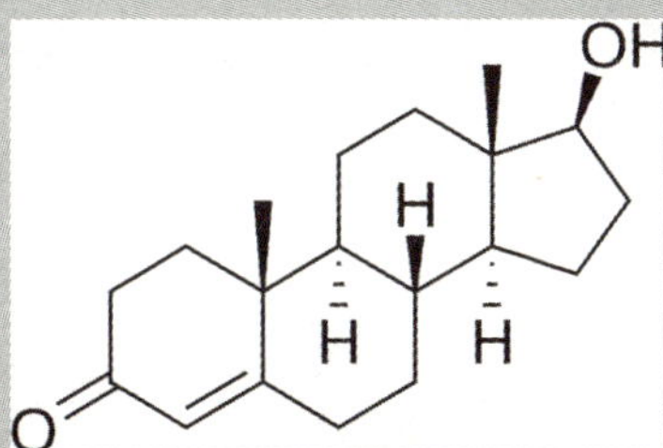

正常的睾丸激素

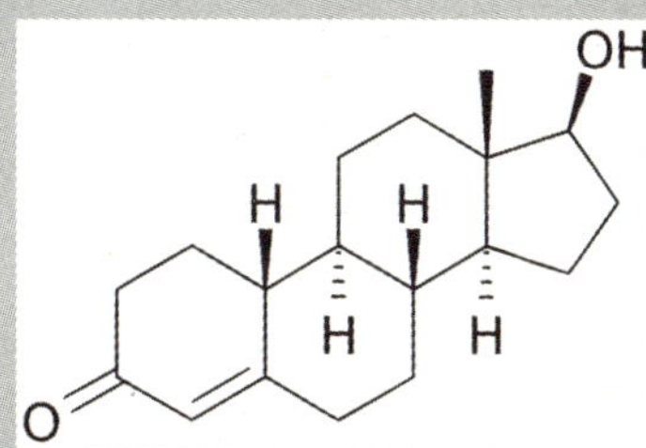

南诺龙产品代卡－多乐宝灵

但是，我绝不建议大家通过非法手段获得这类产品，或者在没有专业人士指导的情况下私自服用。如果你只是为了好玩儿，那你得到的结果就一定不好玩儿。

在美国，人们在药店和健康食品店可以合法地购买到类似于脱氢表雄酮（DHEA）和雄甾烯二酮（Andro）的类固醇。在美国，已有 100 多种合成代谢类固醇被研制出来，其中绝大部分类固醇是非法的，有的是走私到美国的，有的是一些药厂或秘密实验室开发生产的。合成代谢类固醇在美国属于三级控制类药物，非法购买可能导致最高三年的入狱罪罚，而走私、贩卖、运输非法合成代谢类固醇的行为更是重罪，最多会被关押十年。

健康的儿童、青少年和女性更应该避免摄入这类强力的男性激素。

如果你是运动员，那你更得洁身自好了——合成代谢类固醇药物绝对是赛场上的禁药。如果你珍惜自己的运动生涯，就不要拿这种药物开玩笑。

但是，科学不能被扭曲。尽管类固醇看起来像洪水猛兽，可仍然有一些类固醇药物能在临床中帮助我们摆脱病痛的折磨。

毒性发作的临床表现

下面是一些常见的副作用，由美国健康研究院提供。

· 眼部、面部、嘴唇、舌头或者喉咙肿胀

· 气喘或者呼吸困难

· 心跳加快

· 呼吸加快

· 感觉寒冷，皮肤出汗

· 耳鸣

· 失聪

· 吐血

· 便血

吓坏了吧？

吓坏了就对了，因为这些不是合成代谢类固醇的副作用，而是你家中常备的阿司匹林的副作用。

用药的第一原则：是药三分毒

有些药比另一些药的药性更强些，有些则比另一些药性更温和些。但总体上来说，过量服用任何药物都有死人的可能。嗯，应该把“药”去掉，过量服用任何“物”都有死人的可能。

所以，吃的是什么不重要，重要的是你到底吃了多少。

所以，永远别把正常服用量和超量误服混为一谈。

手术后以 8～12 周为一个疗程注射低剂量睾丸激素是一回事，为了当健美比赛的冠军不计后果地服用超大剂量的口服类固醇药物又是另外一回事；吃一片婴儿用阿司匹林（75～85 毫克）是一回事，一次吃掉半瓶子成人阿司匹林又是另外一回事；睡前喝一杯助眠红酒是一回事，喝得酩酊大醉第二天在垃圾桶旁边醒来又是另一回事。

有时候，理性比科学知识还管用。有时候，理性就是科学。

工具指南：

• RXMuscle with John Romano and Dave Palumbo（www.rxmuscle.com）：如果你对药物有疑问，可别问我——我既不是医生，也不是医学专家。但是，约翰•罗马诺和戴夫•帕鲁姆波却是拥有几十年经验的健身专业人士和健康专家。他俩在这一行待了一辈子，什么都见识过，什么都尝试过。你可以登录这个网站，向这两位专家咨询有关AAS和其他能力提高类药物的任何问题。

• Bigger, Stronger, Faster DVD（www.fourhourbody.com/bigger）：制作这部纪录片的工作人员中有很多大腕级人物，甚至包括《华氏911》的制片人和为此出镜的卡尔•刘易斯。影片讲述了类固醇药物在美国的使用和滥用，不管是专业性还是视听性都颇具好评。

• Medibolics（www.medibolics.com）：这个网站由麦克•穆尼出品，其中提供了大量合成类固醇、生长激素和非正统补充物在医学应用上的信息，其中有些病症非常罕见。当然，网站也介绍了类固醇在艾滋病治疗中的作用。

• Anabolics, 9th ed.（www.fourhourbody.com/anabolics）：这本多达800页的图书是全世界最畅销的合成代谢类专业资料手册，目前已经出到了第九版。书中包含了对近200种药物的评论，附有对合成新陈代谢物使用风险的详细解释。如果“合成代谢类固醇”这个词对你来说意义重大，你想获得更多、更专业的知识，我向你强烈推荐这本书。

第五部分

增加肌肉

THE 4-HOUR BODY

每周健身4小时

第十四章

塑造完美外形
——或者可以说减掉50千克以上

我是我自己的实验，我是我自己的杰作。

——麦当娜（世界级流行天后）

肱二头肌对于健身者的重要性就相当于背部之于举重者。

——兰德尔 · J. 斯特罗森博士（某知名杂志编辑）

这一章将教男人和女人如何让自己的外形看起来更匀称、更有型，其中很重要的一个环节就是：如何让我们从头到脚都没有肥肉，却充满了肌肉。

女性读者不用担心使用本章介绍的办法会失去丰满的胸部或者浑圆的屁股，这些你都可以保留或者争取到，同时你也能甩掉身上恼人的赘肉。

如果说性感是力与美的结合，那么本章就应该被叫作《性感课堂》。

一个赌局

“我们当时打了个赌。”

那天，特蕾西 • 雷夫坎德上的是夜班。她一踏进自己工作的地方，就发现六个女同事已经为了一个赌局乱作一团。她们每个人压了100美元赌金，约定在12周内谁减脂的成效最大，谁就可以拿走这600美元。特蕾西欣然参与了这个赌局。于是，总奖金升至700美元。

时间真是刚刚好。

当别的孩子脸上的婴儿肥渐渐消退的时候，特蕾西已经不是婴儿了，可她还是很肥，而且变肥的势头似乎一直没有减弱。随着她一天天长大，如今的特蕾西已经是一个体重110千克的41岁妇人了。她不得不因为体重的问题忍受一些“不便”，比如她永远穿不了各大品牌的基本款，也不能穿紧身的吊带背心。不过，这些不便她都能忍受，也慢慢地习惯了。

直到有一天，体重的问题已不再是穿衣戴帽的问题，而是威胁到健康的生死问题了。当初，她当厨师就是因为想去意大利，而当她终于有机会造访自己梦想中的国度时，她的肥胖竟然成了最大的一块绊脚石——因肥胖而导致的胃肠问题让她没法坐飞机旅行。

“我生活中所有不如意、不顺心、不对劲的事，都跟体重有关，无一例外，屡试不爽。我不想去看医生，因为害怕医生告诉我，我马上就要得糖尿病或者心脏病了。我就是喜欢吃，怎么也停不下来。我当然知道什么是健康的生活，但是真正让我警醒的是那天的赌局，它来得刚刚好。”

面对其余六个姐妹的挑战，特蕾西显得信心十足，她觉得自己一定会赢。问题是：怎么才能赢？

给特蕾西答案的，竟然是一群老爷们儿，真是让人大跌眼镜。

米歇尔·奥巴马的胳膊

在圣何塞某个商场的试衣间里，特蕾西看着镜子里的自己傻了眼，她像被雷击中了似的，眼睛和嘴巴都张得老大。她脱掉身上的衣服换上一条新的牛仔裤，转过身，又把牛仔裤脱了换上别的，又转过身……不管她转了多少次，镜子中的人似乎都没什么变化。

“我的天啊，那真是我，镜子里真的是我自己！”她从没见过自己有这样的胳膊，也从没见过自己穿着领口很大的紧身上衣。

特蕾西·雷夫坎德减掉了将近45千克（前12周内减掉了20千克），成功地拿走了那700美元赌金。但是，数字并不能完全说明她的变化，这个生过两个孩子的职业妇女现在体重59千克，看上去仿佛年轻了10岁。

特蕾西并没为了减肥或者赢得奖金而去跑步、进健身房，她甚至都没严

格地节食。是每周两次，每次15～20分钟的俄罗斯壶铃球运动帮了她。她最长的一次，连续做过35分钟。

是她丈夫马克·雷夫坎德把壶铃球介绍给特蕾西的。马克是一名前国家举重队教练，曾经在奥运会赛场上跟科特·托马斯同场较量。

“每个女人都想拥有米歇尔·奥巴马的胳膊，事实是，你可以在四周内就拥有这样的双臂，完全可以。秘诀就是壶铃球。

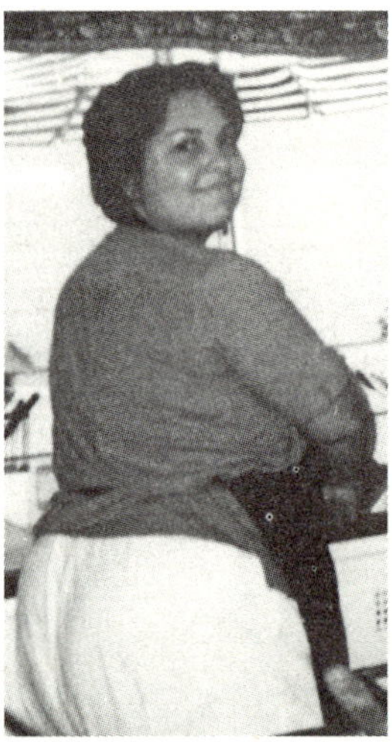

如果你这辈子懒到只能做一项运动，那就应该是壶铃球。”特蕾西这样说道。

我百分之百同意特蕾西的说法，尽管我接触壶铃球的方式跟她有些不一样。

1999年，我开始了一周三次从普林斯顿到费城的朝圣之旅。我前往膜拜的不是神像，而是一家叫Maxercise的健身房。为了一节45分钟的课程，我要花两个多小时在往返的路程上。Maxercise的老板史蒂夫·马克斯韦尔曾经六次赢得泛美地区巴西柔术大赛的金牌（后来又赢得了两次世界锦标赛的桂冠），拥有运动科学的学士学位。他的客户里不乏FBI和费城情报局等地方只有在电影里才能见到的人。他看重可测试的结果，如果某种方法不奏效，或者无法量化效果，那么它在Maxercise的存活时间一定很短。

我第一次见识到壶铃球是在一个寒冷冬天的夜晚。Maxercise的二楼是高强度训练场所，只有专业人士和极为强壮的学员才能进入，我经常管那里叫“刑囚室”。壶铃球中的大部分的高速动作跟举重比较类似，我那时肩膀

设计你自己的身体。特蕾西去除了她不喜欢的身体赘肉，并制造和保留了她向往的曲线。贴墙摆放的那一排就是壶铃球，样子很像带把的大铁球。

刚受伤，不想雪上加霜，所以在两个课时之后，我就决定放弃这个项目。

直到6年后，我才意识到壶铃球运动是多么简单，你几乎什么都不用做，只要拿着球，把它像秋千一样前后摇就可以了。

从柔术到新西兰：壶铃球摇起来！

我在阿根廷的首都布宜诺斯艾利斯遇见“猕猴桃”的时候，压根儿不知道特蕾西和她的赌局。

那是2006年年初，他请了一个私教教自己西班牙语，我则正忙着《每周工作4小时》的最后一稿。巧的是，我俩都在同一家咖啡馆里做自己的事，而且很快认识并成了好朋友。他在新西兰曾是打职业精英赛橄榄球的球员，不过，他也同样满意自己目前的工作——把BSE应用于运动生理学，以帮助女性完善身材。

我们各点了一杯酒，他一边喝一边给我讲了自己的故事。有一天，他在一家跳舞俱乐部看见一个来自巴西的职业桑巴舞者用自己的两个屁股蛋稳稳地托住了两杯龙舌兰酒。惊讶之余，他也感慨在新西兰这辈子也没看到土生土长的屁股做这些。于是，他义无反顾地开始了寻找之路——一条通过后天的锻炼来获得像那位舞者一样能托住龙舌兰酒杯的屁股的方法。

在2000年，他把自己的追求推向了科学的殿堂。在四周之内，他把当时的女朋友——一位地道的中国姑娘打造成前凸后翘的极美身材，并使她一举成为被奥克兰大学39,000名在校生一致推选的“本校十名最性感女生”的第一名！只用了四周！选美结束后，他女朋友被大学里的其他女生团团围住，每个人的问题都一样：你怎么把屁股锻炼得那么圆、那么翘？

如果“猕猴桃”有机会“答记者问”，那他一定会说：“用壶铃球。加重、加快地摇起来吧，宝贝儿！”

2005年，我对壶铃球的兴趣终于又萌发了。从阿根廷回到美国后，我立刻买了一个24千克的壶铃球。每天早上吃完高蛋白质早餐一小时后，都会做一组75下的壶铃球运动，每周两次。一开始，我根本没法一口气摇75下，只好分成几组来完成。

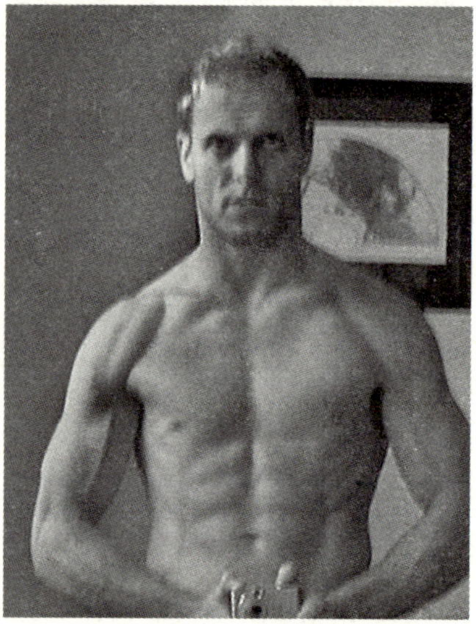
2005年，壶铃球最小训练量之后的我。

这样算下来，一周内，我锻炼壶铃球的时间也就10～20分钟。同时，我还在每个周一、周三和周五进行“冷处理”（10～20分钟的冷水澡）。虽然我不想用屁股托龙舌兰酒杯，但我很想有几块不错的腹肌。六周后，我的体脂含量达到了自1999年以来的最低值。

跟专业人士比，我每周的壶铃球训练量简直少到可笑。

第一天（周一）

• 高频率壶铃球摇摆（约合24千克）至少75下——我最后达到了一口气可以摇150多下。

• 慢速伸张型仰卧起坐（下章会介绍这个动作）10～15次，手持最大重量。

第二天（周三）

我将下面的两个动作改成每个都做3组，每组做5次。我在每两组之间休息2分钟，其他的同类练习中间至少休息4分钟（比如哑铃推举，等2分钟，划船，等 2 分钟，再做哑铃推举，等等）。

• 两边等重哑铃的上斜平板推举。

• 耶茨弯腰提杠（手心向上抓杠，腰部下弯大概 20°～30°）。

• 用两倍于标准奥林匹克杠直径的粗杠做反手屈臂上拉，一共做 2 组，每组 6 次，两组之间休息 3 分钟。

第三天（周五）

• 高频率壶铃球摇摆（约合 24 千克）至少 75 下。

• 慢速伸张型仰卧起坐 12～15 次，手持最大重量。

• 每隔一周：单手壶铃球摇摆，每手至少 25 下。

顺便坦白一下，我不是什么勤奋的学员，在两个锻炼日之间经常偷懒，多休息个一两天、三四天什么的。事实证明，这并没影响最终结果。这个训练对于勇往直前、毫不退缩的锻炼品德要求非常低，比我预想得还低。

尽管我时常偷懒，但是我在一个动作上从不大意，那就是壶铃球摇摆。你想彻底改变自己的外形？那你就一定不要敷衍这个动作。下面的几点是我认为在练习壶铃球摇摆时要注意的事项：

• 站立的时候，左右脚要分别宽出肩膀 15～30 厘米，两只脚要向外张开约 30° 角。如果将身体正前方看作指针在 12 点的位置，那么你的左脚应该指向 10 点或 11 点的位置，右脚应该指向 1 点或 2 点的位置。

• 双肩要伸展开，不要缩在一起，也不要耸起。

• 低处的动作（壶铃球向后摆的时候）类似直腰坐在椅子上的动作，而不是往下蹲的动作，千万别让身体垮着做后摆。

• 不管怎么样，你的肩膀都不应该跑到你的膝盖前面来。

• 屁股往前送的时候，感觉就像你用屁股蛋夹了一枚硬币。所以，这个往前的动作应该很有力，你要使出最大的力气来收缩臀部肌肉。

最小有效剂量——一个月拿出一小时就可以减掉3%的体脂

弗勒跟特蕾西不一样，她没那么多赘肉需要减。

同很多城市女性一样，弗勒总是对最后那几千克肥肉无计可施，不管她怎么努力，每次都被剩下的那些脂肪搞得快要抓狂。

米歇尔·奥巴马的胳膊：特蕾西，减掉45千克多后，展示了向下摇摆壶铃的标准姿势。

她每周跑三次步，每次都跑好几千米，“以我的运动量来说，怎么也应该再减几千克啊，可就是不行。”她很无奈地说。不过，她不喜欢按食谱节食。她想甩掉赘肉，更想保持完美的女性曲线。

怎么克服减脂计划中的最后几千克呢？

首先，我们来看看弗勒的情况。首先，她是欧洲人，从小就对面包很狂热（她在不成功的减脂期间，一直没落下任何一顿面包餐）。然后，她还是一名记者，从入行起就对工作很狂热（不规律的饮食）。我故意对她说，我的减脂方法非常残酷，她必须拿出军人般的自律才能完成前两周的节食和锻炼。我说的当然不是真话，但是这样会产生极佳的鼓励效果，因为如果她将最开始的三天熬过去了，就会觉得，原来我所谓严酷的方法不过如此。到那时候，她就会有坚持下去的动力了——信心是最好的动力之源。反之，如果我把过程说得太简单，把结果说得太乐观，她可能很快就会退缩了。

记住：塑身靠的是找到一种适合自己的模式，而不是抱着原则不放。

我建议她先试四周，稍微调整一下饮食，然后加上壶铃球运动。弗勒都同意了。她的做法是：

1. 她把早餐改为高蛋白质餐食（至少含30%蛋白质），也就是慢碳水化合物饮食。她挑选出进行组合的食物是菠菜、黑豆、蛋白（三分之一盒液体蛋白液）和胡椒片。

2. 一周做三次（周一、周三、周五）早餐之前的三组动作简单练习。具体动作请参看后文的图片。

◆第一组：平躺后，双腿并拢的提臀动作，20 次。

◆第二组：飞狗动作，左右各 15 次。

◆第三组：摇壶铃球 50 次（提示：在最开始的时候，你应该选择多重的壶铃球呢？我告诉你一个原则，那就是拿着球你可以连续做 20 次摇摆，但是又做不了 30 次。换句话说，按正常成年人的体重来说，你的第一个壶铃球不应该小于 9 千克。你能控制的重量会慢慢增长的）。

壶铃球摇摆动作

一旦你能达到合适的高度（下页最后一幅图所示的高度），那么每一个摇摆都应该跟最后两幅图中玛丽的姿势一模一样。

没了，就这么多。完整的训练量差不多就是每周 15 分钟，一个月也就只用一小时。弗勒的第一次尝试进行了 5 周，因为其间她出过一次差，所以我们把锻炼的时间增加到 75 分钟。想看看她之前和之后的变化吗？数据在此。

之前和之后

体重：63 ～ 61.69 千克

体脂：21%（13.31 千克）～ 18%（11.11 千克，差不多是每周减掉 0.5 千克脂肪）

大腿脂肪厚度：10.4 ～ 10.2 毫米

三角肌脂肪厚度：9.7 ～ 7.7 毫米

腰部脂肪厚度：7.0 ～ 4.1 毫米

1

2

3

4

5

6

学会怎么摇

查·霍顿的方法是我目前知道的最容易上手的壶铃球学习方法。我将他的动作稍做了一点点改动。

1. A 点启动步伐（每组五下，每次三组）

分开双脚，保持站姿，把壶铃球放到两脚正中。弯腰，做原地提举动作（把头抬起，目视前方）。刚做的时候要控制速度，慢慢地可以加快抓提速度，壶铃球一落地就马上用力提起，中间间隔的时间越短越好。注意，壶铃球每次的落地点最好完全一致。你可以在实际练习中把这点画出来，如下图 A 所在的位置。

我强烈建议你对着墙做这组练习，你脚趾与墙面的距离应保持在两米左右，这能使你保持抬头的姿势并做出标准的原地提举动作：收紧屁股向后坐，而不是变成半蹲状。弯腰时尽量不要让脚踝承力，或者尽可能地减少脚踝的受力。

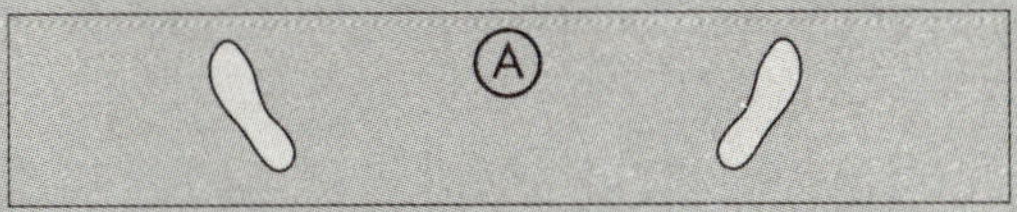

2. B 点启动步伐（每组五下，每次三组）

重复上面的快速原地提举动作，但是这次球的落点是在 B 处。仍然把壶铃球放在两脚间，但这次要稍微往后一点，让它处于两个脚跟之间。你需要每次都把球放回这个指定位置。

现在你可以起身，然后向前拱屁股，这个向上的角度可以让壶铃球像钟摆一样摇动。

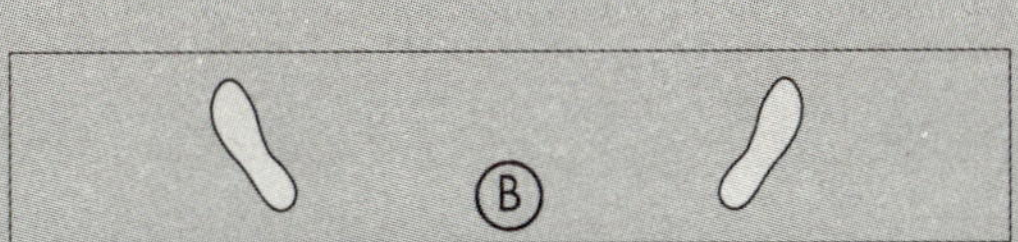

3. C 点摇摆步伐（一开始先从 10 组做起）

现在把壶铃球放回 A 的位置，参看前面玛丽的连续六个动作截图。从地上拿起壶铃球，屁股略向后坐，开始小幅度地摇摆，在保持身体平衡并且适应球体重量之后，可以加大幅度。

在整个过程中，要时刻注意让壶铃球保持达到C点。至于C点的具体位置，请参看玛丽动作截图的第五幅。从图中你可以看到，玛丽手中的壶铃球位于双腿膝盖窝后侧，正好在向后拱起的臀部下方。

可以了，你现在已经学会如何做双手壶铃球摇摆了。

平躺后，双腿并拢的提臀动作。提臀时需要脚尖用力。

飞狗式。右臂伸直向前，同时左腿伸直向后。
然后，再用另一边的手臂和腿做同样的动作。

弗勒的数据结果正好说明了磅秤体重和体脂百分比的差别和优劣。虽然大家都更在意自己有多重，但实际上，磅秤称量体重所能传达的有效信息很有限。然而，体脂百分比则完全不同，所以，在减脂期间（我一直说减脂，而不说减肥，就是这个意思），你一定要有测试自己体脂的工具。否则，没有真实的测量结果，你的所有努力都只能是一场闹剧。

这5周加起来一共75分钟，对弗勒女士所产生的效果，简直不能用“掉了几千克肉、屁股看起来更翘了”来概括，她不仅更健康、更苗条，而且看起来完全不一样了。

更不可思议的是，壶铃球锻炼还治好了她的驼背。对于众多的电脑工作狂来说，这个症状绝对不陌生。长年累月的案头工作和肌肉不平衡，致使弗勒的双肩已经不由自主地前倾了，这使得她的胸部内陷。五周前，她的这一体征非常明显。五周后，她的身体却完全舒展开了，走起路来双肩自然向后，在正确身姿的影响下，她的腰看起来更细、胸部看起来也更大了。所以说，好的身姿可以让你很性感。

下面是弗勒写给我的第一封电子邮件。因为篇幅有限，我做了一些删减。

嗨，

我现在很不错……实际上，我的状态比之前想象得还要好……

有几件事我挺有感触的，想跟你分享一下，也许会对你的研究有帮助，希望你能感兴趣。

首先，我很不理解你之前为什么跟我说这种饮食会十分“无趣”，因为我实在太喜欢慢碳水化合物饮食法了！可能对别人来说，每天总吃同样的东西会很受不了，可是我有很多办法可以让同样的食物呈现出完全不同的味道，只要运用好烹饪技巧和家里的调味品就可以了。

我现在吃得比以前好太多了。我不是没试过减肥食谱。相信我，我试过的可不少，可从没让我有过好的感觉。可能是因为我一直不愿意花时间按食谱采购、烹饪，反正我就是太懒了。

按照你建议的方式吃东西，甚至改变了我总是处于饥饿的状态。以前我经常饿得胃直抽筋，现在我才知道那是糖类和“坏”碳水化合物惹的祸。也许我最近的确吃得很多，而且饮食时间更规律了。我以前都是11点才起床，先喝杯咖啡，然后再吃面包或者蛋糕。现在，我每天都起得很早，并且在30分钟之内把早餐吃完。

我觉得，之所以会感觉这么好，是因为我不是真的需要强迫自己去减肥，而是需要给身体添柴加火，让它尽情吸收好的食物和缺失的营养。

上周我吃得非常好，我把周日定为“去你的减脂日”。在第一个“去你的减脂日”里，我去一家健康餐厅吃了法式薄饼和煎蛋卷。然后，我觉得特别反胃——那些奶酪让我想吐（奶酪就是弗勒的多米诺食物中的一种——蒂莫西注）。

可我还是得吃，虽然根本没什么食欲。周日下午，我吃了点巧克力。吃的时候我才想起来，这一周我都没想过这东西，一次都没馋过巧克力，这太不像我了。我还给自己买了一个羊角面包（嗯，得不断地给自己催眠“你能吃掉，你能吃掉”），结果我只吃了一口就吃不下去了（催眠失败）。到了晚上，我开了瓶啤酒，结果也没喝完。虽然我不是酒鬼，但我曾经非常喜欢这个牌子的啤酒。我发现自己盼着10点赶紧到来，然后我就能去睡觉，在梦里迎接愉快的周一了。我竟然迫不及待地去拥抱“严格健康饮食”了，我没事吧?

很想知道，我这样算不算有点不正常啊?

不过，有一个东西我的确非常想念，那就是水果。周日我的确吃得很凶，不过应该没问题吧？按你说的应该是什么水果都能吃，想吃多少都没事？（回答：在“去你的减脂日”里可以，只有在“去你的减脂日”里才可以。没有顾忌，什么都可以。）

反正到现在为止，我从没想过什么以前常吃，但是现在不能吃的东西。本以为会受不了享受美食的机会被剥夺，没想到……我发现自己更有劲儿了，是真的有劲儿，不是那种靠两杯意大利浓缩咖啡和士力架催出来的假兴奋。哦，对了，我也不怎么喝咖啡了，大部分时间都是喝水和绿茶。

我知道这才一周，不应该高兴得太早，可我实在感觉很好。谢谢你，蒂莫西，真的!

一旦开始，什么新的行为都没有想得那么难。

至关重要的M型屁股：“猕猴桃”的完整A/B套餐锻炼

对于那些非常想打造完美臀部的朋友，我想把“猕猴桃”设计的锻炼计划介绍给你们。

他建议的频率是每周做三四次，按照流程进行锻炼。我觉得每周做两次就可以让大多数男性和女性感受到这种锻炼八九成的美好了。男性可以通过以下动作增强自己臀部肌肉的力量。在几乎所有运动和举重活动中，臀部力量都是至关重要的一环。拥有一个像马达一样的臀部，不仅可以让你成为女士眼中的性感对象，更能助你在赛场上有更好的表现。

如果你尝试了以下动作，但是因为某些原因错过、延迟了锻炼时间，那你就要回到最基本的每周两次摇摆动作上来——我就是这么做的。这个动作虽然简单，却能为你打下坚实的基础。

你也可以学“猕猴桃”，在周一做第一套动作，在周五做第二套动作，在每套动作开始之前都做几组提臀动作（前面有详细说明）。

第一套动作

所有的练习动作，除了壶铃球摇摆外，都重复 10 次，选择的重量是你连续做 13 次后能承受的最大重量。

1. 将重磅哑铃前置深蹲（屁股碰到脚跟）——在动作做到底部的时候，挤压臀肌一秒后再起身。

2. 单腿、单臂哑铃划船。

3. 抬膝式前进马步。

4. 宽距俯卧撑（男性可以用任何形式做俯卧撑。女性的话，如果不想要很明显的三角肌，那就做宽距俯卧撑）。

5. 双臂壶铃球摇摆 20 ～ 25 次。

将整套动作重复 2 ～ 4 次。

第二套动作

1. 单腿罗马尼亚式原地提举（每侧 10 ～ 12 次）。

2. 引体向上 10 次，或者一直做到你无法控制落杠动作的流畅性。

3. 用瑞士球做单腿跟腱蜷卷 6 ～ 12 次（两腿各 6 ～ 12 次）。

4. 平台式俯卧撑，先在身前做 30 秒，两侧各做 30 秒，然后逐渐增加时长，最长到 90 秒。

5. 俯卧后向腿上举 15 ～ 25 次。

将整套动作重复 2 ～ 4 次。

我建议大家还是到网站 www.fourhourbody.com/exercises 上去看“猕猴

桃”自己做两套动作时的照片，图像比语言更适合对动作的描述。光看文字，相信你一定是一头雾水。

特蕾西的食谱——无可选择的盛宴

跟很多人不一样，特蕾西从没遇到过自己的减脂瓶颈。她的减脂速度保持了少有的匀速状态，而她把这个胜利归功于两件事："去你的减脂日"和壶铃球。这两个帮手巩固了她节食的成果，甚至还加快了减脂的速度。

她每周一天的"去你的减脂日"差不多都是周五，因为那天她可以和丈夫度过一个难得的二人世界。她的食谱简单得不能再简单，而且每天不换样，一周六天都吃同样的三餐。她称自己的减脂食谱为"无可选择的盛宴"。

"你要是像我这样，需要一下子减掉25千克、50千克，就会知道我压力有多大、动力有多大了。你没法忘记自己有多肥，但是你至少可以忘记让自己变肥的那些食物。"

她还给出了一些非常实用的建议和经验，尤其是对于像她一样严重超重的女性朋友，很有借鉴意义。

· 每周减掉1千克是常规数字，但不是规定数字。"如果你像我一样超重近50千克，那就别用常规数字要求自己。在一开始的几周内，你每周至少应该减掉2千克。如果你达不到这个数字，那你肯定是哪里做得不够。"

· 远离多米诺食物。"如果我想吃块饼干和方块糖，那我会把甜食加到食谱里——你知道的，出于对足够卡路里的考虑嘛。可问题是，我身上可没有'吃够了'开关，一旦我开始吃起来，就很难停住了。我可以轻松吃掉1200～1800卡路里，可我怎么才能消化这些玩意儿？而且，一旦开始吃甜食，不吃到满意我是不会罢手的。可你知道，让我这种体重的人满意，我得吃掉多少吗？不是一块饼干、一块蛋糕的事，而是动辄一整袋饼干或者半个六寸的重奶油蛋糕。相信我，我没开玩笑。所以我不能自己骗自己，想着'哦，我今天只吃一块'什么的。所以，既然我知道自己会有什么反应，那就索性一个渣都不碰。"

· 有机食物——有则很好，无则也行。"我减掉了将近50千克，可我一口有机蔬菜也没吃过。如果你能吃、买得起、家附近有有机商店，那你就吃。如果恰好没这些条件，也用不着非得开车 100 千米跑到农民的菜地里去求个心安。吃食谱上推荐的并且适合自己的食物就行。”

· 蔬菜和蛋白质。“我没有反弹的唯一原因就是我现在每餐都吃大量的蔬菜，再额外加上蛋白质饮品。我最爱的还是羊肉、猪肉、鸡肉和牛肉，不过我在每次暴食之前都会吃大量的蛋白质。”

10 元健身器材——T 型把手

壶铃球运动很好，但壶铃球可不便宜。

如果你没有做这部分预算，或者还不知道自己适合哪个重量级别的壶铃球（轻松完成摇摆 20 下的重量），那么下面这个选择就显得具有超高性价比——T 型把手。据说很多匈牙利劫匪都用这玩意儿，我也不知道是真是假，不过我敢肯定这是匈牙利爆破工常用的工具之一。

我有 20 多个大大小小的壶铃球，什么重量级别的都有，但是我最爱的还是 T 型把手。它可以拆卸，可以轻松组合，总重量不到 2 千克，旅途携带非常方便。除了摇摆动作，它还适用于双臂上弯动作、下腰、翻转下腰和其他很多健身动作。去美国的任何一家五金商店都能花 10 美元买到它，而且每次组合的时间也不超过 5 分钟。嗯，它就长这样：

只要去五金店或者大型的家居超市都能买到，它隶属于管道修理那个部分。

·一个直径2厘米，长30厘米的两端都带外螺纹接头的管子，做中间的竖梁。

· 两个直径 2 厘米，长 10 厘米的管子做把手。你可以用电工胶带或透明胶带把把手处缠上几圈，免得磨手。不过，我每次用 T 型把手训练的时候都戴着薄皮手套。

· 一个直径 2 厘米的 T 型接口把这三根管子组成一个 T 字。

· 一个带有直径 2 厘米（接口）的底盘，保证你在挥舞它时一切不会散架。

下面这个装置不算标配，是我额外推荐的：

· 用一个弹簧钳夹住底盘，防止它从管子上脱落。注意，摇摆的高度最高不要超过胸腔。

最后一点，但也是很关键的一点——要每隔六个月换一个新的 T 型把手。如果你不想把 T 型把手的底盘扔到你家猫身上，或者穿墙而过扔到你家邻居的厨房里，那就定期更换，不过是一件 T 恤的钱，别省这个。还有，我要再次特别感谢戴夫·德拉博，当初是他把这个可爱的小装置介绍给我的。谢谢你，戴夫！

有关美丽的数学题：0.7 和它背后的故事

玛丽莲·梦露、索菲亚·罗兰和艾伦·迈克菲森的共同点是什么？数字 0.7 和腰臀比例。

如果你拿皮尺量量这三个女人的腰围和臀围，就会发现，三个人的腰围和臀围比例都是 7 : 10。这就是我们刚才说的腰臀比例和比值 0.7。而这个比例对男性来说是最无法抗拒的，他们的大脑会直接告诉他们：这些女人适合生育，而传输到他们意识中就变成了“哦，这些女人好迷人啊”，而你的腰部越宽阔，腰臀比例就越接近 1 : 1，而据科学研究，这样的女性体内雌性激素含量较低、患病的风险更高、生育更困难。同时，受孕概率也更小。

得克萨斯大学·奥斯汀分校的迪沃德拉·辛教授一直在研究腰臀比值为 0.7 的梨形身材 。他发现，在 2500 年前的欧洲和亚洲，这种身材的女性就已经出现在各种石刻作品中了。而从 1923 年到 1987 年间，所有的美国小姐的腰臀比值都在 0.69 到 0.72，1955 年到 1965 年和 1976 年到 1990 年间的《花花公子》杂志的封面女郎腰臀比值都在 0.68 到 0.71。而且，这个标准不受地域、种族的影响，无论是在涌入美国的印度劳工中，还是在非裔美国人中，或者是在高加索人种里，大家都热衷于腰臀比值为0.7的美女。

好消息？好消息就是，如果你是天生的大屁股，你就高枕无忧了。

努力锻炼让腰肢变细比努力锻炼让屁股变小更能增添你的女性魅力。如果你的腰臀比值过高，那么哪怕减掉一点点，都会对你的健康大有裨益，更不用说会为你带来更多的约会机会了。

对于男人来说，你的幸运数字是0.8到0.9。同时，0.6的腰肩比值则是最有吸引力的，拥有宽阔肩膀的男士永远受欢迎。

无论对于男人还是女人，塑造黄金腰臀比例的方法就是——壶铃球运动。

没错。

工具指南：

• Kettlebells（www.fourhourbody.com/kettlebell）：大多数男性可以从20千克或23千克的壶铃球开始锻炼，而女性的起步重量最好是16千克或20千克。不过，我仍然推荐大家先使用T型把手，用这个工具可以测试自己完成20次摇摆最适合的重量到底是多少，然后再去购置自己需要的壶铃球。

第十五章

6分钟腹肌
——两种最有效的练习方法

“我敢保证，七分钟腹肌跟八分钟腹肌一样有效……如果你不满意头七分钟的效果，我们会额外奉送一分钟！”

“非常棒！除非，当然，有人拿出了六分钟腹肌。那你们就有麻烦了，对吧？”

“不！不！不……不是六，我说的是七。谁能用六分钟搞定？没人能用六分钟练出腹肌！六分钟，你心脏还没开始跳呢，汗还没开始出呢……这就好像明明吃着布里干酪，却梦想着自己吃的是顶级的戈贡佐拉干酪，这怎么可能呢？”

——《我为玛丽狂》（*There's Something about Mary*）

引子：2009年5月，加利福尼亚州的纳帕溪谷，酒店房间里

“你看起来就像只要呕吐的猫。”

我女朋友洗完澡从浴室出来，刚好看见我在床上手脚着地，撅着屁股，拱着肚子，就像她说的“像只要呕吐的猫”。

使劲儿地吸了口气，我勉强抬起头，面露尴尬地说：“再给我30秒钟……”

她歪着头，像只拉布拉多导盲犬，聚精会神地观察了我几秒钟，然后又回到浴室继续刷牙、吹头发去了。

我们马上要去参加一个好朋友的婚礼，而我呼哧带喘的四脚猫姿势让我女朋友实在是摸不着头脑。

我又坚持了一会儿。

人生第一次，我有了清晰可见的六块腹肌。

“呕吐的猫”其实很厉害！

单身白人男性寻求腹肌六块，非诚勿扰！

我从来没有过六块腹肌——看得见的那种。

即使在我体脂极低、全身血管都快要爆出来的时候，那传说中的六块腹肌也没光临过我的腹部。低头一看，还是铁板一块。除了爆粗口我还能做什么？

想拥有腹肌必须保持较低的体脂，但只是把脂肪撵走了还不够。

我坚持传统的锻炼腹肌的练习动作有多长时间了？十几年吧。不短了吧？效果呢，肯定有，但就是肉眼看不着。我一直自我安慰地说，别着急，别着急，不是不报时候没到。用爱因斯坦的话说，我这就是“精神错乱”，因为我一直“在重复做同一件事情，却希望出现不同的结果”。

2009 年，我开始测试自己的一些很简单的想法，变化正是在这时候出现的。我花了一周的时间做了一个淘汰工作，从令人眼花缭乱的腹肌锻炼运动中筛选出两个最有效的。我每周两次（周一和周五）在壶铃球摇摆运动后做这两个动作。仅仅经过了三周，六块腹肌就来了！

6 个月没有直接锻炼腹肌的德鲁·拜耶。这也说明了调节饮食通常是多么重要的因素。

练出清晰腹肌还有一个前提，那就是你必须遵从饮食规则，从而把体脂保持在 12% 以下。我建议你采用慢碳水化合物饮食，因为这是目前我尝试过的成功率最高也最持久的饮食方法。但并不是说别的饮食方法就一定不适合你，生酮饮食法（尤其是循环生酮饮食法）和间断性快速饮食法都值得尝试，后者我们会在之后的章节里介绍。

动作一：伸张型仰卧起坐

我的研究始于那些“每个人都在做，但没人收到效果”的练习。我经过调查发现，主流而无效的腹肌练习都有一个共同特点，就是它们只用了腹部肌肉不到一半的动作幅度，其中最有代表性的就是常规仰卧起坐。也就是说，平常我们做的仰卧起坐只是90°角内的运动。想想，你坐在椅子上，而普通仰卧起坐只是让你的上半身弯到膝盖的部分或者是把膝盖提到挺直的上身附近。我决定在这八周里不沾这种只有心理安慰作用的动作（我们通常会告诉别人“我每天做200个仰卧起坐”，其实是在安慰自己“哦，我已经为了几块腹肌做了足够的努力”），完全伸展背部的动作才是我的锻炼重点。

于是，我选择了伸张型仰卧起坐。这个动作利用了杠杆原理，可以完全伸展腹部肌肉，并通过强烈的收缩产生合成反射（牵张反射或拉伸反射，肌肉的反射性收缩作为腱受到击打或肌肉本身伸张时的反应）。

根本用不了八周，三周后我就看到了显著的效果。

这个练习对于重塑腹横肌（下面会解释什么是腹横肌）也非常有效，如果你的条件只允许你选择一个练习来做，那就选这个吧。如果你买不到波索球，那就用小个儿的瑞士球（直径45～55厘米），或者干脆拿一堆靠枕来都成。

如果你用波索球或者瑞士球，那么请确保你的屁股贴近地面，离地面的距离不能超过15厘米。

下面是具体步骤。

1. 双臂伸展过头顶，尽量向上伸，能伸多高就伸多高（我想象自己要跳水前双臂上举的那种感觉）。在练习过程中，双臂始终要保持在与耳平齐或者在耳后的位置。

2. 整个身体向后缓慢地躺下（用时4秒钟），直到手指可以触碰到地面。在这个过程中，你要一直保持双臂向前够的那种伸展感觉。

3. 停住两秒钟，目的是最大限度地拉伸全身（如图3所示）。

图 1

图 2

图 3

4. 慢慢地起身，控制好力度，不要起得太用力。在上身即将与地板垂直成 90° 的时候停住（后背与地板的角度要绝对小于 90°），保持两秒钟，仍然是尽力拉伸，胳膊尽量向上够，双臂与地面的角度也不能超过 90°。

5. 重复整套动作 10 次。如果你能连续完成 10 次，试着给自己的手里加点重量。我喜欢用不同大小的书。我建议女性朋友不要拿超过 10 磅（约合 4.5 千克）重的物体。

动作二："呕吐猫"练习

谨以此动作献给我的前女友，我做的一切都是为了你好——安吉丽娜·朱莉！

单纯做仰卧起坐是没法使你的腹部变平坦的，除非你穿着束腹衣做仰卧起坐（哦，别真的这么做，我是开玩笑的）。六块腹肌（腹部直肌）是竖着长的，而你的目标肌肉则是腹横肌（TVA），这是六块腹肌中最深的一处，它是由一连串绕着你腰排列的横向肌肉组织构成的。因为它的形状很像腰带，所以被戏称为“束腰肌”。如果你曾经“笑到肚子痛”或“咳到肚子痛”，那么，痛的那个部位实际就是“束腰肌”。

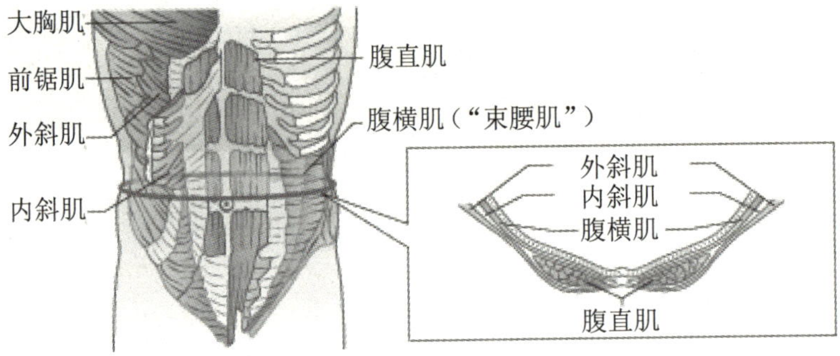

呕吐猫

当然，如果你想在健身房里通过大笑来锻炼这块肌肉的话，脑袋难免不会被愤怒的“旁听者”砸到。所以，为了安全起见，我还是推荐下面这些动作。

1. 双手、双膝着地，目视地面（直视地面或者看手掌前方的地面都无所谓，关键是颈部不要有拉紧感），背部挺直，不要拱起，颈部要完全放松。

2. 用嘴部使劲儿地呼气，直至你觉得胸腔内的空气全部被排出去了。在强有力地呼气的同时，你的腹部要收紧。

3. 屏住呼吸，尽力让肚脐眼朝着你的脊椎方向凹陷，保持 8 ～ 12 秒。

4. 8 ～ 12 秒过后，用鼻子全力地吸气。

5. 做一次过度呼吸（慢慢地用嘴呼气，再慢慢地用鼻子吸气）后，再重复以上的动作 10 次。

可以了，伸张型仰卧起坐和呕吐猫练习很累，但能带给你带来很多好处。

俯卧撑不优雅？干吗不做个优雅的“沙漏”呢？

前俯撑

侧俯撑

女性做俯卧撑实在是有碍观瞻，这种动作的确不是给女性设计的。不过，简单地改变一些细节，我们就可以把俯卧撑变成很美的前俯撑和侧俯撑。幸运的是，前文介绍的伸张型仰卧起坐和呕吐猫练习都属于男女通用的。

因为减脂而失去女性线条绝对是得不偿失的事，有些女士即使体脂含量很低，可穿上衣服之后看起来还是块头很大，就是因为已经失去了传统的沙漏型女性线条美。

如果你是女性，而且正在为自己的腹肌努力，那么就做定时的俯撑动作，这个动作也能达到很好的提臀效果。前俯撑做 30 秒，左、右侧俯撑各做 30 秒，每组做 90 秒就可以了，不要多做。

最后要教大家一个很重要的动作，可以消除女性腹部特有的小肚子。小肚子在女性中似乎是普遍存在的，就连女性运动员好多也都“小腹便便”。这个动作能通过拉伸臀部肌肉修正你的骨盆。下面的动作一天只用做一次，左右两边各做 30 秒。壶铃球运动对于提臀相当有效，不过这个练习也不赖。

拉伸臀部肌肉（左侧臀部示范）保持这个姿势 30 秒

用科学验证腹肌锻炼运动的有效性

如果你觉得我介绍的这两个练习很无聊，那你至少看看下面通过电极和肌电图测试出的各个锻炼项目的有效价值排名。这样，至少你可以选择排名比较靠前的，而不会像我一样做十几年的无用功。

自行车式仰卧起坐 248%
将军椅 212%
健身球 139%
垂直蹬腿运动 129%
健腹器 127%
单边肘碰膝仰卧起坐 119%
反向卷体 109%
提趾仰卧起坐 107%
健腹轮 105%
气垫 100%
传统仰卧起坐 100%
拉臂力器 92%
收腹运动机 21%

工具指南：

• Bosu Balance Trainer（www.fourhourbody.com/bosu）：波索平衡训练器看起来像半个瑞士球底部加了一个塑料的底盘。我通常在做伸张型仰卧起坐时使用它，并用它做痛苦的扭转运动，我管这个动作叫“轻松当超人”。

• GoFit Stability Ball（www.fourhourbody.com/stability）：如果你选了波索，那么这个55厘米、性能稳定（除了瑞士球，竟然还有其他性能稳定的球）的健身球很可能也会成为你的备选方案之一，因为它的价格只有波索的一半。不过，我觉得这类健身球放在家里太占地方，而且通用性很低。

• “Crazy Hitchhiker from There’s Something About Mary”（www.fourhourbody.com/hitchhiker）：想知道这章标题的灵感是从哪儿来的？那就看看这个视频吧。

第十六章

从书呆子到大块头
——如何在 28 天内增重 15 千克

我说不清楚，跑步的时候好像有一种表达不出来的舒服感，反正你就是感觉很幸福。

——迪安·卡耐泽斯（超级马拉松爱好者。2006 年，他用连续 50 天的时间在美国 50 个州分别跑了 50 次马拉松，并以 3 小时 30 秒的成绩完成了纽约城市马拉松）

越是被传统认可的东西，摆脱它就越难。

——马克·吐温（美国幽默大师、小说家、演说家）

7 月 6 日，65 岁的老约翰的肱二头肌周长经测量为 37 厘米，6 周后再次测量，变成了 40 厘米。也就是说，他的上臂臂围长了足足 3 厘米。

看上去像变魔术，其实一点都不神秘，也不复杂。

他把每周三次的健身减为两次。我管这叫“积极退步”。

所以，明白了吧？大多数有关肌肉增长的“常识”都是错的，而且错得离谱。

前奏：如果有一身糟糕的基因

我们家族的基因就是：不长肌肉，只长肥肉。唯一的例外就是我妈妈屁股上的那块肉，结实有力，活像在衣服底下藏了个大球。不过，对于一个巴西女人来说，这样的屁股还不算难看。

2009年8月，虽然很多活生生的例子告诉我，我身上携带的基因就是这样的，但我还是很想听听科学家的看法。于是，我把自己的DNA样本邮寄到了澳大利亚的“精华运动研究室”，请求测试我的ACTN-3基因类型。ACTN-3的功能是快动肌肉纤维的蛋白质编码。快动组织纤维是最有生长潜质的纤维，而慢动组织纤维则是最“没前途”的纤维。

数据疯子请看这里

这段知识其实一点都不疯，反而很有用。肌肉组织是由肌原纤维构成的，而肌原纤维则是由两种丝状体构成的——肌动蛋白（薄丝状体）和肌浆球蛋白（厚丝状体）。它们相互缠绕，从而使肌肉有空间收缩。理论上，是它们使肌肉纤维得以缩短。肌动蛋白丝状体（简称肌丝）在这个过程中不可或缺，而辅肌动蛋白是肌丝的稳定剂。其中一种辅肌动蛋白叫阿尔法－肌动蛋白3（ACTN-3），它只存在于快动肌肉纤维中。世界上任何一个从事爆发力项目的运动员和健美爱好者都梦想自己全身布满了ACTN-3。

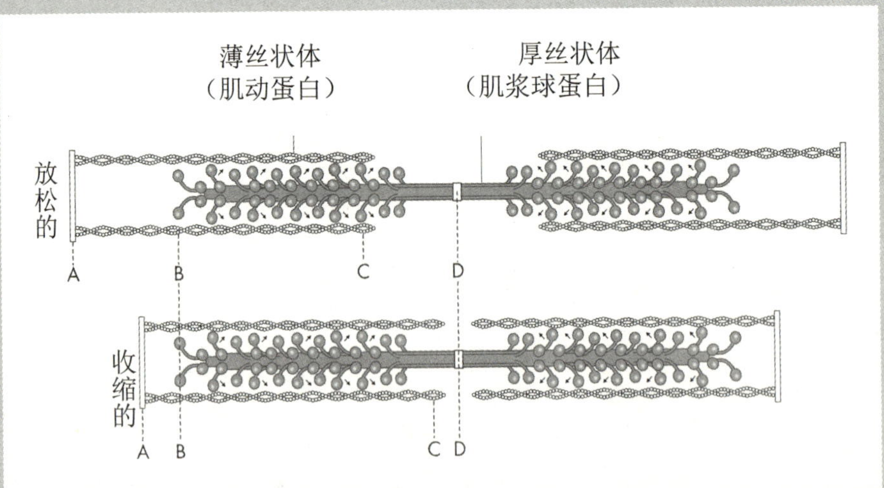

结果证明，我的两条染色体（一条来自我的母亲，另一条来自我的父亲）都含有R577X型ACTN-3基因。这个类型的ACTN-3基因变异完全吸收了ACTN-3基因的所有缺陷，却没有保留ACTN-3基因的任何优点。所以，R577X型ACTN-3基因在生物学界向来有“无理取闹的等位基因”的美称。全世界拥有R577X型ACTN-3基因的人有十多亿。

“精华运动研究室”在给我回复的信件中使用了安慰性标题。我猜“精华运动研究室”的工作人员每天需要安慰不少失落的健身疯子，所以他们的幽默感非常出色。与此同时，他们编造“白色谎言”的能力也与日俱增：

“恭喜您，蒂莫西·费里斯先生。您的基因优势在于：耐力型运动。”

让我来给你解释一下这种官方语言背后的真正含义：1. 我永远也没法赢得奥运会爆发力运动项目的金牌了；2. 我天生就没从娘胎里带出来当肌肉男的基因。

在这个世界上，有很多人一生下来就适合短跑、爬树、跳高之类的运动，可惜我的基因没中这个大奖。很有可能，你也浪费了你的基因彩票。看看我家人的合照，其实我一点也不惊讶。真正让我惊讶的是，原来基因是可以被驾驭甚至被超越的。

至少有四次，我在四周内增加了至少9千克非脂肪类体重。最近的一次发生在2005年。还有两次分别发生在1995年和1996年，那时我还在普林斯顿大学读书，当时学校里的健康力量协调员马特·布莱兹斯基给我取了个外号，叫“气球小子”。

在这章中，我会详细讲述我是如何在2005年只用了28天就增长了15千克纯肌肉的。

之前和之后

整个高中时期，我的体重都一直在70千克左右摇摆。2005年，我在布宜诺斯艾利斯接受了探戈舞的训练，累瘦了将近3千克。后来，我把阿瑟·琼斯、迈克·门策和肯·哈钦斯三个人的健身方法混合在一起，制订了一个28天的计划，不但补回了那宝贵的3千克，还额外获得了很多奖励。

之前和之后的测量——包括水下静力学称重，都是由来自圣何塞州立大学人类行为实验室（Human Performance）的佩吉·柏拉图博士完成的——尽管这个可笑的实验看上去不那么健康。我追踪到了血液变化，并把我的胆固醇值从222降到了147，而且没有借助任何像抑制素这样的药物。

下面就是结果：

年龄：27岁（2005年）

之前体重：66.2千克

之后体重：80.3千克（三天后变为83千克）

之前体脂百分比：16.72%

之后体脂百分比：12.23%

总肌肉增加量：15.4千克

总脂肪减少量：1.4千克

耗时总量：4周

想知道15.4千克到底有多少？那么，右下图至少可以给你一个直观的说明。这是一块0.45千克的食草牛牛肉，旁边的是我的拳头。想想，30多块这样的肉全部黏在你身上，绝不是个小改变。

下面列出了一些在四周内（9月21日到10月23日）发生变化的其他相关数据。我把佩吉·柏拉图博士的方法和布鲁克斯兄弟的测量方法（取一个最高值和一个最低值，相加平均后的综合值）综合在一起使用了。为了显示效果，我穿的短裤可能很好笑。不过，只要它可以彰显出我所取得的成效，我就知足了。

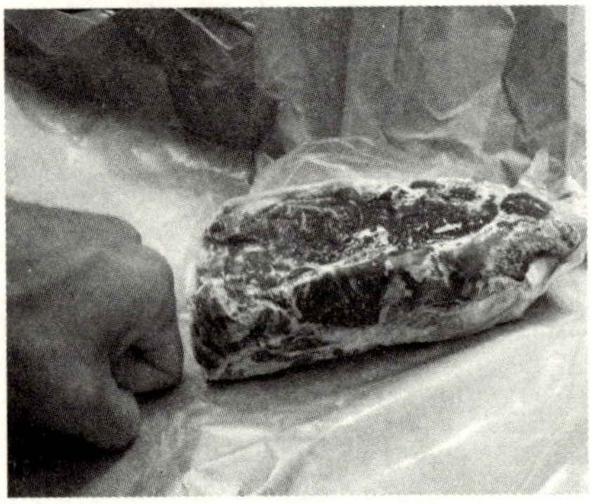

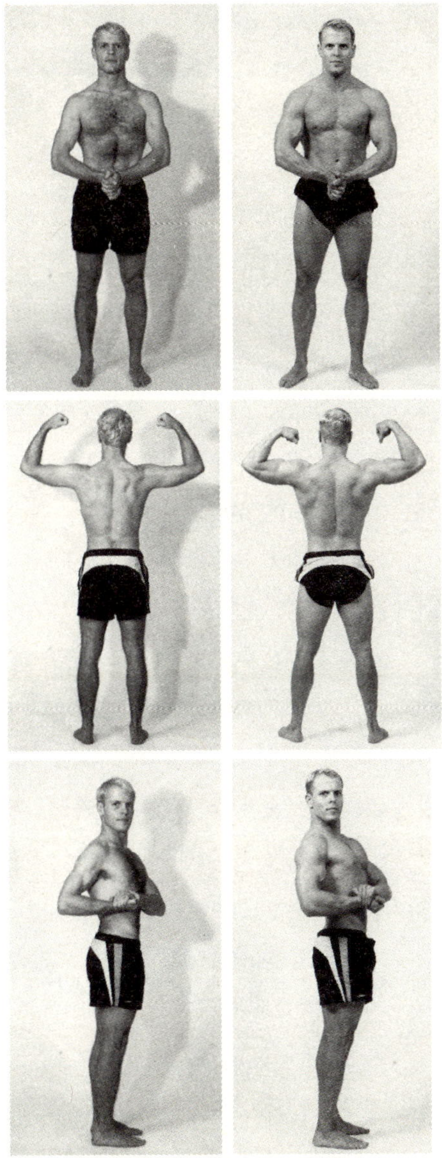

- 衣服尺寸：从 40 码小号到 44 码中号（使用的是布鲁克斯兄弟的测量方法，地点在圣何塞的桑塔纳彩虹商店）
- 颈围：40 厘米到 44.5 厘米
- 胸围：95 厘米到 109 厘米
- 肩围：109 厘米到 132 厘米
- 大腿腿围：55 厘米到 65 厘米
- 小腿腿围：34 厘米到 38 厘米
- 上臂臂围：30 厘米到 37 厘米
- 小臂臂围：27 厘米到 30 厘米
- 腰围：75 厘米到 84 厘米
- 臀围（屁股最宽处）：86 厘米到 97 厘米（我爱翘臀，自己的和美女的）

哦，对了，忘了告诉你，每周只需要做 30 分钟的锻炼，每个月加在一起一共 4 小时就可以取得这样的成绩了。

我是如何做到的

首先，我服用了几种简单的增长药物：

- 早上：NO-Xplode（2 勺），慢烟酸（或者按时起效的烟酰胺，500 毫克）
- 每餐：ChromeMate（铬聚硝基苯，不是皮考啉，200 微克），阿尔法硫辛酸（200 毫克）
- 健身前：BodyQUICK（健身前 30 分钟，两片）

• 健身后：Micellean（微团干酪素蛋白，30 克）

• 睡觉前：甘蔗脂肪醇（23 毫克）、 铬聚硝基苯（200 微克）、阿尔法硫辛酸（200 毫克）、慢烟酸（500 毫克）

我没有使用任何合成代谢类药物。

从训练的角度来看，只有四条原则需要遵守。在下一章里，我会详细地讲解，现在我们先简单了解一下。

1. 每个练习都有一组做到力竭。

根据阿瑟•琼斯的建议，一组“至力竭”的练习需要有 80 ～ 120 秒肌肉保持紧张的时间总量，每两个动作中间至少休息 3 分钟。力竭，顾名思义就是你再也提不起来了或拉不下来了。

2. 用 5/5 的节拍。

重复每个动作的时候都要用 5/5 的节拍，也就是上 5 次下 5 次、左 5 次右 5 次的节奏。这样可以减少冲力，确保肌肉不被拉伤。

3. 每次健身只需要把 2 ～ 10 个锻炼动作做好，别贪多。

每次健身只需要集中精力做 2 ～ 10 个动作就可以了（包含至少一项多关节运动，比如下压、拉伸和腿部动作）。我选择那些能最大限度调动我身体激素（睾酮、生长激素、IGF-1 等）反应的训练。

下面是我在实验过程中每次健身的动作次序（带有“+”的是超长动作，意思是两组动作之间没有休息的时间）。

• 硬推 + 耶茨划船
• 肩宽腿部推蹬
• 起卧 + 负重双臂伸展
• 腿部推蹬
• 反手厚杠曲臂
• 坐姿小腿提拉
• 颈部曲卧
• 机上仰卧起坐

如果你看不懂我在说什么，那也别着急，去网站上看看视频和图片吧：www.fourhourbody.com/geek-to-freak。

4. 根据数量增加恢复时间。

在下一章里，我们会仔细讨论运动时长的问题。想超越基因对你的束缚，你就必须学会减量精准。有一个人很擅长这个理论，他就是奥卡姆先生。

我建议所有热衷于、致力于、急于给自己增加肌肉的健身爱好者，都先去了解一下奥卡姆剃刀原理。

科罗拉多实验——28 天增重 28.6 千克

如果你觉得 28 天内增加 28.6 千克肌肉太不可思议的了，那我可不同意。你会这么认为，一定是没听过著名的凯西 · 维亚托的事迹。

科罗拉多实验诞生于 1973 年 5 月，地点是位于科林斯堡的科罗拉多州立大学。这个实验的设计者正是大名鼎鼎的阿瑟 · 琼斯，并由艾略特 · 普利兹博士监督整个实验过程——他也是科州大学运动生理学教育系的运动生理学实验室负责人。这个实验的设计初衷是，想看看最小量的训练能产生怎样的最人量的健身效果。

凯西 · 维亚托的结果让人说不出话来，他每周健身三次就达到了这样的效果。还是看图吧。

增长肌肉：20.5 千克。增长体重：8.1 千克。减掉脂肪：28.6 千克。

摄影者：伊格 · 库克，感谢伊灵顿 · 达登博士提供。

同月，阿瑟 · 琼斯延续了维亚托的神话，在 22 天内增加了 6.8 千克的体重。他们是如何在每周平均只锻炼 33.6 分钟的情况下，就变成了肌肉超人的呢？

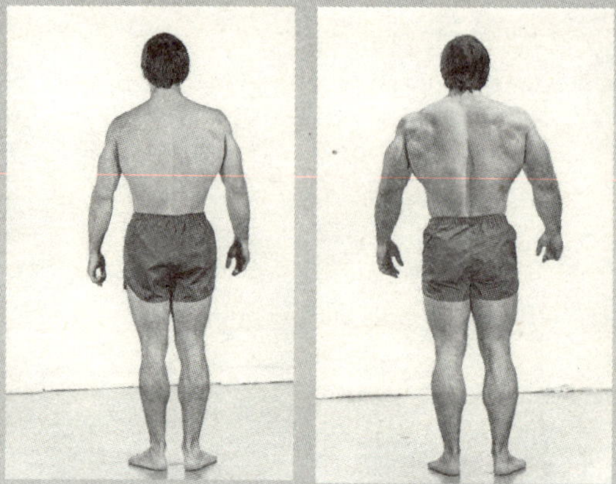

第一，常常做“绝对否定”的训练，也就是故意给某部分肌肉加无法达到的重量，让这部分肌肉的动作根本无法抬起重量。第二，练习的频率加倍。每一组的运动量都是普通运动量的两倍，目的是提前使某个部分的肌肉感到疲劳（比如做前腿肌伸展动作让四头肌疲劳），然后再去做主要会用到这个肌肉的动作（比如深蹲）。第三，凯西每天要吃6～8顿，吃饭成了他的工作。我一点不夸张，他每长一斤肉就会得到相应的现金奖励。所以，吃饭就是他的工作。

下面的列表是凯西实际的运动项目和运动量。记住，除非列表上明确标记了“休息”，否则两个动作之间是绝对没有停顿的。

1. 压腿 750 for 20 次
2. 前腿肌伸展 225 for 20 次
3. 深蹲 502 for 13 次
4. 曲腿 175 for 12 次
5. 单腿坐姿提踵 18 千克（休息两分钟）
6. 上举 290 for 11 次
7. 颈后复合高拉 200 for 10 次
8. 划船动作 200 for 10 次
9. 颈后硬拉 210 for 10 次（休息两分钟）
10. 直臂侧举 18 千克哑铃 for 9 次
11. 颈后肩举 185 for 10 次
12. 曲腿 110 for 8 次
13. 引体向上 × 12 次
14. 三头肌伸展 × 9 次

15. 蹲起 22 次

如果你是正常的地球人，那你练完这一圈，就差不多可以对着垃圾桶狂吐，或者直接死翘翘了。芝加哥灰熊队的丹佛 · 布朗科斯和迪克 · 布特克丝都曾经造访科林斯堡，亲自观看训练过程。不过事实是，要么你自己真的尝试，要么你看一眼就想跑。即使是对于专业运动员来说，这样的训练也未免显得太残酷了。

尽管非常困难，但这套健身计划的基本着眼点却非常简单。

下面是凯西 · 维亚托亲自给我发过来的健身流程：

腿部推蹬 20 次

前腿肌伸展 20 次

深蹲 20 次（每做完 20 次一组，增加负重 9 千克，再做 20 次一组）

（休息两分钟）

曲腿 12 次

小腿上举 3×15 次

颈后推举 10 次

划船动作 10 次

劲后推举 10 次

（休息两分钟）

侧身抬举 8 次

劲后推拉 10 次

（休息两分钟）

曲腿 8 次

反握引体向上（每组完成后增加负荷）

（休息两分钟）

三头肌伸展 22 次

双杆撑体 22 次

科罗拉多实验当然也招来了众多非议。首当其冲的，就是这项所谓的研究既没有被正规刊物发表过，也没人按照这种方法成功增重过。至于凯西的成果，很多人都看过他之前的照片，凯西本来就是个大块头，只不过一场车祸使他瘦了下来。于是，大家理所当然地认为这个所谓的 28 天内增重 20 多千克的实验，不过是凯西从车祸中恢复了过来，把以前掉的肉又捡起来而已。这种怀疑不无道理，我也曾经就这个疑问问过凯西本人。

他的回答是这样的：实验前，他节食了大概两个月（这个一直是被承认的，因为节食期间有明确的饮食记录），并减掉了大概9千克肌肉。20年前，凯西·维亚托并没有从科罗拉多实验中赚到一分钱——既然撇清了利益关系，那我觉得他的话还是值得信任的。我问了他在增重期间是否服用过合成代谢类固醇，他的回应原文如下：

类固醇的问题总是有人问起。很多人都咬定我一定在实验期间服用了类固醇药物，否则不可能出现这样的效果。我可以用良心发誓，在参与这个实验期间，我没有服用过一片、一勺、一粒类固醇。如果我这么做，整个实验还有什么意义？我当时住在一个封闭的环境中，一举一动都被观察着。相信我，为了增重我什么都肯干，可我知道类固醇药物的后劲和副作用。更重要的是，我知道我用不着那玩意儿也能成功。在实验还没开始的时候，我就已经预见到了结果。

这个等式是完全合理的：28.6 千克－9.5 千克（提前通过节食减掉的斤数）=19.1 千克。28 天内增重 19.1 千克完全有可能。就算是使用药物了，仍然不能否认训练的惊人效果。如果你觉得这只是药物的作用，那你就试试吃类固醇药物一个月，看能不能长 10 多千克肌肉。开玩笑的，你千万别真的去试。找个有基本医学知识的人问问就可以了，或者看看身边有谁能靠只吃药不动弹就变瘦或者变胖。

尽管凯西·维亚托的确算是人类中的异类（他的体质类型应该算百万里挑一），但是这点特殊性绝对无法抹杀科罗拉多实验的两点伟大之处。

首先，这个实验证明，从生理机能的角度来看，合成足够的蛋白质就能够在 28 天之内增加 28.6 千克的体重。这也说明了那个狡辩理论（要在 28 天之内长 28.6 千克，必须每天摄入 20,000 卡路里）根本是错的。就算是实验的确借助了药物，也可以证明这个论断成立。

所谓的“卡路里为王”的理论根本是夜郎自大，在太多领域里，卡路里获取或者消耗根本没法解释得通。

其次，实验的健身日志显示，达到最终结果的运动刺激量为每周不到两小时（还记得上文提到阿瑟·琼斯在三周内就增重了7.5千克吗），比我们预想的要少得多。

凯西原话：

“我非常高兴这个实验是在科罗拉多完成的，因为全美国没有什么地方比这里更流行健身了。希望实验的结果能让那些充满热血的健身者拥有更加清晰、冷静的头脑，他们的确更需要这个实验。”

每个月在健身房待四个小时就足够了，多余的时间都是在浪费生命。如果你恰好在健身房读到这本书，那么快合上书本回家吧。

那多出来的时间干点什么呢？很简单，调整你的饮食。

30克神话

我们每餐该吃多少蛋白质呢？

大众有一个（错误的）共识，认为人体每餐最多只能吸收30克蛋白质。所以，让科学来发发言吧。

法国的研究者发现，将一天所需的蛋白质用一顿饭吃掉，跟分成几餐吃，结果是完全一样的。一组26岁的女性，科学家计算出她们体内的蛋白质含量，然后按这个含量的80%为她们设计食谱。食谱分为两种，一种是将每天应摄入的蛋白质全部包含在一餐中，另一种是将每天应摄入的蛋白质均摊在三餐之内。两周后，所有参与实验的女性经过测试后并没有显示出任何变化。不论是她们的氮平衡指数，还是全身蛋白质周转数、全身蛋白质合成能力都没有什么差别。

按照研究者的计算方式，对于一名26岁、体重56.5千克的成年女性来说，一餐吃掉77克蛋白质还是三餐吃掉77克蛋白质，都是一样的。

后来，科学家又请年纪较长的被测者参与了同样的实验。结果显示，一餐吃掉一天需摄取的蛋白质含量反而可以使身体更好地吸收这些蛋白质。在两周后，这些一次吃掉一天所需蛋白质的年长女性体内的蛋白质合成率，比每天分次摄取蛋白质的女性的蛋白质合成率高了20%。

所以，每天需摄取的蛋白质总量是最重要的，分几餐吃是次要的。

还有一点要记住的就是，食物的重量跟它们的蛋白质重量是两回事。比如，你给一个去脂的鸡胸肉称重，食物秤显示重量是140克，那不是说你吃了这块鸡胸肉就能摄取140克蛋白质。实际上，一块140克的无脂鸡胸肉只含43克蛋白质，不到总重量的三分之一，因为所有肉的最大成分都是——水。

计算每日科学蛋白质摄取量的方法是，你的每千克体重的80%需要0.8～2.5克蛋白质。我建议大家采用1.25克的中间值计算自己需要的蛋白质，计算公式是：

每日需摄取蛋白质（克）＝体重（千克）×80%×1.25

如果你增重没成功，那就每天记录自己的蛋白质摄取数——你肯定是吃得不够。多吃点吧！

工具指南：

• *The Concise Book of Muscles* by Chris Jarmey（www.fourhourbody.com/muscles）：查尔斯•保利琴是一名世界级的力量教练，是他推荐我看这本书的。可以说，对于非医学专业的人来说，这是我能找到的最好的解剖学专业图书。我把每一页都读过了，你也应该有一本。

•“Strength Training Methods and the Work of Arthur Jones,”D. Smith, S. Bruce-Low, and J. E. Ponline, Journal of Exercise Physiology 7, no.6（2004）：52－68（www.fourhourbody.com/comparison）：这是这本书里的一个片段，但是作者运用了112处不同来源回答了健身界普遍存在的一个具有争议性的话题：多组运动一定比单组运动更有效吗？作者的答案是：如果是为了增加肌肉，那么单组运动的效果一定会更好。但如果不是为了增重，而是为了增加力量，那么多组运动才是正确选择。

•“Cartman and Weight Gain 4000”（www.fourhourbody.com/cartman）：这段由南方公园的朋友制作的增重视频很有启发性，看看晚饭前吃什么可以让肌肉长得更快。

•Arthur Jones Collection（www.fourhourbody.com/jones）：这个由布莱恩•约翰斯通创办的网站搜集了传奇人物阿瑟•琼斯的很多文章和照片，包括早期难得一见的阿瑟风格的作品，比如“锻炼的未来”，还有一些从未被发表过的文章，非常珍贵。

第十七章

奥卡姆剃刀原则（一）
——最小量付出达到最佳效果

如无必要，勿增实体。

——奥卡姆剃刀原则

引子：加利福尼亚州马利布市（Malibu），岸边 30 米处

我坐在冲浪板上，旁边 5 米处就是尼尔·施特劳斯——畅销书《游戏》的作者。

太阳开始西下，余晖洒在蓝色的海浪上，分外迷人。尼尔轻松地征服了一个又一个浪头，玩得很尽兴。而我在表演了几个姿势不太优美的落水之后，就一直坐在岸上看着尼尔。我已经告诉他，我的下一本书是关于怎么塑身的——让胖子变瘦，让瘦子变壮。他会感兴趣吗，比如长个几千克肉之类的？

尼尔从水里走了出来，转向我，喊道："快来啊，哥们儿，在水里才好玩！"踏浪的尼尔只有 56.2 千克。

计划在 4 个月后才开始。我正在一家名叫天堂湾的夏威夷风情餐厅里看着尼尔吃饭，他吃完一份海鲜头盘的时间是 45 分钟。每吃一小口，他都要叉着食物发好久的呆，屡屡把食物送到嘴边就像突然想起什么重要的事情似的停住了。我看得都快要疯了，而且情况正在越变越糟。为了证明这一点，他给我发了一段朱利安·卡萨布朗卡斯的采访对话摘录。朱利安是The Strokes摇滚乐队的成员。

> 朱利安：你吃饭可真慢啊。你举着这个火腿三明治快一小时了吧？
>
> 尼　尔：是挺长时间的了，我知道。
>
> 朱利安：你每次就咬那么一小口，是嚼得太慢呢，还是等食物自己在你嘴里融化呢？

没办法，我只能在说话的间隙不停地让尼尔吃饭。旁边桌的人看着我俩一来一往，都不明就里。我俩点的椰壳饮料也恰好插着彩虹小伞（彩虹是同性恋的标志色），更容易引起误解了。

尼尔就像一个不爱吃饭的小孩子，每吃一口都要“家长”连哄带骗地催促，而且因为吃得太慢，“家长”不得不像个精神病人一样盯着他。为了回房间睡觉，小尼尔学会了用根本不嚼就直接咽进去的方式安慰“家长”，而这种方式导致的一个很棘手的结果就是，还没等离桌，那些被他生吞下去的食物就一股脑地又被喷射了出来。

恶心吧？

尼尔停下来喝了一口饮料，说他觉得很难受，有点反胃。我告诉他继续吃。他低头看着自己的盘子，重复道：“我觉得难受，真的。”我也只好跟着他重复道：“你不是难受，只是不想吃。你得吃大口点。刚开始肯定不适应，慢慢就好了。”说完，我赶紧把自己的凳子挪得离桌子远点，至少不在他的呕吐喷射范围。

尽管有争执，也有不满，但我明白，这个增加肌肉的计划刚刚开始48小时而已，我需要耐心，耐心，再耐心些。

很快，一切都进入正轨了。5天后，尼尔给我发了一条短信：

得告诉你，我开始变得食欲旺盛了，时时刻刻都想吃东西，而且不只是我的肚子感觉好了很多，我的精气神都跟以前大不一样了。你推荐给我的健康饮食、运动方法、马里布的空气和海浪让我焕然一新，我觉得前所未有地好！

这条短信就是尼尔的转折点。在跟他女友的家人一起用餐时，还没等别人吃完，他已经风卷残云地消灭了半盘子牛排，而且连牛排的配菜也一点儿没放过。你以为我用了绦虫？根本用不着那么复杂。尼尔体内的消化酶和肠菌群已经适应了突然增长的食物摄入，现在他只不过是更接近正常人了而已。

增加肌肉计划进入第 10 天时，尼尔的食欲已经不是主要问题了，出问题的是他的性欲。因为精力高涨，他女朋友甚至都受不了他的柔情蜜意了。尼尔像个情窦初开的 19 岁男孩一样，每天都缠着女友亲热。因为吃得多了，致使尼尔的蛋白质合成能力大为增强，性欲增强也是必然的事，我们就管这个叫甜蜜的副作用吧。

仅仅 4 周后，这辈子从没长胖过的尼尔增加了 4.5 千克肌肉，体重从 56.7 千克变成了 61.3 千克，他几乎增加了 10% 的体重。

自行车棚效应

这章的主要目的就是把一切变得简单得不能再简单。在我们开始之前，我想先和大家聊聊自行车棚效应，这个概念是由诺斯寇特·帕金森最先提出来的。

为了用最简单的语言说明这个效应具体是什么，让我们假设将两个谈话做对比，一个谈话的主题是关于建一个核反应堆的，另一个主题则是关于建一个自行车棚的。大多数人会武断地认为建核反应堆这样复杂的科学事宜自己实在是插不上话，同时，大多数人又认为建自行车棚这样的事情太普通，自己实在有太多想法要表达。

你遇见的每一个人（至少是每一个男性）都会对你该如何锻炼和饮食发表他的意见——只要你透露了自己有点要健身的意思。所以，在接下来的两到四周，先学会忽略别人的意见和建议，别跟他们谈论“自行车棚”问题。否则你的下场就是，同事、好友、闺蜜、邻居以及所有爱管闲事的人都以“为了你好”和“我有体会”为理由扰乱你的视听、混淆你的理智。而且，不信你可以试试，他们提出的某些意见一定是强烈相悖的。

你的对策就是：如果他们说了，你就点头，礼貌地表示感谢，然后转身自己怎么计划的就怎么做。

想赚钱就弄复杂点，要获益就搞简单些

减肥药、健康品和运动器材行业里有一条黄金定律：想赚钱就要把简单的概念搞得非常复杂、非常高端、非常专业、非常云里雾里。可如果你真的是想取得进步，比如瘦点、胖点、精神点、有力量点、线条好点，那就要学会化繁为简。

我认为我的核心出发点在于以下两点。

首先，我并不是要把你打造成专业运动员，更不是奥运冠军。

其次，也不是要怎么壮怎么来，非要把你搞得与众不同、鹤立鸡群，一看就是练过的。我相信，我介绍的方法会比其他方法更能增强你的力量和线条，但绝对不是要把你塑造成第二个施瓦辛格。

我们的目标很简单：应用最小有效值去触发肌肉生长功能，然后在增加食物摄入期间能让肌肉组织更好地吸收食物带来的营养。这么做只有一个前提：我们必须在绝对安全的范围内做这两件事情。

一旦谈到锻炼，那么安全问题就应该被列为第一位去考量的事项。别误会，我承认，所有的动作都是危险的，除非你做得正确。

这条原则适用于单腿后空翻、街舞中的头转动作和健身房里的大重量级别抓举。在你做这些动作的时候——其实别的听起来没那么恐怖的普通动作也是一样，一个微小的错误都能造成严重的、通常是永久性的身体损伤。在炫耀技术和力量的舞台之下，并没有多少报道是关于运动损伤的，原因有二：第一，受伤的人不想被小团体排除在外，因为在小团体中间那个让你受伤的动作可能是他们心目中不可玷污的神圣动作；第二，如果受伤的人说，“我因为这个动作受伤了”，没受伤的人就会说，“我做这个动作 18 年了，也没受过伤，你是怎么回事”，这个时候，其他人会更愿意相信没受伤的那个人的意见，而把受伤者受伤的原因归结为“他没做对”。不仅在健身界，在使用健康饮食的时候也会出现这样的问题。当然，你在健身房里的举重动作一定会造成损伤吗？当然不是。但是，如果有一种运动更安全，同时能达到举重动作 80% 甚至更

高比例的效果，你愿意试试新的动作吗？至少我愿意。我建议，如果你有这样的机会，那就抓住它。

在超过 15 年连续不间断的训练生涯中，我用这些训练方法在训练时从来没有受过伤。而且，这并不是我一个人异想天开的主意。我曾在 1996 年接受过肯·雷森纳医生的力量训练，那真是又有收获又痛苦不堪的经历。这位 NFL 力量训练教练曾经跟我说过，力量训练的第一要义就是降低受伤的风险，其次才是增强肌肉的表现力。

奥卡姆剃刀方法

还记得我前面提过的普林斯顿大学的健康力量协调员马特·布莱兹斯基吗？他给我取了个外号，叫“气球小子”。他也不是普通的大学教员，他曾发表过 400 多篇关于力量训练的文章。除了我这个毛头傻小子，他训练的对象从 SWAT（特殊武器与战术）队员到 NFL 球队队员，遍布各个行业。换句话说，什么样的人他都见过，什么样的增长速度他都见过。他本应习惯了有人会像气球一样地壮起来，可事实并非如此，他很少见到像我这么懒，肌肉力量增长速度又这么快的学员。

我的方法可以总结为“高度浓缩训练”。我尽量压缩训练的时间来让我的身体恢复。换句话说，控制训练的量，使我拥有更好的训练结果。

“奥卡姆剃刀方法”的信徒还包括已逝的麦克·曼泽先生，他运用控制自己训练量的方法成了 1979 年奥林匹亚先生比赛的重量级冠军。在那个流行哪怕突发心脏病猝死也要死在健身房的年代，曼泽先生的勇气和独辟蹊径的智慧是十分难得的。

每周花不到半小时在健身房里，反而比从早到晚泡在里面要更有成效。下面的 A 组和 B 组的健身动作可以轮流做，不管你是选择做器械还是自由举重。

每组动作最多只做一组就可以了。我们的目标是接近放弃的极限，让身体达到那个“我再也搬不起来这个玩意儿”的点。一般做 7 下就可以，如果想多做几下就要遵从 5/5 节奏（5 秒钟上 5 秒钟下）。腿部推蹬可以做 10 下，如果想多做也要遵从5/5节奏。唯一可以忘记遵从5/5节奏的运动是腹肌锻炼和壶铃球摇摆，这两个动作我们在前几章都介绍过了。

我们要刺激的生长功能既有单体的（肌肉的、细胞的），也有系统的（激素）。处于高强度压力下的时间越长，身体对生长激素反应的刺激就越差，同时促进新毛细血管生成的效果也越差。

每次健身都要先做两次基础的推举动作。

A组动作：器械选择

1. 窄距旋转下拉（手掌对着自己）7组（5/5节奏）

2. 机器肩举（备选：“6分钟腹肌——两种最有效的练习方法”那章介绍的腹部运动。）

A  B

硬拉

在所有的器械练习中，记录你座位的设置都是至关重要的。假设滑动椅的调节设置显示有四个孔，你一定要用笔记下尺寸或者用手机摄像头拍照片。对于起始位置来说，即使是5厘米的差别也能让你的力量增强或减弱进度发生改变，尤其是当你使用那些需要推动的器材时更是如此。所以，动手之前最好先动笔。

锁定位置

过肩举

100 个人就有 100 种做运动的方式。

可我只建议一种，那就是简单而安全的方式。比如，锁定位置就可以防止你的肩部在承受重力时受伤。在健身房里，很多器械是用来锻炼臂力、腰力和腹部肌肉的，但直接的承重点都在肩膀处，比如壶铃球摇摆动作、平躺推举、原地提举和其他一些非常常见的基础动作。

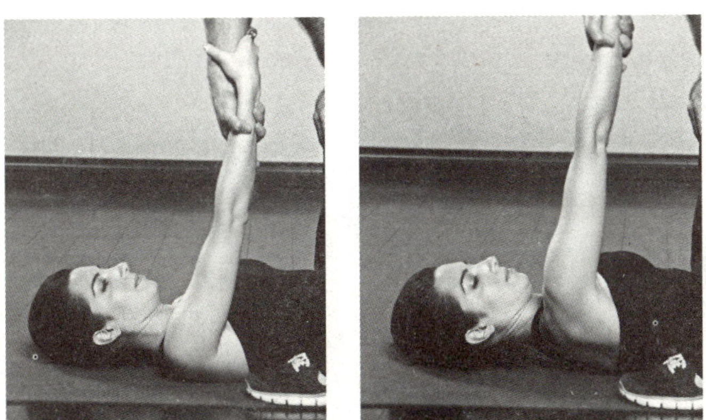

寻求帮助：按照玛丽的这个姿势，我很可能在拉她的时候就“顺便”让她肩膀脱臼。在这两幅图片中，她的整个上体都无力，双臂没有给出任何支撑。

锁定姿势：玛丽收回了自己的肩胛骨，让肩胛骨更靠近自己的臀部大约5厘米。仔细观察照片，你会发现，你现在能看见玛丽健身衣的肩带了，但在上一组图片中，你几乎看不到。她略微拱起了背部。这时，你伸直手臂，手肘应该更靠近乳头而不是锁骨。玛丽现在的状况是稳定的，如果她受伤了，我可以放心地帮她一把。在右图中你会看到，拉着她的手臂，我就可以把她的整个身体拉离地面。

B组动作：器械选择

1. 上斜推胸7组（5/5节奏）

2. 腿部推蹬10组（5/5节奏）（备选："塑造完美外形——或者可以说减掉50千克以上"那一章介绍的壶铃球或T型把手摇摆50次。）

3. 定点骑车5分钟（减轻之后的腿部酸痛症状）

上斜推胸（图中所示的器材是hammer machine）

如果你的肩部在健身器材运动中受伤，那罪魁祸首肯定是平板推举，如果是很多种器材，那其中肯定也包括上页“上斜推胸”的器材。所以，我建议你在收放的时候尽量不要角度过大（20°角就可以）。如果你的目标肌肉是胸部，那么多利安·耶茨建议小角度的后仰卧推更有效。可如果你的健身房里只有平板卧推的器材，那就拿本电话黄页或者把毛巾卷在一起垫在背下，这样可以创造出一个角度出来。

腿部推蹬

对大多数锻炼的人来说，我建议以上动作还是结合健身器材做效果更好。

A 组动作：自由推举（不加杠铃片）选择

如果你很偏爱这个动作，那就只做自由推举也可以。如果你经常出差，又找不到设施齐全的健身房，那么自由推举动作更适合你，因为全世界的健身房——不管多简陋，都有这个家伙。

1. 用EZ杠铃做耶茨划船（最理想的选择）7组（5/5节奏）（详情见后面章节）

2. 肩宽过顶推举 7 组（5/5 节奏）（备选：“塑造完美外形——或者可以说减掉 50 千克以上”那一章介绍的壶铃球或 T 型把手摇摆。）

肩宽过顶推举

手肘要保持在双肩前方，不要过于向外张开。让杠的部分在脸前移动，但是一旦杠高过头顶，头部和上身就要向前倾，保持在杠的前方。图片中使用的是双脚前后交叉站立的方式，可以防止背痛的发生。不过，也可以采用双脚平行站立的姿势。

B 组动作：自由推举选择

1. 肩宽握上斜推胸 7 组（5/5 节奏）（假如你的健身房没有 Power Rack18，那就用哑铃，唯一的缺陷是你得经常为哑铃片重量不够而苦恼）
2. 深蹲 10 组（5/5 节奏）（备选：前面介绍的壶铃球或 T 型把手摇摆 50 次。）
3. 定点骑车 5 分钟（减轻之后的腿部酸痛症状）

深蹲（图中使用的器材是“史密斯健身器”）

双脚分开，略比肩宽，距离屁股的垂直距离大约 3 厘米。动作从臀部开始（想象你正在从骨盆前面往外泼水）往后坐，坐到你的大腿与地面是平行的就可以再起身了。头部始终朝向前方 45° 角。在举起和坐下的最高、最低处都不要停顿，保持动作的流畅性。

各种“举”都离不开规“矩”

1. 如果你已经完成了所有练习（除了腹肌练习和壶铃球摇摆）的目标频率最小值，那就在下次练习的时候增加 5 千克的重量。如果你已经加了 5 千克，但在做了两三组练习后仍然觉得很轻松，那就停下来。等 5 分钟，再加上 2.5～5 千克的重量，然后做目标部位练习，直到你力竭为止。

2. 不要一举不动就减重量。试着举，一毫米一毫米地试，当你达到极限的时候，感受 5 秒钟，然后慢慢地放下（最好用 5～10 秒）。新手最常犯的错误就是低估了力竭的重要性。所谓“力竭”，不是你最后一次奋力尝试后仍然没能举起这个重量，而是你感觉有种压迫感，好像有一把枪正指着你的头。阿瑟·琼斯对这种感觉的形容很有诗意：“你要是从来没有在弯举的时候吐过，那说明你压根儿就不知道什么叫‘严格的训练’。”如果你休息了 1 分钟之后，就觉得自己还是能举起刚才力竭的那个重量的话，那你刚才就没有达到我们说的真正的“力竭”。

3. 在任何动作的顶点和底点（除了卧推，我们已经说过了）都不要停顿。在所有的练习中，每两个练习之间都要休息 3 分钟。这 3 分钟不是约数，你要么看好健身房里的表，要么就自备一个有定时功能的设备。休息时间够标准，才能保证你其他动作的时间和频率都是正确的。

4. 重量和重复次数都可以随着你的进步而发生变化，但是所有其他的变量则需要严格保持一致：重复速度、锻炼形式、休息间隔等。这不是一个随心所欲的组合，这是实验的结果。准确和到位是两条必须遵守的原则。在开始之前，你最好先确定自己可以控制整个健身计划中的所有变量。

就这些。

在锻炼时，想增量的冲动是时刻存在的，你必须要学会控制自己。如果你一时冲动想看看自己到底能推多重、能坚持多久，却忘了本来的初衷——增长肌肉，那么我们就是在浪费对方的时间。

下面，我们来看看尼尔 4 周的具体训练计划和各阶段的进步。

A组动作

- 硬拉：8次 ×36.3千克～8次 ×50千克
- 过肩上举：8次 ×13.6千克～5次 ×22.7千克

B组动作

- 坐姿双臂屈伸：6次 ×63.5千克～6次 ×77.1千克
- 坐姿腿部推蹬：11次 ×63.5千克～12次 ×86.2千克

奥卡姆剃刀方法足够刺激大团肌肉的生长反应。

还记得我们在本书一开始的推论吗？暂时忘了加劲儿锻炼吧，生物学绝对不是一门使蛮力的学问。

别乱给自己加量，求你了。

奥卡姆剃刀频率

迈克，我什么都没做，真的是什么都没做，这是所有事情发生变化的原因。

——皮特·吉布斯，《办公室空间》

奥卡姆剃刀健身法的A组练习、B组练习的频率主要是基于一个考虑，那就是你必须给身体以足够的恢复时间。

如果你增加了健身的强度和次数，就必须降低锻炼的频率。在触到身体极限前，你能以超过100%的量增加肌肉，但是你的修复能力最多也就能促进20%～30%的增长，因为决定肌肉增长的关键因素还是酶和免疫系统的升级（促进血浆中谷氨酰胺的产生）。

简单地说，不负责增长的修复系统要花更长的时间来修复一个10千克的肌肉，如果是5千克肌肉还能少费点事。你想变得越来越壮，就得越少去健身房。

看看这个我在免费打印网站设计的为期两个月的假设性时间表。我们看到，锻炼日并没有被固定地设定在一周的某一天（比如固定在周一和周五），但是锻炼日的相隔天数却是固定的，而且是稳定增加的。

1996 年，我在北京的首都经济贸易大学时，体重长到了 90 千克，是我那时的历史最高体重纪录。我没有使用任何补剂，坦白地说，那时候也找不到。我每天吃 6000 卡路里的食物，多得不能再多，多到几乎让我因此生病了。我克服了所有的问题和瓶颈期，根据体重的增长而拉长了两次健身中的休息时间。4 个月后，最长的间隔时间出现了——12 天。

< 十二月　　2011.1月　　二月 >

周天	周一	周二	周三	周四	周五	周六
26	27	28	29	30	31	1
2 A	3	4	5 B	6	7	8 A
9	10	11 B	12	13	14	15 A
16	17	18	19 B	20	21	22
23 A	24	25	26	27 B	28	29
30	31 A	1	2	3	4	5

< 一月　　2011.2月　　三月 >

周天	周一	周二	周三	周四	周五	周六
30	31 (A)	1	2	3	4 B*	5
6	7	8	9 A	10	11	12
13	B	15	16	17	18	19 A
20	21	22	23	24 B	25	26
27	28	1 A	2	3	4	5

开始

• 步骤一：如果在训练中遭受严重肌肉损伤，那么至少要休息 7 天。在这 7 天中，不能做任何与重量相关的运动或者高强度的身体抗衡运动。

• 步骤二：刚开始使用奥卡姆剃刀方法时，要在 A 组练习和 B 组练习中间隔两天，然后慢慢地加为 3 天。一旦你有超过一组动作可以增量了（第二幅图中带星号的 B 的那天），那就可以把间隔时间增加为 4 天，但在此之前不行。

根据自己的进步（自身重量和能控制的重量）来调整健身间隔时间，这对于你突破瓶颈期非常有帮助。

重要提示：前面所说的一切都是假设你摄入了足够的食物，这些营养能支持你的肌肉不断地增长。95% 使用奥卡姆剃刀方法健身却没能增长肌肉的人，都是因为他们忽视了摄取足够的卡路里和营养的重要性。剩下那5%的人也是因为自身营养吸收组织的问题，比如小肠吸收能力较弱、胃酸或胆汁分泌不足，导致虽然他们吃的是足够的量，但实际上身体吸收不了这么多。还有一些人必须先去求医才能使用奥卡姆剃刀方法。

我自己只碰到过一例属于那5%的健身失败者，他身高1.86米，体重56千克。他很想胖起来，甚至在24小时之内不间断地吃甜甜圈，可就是一千克也胖不起来。他需要的绝对不是锻炼，而是去医院检查身体。

但是仅此一例，所以你不要胡思乱想，以为自己也是少数派。大多数问题都处在吃得不够上。

所以，这也引出了奥卡姆剃刀方法里最重要的一个环节——吃。

奥卡姆剃刀饮食

1995年我做增重实验的时候，每天晚上都定闹钟。每隔4小时闹钟一响，我就起来吃5个完全煮熟的鸡蛋作为加餐。这个法子的确有效，但是太不人道，也太不方便了。不管多有效的食谱，如果太复杂、太费力，那么没谁能长期坚持下来。我喜欢那种不要太怪异、不要太考验人性的食谱，哪怕效果来得稍微慢一点，都比半途而废要好。

有些运动员每天吃十顿，目的就是打破卡路里载量，从而避免脂肪大量增长。我觉得实在没必要，尤其是你本身是运动员，已经靠很多补剂来提高胰岛素敏感度和GLUT-4活性了。

我每天吃四顿主餐，既能减脂，又能增长肌肉。

我的标准夜猫子进食时间表：

上午10：00　起床，立刻吃早饭，半杯蛋白质奶昔（下面有介绍）

下午2：00　午饭

下午6：00　第一顿晚餐

下午7：30　锻炼，如果当天安排了的话（锻炼之前和之中，我会吸饮一些低脂蛋白，尼尔用的是Isopure）

晚上8：30　（锻炼结束30分钟之后）第二顿晚餐

上床之前 15 分钟，把早上剩的半杯奶昔喝掉

其实，这份食谱跟慢碳水化合物饮食食谱几乎是一模一样的，只是有时会在无冲饮的餐食中增加些淀粉。当然，你没必要遵守我这个时间表，因为我说过了，我是夜猫子。不过，每餐间的间隔还是值得推荐的。

尼尔就不同了，他以前从不吃早饭，而且也没食欲。所以，一开始就让他的食谱变成这么大量的，实在不太可能。所以，我用少食多餐的原则来安排他的食谱，早餐还包含一杯高卡路里的冲饮。虽然每餐的量并不多，但总量上还是达标的。

尼尔的进食时间表

上午 9：00　蛋白质奶昔（看下文）

上午 11：00　蛋白质棒

下午 1：00　高蛋白质或碳水化合物午餐（通常是鸡胸肉配土豆）

下午 3：00　蛋白质棒

下午 5：00　高蛋白质或碳水化合物晚餐（通常是寿司或生鱼片配米饭）

晚上 7：00　蛋白质棒

晚上 9：00　蛋白质小食配碳水化合物（鸡肉或者鸡蛋，也可以是金枪鱼）

晚上 11：00　蛋白质冲饮

你可以自己选，要么吃得很多，要么吃得很勤。如果是为了长脂肪，那么吃得多会更有效果些，但是吃得勤要方便很多。

选择一个频率，然后坚持四周，不但可以帮助你增加肌肉，还能让你顺便减脂，一举两得。

不吃早饭的提示

如果你不吃早餐——哪怕一周只有一次，或者习惯性地吃不算早餐的早餐——咖啡配面包，那我建议你起床后的第一站是在搅拌机前做下面这个饮品。

当然，这个食谱不仅可以作为纯天然的早餐补充剂，还可以被当成睡前小食或者干脆代替一餐。

680 克（3 杯）含脂 2% 或者全脂有机牛奶，30 克乳清蛋白（巧克力口味的效果最好），1 根香蕉，3 勺满满的不加糖、糖浆或麦芽糖的杏仁酱，5

个冰块。

如果你使用的是含脂量为2%的牛奶，那么这个饮品的卡路里含量是970大卡，蛋白质含量是75克。

解决之道：牛奶膨胀剂

> 每个参加这些深蹲锻炼项目的人，如果喝了足够的牛奶，都会增重。没错，无一例外，每个人都是。
>
> ——兰道尔·斯特罗森博士

如果以上的食谱和高蛋白质小食不能让你每周增长一千克，那么就在两餐之间额外加一顿一公升到四公升的含脂量为2%的有机牛奶。牛奶作为深蹲的好搭档并不是一天两天的事了。75年以来，一个又一个大块头在这两者的结合下诞生，其中包括保罗·安德森和其他世界级别的伟大举重者。

我建议每天先增加一顿一公升的牛奶，然后仔细观察各项测试指标，肯定会有所增长。脂肪增长也是不可避免的，但仍需要你紧密关注。

如果你没有什么别的身体成分测试装备，那就测试腰围（以肚脐为标准）。虽然这只能算是估测，但也是估测手段里比较接近准确数值的。

一名叫马特的读者连续三周每周增重2.75千克。他连续三周使用了“从书呆子到大块头——如何在28天内增重15千克”那一章介绍的健身方法，同时在食谱中加入了牛奶，他三周一共增重8.25千克。

如果你吃得够多，那你是用不着每天喝一升牛奶来促进肌肉增长的。乳糖不耐受症？那就掺一杯有机全脂牛奶在你的餐食里。一两周后，你会惊奇地发现，你什么牛奶都能喝了，多少都喝得下。

对于大多数人来说，每天喝牛奶是唯一需要适应的部分，也是唯一对肌肉生长有刺激作用的成分。

如果一步就能到地方，走两步就是浪费。

奥卡姆剃刀药剂处方

这个健身方法不需要任何补剂就能奏效。

不过，有预算的朋友如果非常想试试补剂，那么以下四种补剂是我推荐的。前两种会把脂肪增长控制在最小范围内，我在“损失控制——暴食之后也不会长肉”和“减脂战斗中的四个骑士——PAGG”中也提过。

1. 方茎青紫葛　2400 毫克（2.4 克），一天服用三次。

2. α－硫辛酸　300 毫克，每餐前 30 分钟服用。

3. L- 谷氨酰胺。

L- 谷氨酰胺是一种氨基酸，通常用在健身之后，它对肌肉组织修复有很好的作用。不过，在我们的方法中，我更建议大家运用力量训练专家查尔斯•柏丽琴的发现——用它来修复肠胃。

如果你吃掉的食物并没有被吸收，那么你吃了也没用。这就像一个巨大的链条，缺哪一段也不行，而吸收正好处于链条的中间部分。吸收障碍不算什么疑难杂症，很多人的肠胃消化吸收功能都不正常，如果你不进行健身，那么这些肠胃问题你可能都不会注意到（这也就是为什么很多人在使用奥卡姆剃刀方法之前并不认为自己肠胃有问题，结果却很有问题）。可如果你想增加肌肉，又正好有一副很弱的“下水”，那么 L- 谷氨酰胺就是你最需要的东西。

为了避免肠胃虚弱的可能，可以在使用奥卡姆剃刀方法的前五天吃 80 克 L- 谷氨酰胺。我建议每隔两小时吃一次，直到吃满 80 克为止。把 L- 谷氨酰胺冲在水里是最简单的方法，但是对于旅行来说胶囊剂才是最方便的。最开始的五天过去后，如果你还是想继续服用，那就在每次健身结束后服用 10 ～ 30 克，它可以加速使身体恢复并有效减轻健身后的酸痛感。

4. 肌酸水化合物。

肌酸可以提高力量最大值和蛋白质的合成，每天 5 ～ 20 克的剂量被证明是最安全的，也可以最大限度地避免副作用。不过，肾脏状况不乐观的朋友必须在医生的监督下谨慎地服用肌酸。运动员的服用量通常会较大，比如连续 5 ～ 7 天每天服用 10 ～ 30 克，但这会导致很严重的肠胃不适。从长远考虑，你完全可以通过服用低剂量的肌酸达到很好的健身效果。

连续28天，每天一醒来和上床前分别服用3.5克。如果你用的是粉剂，那就不用特别仔细，每天一共服用5～6克就行——我不认为你能每天两次精确地称量粉剂，那太麻烦了。

我最喜欢也是最简单的高卡路里餐食

我最喜欢的一餐是通心粉（最好是全麦硬麦）、罐装金枪鱼罐头和无脂火鸡或豆子辣椒酱。

煮通心粉的时候加一点全脂牛奶和爱尔兰奶酪，一次可以做多点。

把通心粉和一罐金枪鱼用辣椒酱（想放多少就放多少）和在一起，用高温在微波炉里热一分钟，然后放在一个大碗里。我有时候一天吃两三顿，虽然重复，但每次都觉得非常美味。最好的一点是准备起来一点儿不费事，如果提前把通心粉煮好，那准备的时间总共也就需要3分钟。如果需要较高蛋白质的摄入，那就把通心粉换成蛋白质含量较高的奎奴亚藜。

听上去好像很简单，但相信我，味道好极了。

尼尔的经验

使用奥卡姆剃刀方法，尼尔增重了，这是他人生中第一次长胖（虽然离胖还很远）。重要的是，他不仅在4周之内增加了4.5千克体重，还把推举力量提高了22.7千克。在健身房里，他在很多器材上也表现出了巨大的进步。他的最小剂量为他提供了21.4%的进步。训练时，他只选了器械，为了避免拥挤的健身人潮，他用双臂屈伸练习代替了上斜推举。

A组动作

- 硬拉：8次 ×36.3千克～8次 ×50千克（+37.5%）
- 过肩上举：8次 ×13.6千克～5次 ×22.7千克（+100%）

B 组动作

- 坐姿双臂屈伸：6 次 ×63.5 千克～ 6 次 ×77.1 千克（+21.4%）
- 坐姿腿部推蹬：11 次 ×63.5 千克～ 12 次 ×86.2 千克（+35.7%）

如果已经有了前车之鉴（这里绝对是褒义），那你就用不着非得再用轮子压一遍了。我们来听听尼尔总结的心得，相信你会有所收获：

“如果非说有副作用，那就是在熬过了最开始几天的阻抗、焦虑、不满、难受、干呕之后，我开始觉得不可救药地愉快和满足。

“像任何事一样，当你需要打破旧习惯、建立新习惯的时候，都会有一段非常痛苦的时期。当你最难受，马上要坚持不下去，准备放弃的时候（因为实在太累了、太耗时间了、太费钱了，因为你觉得这么做没意义、没效果、没前途），只要能跨过那个坎，很快你就自由了。这个曾经的新习惯已经成为你的旧习惯，你会觉得自己一辈子都是这么过的，没什么大不了的，直到它需要被下一个新习惯所代替。

“其实对于我来说，健身的部分没什么挑战性，我几乎没去过健身房。说实话，我还挺好奇那些器械都是怎么回事呢。我想，关键是你跟我说的那句，‘当你的肌肉准备放弃的时候，就是它马上要长大的时候’。在那个极限，推着自己往前走的并不是体力的问题，而是内心的斗争。你的身体想放弃，但你的内心必须强大到不允许它放弃。当做完最后几个重复动作，身体自然会感谢内心对它的推动。

“我最想给大家的建议就是：把你的饮食、营养补充清单用笔写下来，然后随身带着，在健身房里找一个哥们儿督促你吃该吃的东西。如果你不出差，一直按照饮食时间表吃东西，尽量让自己规律得近乎刻板，把所有该吃的蛋白质补充剂和蛋白质棒分好剂量，比如做成一餐一包的样子，放在车里、皮包里、裤兜里，保证只要你在，它们就在。在最开始的几天中，我的确非常焦虑，因为要定时吃这些东西，我成了办公室里最难搞的人。不过，仅仅 4 天之后，我的身体就开始适应吃这么多额外的东西了，然后我就觉得非常舒服了。

“我想，目前我最担心的就是这些食物全部都长到我的腰上了，但是就像你说的，肉长到腰上不是问题，只要它们长在该长的部位……所以，没有理由拒绝。”

给男士的建议：三个最能锻炼肱二头肌的动作

对肱二头肌的迷恋是男士独有的，所以任何投掷类运动都是男士的天下，包括堆满脏盘子的厨房水池。

事实上，拥有巨大有型的肱二头肌并不意味着只锻炼手臂，你需要的是两个结合性的锻炼（一个是高频度接着高速度，另一个是低频度接着低速度）。如果你非要做曲臂动作，那就做大家并不是很熟悉的“反手屈臂上拉”吧。

第一组结合性练习：双手壶铃球摇摆。

我们在“塑造完美外形——或者可以说减掉50千克以上”那章介绍过这个动作。做50次。

第二组结合性练习：耶茨俯身划船。

这个动作是以六次荣获奥林匹亚先生称号的多利安·耶茨命名的。耶茨用这个动作增强了他背部的肌肉力量。站立姿势请见图片。你可以看到，在图片中，我是双手手掌向上抓杠，屈身，稍微倾斜20°～30°，提起杠铃到腰部位置。做动作之前，杠铃应该位于膝盖骨前的位置。为了最大限度地减轻腰部疼痛，我建议使用EZ杠（图中所示，我用的是奥林匹亚先

反手屈臂上拉

生比赛的标准 barbell 杠），而且不用一下子将杠提到腰部，可以在屁股那里稍微停顿一两秒钟。

这个动作最好是用一个宽杠来做，这样会更有利于对上臂线条的修整，同时也比传统的曲臂动作更有效。

传统的曲臂通常是在举杠至顶时把杠的重量压在手肘上，如上页图所示。

但是，屈臂上拉则相反，提杠的动作是直线的，而不是弧线，同时杠不过肩，这样全身都会保持紧张状态，分散压力。

左图所示的是传统屈臂上拉的姿势，也就是说，仍然是掌心向上抓杠。而我要建议的是反手屈臂上拉，所以也就是掌心向下抓杠，抓杠时保持双手的距离与肩同宽，双目看杠而不是前方。

节奏还是在奥卡姆剃刀方法里讲到的，5 上 5 下。

戴夫·帕鲁姆波——从 63.5 千克到 144 千克

戴夫·帕鲁姆波原本是打算成为一名医生的。

他是大学田径队的队员，在医学院学习的第三年和最后一年里，他突然对增加肌肉产生了浓厚的兴趣——这成为他人生的分叉点。他最终选择了离开实验室，来到真实世界实现他的梦想。

1986 年刚开始从业的时候，他体重不到 63.5 千克。1997 年，他变成 144 千克的大壮士，而且体脂保持在 10% 以下。

2008 年一年里，除了训练职业运动员和像 WWE（美国职业摔跤）明星亨特·海姆斯勒这样的名人之外，他还为 150 名健身者和体能竞赛运动员提供了培训服务。让一个人的体脂降到 3.5% 以下，同时还能增重一倍绝非易事，但这恰好就是戴夫的拿手好戏——用最自然的方法创作最不自然的结果。

现在，让我们回到1997年，戴夫家的厨房，这正是他体重马上要抵达顶峰，也就是144千克之前的一段日子。

戴夫站在水池边，双手撑在水池底部，一动不动。

他增重始终不成功。他每天吃6～8次营养补充剂，四五顿含有足够量蛋白质和脂肪的正餐，可就是不长肉，磅秤上的数字每天都差不多。他应该再多吃点，可如果再增量，他的胃会爆炸的。即使不爆炸，也根本没法正常消化吸收。固体食物不能再增加了，他只好向流食求助。

他的犹太祖母让他吃生鸡蛋，但他知道这会有把生鸡蛋中的沙门氏菌一起吃进肚里的危险。最后，他折中想出了一个办法：把12个鸡蛋在搅拌机里打散，然后送进微波炉里微波1分钟。这算是基础原料，当然，除此之外也没什么其他原料。

12个微波过的搅拌蛋

1杯苹果汁

1杯生燕麦

2勺乳清蛋白粉

把这些东西打散在一起，微波过之后，你得到的是一坨非常坚硬的固体——如果你家墙脚坏了，甚至可以将它当水泥使。然而，戴夫必须把它们咽下去，然后去水池那儿等着。他慢慢地习惯了那种噎得接近窒息的痛苦——这很重要，因为这坨“水泥”在食道里的行走速度非常慢，如果因为喘不上气而感到恐慌，那你就完蛋了。

又是办公室里的一天。

他还在等。

戴夫已经学乖了。一天三次如此大量的食物摄入，使他每次咽下之后都必须保持15分钟一动不动的姿势，一分钟也不能少。同时，他要缓慢地呼吸，尽量让食物安全地通过食道，来到胃部。在这个过程中，必须严格地保持静止，哪怕是挪一下脚尖，戴夫都会立刻感到一阵阵的反胃。

当然，有时候，这个世界就是不乐意配合你的努力。

一次，有人跟他约了健身课。戴夫马上就要迟到了，他不得不强咽下那么多食物，然后把搅拌机往水池里一扔就跳上车了。你可以想象，把一个身高1.77米，体重136千克的大胖子塞进一辆小轿车的驾驶室之后，他的腿离他那塞了12个鸡蛋的胃只有几厘米。这车对于他这样的大块头来说，有点太迷你了。

没几分钟，在穿过几条主干道后，他的口腔开始分泌出大量味道不大对头的唾液，这当然是喷射性呕吐的前兆。他已经尽量像个静心大师一样让自己保持不慌乱，他不停地对自己说："求求你了，千万别吐，千万别吐，别现在吐，求你了！"这个魔咒不新鲜，但很意外的是，他几乎成功了。一路上，虽然戴夫觉得很难受，但他真的没有吐。

直到他遇到一个红灯。

前面车的司机突然刹车，戴夫赶紧也踩下刹车。这个动作使他的胃部结结实实地撞在了他的大腿上，他完全来不及反应，就已经一口吐在了挡风玻璃上。准确地说，并不是一口，而是断断续续持续了好几秒钟。挡风玻璃被他的呕吐物覆盖得严严实实，上面没有一块干净的地方了，而此时戴夫的胃里已经空空如也。

他来不及为自己的呕吐物感到恶心，赶紧拿毛巾把挡风玻璃擦干净（不是真的擦干净，而是擦得让人看不出来刚有人吐了12个鸡蛋在上面），一脚油门飞到客户家。他跳下车，奔上客户家的前门。"你的车出什么事了？"戴夫没工夫回答这个问题，直奔厨房。

你以为他是要把自己身上的呕吐物弄干净？不。他刚才损失了那么多热量，现在必须赶紧再补充蛋白质。

一下子增加80千克肌肉不是一件不可能的事情，就像举起加了14片20千克砝码的杠铃也不是一件不可能的事。虽然有可能，但你绝不能说这普通。拥有不普通的效果，就需要做不普通的事。对于戴夫来说，第一条"不普通的"原则就是：不能为了享受而吃。

如果你也想增长很多肌肉，那等在你面前的绝对不是什么享受，尤其是在锻炼的第一周。

所以，振作点，坚定点，勤奋点吧！没有免费的午餐也许是个好消息，因为好的午餐都是明码标价的。

工具指南：

• Free Printable Calendar（www.freeprintablecalendar.net）：这个网站提供免费的定制日历，这样你就可以方便、清晰地安排每周的健身时间和时长了。

• YouBar Custom Protein Bar（www.fourhourbody.com/youbar）：如果定制日历还不算什么惊喜的话，那么定制属于你自己的蛋白质营养棒就足够引起你的兴趣了吧？你可以选择蛋白质的种类和剂量，没错，适合你自己口味的蛋白质棒。比如腰果黄油味、鼠尾草籽口味、浆果口味，随你选。除了内容，如果你一次定12条以上，还可以选择不同的包装。嗯，也就是说你有自己的品牌了。

• Parkinson's Law by Cyril Northcote Parkinson（www.fourhourbody.com/parkinsons）：没错，这就是我在文中提到的自行车棚效应的创造者诺斯左德•帕金森的学术著作。如果你的意志还不够坚定或者觉得自己无法应对周围人的影响，那你最好买这本书来看看。

第十八章

奥卡姆剃刀原则（二）
——问答篇

真正重要的都是小事。小事就是大事的前身。

——约翰·伍登（美国大学体育总会名人堂成员，篮球教练）

·这个频率真的够吗？

为了回答这个问题，医学博士道·麦克加夫把烧伤修复和肌肉组织修复做了个比较：

实际上，塑造肌肉要比将肌肉从烧伤中复原（一般来说需要一到两周）慢得多。烧伤复原靠的是外胚细菌线，因为上皮细胞更新得很快，所以烧伤复原的速度是相对快些的。比如，如果你的角膜被抓伤，那么通常在 8 ～ 12 小时后，角膜修复就完成了。而肌肉组织复原靠的是中胚细菌线，修复的速率是相当慢的。总而言之，如果你能分清什么是感性的兴奋和激动，什么是科学数据的话，就别相信人们告诉你的那些经不起推敲的经验。生物科学家告诉我们，对大多数人来说，最佳的训练频率是不超过一周一次。

关于间隔修复的讨论，我们在后面还会详细地谈到。如果你比我还关注科学理论，那就去看看道·麦克加夫博士的著作《科学谈身体》。

·我怎么知道最开始什么重量是适合我的？

第一套 A 组练习和 B 组练习要比后面的时间都长，因为你需要通过试错来找到那个适合自己的起始数值。

将每个练习中的动作都先做 5 次，每个动作间隔 1 分钟。速度要快，但是要注意控制所有上举的动作，所有落下的动作都需要用两三秒来完成。记住，每个动作只做 5 次，不要多做。如果 5 次对你来说很轻松，那就等一分钟后，增加 4.5 千克或 10%（最少 10%）的重量，再试一次。这么反复试，直到你发现自己没法达到 5 次了。

失败后，看看上一次你完成 5 次的那个重量是多少。取这个重量 70% 的数值，休息 3 分钟后，用 5/5 频率做这个重量的练习。恭喜你，这就是你在奥卡姆剃刀方法里的起始重量。如果是做肩膀推举动作，那就用上一次完成重量的 60% 计算，不要用 70%。

我们来假设一下，比如选择周一开始第一次健身，先做 A 组练习。练习者是一个不到 68 千克的男性，他不是专业运动员，但也不是第一次进健身房。他做的动作是硬拉（我不敢说你正好也是 68 千克，或者也是男性。每个人的情况都不同，所以一开始你至少要拿 1 小时来仔细测试起始重量）。

40.8 千克 ×5 次（快速但是有控制，最好是落下动作用时 2 秒）

（1 分钟休息）

45.4 千克 ×5 次（快速但是有控制，最好是落下动作用时 2 秒）

（1 分钟休息）

50 千克 ×5 次（快速但是有控制，最好是落下动作用时 2 秒）

（1 分钟休息）

54.4 千克 ×5 次（快速但是有控制，最好是落下动作用时 2 秒）

（1 分钟休息）

59 千克 ×4 次（快速但是有控制，最好是落下动作用时 2 秒）

他在 59 千克这个重量上没能完成 5 次硬拉，所以 54.4 千克是他最后一次成功 5 次硬拉。

然后，我们来做算术，54.4×0.7=38.1，38.1 千克在健身房里没意义，我们必须把这个数字约成最接近的一个整数，所以我们默认为 38.5 千克是他的开始重量。

（3 分钟休息）

38.5 千克 ×8.4 到力竭（5/5 节奏）

8.4 的意思是他在到达 8+4/10 次达到力竭的。

再休息 5 分钟，再用肩膀推举动作重复上述过程。第一次 A 组练习结束后，记录下你的实验结果，下一次 A 组练习时就从这里开始。既然这次 A 组练习已经在周一完成，那么你后面几次健身的时间应该如下安排：

（刚刚完成的：周一——A 组练习）

周四——B 组练习

周日——A 组练习

下周三——B 组练习

下周日——A 组练习（注意中间间隔的是 3 天）

• 我该如何增加重量？

如果你完成了预设的最小量，那么就在后续的动作中加 10 磅（约合 4.5 千克）的重量或者总重量的 10%，我更倾向于 10%。在上面的例子中，我们把 38.5 千克 /7 次作为一个硬拉动作的进阶门槛。所以，当你完成了这个量，你就可以在下一周的健身中将 38.5 千克改成 43 千克，或者按照 10% 来计算，就是约为 42.4 千克。

就算是只保持这个速率两个月，你也会被“吃足够的食物”这件事压得喘不过来气。一开始，你可能是因为饿而吃饭，到后来你不得不为了吃够而吃。所以，我强烈建议你增加搅拌类食物或者牛奶这类纯粹的流食，否则你很快就会因为咽不下去太多的熟鸡蛋而感到苦恼了。

• 如果因为出差，错过了一次健身怎么办？

我的建议是，与其在出差期间使用不达标或者不称手的健身器材强行赶进度，还不如索性就休息两三天。只要你不是出差三个月、半年那么久，那我都建议你在出差期间停一下，这没什么损失。

另一个选择就是用不加杠铃片的杠铃或者标准重量的哑铃替换平时的练习器械，因为我已经说过了，全世界的健身房差不多都有这两个东西，而且不会不标准到哪儿去。使用不加杠铃片的杠铃应该怎么练习，前面都已经说过了。

• 我如果做不到目标数字和频率怎么办？

如果你做不到，那只有两个可能：第一，你没有刺激到生长功能（你做这些动作的时候并没有真正做到“力竭”）；第二，你没有恢复好体力（休息不够，或者饮食没跟上）。

如果你有不止一次没有完成某一套动作的情况，那么你应该回家。第二天休息一天，然后再重复你没完成的这套动作。

比如说，你安排的是周一做A组健身动作。而A组健身动作的第一个动作是硬拉，而你的目标是至少做完七次下拉动作。如果你完整地做完七次或更多，那你就完成了这个动作。如果你没做完七次重复下拉动作，那就别狠着劲儿去做，那样只会伤害你的肩关节，不会增加你的肌肉。你要做的就是，收拾好你的健身装备，回家。周二你就好好休息，同时确保吃得够多，让身体摄入足够的营养。周三你再去，还是做A组健身动作，还是做硬拉。

如果你实在做不到预设的那个数字，也别像大多数人那样——直接给自己减重量，然后再做一组。你做不到，就不做，就回家，很简单。如果你没恢复好，那你就是没恢复好。你硬挺着练习只会耽误更长的时间，所以别自己糊弄自己。

跟大量的健身计划比，我们这个迷你型的健身计划反而需要更多的自我控制力。同时，你所做的一切似乎都与你在健身房看到的不同。所以，你要有很好的定力，顶住“潮流”给你带来的无形压力。

如果你聪明，就选择休息48小时，而不是肌肉拉伤之后再休息三四周。

最后说一点，如果因为达不到而错过一次健身，那么你剩下的所有健身间隔时间都必须相应延长一天。实际上，我们计划的原则就是较少的频率，而你的休息会起到加速的作用。所以，你不用担心休息了就会影响计划。额外的24小时休息不会伤害你，但是休息不足会让整个计划毁于一旦。

- **我应该摄取多少卡路里？**

如果在食谱中增加了搅拌食物和牛奶后，你仍然没能增重，那么你很可能需要先去看医生了。卡路里不卡路里的不是问题，我自己从来不计算健身时的卡路里摄入。在这个问题上，没有例外。

如果你觉得你每一步都做对了，但是又的确没有增加体重，那你需要确定一下是否高估了所吃食物中的营养成分含量。你可以再称量和记录一下24小时之内摄入的食物卡路里数和重量。

这个时候，我信任的称量用具是Escali牌食物秤，它不仅显示重量，还能测出将近1000种不同食物的卡路里数、钠含量、蛋白质含量、脂肪含量、碳水化合物含量、胆固醇含量和纤维组织数量。怎么计算呢？就是你目前瘦肌肉含量的数值再多 10 磅（约合 4.5 千克），这些重量每磅都要摄入 20 卡路里。很别扭？好，我还是举例来说。

假设通过身体成分分析得知，你体内的瘦肌肉含量是 160 磅（约合 72 千克），你的目标是 180 磅（约合 81 千克）瘦肌肉。那么，你的饮食应该保证摄入（160+10）×20=3400 卡路里——这绝对是一个正常值。就算你不健身，体重 72.5 千克的成年人一天也得摄入这么多卡路里才算合格。所以，你健身的时候需要吃得更多，还计算它有什么意义呢？

总之，我的意见就是，别管卡路里，成功还是失败都跟卡路里没关系。

别胡思乱想，你就能增重。如果体重秤上的数字没有增长，那你就多吃点，就这么简单。

• 这计划里怎么没有有氧运动呢？

你觉得骑车或者爬山才能增强有氧运动的能力？未必。医学博士道·麦克加夫是这样说的：

“如果你想提高有氧运动能力，首先就要明白有氧系统是怎么从乳酸中毒的状态中恢复过来，然后在这个过程中达到最高值的。在高强度的锻炼之后，你的新陈代谢功能就会试图降低丙酮酸盐在系统中的含量。它是怎么做到的呢？就是通过有氧系统的服从与配合。既然肌肉是有氧系统服务的最基本机能系统，肌肉力量增长了，那么为之服务的系统就必然会同步增长（当然包括有氧能力）。”

如果你是短跑运动员或者马拉松运动员，你能只靠举重来训练体力吗？绝对不是。但是，如果你的目标不是参加比赛，也不想因为锻炼引起任何心血管疾病，那你需要花好几小时去踩轮子吗？有氧运动和厌氧运动的区别就是，在 1968 年有一个叫肯尼斯·库珀的家伙，为了卖他的产品而特意把这两个没区别的词搞出区别了。

所以，如果你不是干有氧健身操营销这行的，就把什么有氧运动忘了吧。

或者说，奥卡姆剃刀方法同时可以增强你的有氧运动能力和厌氧运动能力。

• 如果我是专业运动员呢？

虽然我很想知道你是哪个项目的专业运动员，但是估计你一时半会儿也回答不了我。不过，只要你是经常训练、固定参加比赛的运动员，我都建议你使用“最大量的训练、最少量的肌肉增加”法则，我们会在之后的“无须费力做超人”那章具体介绍。

• 这种抬举的速度不会很慢吗?

虽然这个方法不是为专业运动员准备的（再来一遍，详情请参看“无须费力做超人”那章），但事实上 5/5 节奏一点也不慢。我们可以看一个反例，在这个运动中，速度非常重要——奥林匹克举重项目。

1973 年，一支由佛罗里达德兰高中的高中生组成的举重队参加了奥林匹克运动会，他们没有参加任何大赛的经验。平时，德兰高中举重队的训练要领就是“慢”，非常慢，也非常古怪。但是他们赢了，而且在连续 100 多个大大小小的比赛中连获殊荣，保持了七年不败的举重神话。

让举重训练成为技术训练的关键就是让运动员慢下来，训练的重点是肌肉，而不是运动本身。

• 热身怎么做?

重量只用正式练习的 60%，每个动作只做三次，节奏变成 1/2（1 秒钟起，2 秒钟落）——这是检查你哪部分关节有问题的方法，而不是热身的方法。所有练习的热身动作都应该保持 5/5 节奏。

实际上，每个动作的前几下都是热身。因为你慢，所以慢起、慢加速、慢匀速，不要特意提前做什么更剧烈的热身动作。我没遇到过一次训练者因使用这个方法受伤的案例。

• 我应该找个伴儿一起健身吗?

如果你想跟另外一个人一起训练，那你就要确定你俩的休息时间是否一致。三分钟就是三分钟，不能因为你的伙伴恰好碰见一个老朋友聊了两句，或者他停下来换重量而导致三分钟变成了三分半钟。这是死规定，没有任何可以讨价还价的余地。我永远都是一个人练习举重，并且近乎苛刻地遵守着时间表。虽然很多人都是在有个伴儿的情况下更能坚持健身，但是很显然，我不是这种人。

我们所选的这些动作，包括器械，也不太适合边锻炼边社交，往往是单独锻炼更安全些。即使你已经决定了必须要找一个同伴，也不要在锻炼的过程中让同伴帮你。这会导致一些强出风头的戏码，把你搞得压根儿不知道自己到底能举起多重的杠铃，或者自己真正的极限是什么。

支持结伴，也支持独行侠。

• 人家都说要超越力竭，延长忍受，你这个怎么反着来?

你想太多了，现在请忘掉你的“控制能力”。奥卡姆剃刀方法的精神就是简单，所以你跟着步骤做就是了。

大多数高阶训练者使用“再多一下就不行了”这个标准后，都要比“即使不行了也要坚持”时有更好的表现。如果你确实已经坚持不下去了，那就是已经超过身体的负荷了。超过负荷还非要继续做只会消耗你体内更多的能量，而这些能量本来是用来长肌肉的，你把它浪费掉干吗呢?

• 是不是这个比那个好点（换句话说，我能给这个计划做点变动吗）?

如果你想变成专业的举重运动员，那你要做的不是在这个健身计划的基础上做改动，而是彻底把这个计划变动成别的计划。

如果你想在其他举重项目上表现出色，你也应该把这个计划变动成别的计划。

如果你想在四周之内增加 5 千克健康的肌肉，那坦白地说，这个计划不需要做任何“因地制宜”“因人而异”的改变。

如果你要的不是这个，就千万别选这个计划。如果你要的正是这个，就信任它。

• 我能不能像某大师说的那样每隔 12 天或者 24 天锻炼一次，也能变强壮?

现在，有些健身教练建议要尽可能地延长每次训练的间隔时间，这样才能有效地增加力量。也就是说，在有些情况下，的确有人是每个月才训练一次的。

这不能说是坏事，但是让我们严格地区分下面两者。

■ 做最少的训练来体验力量增长。

■ 做最少的必要训练来使力量增长的结果最大化。

后者才是奥卡姆剃刀方法。

肌肉组织增长是我们训练的第一要义，你可以获得十分明显的肌肉增长体验——将你的杠铃重量加倍或者翻番，就像尼尔和其他训练者所体验到的，绝不寻常。

想要完成高频度无脂肌肉增长，我们需要吃过量的食物，然后引导这些额外的卡路里变成肌肉。这个主要是通过刺激蛋白质合成、提高肌肉组织的高胰岛素敏感度来完成的。也就是说，靠的是葡萄糖载体的激活或置换。“损失控制——暴食之后也不会长肉”那一章里我们已经说过，如果你不想过量服用胰岛素，那就只能通过锻炼来达到目的。

如果你一个月只健身一次，那就意味着你一个月都在大吃，但是全身GLUT-4却只能每个月吸收一次。这对我们来说是行不通的。我们的目的是把每周健身的数量和长度尽量压缩，也就是变成一次，并不是鼓励毫无目的的“少动”。

• 如果我的肌肉增长很慢，怎么办?

与其每隔10～14天做一次全身练习，不如试着让分散练习促进力量增长，同时把血糖窗口增加到至少每周两次。

这就是你能增重迅速、明显却并不会发胖的原因。

把动作分成下面三个阶段会极其有效，至少我在1997年就是靠这样的划分成功地长了不少块头。

第一阶段：推力练习

第二阶段：拉力练习

第三阶段：腿部练习

如果你条件不允许或者某些功能出现了减退，你可以在开始健身计划的前两周，在两次健身中间隔一天，然后将间隔期逐渐变成三天。

我做的练习都是使用5/5节奏。

推力：

• 倾斜卧推

• 双臂屈伸（能增加重量的时候就随时加）

• 肩部上举（非颈后）

拉力：

• 扩胸

• 俯身划船

• 窄距旋转下拉（手掌冲自己）

• 慢速哑铃提肩（到达顶点时停顿两秒）

腿部：

• 双脚与肩同宽，腿部推蹬（做这个动作可以适当提高些频率，最好你能坚持120秒再喊“不行了”）

- 夹腿机（两腿并拢，就像穿着提臀裤似的）
- 低拉机弯曲
- 前腿肌伸展
- 坐姿提踵

理解肌质：它是不是就是水？

“它就是水的重量。”

在举重界和健康饮食界，这样的误解很常见。

带了这么多皮下水分，你的脑袋岂不是看起来像个大头菜？你是不是觉得，终于明白了那句“你脑袋进水了”是怎么来的了？事实上，有意地为肌肉组织的某些部分增加水分和基质是非常有用且有益的。掌握点有关皮下组织的知识，至少可以使你懂得实现肌肉增长的两种方法。虽然这两种方法的名字有点拗口——肌原纤维法和肌浆法，不过它们之间的区别很简单，下页图就可以说明。

让我们先从最初级的肌肉纤维知识开始吧。

每个肌肉纤维都由两部分组成：一个是肌原纤维，呈柱状细丝形，它负责动作；另一个是肌浆，呈液体状，包裹在肌原纤维周围，内含肝糖物质和线粒体，它负责能量。

肌原纤维增大，实际上是为了力量增长。肌肉纤维中的肌原纤维在数量上得到增长，就增加了原始的力量和肌肉体积。这种肌肉增长主要是通过肌肉的高度紧张实现的。比如，有些重量你可以使出最大力量做一次，但是如果你用 80% ～ 90% 的力量做 4 ～ 5 次的话，每次的间隔时间很短，肌肉肯定会超常紧张。这个时候，你体内形成的就是快速疲劳 -2 型肌肉纤维。

肌浆增大实际上是为了体积增长或者在有氧情况下抗疲劳的能力增长。肌浆中液体体积增多，使得初始体积和肌肉的力量得以增长，这种肌肉增长主要是通过新陈代谢适应来实现的。比如，有些重量你可以使出最大力量做一次，但是你也可以只用 60% ～ 80% 的力量做 8 ～ 12 次，直到力竭。

不过，到底是肌浆增大好还是肌原纤维增大好？肌浆增大真的毫无用处，

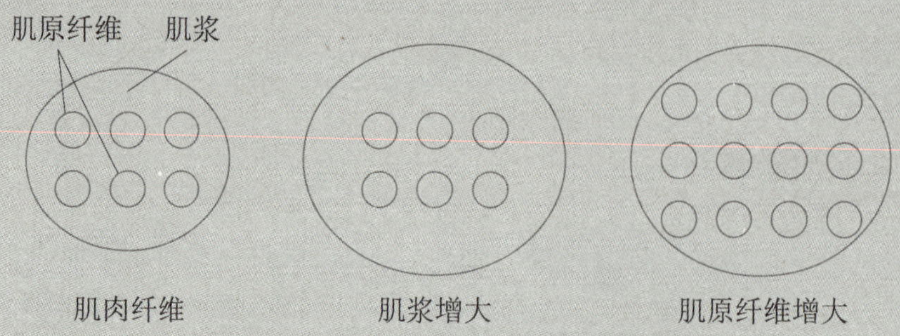

像人们说的“只是水”吗？

说肌浆纤维“只是水”是不科学的。如果人体失去体重4%的水分，肌肉的耐力就会降低15%～17%。加利福尼亚大学旧金山校区医学院的克莱德·威尔森医生认为：肌浆纤维跟组织生长关系密切，而水只是肌浆纤维的一个承载物和运输体，就像睾酮和生长激素的作用只是为了生成蛋白质，但并不是说蛋白质只是一种激素。

有证据显示，生长基因被细胞里常规成分（CVRE）触发的这个过程，相当于当细胞内水合作用处于最佳状态时DNA便开始复制。道格·麦克古夫医生还指出：当细胞内的水分含量处于水合作用的最大化时，激素接收器“就像位于细胞膜表面一样，最大限度地挤进激素循环的环境里，从而使得细胞跟激素互动的成效达到最大值”。

只是水而已？现在不这么想了吧？

其次，肌浆纤维的体积增长并不只是液体（水分）的增长。肌浆纤维的增长可以同时导致线粒体增长、肝糖增多、三磷酸盐腺嘌呤核苷和磷酸肌酸的储存量增大，还对毛细血管的生成大有裨益，这可以让营养物质的输送更加迅速、高效。虽然说条条大路通罗马，但是路越多，到达罗马也就越快，不是吗？

这也正是尼尔可以通过4周的锻炼将自己的力量增长48.65%的原因，他使用的就是提高肌浆纤维含量的举重方法。不管用什么标准来衡量，尼尔的成绩都是非常惊人的。

结论就是：什么样的训练计划最适合你，取决于你的训练目标是什么。

无论什么事，这条原则都适用：越知道自己想要什么，就越知道自己该做什么，从而越容易得到你想要的。

第六部分

提高睾丸激素

THE 4-HOUR BODY

每周健身4小时

第十九章

把睾丸激素提高3倍，你敢吗

性，是人类轮回转世的九个原因之一。而其余的那八个原因，根本不重要。

——乔治·伯恩斯（美国著名的喜剧演员）

引子：差不多是中午时分，美丽的周六，旧金山，21层高的豪华公寓之中

“这太‘变态’了，它们竟然好得差不多了！我看好了能有八成！”维斯珀从浴室出来，看着我的肩膀吃惊地说道。

“真的？太牛×了！我成金刚狼了！”当然，我指的是金刚狼的不坏之身和自我修复能力。至于金刚狼那双大爪子，维斯珀的双手更像。

前一晚，她在我的肩膀和背上留下了许多性感但绝不温柔的抓痕。最厉害的一道大概有15厘米长的口子，在我肩膀的位置，她抓下去，立刻就流血了。赤膊顶着一身血，我活像正在室内拍电影的李小龙。然而，不到4小时，三个瘀青的抓痕竟然完全消失了，最深、最长的一条也几乎淡得看不见了。

真是够奇怪的。

当然，最奇怪的事情并不是发生在卧室里，而是在浪漫开始之前，一个叫Americano的餐厅里。

周五晚上8点是全城人的社交黄金时间，平时忙得脚不沾地的投资人、银行家、律师、医生全放下了手中的工作，从办公室跑出来，到各大高档饭店抢位子、抢美女的关注、抢快乐。所以，在这个时候能订到一张桌子，真的就能说是上帝保佑了。侍者带着我和女伴几乎是挤过前院、大堂，终于来到了一个安静点的角落。

坐定之后，交谈开始展开。

她：最近怎么样？

我：好极了。我得事先声明一下，我跟你上次见我时不太一样了，应该说是大不一样了。我现在觉得……嗯，也就比超人差一点点。

她（眉毛挑起）：真真真真真……的？怎么个不一样法？说点细节。

我没说谎。上次见她的时候，我在服用睾酮，差不多从 244.8 毫微克 / 分升到 653.3 毫微克 / 分升，同时我把我的雌二醇减半。之后的效果很是惊人，至少可以让女士们对我印象深刻。可这次，我刚从尼加拉瓜回来，在那儿的时候，我每天都吃三次食草牛肉，吃了整整 21 天。在过去的 3 天里，我的蛋白质摄入量很是不一般，每天都要吃三四斤带脂的有机食草牛肉，而且上床之前还会特意再吃 400 克（别担心，这不是必需的食量，我做了，但没有非得要求你也吃这么多的意思）。

结果呢？

我们坐下还没有 15 分钟，维斯珀就开始行动了，丝毫没有拐弯抹角的意思。面包还没上来，她就已经像只树袋熊一样趴在我的胸口了。这不是吹牛，其实我当时也很疑惑。她不是那种热情如火、四处跟人家乱来的类型。正相反，她是一家公司的 CEO，而她当晚的做法实在跟她的 CEO 身份难以相应。我甚至一度怀疑她在见我之前嗑药了。她的呼吸急促，嘴唇紧贴着我的耳朵，重复最多的一句就是：“什么怎么了？我也不知道我自己怎么了……”我不是不兴奋，而是实在不知道她突然被什么诱惑成这样了。

仿佛她喝的不是酒，而是掺了激素的催情饮料。

有一阵，我实在受不了了，就起身去厕所。然后，更古怪的事情发生了。我往返卫生间的路上，至少有三位女士直接用眼神表达了她们对我的“爱慕”。我看着她们的眼睛，晕得一塌糊涂。难道今天我身上带了什么发射器吗？方圆一米的女性都能接到信号？维斯珀也看见了其他女士的反应，于是，我们匆匆吃完饭之后就迅速逃离了饭店。她家离这家饭店很近，不出几分钟，我们就来到了这个位于21层、俯瞰无敌城市景色的高级公寓里。

嗯，我不得不承认，我俩后来的亲密行为弄坏了不少小摆设，也制造了不少“噪声”，希望墙够厚，邻居没有遭罪。

第二天早上，我们又来了一次，之后我问她：“对于我的变化，您有何评论？”

维斯珀又看了看我的肩膀，沉思了一会儿，说：“不管你现在在干吗，别停下来。”

欲火难燃的问题

我可不是一直都这么“勇猛”的。事实上，曾有好几年的时间，我一直都是“勇猛”的反义词。

2007年年底到2009年年初的一段时间——我那时应该30～32岁吧，我发现自己的状态非常奇怪：我在卧室里的表现并不差，甚至可以跟大学时的疯狂相媲美，但我就是越来越不想做。

没欲望。

就算跟最迷人的女孩在一起，经过了一两周的甜蜜之后，做爱的频率也跌到了一天一次。然后就是一周几次，最后变成了一周一次。我感受不到快乐吗？也不是。我承认做爱非常好，可就是总觉得很累，要么就是提不起精神来。“明天早上再做”成了我最常用的借口，有时说得连我自己都不爱听了。

这说不通啊。

我年轻、健康，还算是个搞体育的，我应该每天都生龙活虎地在床上翻滚才对啊！我去医院验了血，结果显示我的睾酮数量偏低。

到底哪里出了问题？

终南山没捷径

睾酮的生成需要经过很多步骤。

视丘下部（脑中位于丘脑下边的部分，是构成中脑腹部的主要部分，作用是控制体温、某些新陈代谢过程和其他一些下意识活动）释放一种叫“促性腺激素释放激素”（Gonadotropin-releasing Hormone，GnRH）的物质，这种物质继而让垂体区域释放促黄体生成素（LH）和卵泡刺激素（FSH）。接着，促黄体生成素刺激睾丸中的Leydig细胞并使之产生睾酮。

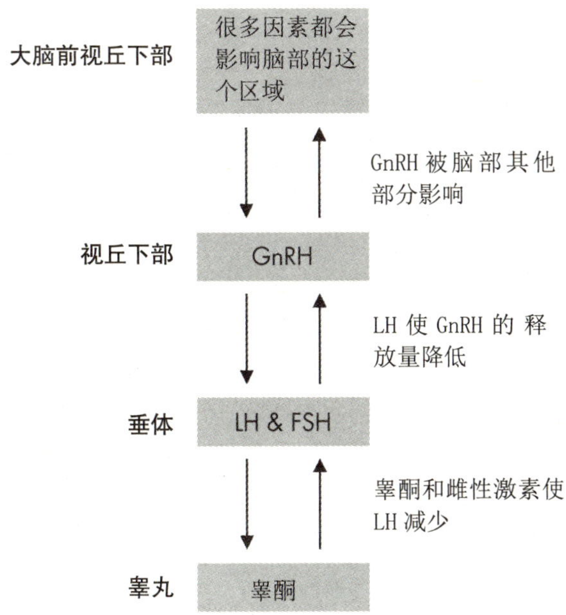

了解了睾酮是怎么产生的，你就应该知道，如果你的体内睾酮含量偏低，注射或口服睾酮药物实际上是不能完全解决问题的。你需要把上下游疏通，先把这条轴线上部的问题解决，睾酮的问题也就自然而然消失了。

还有，以为睾酮数量低，性欲就一定低，或者性欲低一定是睾酮在作祟，都是错的。

2004年，我试验了一种叫人绒毛促性腺激素（hCG）的激素药物。它作为一种促黄体生成素，效果相当不错。我每周注射一次。它起效很快，我从提不起性趣到每天可以射精三四次，而且很多时候并不需要受到很强烈的肉体刺激。

如果你需要克服在性上的无精打采，我相信没有什么比hCG更好的选择了。我和女朋友的频率从一周几次一下子上升到一天几次，我俩都很高兴。

那是不是说只要注射了 hCG，一切问题就都解决了呢？

也不尽然。过于频繁地使用hCG会导致人体内自然生成的黄体酮数量下降。也就是说，你摄入的这种人工合成的激素让身体误以为它用不着再继续制造黄体酮了。这可是大麻烦，谁也不想一辈子靠药片嘿咻。

所以，hCG 有用，但不能长期使用。这从另一个角度也证明了，性欲跟促黄体生成素的关系更大，而非大家以为的睾酮。

数据疯子请看这里

你可能会问，既然在上页的流程图中，促黄体生成素刺激了睾酮的释放，那么性动力最终不还是跟睾酮相关的吗？的确是这样。但是，我在 2004 年年初直接注射的睾酮，几乎是人体自然生成正常量的两倍，可结果却并没提高我的性欲。

相比之下，促黄体生成素的功能反而更佳。

女性月经前的性欲会处于一个高峰期，这也是促黄体生成素在“作祟”。

我的解决之道——两个方法

我在第一次睾酮值升高（从 244.8 毫微克 / 分升到 653.3 毫微克 / 分升）的时候并没有吃太多瘦肉，我相信睾酮的提高本来也无须瘦肉摄入的帮助。我之所以吃了 21 天，只是想看看一直吃肉到底会不会有什么副作用。

现在，我有两个办法来同时提升睾酮和LH。这两个方法都是经过验证的（有多张验血单为证），而且都不需要打针或者吃药。

第一种方法有助于你长期的健康和全面的身体发展。第二种方法适合短时间内的刺激，有助于提高你的性驱力，比如你今晚马上要嘿咻，第二种方法就显得更有效些。

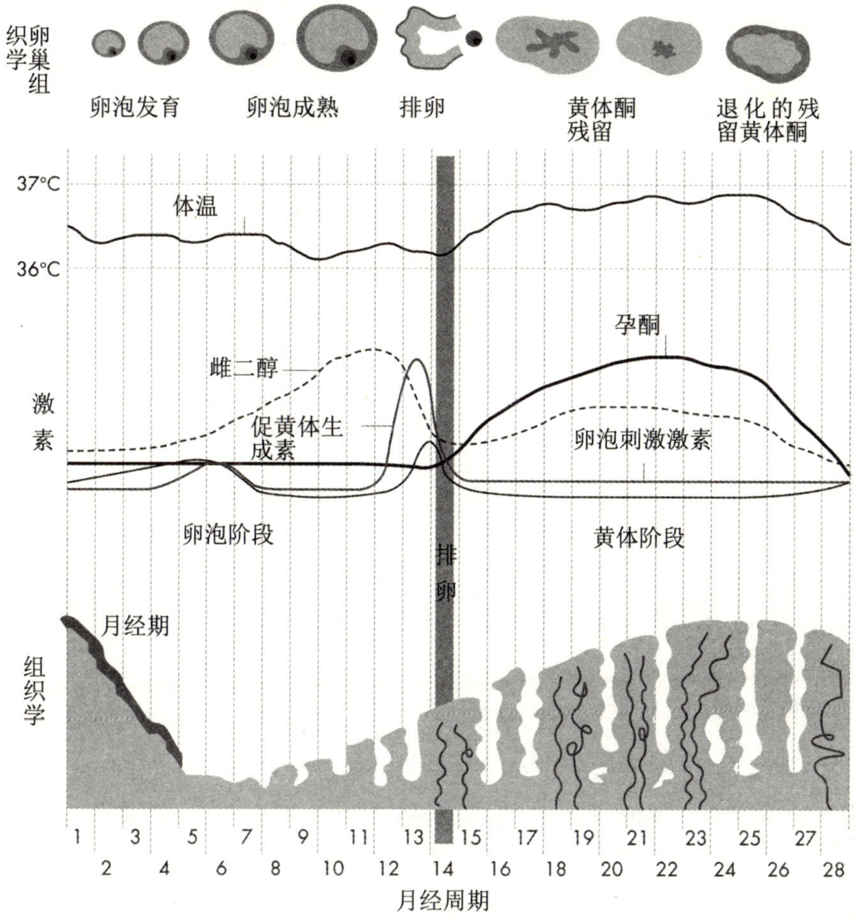

平均值。时间和价值观念不同的女性或不同的周期。

方法一：长期、长远、长效

酵素鳕鱼肝油 + 富含维生素的油脂——醒来和睡前各两份。

维生素 D3——醒来和睡前各服用 3000 ～ 5000IU，直到你的血液含量达到 55mg/dl。

短时的冰浴或者凉水澡——醒来和睡前各洗十分钟。

巴西坚果——醒来吃三颗，睡前吃三颗（这是我自己的量。我体内的硒微量元素不足，所以才补充这个。如果你没有这种状况，也可以不吃）。

方法二：短期、立时见效、适合紧急状况

性事 20 ～ 24 小时之前

如果你想在第二天拥有一场难以想象的性事，那么今天睡前三小时之内吃至少 800 毫克的胆固醇（比如四个或更多的全蛋或蛋黄）。本章一开始发生的“金刚狼自愈事件”，很大一部分原因就是我前一天晚上吃了肋眼牛排。不过为了胃着想，鸡蛋比牛排更容易消化，也不会形成负担。为什么要在睡前吃，而不是第二天早上？睾酮是由胆固醇导出的，而胆固醇在晚上（午夜和凌晨 4 点到 6 点）睡觉的时候才会形成。

性事 4 小时之前

4 颗巴西坚果，20 个生杏仁，两管酵素鳕鱼肝油 + 富含维生素的油脂。

性激素结合球蛋白（SHBG）——狂欢毁灭者

性激素结合球蛋白（Sex-hormone Binding Globulin，SHBG）就是让你在 Party（聚会）上成为壁花墙草的罪魁祸首。

SHBG 制约了睾酮的能力，验血结果中的“睾酮总数”常常反映不出身体的真实状况。比如，有些严格素食者（不吃蛋类）体内的睾酮总量甚至比肉食者和半素食者还要高，但实际上严格素食者体内的 SHBG 含量也非常高，会直接抵消“睾酮总数”的优势。其他研究结果显示，摄取胆固醇跟 SHBG 的变化也息息相关，而且成反比。换句话说，你吃的胆固醇越多，体内的 SHBG 含量越少。

卡鲁瑟斯的《成年男性雄性激素缺乏症：病因、诊断和治疗》一书中有这样的一段：

实验证明，严格的低胆固醇饮食会导致睾酮总量和自由睾酮数量降低 14%。素食，尤其是低蛋白质的素食饮食会使素食者体内的 SHBG 增长，从而进一步降低自由睾酮的数量。男性如果采用低脂、高纤维素、素食饮食法，则会更糟糕，他们体内的睾丸酮总量和自由睾酮数量会降低 18%。但是，他们一旦恢复正常饮食，又会相应地增长 18%。也就是说，他们在饮食控制时失去多少睾酮，在停止控制的时候又会恢复多少。而那些高蛋白质、低碳水化合物的饮食法（这些饮食法都不排斥肉食），比如前一段非常流行的阿特金斯饮食法就不会让人失去性欲。相反，这种饮食法让你在变苗条的同时还提高了体内的睾丸酮数量，并有效地降低了 SHBG 数值。

当然，SHBG 并不是魔鬼，我们并不是想消灭它。只不过 SHBG 越少，自由睾酮数量就越多，我们只是希望后者多点而已——多点蛋白质、多点睾酮、多点性欲、多点乐趣。这也是我在第二个方法中建议多摄入胆固醇的根本原因。

这有多管用？

下面有一份之前和之后的性激素各种数值的对比，这是我第一个实验的结果（用的是方法一）。在实验期间，我没有摄入巴西坚果，检测出硒匮乏之后，我才开始吃坚果的。

2009 年 4 月 3 日（之前）VS 2009 年 8 月 20 日（之后）

- 睾酮：244.8mg/dl 到 653.3mg/dl（正常数值是 170 ～ 780mg/dl；我的数字之后很快跳到了 835mg/dl，是我初始数字的三倍多，主要是因为我摄入了巴西坚果）
- 自由睾酮：56mg/dl 到 118mg/dl（正常数值是 47 ～ 244mg/dl）
- 自由睾酮百分比：2.3% 到 1.8%
- 生物睾酮：150mg/dl 到 294mg/dl（正常数值是 128 ～ 430mg/dl）
- 白蛋白：5mg/dl 到 4.6mg/dl（正常数值是 3.5 ～ 4.8mg/dl）
- DHEA：170.5mg/dl 到 201.8mg/dl
- 卵泡刺激素：6U/L 到 8.5U/L（正常数值是 1.27 ～ 19.26U/L）
- 雌二醇：39pmol/L 到小于 20pmol/L（正常男性数值是小于 47pmol/L）

现在就想去试试了吧！

这章介绍的内容足以让你开始启动自己的性能力了，不过细节决定一切。所谓细节，就是你自己对于某种针对一千万人研究而出的药物是否感觉舒服。随时聆听自己身体发出的信息吧！

吃了21天的肉和坚果——我是不是疯了

我在尼加拉瓜待的21天里，每天都吃大量的牛肉和200～300克蛋白质。哦，还有40～70颗杏仁。我是不是不要命了？想把自己吃死吗？还是想让自己肥死？坦白地讲，我去验过血之后，可以非常有信心地回答你，我既不会生病，也不会发胖。好，来看看我的血液数据和胆固醇报告吧。

2009年8月20日（之前）VS 2009年9月25日（之后）

胆固醇报告：

胆固醇：200mg/dl（接近危险边缘了）到190mg/dl

高密度脂蛋白（HDL）：57到57

低密度脂蛋白（LDL）：133mg/dl（超标）到108mg/dl

极低密度脂蛋白（VLDL）：10到25

胆固醇／高密度脂蛋白：3.5到3.3

甘油三酯：48到124（正常值：小于150）

肾功能报告：

血尿素氮：17到18（正常值：7～25）

肌氨酸酐：1.0到1.1（正常值：0.7～1.2）

血尿素氮／肌氨酸酐：16.4到17（正常值：10～20）

就连我自己看到这样的结果都很吃惊。

我没吃任何降低胆固醇的药物或者补剂，连续21天不停地吃瘦肉竟然还改善了我的胆固醇／高密度脂蛋白比例。大多数医生判断一个人的心脏是否健康，就是看胆固醇／高密度脂蛋白比例，而我的数字显示吃大量的牛肉反而让我的心脏很健壮。同时，我的低密度脂蛋白（坏胆固醇）还降低了。按照美国心脏协会（American Heart Association）的标准，我的甘油三酯属于“低危险区”，而且比21天前有明显的增长。我分析有三个原因。

1. 甘油三酯搭载饮食中的脂肪，而我的确摄入了大量的脂肪。

2. 减脂可以制造暂时性甘油三酯升高的现象（我爸爸在减掉他那30千克体重时也出现过这种状况），而我在这21天里的确减掉了或开始减掉了一定量的体脂。

3. 我在验血当天的早上喝掉了 400 克无果肉的橙汁——我已经足足一年没碰橙汁这东西了，喝橙汁是为了测试血糖反应。众所周知，水果里的糖分，也就是果糖，可以迅速增加甘油三酯和低密度脂蛋白数值。

21 天后，也就是 10 月 16 日那天，我又去验血。结果，我的甘油三酯从 124 降到 82，我的超低密度脂蛋白则从 25 跌到 16。

那肌氨酸酐和血尿素氮值呢？这两个都是与肾功能的压力相关的数值。这两个数值都升高了，很正常，而且得出的数值也在正常范围内。

说实话，我很吃惊这两个肾功能数值没有变得更高——肌肉损伤很容易让血尿素氮和肌氨酸酐数值升高。而我在 9 月 24 日验血之前的 48 小时内，还在做深蹲练习呢。

胆固醇不是对身体不好吗？

这个说法是从心脏健康的角度来讲的，因为胆固醇对心脏不好，所以就有一种说法是胆固醇就是坏东西。我完全不同意这种说法，也有大量的证据。从 2006 年到 2009 年，我尝试过各种方法来降低自己体内的胆固醇总含量。结果呢？只得到了低睾酮值和疲劳感。

所以，我吃蛋黄，且丝毫没有罪恶感。

沙门氏菌大餐

如果你能在当地找到新鲜的奶源，同时又能避免沙门氏菌污染，那么我强烈推荐下面的这个食谱。你只需要一个搅拌机，把下面的所有食材打成糊状，然后，每天下午四点和睡前各吃一次。效果非常惊人。它除了能让你“性趣盎然”，还能帮你增加力量。所以，这个食谱在后面的章节还会出现。

340 克全脂生牛奶

4 茶勺生杏仁酱

2 个生鸡蛋黄

3 茶勺鼠尾草籽

1茶勺香草精

1/2茶勺肉桂粉

其实，这应该叫“脂肪糊糊”，而不是“蛋白质糊糊”，因为你也看到了，牛奶和生鸡蛋黄在里面很重要。即便如此，我在吃这个糊糊的时候仍然在减脂。为什么？因为我一直在坚持慢碳水化合物饮食，而且只在健身的当天才喝这个糊糊，一周不超过三次。所以，减脂根本不受影响。

下面就是营养学领域的分析了，你可以看看这个神奇的糊糊里到底有什么东西：

卡路里总数=966

脂肪提供的卡路里数=627

脂肪含量=73g（113%）

饱和脂肪含量=15g（76%）

胆固醇=456g（152%）

蛋白质=34g（69%）

碳水化合物含量=55g（18%）

膳食纤维=20g（81%）

糖分=19g

钙=93%

血糖载量=15（最大值为250）

前提是你必须了解你的食物来源是否安全，尤其是沙门氏菌问题，不能马虎。如果你实在不敢喝生牛奶，也不是你的错，用有机全脂牛奶代替吧，别太为难自己。

工具指南

• SpectraCell Laboratories（www.spectracell.com）：SpectraCell是一家微量营养素测试实验室，据说兰斯•阿姆斯特朗就曾经是它的客户之一。我在SpectraCell查出了自己的硒元素缺乏，才在食谱中加入了巴西坚果。想看看你所在的城市有没有SpectraCell门诊，请登录它的网站www.spectracell.com/find a clinician/。

• Blue Ice? Butter Oil/Fermented Cod Liver Oil Blend（www.fourhourbody.com/butterblend）：我平时用的鳕鱼油和黄油就是这个牌子的。这个厂家规模很小，产量也不大，所以可能会比较难找一些。

• Carlson Super 1000mg Cod Liver Oil（www.fourhour workweek.com/cod）：如果你实在找不到上面的那个鳕鱼油和黄油，用这个代替也不错，但是必须跟下面的维生素产品同时服用。

• Vitamin-Rich Butter Fat：Kerrygold Irish butter（www.kerrygold.com/usa/locator.php）：这是一款富含维生素的黄油品牌。在这个网站上，你可以看到销售凯丽金爱尔兰黄油的所有实体店面销售网点。如果你喜欢网购，可以去这个网站 www.foodireland.com ，在页面上方点击“熟食柜台”（Deli Counter），就能找到相应的产品。

• ZRT At-Home Vitamin D Test Kits（www.zrtlab.com/vitamindcouncil）：如果你很少进行户外运动，那么很有可能你体内缺乏维生素 D。别瞎猜可能会缺多少维生素 D，过量服用维生素 D 的后果很严重。如果你有时间，也有钱，而且恰好离 Spectracell 门诊很近，就去那里做个血液检测。如果 Spectracell 对你来说太遥远了，那么 ZRT 唾液检测工具可以让你足不出户检测出体内维生素 D 的状况。虽然它的测试结果不可能像 Spectracell 那么精确，但对你如何补充维生素 D 具有足够的指导意义。经过 8 周的晒日光、吃补剂、使用 UV-B 台灯等方法，你体内的维生素 D 一定会有所增加，到时候你还可以用 ZRT 来测试自己的努力结果。

• Vitamin D3（www.fourhourbody.com/vitamin-d）：液体维生素 D355 克。

• UV-B/F Lamps Sperti Ultraviolet Systems（www.sperti.com）：这款荧光台灯是 2010 年的设计新品，专门为不能直接被日光照射和无法使用口服维生素 D 的人群服务。如果你有类似的困难，可以去网站上查找订购方法。

第二十章

完美落幕和提高精子数量

众神最推崇的两个途径，人类力量的源泉，就是他们的睾丸……我用棍棒打破它们。

——印度教宗教教义

“这房里每一个男人的精子量，都只有他祖父的一半。”

来自佛罗里达大学的研究者露易丝·吉莱特博士的演讲就是这么开场的。他不是开玩笑，也不是在隐喻，他是拿着数据说话的。

从 1942 年开始，美国和其他 20 个工业国家的男性精子数量以每年 1% 的速度稳步下降，这还只是完全健康男性的速度。

在 20 世纪 40 年代，北欧男性精子的数量超过 100 百万 / 毫升。而 2008 年呢？露易丝说：“大多数 20 岁左右的欧洲男性精子数量仅有 40 百万 / 毫升，这是一个残酷的引爆点……我们不得不悲观地预测，在将来，会有更多无法生育的夫妇和更低的生育率。在丹麦，有超过 40% 的成年男性精子数量已经低于 40 百万 / 毫升，这使他们直接迈入了‘生殖困难群体’的大门。”

研究向来都是自相矛盾的。

有些研究说结果是这样的，然后很快就有另一批专家跳出来说他们测试的结果是那样的，剩下我们这些不懂实验的人满头雾水。

为了拨开满头雾水，我决定让吵架的科学家们去死好了。我用 18 个月追踪记录了自己的精子数量和状态的变化，得到了第一手未经加工的真实材料。

坦白地讲，我并不关心哥本哈根以后会不会因为没人有繁殖能力而消失，反正达尔文的进化论说了，优胜劣汰，但我非常希望自己不是那个被淘汰的低精子活动种族中的一员。

2008 年，我去了一次精子银行。那时，我还从没想过精子这小东西对自己的人生有什么影响。

然而，当你看着一个 30 岁正当壮年的好友得了睾丸癌，你就不可能再无动于衷了。好友的遭遇让我知道了什么叫人生无常，所以我决定要把几个“小朋友”送到精子银行去冷冻，以防万一。跟红酒不一样，精子数量跟年龄无关。如果我结婚了，但是我出了事故，就算我正当壮年却无法再提供精子了怎么办？如果我得了癌症，需要化疗怎么办？这么咒自己感觉不太好，可我想，当你因为一时的侥幸心理没有办法创造后代的时候，感觉可能会更不好。

我从没想过去了解自己的精子数量到底是多少，因为……有这个必要吗？我的验血结果一向很完美，我还年轻——刚刚 31 岁，我的饮食健康得一塌糊涂，而且我刚刚刷新了自己的健身房纪录——我干吗去担心精子数量的问题？很显然，这也许是别人应该担心的，但绝不是我。

坏消息来了

人在得意的时候，就一定会受点打击。这不，我的精子检测结果就给了我一记沉重的打击。我的精子数量竟然属于“较低”级别，马上就要进入“危险”级别了。当时，我根本不信，认为绝对是实验室搞错了哪个步骤。3 周后，我又去了检测中心，结果这次的精子数量竟然更低。隔了 12 个月后，我再次做了测试。没错，你猜对了，精子数量又下降了！

我的天啊！我终于害怕了。

这到底是怎么回事？是什么导致了我的精子数量如此低，而且还没完没了地减少？

是酞酸盐吗？从洗发水到除臭剂里都有这玩意儿。还是双酚 A？从家用电子设备到塑料瓶都含有这种玩意儿。要么就是……我开始怀疑生活中的每一样东西都有“杀精”作用，可它们是怎么运作的？也许是它们联合在一起搞鬼！

可我只要活着就避不开它们，难道我就眼睁睁地看着它们让我的精子一个个死去？我到底该怎么办？

一开始，我想把环境污染物从我的接触范围内剔除，可验血后发现改变的痕迹微乎其微。

那我还能怎么做？

我已经尽量不用塑料制品，我已经尽量吃有机食物，我就是一个普通人，我还能怎么办？

绝望的我只好求助于专家。我给美国顶尖的泌尿学专家打了电话，其中杜德利·达诺夫博士给我的回答让我的心情一下子降到了冰点："男性的繁殖能力本来就相对弱，只会更弱，不会更强。对此，人类能做的很少。抱歉。"

2009 年 8 月 31 日，这一天终于到来了。

那时，我正在准备采访美国知名的力量教练查尔斯·保利琴，跟精子什么的本来没什么关系。我让一个健身行业的朋友列出他想向查尔斯提出的问题，结果这个朋友发给我的电子邮件里有一句话，让我一下子感兴趣起来。

因为怕辐射，他从来不用手机。他还说，手机辐射跟运动员的睾酮水平低有很大的关系，因为运动员总喜欢把手机放在裤兜里。

那天跟查尔斯的访谈非常愉快，我们海阔天空地聊了好多，从运动员表现到内分泌体系，再到静脉注射维生素 C 的种种趣事。他是真正的行家里手，所有的信息既真实又有趣。转换话题间，我问查尔斯是不是觉得手机的使用跟睾酮水平低有关系。

"不是我'觉得'——去看看相关的科学研究吧，实验室的结果可不是靠感觉的。"

然后，我就去看了。

之后发生的事，用"不看不知道，一看吓一跳"来形容再合适不过了。大量的实验数据显示，让老鼠在中等辐射的环境中待一段时间之后（每天 30 分钟，每周 5 天，连续 4 周），它们体内的血清睾酮数量就会急剧下降。所谓的中等辐射，就是 900 兆赫的有线电频率电磁场。你知道还有什么东西也会发出这个频率的辐射吗？没错，你的蜂窝手提电话，也就是我们每个人都用的手机。

我的神啊！

潘多拉的盒子被打开了，里面到底会跑出什么来？首先，我们得普及一下基本知识。医学博士评估精子的时候一定会留意以下三项指标。

1. 数量：精子总数到底是多少？

2. 细胞形态：到底有多少精子是蝌蚪形状的？只有这种形状的精子才是有效精子。

3. 活动性：到底有多少精子可以向前游动？只有向前才是正确的方向。

如果精子是畸形或不能移动的，那数量根本就没意义。如果你有精兵强将，可数量太少，在冲锋过程中都被杀死了，那也没用。

在查阅了大量资料后——大部分是欧洲科学家的实验结果，我发现这一次科学家的口径倒是完全一致，至少有 70% 的科学家都肯定了同一件事：蜂窝手提电话的辐射的确会削弱精子的活动能力。科学家们的解释虽不尽相同，但得出的结果却一样。

我摘取了 2008 年到 2009 年期间的两篇学术报告中的一段。

一共有 361 名生育困难的男性参与了这次实验，根据他们使用手机的不同频率，他们被分成四组：第一组，不用手机；第二组，每天使用手机小于 2 小时；第三组，每天使用手机时间为 3 ～ 4 小时；第四组，大于 4 小时。实验室测试了这四组人员精子的综合数值（包括总数量、细胞形态、活动性、生存能力等），结果是使用时间最长的人情况最糟糕，不使用手机的人情况最乐观。

…………

科学家把雄性的 Wistar 白鼠（10 ～ 12 周大）放置在一个由 GSM（全球移动通信系统）手机辐射组成的有线电频率电磁场中，这些白鼠每天只被辐射一小时，接受辐射 28 天。另一组白鼠也被放置在同样的环境中，只不过手机中没有电池。实验结束后，被放置在有电池的 GSM 手机旁的老鼠体内的活性精子数量急剧下降。结论：根据这个实验，我们推测手机对精子数量有极其负面的影响，从而大大降低了男性的生育能力。

28 天中，那一组的老鼠每天才在辐射中待一小时而已？！

在我住的加利福尼亚州，有 30% 的人交流完全只靠手机。在过去的十年中，我几乎是醒着的时候都随身携带手机，一天怎么也有 12 小时啊。

不用再说了。

不就是把手机放在除了裤兜以外的别的地方吗，这还不容易？如果我坚持做一段时间，数据的确有变化，那我的精子困惑是怎么回事就全明白了。

11周后，我又跑去实验室做了精子测验。

大团圆结局

11周以后，我开始有了新习惯：让手机远离我的小弟弟。

它的新家是一个手臂绑带，本来这种绑带都是给跑步的人设计的，但我发现用来放手机也非常方便。如果我要去的场合很正式，在胳膊上绑个手机不太像话的话，我就先关机，再把手机放进衣服口袋。我认识一些人，但我毕竟不是日理万机的总统，每半个小时查一遍手机就足够我应付所有的事情了。

我之所以等了11周才去检测是有原因的：人类精子产生的完整过程需要大概64天，我为了以防万一，在64天之后又加了两周，这样数据应该是绝对准确的了。

2009年11月19日，我回到了那家精子银行，做测试，同时申请冷冻精子。那天，我紧张死了，真的。

后来的数据证明我的紧张完全没必要——我的数据呈三倍增长。看着单子上的数据，我欣慰极了：

射精量：44%增长

每毫升活动精子量：100%增长

每次射精活动精子量：185%增长

人生第一次，我舒了那么长的一口气，好像看到了自己的未来——不是老无所依、凄惨万分，而是子孙团圆、其乐融融。

那是不是说，我精子状况的改善只得益于我对手机的处理，其他因素完全没有意义呢？我觉得不是这样。远离手机的同时，我还开始了“冷处理”，洗短时的冷水澡，并通过吃巴西坚果补充体内的硒微量元素，这两者都有可能促进我精子状况的好转，后者的贡献可能更大些。我是否担心这样的实验根本没有任何科学理论支持呢？不，我只看重效果。效果就是我的精子数量的确大量增长了，即使不看其他的变量，这个实验依然是成功的。

你是不是要等科学家亲口告诉你使用手机有杀精危害呢？我不建议你等，科学家没空说这个，他们从宏观角度看人类精子数量总是在降低，而且你需要做的如此简单，把手机从兜里拿出来就可以了，这事还用“遵医嘱”吗？

如果你的确想要小孩，就别忽视这个问题，否则早晚有一天，你的天伦梦很可能破灭。

游泳健将——以防万一

我以前从没想过要去精子银行。

也许是因为我跨过了30岁的门槛，但是很多朋友却没能陪我一起走过——自杀、“9·11”以及各种灾难。老话说的，好人没好报。

我突然意识到了，活也许不容易，死可真没那么难。然后，我就突然想到，要不要把我的基因保留在什么地方。

没错，我的那些“游泳健将”。

在这里，我要跟你们介绍一下有关冷冻精子的事情。冷冻精子花费不贵——跟它的作用比起来真的不贵。

为什么要冷冻精子

我做了个调查，结果是赞成的远比反对的要多，具体有以下几点。

1. 男人变得越来越不善生育了。满嘴的大豆薯片，吃进去的实际是植物雌性激素；满桌的防腐剂食物。坦白地讲，个个都是杀精好手。作为一个现代男人，想避开这些不友好的食物实在太难了。不信的话，可以去内分泌专家诊所测试一下自己的精子数量，绝对比你老爸的少。也许再过几年，全世界都开始集体“计划生育”了。

2. 很多医疗状况和手术都会降低男性的生育能力，比如化疗。

3. 决定丁克的人总是爱反悔。这不是胡说，去医院看看有多少人做输精管恢复手术，你就知道有多少人在“要孩子”这个事情上改变主意了。输精管切除手术很容易，可把切除的再接上就不那么简单了。重接输精管手术的成功率非常低。

4. 最关键的是，为什么就不试试冷冻精子呢？如果没有经济方面的负担，你完全可以把这个当成以防万一的生殖保险。你投保了，没有损失，你万一遭遇损失了，你的获益将不可估算。

你觉得让谁谁怀孕是个很简单的事？嗯，有时候的确很简单。但是看看那些数字，你就会知道，大多数时候，尤其是当你迫切需要精卵结合发生的时候，往往就不那么简单了。

当然，我从不反对收养，收养是很美好的事情。我就是想要个长得很像自己的孩子，而且这与收养也不冲突，有两个选择总不算坏事吧。我希望费里斯妈妈变成费里斯奶奶，就算不结婚，我也想要个属于自己的孩子。你可以说我守旧、传统、死脑筋。没错，这就是我。

这是不是有点过于自我了？在某种程度上，我觉得是的，这是个很自私、很以自我为中心的做法。那你为什么不租房子，非要买属于自己的房子？你为什么不租车子，非要自己买一辆？就算明明知道根本没地方停车也要买？为什么你已经有足够多的衣服让你不冻着、不闷着，可你还是没完没了地逛商场，买本季新款？你明明吃面包、喝水就能生存下去，为什么却还要吃奶酪、喝可乐？人类就是自私的，我是人，我能不自私吗？

精子储存步骤简述

1. 找到一个精子储存机构。

用谷歌搜索“精子储存”“精子银行”“精子捐献”等字样，查出你所在的城市是否有合适的机构。

2. 对精子储存机构做初次访问，进行简单的健康测试。

大多数靠谱的机构都会在接受你的申请之前给你做常规体检。我当时接受的测试包括：

HIV1 & 2（1型和2型艾滋病毒检测）

HTLV Ⅰ & Ⅱ（Ⅰ型和Ⅱ型人类嗜T细胞病毒检测）

RPR（梅毒检测）

HCV（丙型肝炎病毒检测）

HBsAg and HBcAb（乙肝表面抗原和乙肝核心抗体检测）

初步咨询费用：100～150美元

标准体检费用：150～200美元

这是初次检查，我当然以满分通过。健康，可以进入下一步。

3. 给手腕热热身，动起来吧。每个孩子需要六组呢，这活儿可不轻省。

你以为这是手起刀落的事？别耍你的男子汉威风了，你不是印第安纳·琼斯，就算你是，也没用。在冷冻的过程中，有50%以上的精子会被消灭，而每个孩子需要你至少贡献六个完美的精子去冷冻。如果你最终选择人工授精，那么接受你精子的女性会在八个月之内怀孕。不过，人工授精的成本要高很多了，每次授精都至少要9000～12,000美元。

还有，别想着把你的精子保存上千年万年的，那太变态了。

为了最好地储存精子，也为了在以后的授精过程中成功地激活精子，每次射精48小时后（但是不要超过3天）就要做好冷冻处理。4天后，没有成活的精子细胞就会开始搞破坏了。所以，你必须保证在每立方厘米有一定比例的成活精子数量和未成活精子数量，才有可能储存今后可以授精的精子。我的时间表安排是每隔4天提供一次。也就是说，周一早上10点射精，然后是周五早上10点，然后是周二早上10点，以此类推。

精子冷冻费用：（150～200）×6 ＝ 900～1200美元。

这是你想要一个孩子的精子提供量和费用，如果你想要更多，就自己算吧。

4. 把“游泳健将们”安全地储存在某地。

这就是精子储存专业机构的事了。至于它们用什么设备，我没仔细问过。但是这一步是你真正花钱的地方。

每年保存费用：300～600美元（通常是不管你储存了多少精子都是一样的价钱）。

你最感兴趣的部分

下面的内容少儿不宜，甚至对于成年人也不是很适宜，因为我要告诉你一些内幕。这些内幕听起来不那么美好，甚至有点恶心人。你可能不想听，但是我觉得你既然读到这儿了，说不定你对冷冻精子很感兴趣。如果是这样的话，我觉得你还是听听，心里好先有个准备。

先说声抱歉了。

如果你看过情景剧，就会多少知道点捐精是什么样的。你觉得肯定有刺激的色情 DVD，大胸美女裸露的杂志给你看，你在享受之余就完成了任务。

听上去既简单又让人兴奋。那好，我就跟你说说我的经历。

我刚到那里时，的确小兴奋了一阵。有人把我领到一个角落里，那里到处都是色情 DVD，名字让我眼花缭乱，有些我根本看不懂。我很想仔细遴选，可问题是，那里正好有一堆女性技师在修机器，我尴尬地随便拿了几盘，就赶紧退了出来。

拿了 DVD 碟，我就来到了一个白色房间，门是滑动门。领路的是一个不爱说话的亚裔医疗助手，他穿着件白大褂，头也不抬地跟我说了整个过程中唯一一句话，“结束后别忘洗手”，然后就出去了。

这个白色的小房间跟酒店的厕所差不多大，里面有一个单人小床，上面铺着一次性床单，还有一把金属椅子和一台 13 寸的 DVD 和电视二合一机。角落里有一堆破旧的色情杂志，好多页都粘在了一起，让人实在没欲望去翻动。

我坐了下来。屋里很安静，我准备开始“启动”——甚至觉得好长时间我都没有为自己服务过了！我把刚才挑出的 DVD 碟片放进机器里，坐回到小床上，准备小高潮一把……我刚有点放松的感觉，电视上跳出的画面就差点没把我吓得从床上掉下来。

我住在旧金山，我了解这个城市，这里人人自由、人人平等，每个人的性取向都会受到尊重。不过这次，“别忘了洗手”先生肯定是搞错了，他把我领到了错误的角落，怪不得我看不懂那些碟片上写的内容。

我坐起身来，突然意识到，有无数人用过这个房间，他们在这里做的事情跟我一样。虽然这个床单是一次性的，但我还是立刻觉得全身鸡皮疙瘩都起来了。电视里那两个体毛浓重的男孩子还在“摔跤”，当然不是真的摔跤，你懂的。

第二个影片，也是一样的题材。第三个终于正常了一点，可我已经完全失去了兴趣。我脑子乱哄哄的，这个房间、这些碟片、这个可疑的床单和那堆满是污迹的杂志完全倒了我的胃口。

“别忘了洗手”先生，别让我再看见你，否则见你一次揍你一次！

综上所述，如果你把那个小房间里发生的事情想得很销魂，那你的心理落差会让你连死的心都有。更残忍的是，你已经付了钱，你必须在那个小房间里制造出品质优良的精子，否则就白费力气了。

哦，对了，结束后别忘了洗手。

工具指南

• Incase Sports Armband Pro（www.fourhourbody.com/armband）：这款专门为 iPod touch 设计的氯丁橡胶臂带也很适合我的黑莓，我现在就是用它来随身携带手机。还有很多 MP3 产品也会推出这样的臂带，找一个大小适合你手机的就可以。

• Pong Case for iPhone（www.fourhourbody.com/pong）：这是目前市场上唯一一款经美国联邦通信委员会认证的经实验室测试证明具有抗辐射功能的手机套，当然也是专门为 iPhone 设计的。据说，它可以在保持通信质量的同时把辐射减少到三分之一。如果你必须要把手机放在衣服口袋里，那就配上这么一个手机套吧。不过我仍然坚持，关机比什么防辐射产品都管用。

• The Disappearing Male, CBC Documentary（www.fourhourbody.com/disappearing）：你可以下载这个免费的由 CBC 制作的纪录片《消失的男性》。这部纪录片围绕着最重要却也是最少被大众了解的一个真相展开了探讨——有毒物对男性生育能力的干扰和破坏。触目惊心，强烈推荐。

• Sperm Bank Directories：找到本地的精子银行不是一件容易的事情，你可以用谷歌搜索，也可以去查查下面两个网址：www.spermbankdirectory.com 和 www.spermcenter.com/sperm_bank_listings。

• “Semen Analysis,” WebMD（www.fourhourbody.com/semen-analysis）：这篇文章值得细细读，因为除了手机辐射之外，的确还有其他因素影响你的精子数量和质量，比如用药。

第七部分

完美睡眠

THE
4-HOUR
BODY
每周健身4小时

第二十一章

启动入夜后的完美睡眠

失眠是个贪吃的怪物，任何想法都能成为它的食物，甚至包括“不许有想法”这样的想法也很合它的胃口。

——克里夫顿·法蒂曼（西蒙·舒斯特出版公司的前任总编辑）

“天啊，多美的海滩啊……冷静……冷静……注意观察那平静的海水……我真应该再去一趟泰国……你说现在泰国几点……我的海滩上怎么来了一只癞皮狗，还戴着个橘色的项圈……它长得挺像约翰的狗……我应该给约翰打个电话的，靠……我在日历本上记他的生日没？生日要请小丑的……小丑？！这都是哪儿跟哪儿啊！”

我在心里就这么念叨着这些不着四六的台词，看着墙上的表，凌晨三点，凌晨四点，凌晨六点……闹钟响了。所有的画面都闪过，所有的人影都漂移，所有的想法都出现，从焦虑到莫名地兴奋再到最终的感觉。

疲劳。没错，就是疲劳。

在心理大剧上演的同时，我的身体也没歇着。各种高难度、中难度、低难度、没难度的瑜伽动作均被我运用，有的时候身体拧得像个麻花，有的时候平铺在床上活像画了个白圈的尸体。不过，枕头这个道具是被最广泛应用的，一般我都会以抱着枕头或者蜷缩的姿势表示投降——婴儿睡姿，也简称“投降睡姿”。从来不管用，可我却从没放弃过尝试，就像一只拼命挠门的狗并不知道这扇门永远也开不了。

我失眠，很严重的失眠。

我爸和我哥都跟我一样有睡眠障碍。造成失眠的原因并非是我们压力过大，至少我们并没有每天都有睡不着的压力，也不是因为我们一点都不累，更不是我们睡前吃得太多，我们就是睡不着。我们睡不着，就是因为我们睡不着，就这么简单。

所以，坦白地讲，探索如何能睡着而且睡得好，我希望可以为自己解忧，顺道惠及一些同样被失眠困扰的朋友。在探索之路上，我无所不试。从中国草药到西方成药，从心理医生到健身教练，只要靠谱沾边的，无一不被我当成“小白鼠”。

我可以负责任地告诉你，我已经是一名失眠学教授了。

隐藏的第三条生命

睡眠好不好是不是仅仅依靠时间长短判断呢？睡得多就是睡得好，睡得越多就是睡得越好？

你从来不会在一场高质量的睡眠过后还想午睡，没错吧？所以，从这点我们可以得出一个简单的结论：好的睡眠不是非要时间长。那好，我们可以从另一个角度来讨论睡眠。既然高质量的睡眠不一定长，那么低质量的睡眠有什么特点呢？失眠按症状来说分三种。

1. **入睡困难型**，也就是怎么也睡不着（我就属于这种）。
2. **间断型**，晚上多次醒来，又多次入睡，无法持续一个完整的睡眠阶段。
3. **早醒型**，入睡没有困难，但醒来得过早，而且一旦醒来则无法入睡。

记录自身的睡眠状况是个比较难的事，因为记录是为了得到更好的睡眠，可如果你光顾着边睡边流口水，就记录不下来了。我可以记录上床和醒来的具体时间，但问题是，什么时候入睡的、入睡后醒来几次、几点醒的，这些就没法记录得清楚、真实了。

为了治好自己的失眠症，我甚至跑去斯坦福大学进修了“睡眠生物学”课程。虽然依然睡不着，但正规的理论学习还是让我更全面地了解了失眠这个事。我对失眠症的疑问也越来越具体、越来越专业，比如下面几点。

1. 对于记忆的巩固：我的睡眠中有多少是快速眼球运动睡眠（REM）？

2. 对于组织的修复：我的睡眠中有多少是三角波睡眠？

3. 对于上述两种：我的睡眠中有多少次呼吸暂停？

为了解释这些问题，我需要在一个合格的睡眠实验室里做一个睡眠测试（此项测试被称为多导睡眠图）。测试时，被测者需要连上仪器的线，通常至少有22根。它们分别连接着不同的检测仪器来测试你的大脑活动（脑电图EEG）、眼球运动（眼电图EOG）、骨骼肌肉活化（肌电图EMG）、心律（心电图ECG）、呼吸，有时也包括脉搏血氧指数。

你猜怎么着？身上插着22根管子，你会以为自己在扮演蜘蛛精，一个被试验的蜘蛛精怎么能在古怪的实验室里入睡？所以，几乎所有的被试者第一晚的数据都很糟糕。但假设你努力地挺到了第二个晚上，由于前一天晚上你通宵没睡，因此所有的困意都涌上来，你立马睡得跟两个月大的婴儿一样。但这样的数据更糟糕，因为它们一点用都没有。

总而言之，要测试一项你永远也不会在实验室内做的事情，比如睡觉，那你就压根儿不应该来实验室。你可以做实验，但要有自己的方法。

我的方法产生于2009年7月的一天。

属于我自己的睡眠实验室

“你应该试试布拉德·菲尔德用过的方法。听说他测量睡眠的招数挺神的。”有个朋友跟我说。

这个建议引起了我的注意。不仅仅是因为我刚刚又度过了一个恐怖的无眠之夜，而且布拉德这个名头对我来说颇有吸引力。

布拉德的根据地在科罗拉多州的博尔德，那里是自然风光秀美的户外天堂。实际上，布拉德·菲尔德既不是户外运动员，也不是搞生物科学的，他是一个风险投资家，也是著名的天使投资人。他凭两件事为世人所知：1. 令人难以置信的成功投资纪录；2. 特立独行的投资风格。20世纪最伟大的音乐游戏系统Harmonix Music System一开始并没受到什么人的赏识，但布拉德·菲尔德是当时为数不多的幕后支持者之一，他帮助筹集了50万美元融资。整整

11 年，他们只花钱，几乎没赚钱。这听起来像是狗屎投资人而不是天使投资人办的事，对吧？那是因为故事还没完。2005 年，Harmonix 上线了一款全新的（讽刺）视频游戏，叫“吉他英雄”，一推出就颇受追捧。2006 年，维亚康姆以 1.75 亿美元的价格收购了 Harmonix。

天使还是狗屎，这下见分晓了吧。

布拉德的外表看似狂傲不羁，他从不打领带，还喜欢去哪儿都戴个大耳机，但实际上他自己有一套非常缜密的分析系统。往往是别人才意识到商机，他已经开始收摊算钱了。

如果这个家伙说他找到了治疗失眠的好办法，那我至少愿意去一探究竟。

运动和波：工具们

布拉德的执迷最终成就了“Zeo”。它大概是我的第一个合法的次时代睡眠辅助仪器。

然后，我的仪器大军不断扩张。

在之后长达 4 个月的测试中，我先后使用了心率显示器、温度计、连续血糖监测仪、两个运动检测设备（FitBit 和 WakeMate）和录制睡眠运动的摄像机。通常，这些仪器都是同时工作的。

如果你在那时半夜进入我的卧室，就会看见一个脑袋上接了很多线的沉睡机器战警。

WakeMate 和 FitBit 都是在睡觉的时候戴在手腕上，通过运动感应技术（加速力学）检测身体反应，同样的技术也被应用于任天堂 Wii 控制器。这些数据通过计算被翻译出来，从而确定当事人到底是醒着，还是正处于睡眠的某个阶段之一。 WakeMate 具有闹钟功能，你可以设定在 REM 睡眠中的某一点让 WakeMate 唤醒你。这主要是为了避免昏沉感，以保证你醒来就很精神。

Zeo 与以上两款仪器都不同，它需要使用头带，头带可测量脑电波的生成模型。Zeo 也有一个闹钟功能，可以在脑活动最频繁的时候唤醒你，以此减少疲劳感。

最初的尝试都不太成功。好吧，实际上是很打击人的。

对于这两个加速度计装置，最困难的是我本来就是入睡困难型失眠者，所以，我也不知道我是在什么时候睡着的。如何准确记录入睡时间成了难题。还有，由于记录原理是根据当事人有没有动作来判断是否入眠，那么不动就代表睡着了，动（睡着时翻身）就代表醒了。我戴着它们看了30分钟的电视，可依然毫无困意。然而，根据它们的记录，我从看电视的时候就没怎么动，所以我已经睡了30分钟。

一周后，我终于迎来了第一个好消息：智能警报器Zeo和WakeMate似乎逐渐稳定起来。早上，我也不再因为缺少睡眠而暴躁无常，甚至在还没有喝咖啡的情况下就能正常思考。这是一种进步，但我没有想成为一个良好的睡眠报警器依赖者。从这时开始，Zeo成了我的默认工具。

我开始用数字量化一些早晨醒来后的主观感受，比如我会问自己，我现在的感觉是“很糟糕”呢（1～3三个级别的糟糕程度），还是觉得“真棒”（8～10），抑或是不太明确（4～7正好是中间数字）。中间数值在计算睡眠模型时基本无效，但是作为日志记录下来还是非常有必要的。两个极端数字会告诉我，我要找的那个模式具体是什么样的。多亏有了一台连续血糖监测仪的帮助，我连每天早上吃了什么也认真地记入日志。

这样记录了相当长一段时间后，我发现了以下这些。

1. 我早上醒来后感觉“真棒”的优质睡眠（得分8～10）取决于REM睡眠占全部睡眠的比例，而不是REM睡眠本身的长度。REM睡眠所占的比例越大，睡眠的质量就越高，睡觉的人早上醒来的感觉就越好；REM睡眠所占的比例越大，之前24小时里大脑存储的数据和技能恢复得就越好。同时，较高REM睡眠比例的睡眠会降低醒来后的平均脉搏数和体温。这也许与早晨易突发心脏病有关。

2. 我可以通过两个途径提高REM睡眠的比例，把睡眠时间延长至9小时，或者在入睡大约4个半小时后醒来并保持清醒5分钟。延长睡眠相信很多人还能理解，但本来都睡着了，还要在4个半小时后让自己醒5分钟，似乎毫无道理，但偏偏这种方法是提高REM睡眠比例的最佳方案。这么说来，半夜突然醒了未必不是一件好事，至少在你自己主动醒来的时候是这样。

3. 睡觉前 30 分钟服用 200 毫克的石杉碱甲—A，可以把 REM 睡眠的比例提高 20% ~ 30%。石杉碱甲—A 是蛇足石杉的一种提取物，主要作用是减缓神经递质乙酰胆碱的分解。它是一种流行的益智活脑的药物（智能药物），我曾在过去使用它来加速学习解梦和提高清醒梦的发生率。现在，学习某种语言的前几周，我会服用石杉碱甲—A。不过，每周也不超过 3 天，否则还是会有副作用。讽刺的是，如果石杉碱甲—A 服用过量，副作用之一就是失眠！大脑是一个敏感的仪器，虽然它的忍耐力超强， 但这种药还是不能跟其他几种药品同时服用。所以，在决定用药之前一定要详细地咨询医生。

4. 深慢波睡眠在整个睡眠过程中所占比例越大，醒来后身体功能的表现就越好。

5. 睡前 4 小时饮用两杯以上的红酒，可以将深慢波睡眠的比例提高 20% ~ 50%。掐准时间很重要，如果你在睡前 6 小时喝了四杯红酒，那就未必有什么效果。相反，服用 15 滴以上的加州罂粟提取物可以提高深慢波睡眠，其比例高达 20%。

6. 睡前吃两勺有机杏仁酱配西芹段可以有效减缓醒来后“很糟糕”的感觉，大概可以降低 50% 的比例。有时候，睡的时间长不代表睡得好，更不代表醒来后一定会神清气爽。我相信你肯定有过连续睡上 10 小时，结果起来后依然感觉很糟的经历。罪魁祸首很可能是低血糖。所以，在睡前吃点垫肚子的东西可以很好地解决这个问题。我建议，你在吃杏仁酱和西芹的时候可以加两勺（120 ～ 240 卡路里）亚麻籽油。这样的组合不仅可以避免患上低血糖，还能促进细胞在睡眠中的修复，同时可有效地降低疲劳感，一举多得。不过，我要提醒你一下，亚麻籽油的味道比较像浣熊尿液和芦笋混合在一起的味道，所以你吃的时候最好捏住鼻子。

甩掉你的猿猴基因

好了，下面我要谈到的是最重要的一步，那就是如何入睡。不管我说得如何天花乱坠，实际上通过 Zeo 的检测，我至少有 30 分钟的入睡困难期。有了这半小时的辗转反侧，就算我最终睡着了，这也算不上什么优质睡眠。

我马上要介绍一些实用的方法和工具，它们可以让你的入睡状况大为改善，其中有些很方便，有些则略微麻烦。我省略了药物推荐这个部分，除了偶尔有提到“褪黑素”，其余的均是不用服药的方法。还有，如果某种方法只能带来一两晚的偶尔好睡眠，那就说明这种方法并不适合你。你应该去尝试其他的，直到你可以通过一种方法获得持续的优质睡眠。

- **保持室内温度在 19℃ ~ 21℃**

这是一个变量，毋庸置疑。这个结果是我在尼加拉瓜进行医学旅行探险期间测试出来的，它是变量，但却可以产生最一致的效果。具体来说，在一个室温 19℃～21℃的房间里只盖一床薄被，你就会很快入睡。温度如果高于这个，你就很难快速进入梦乡。但是如果你穿着袜子，让脚保持温暖，那么室温低一些反而没问题，你依然可以很快进入到最佳的睡眠状态。如果你无法控制室内的温度，那你可以多试几双不同厚度的袜子，然后通过脚部供暖来调整被窝里的小环境温度。

有助于入睡的最佳温度的确无法是一个定量，它因地而异、因时而异、因人而异。所以，如果你想找到最适合自己的那个数字，最好的办法就是多试试，你总能找到最精确的那个。

- **睡觉之前的一餐要吃脂肪含量多而且以蛋白质为主的食物**

我是在追踪睾丸激素变化的时候偶然发现这个规律的。钻进被窝前 3 小时吃的最后一顿饭，吃至少 800 毫克胆固醇（4 个或以上的大型全蛋）和 40 克蛋白质比吃低脂、低蛋白质的食物要更能帮助你入睡。你要是能吃两个单独净重 0.7 千克的肋眼牛排，那就差不多相当于被打了一针强效镇静剂。

- **学会用光——推荐飞利浦的 GOLITE 系列**

这款高端的蓝光发射器本来是我买给一个朋友的，他有季节性情感障碍症（SAD），就是说他的抑郁症在冬季会由轻转重。

结果，我给他的时候才发现他已经买了这款产品，我就只好自己留着用。早上起来，我就把它打开，放在笔记本电脑边上大约 30° 的位置（如果是中午就需要调整一下），对着照了 15 分钟。当天晚上，我上床后不到 10 分钟就睡着了。这样连续了四五个晚上——正如我刚才说的，效果可以复制才说明这个方法是有效的。虽然这个产品还是最常被应用于治疗时差颠倒或冬季抑郁症，但我发现它对于纠正睡眠也十分有效。即使早上我醒得很晚，到了晚上，我还是可以用它来让我在一个正常时间内进入睡眠。这个小玩意儿电池寿命长，个头不大，也就一本书的厚度，有旅行睡眠障碍的人可以将它随身携带，出差的人更需要这种仪器来辅助睡眠。

- **别相信睡前运动这回事**

很多人都觉得睡前做做运动会有助睡眠。

这对我来说是件完全不靠谱的事。比如，我可能运动 20 分钟，结果上床后不到 10 分钟就睡着了。我也可能锻炼了 2 小时，结果 2 小时之后还没睡着。运动与睡眠在我身上没什么因果关系，更像是猜拳，纯粹凭概率。

后来，我完全停止了重复性的单独部位健身运动（比如只练一条腿或者一条胳膊的运动），结果却有 90% 的时间能够很快入睡。睡前的活动越复杂（非机械运动），入睡反而越容易。如何知道哪些是适合自己的运动，请参看“热身——对伤痛有准备的身体”那章。

- **睡前一小时洗个凉水澡**

日本人的平均寿命比其他很多民族的平均寿命都要长（83 岁），美国人的其实也不短，但跟日本人比起来还是少了 4 年。据某些研究人员说，这是因为大和民族有泡温汤的习惯，也就是睡前泡热水澡，这样可以加速褪黑素的释放，而且对延年益寿也很有帮助。不过，斯坦福大学的教授们可不这么想。2002 年，我去斯坦福大学上生物学课的时候，他们认为“冷”要比“热”更能有效地促使人入睡。

也许温汤的优点并不在于“热”，而在于泡完温汤之后身体会自然加速冷却，是不是这个“冷”的过程才是导致日本人长寿的原因之一呢？

为了不让我的小精子一游出来就被烫死在滚热的浴缸里，我还是直接试验了洗冷水澡的效果。

我的测试内容是，睡前洗了 10 分钟的“冰浴”（因为是洗冷水澡，所以还是尽量缩短了泡澡时间），外加服用微量的褪黑素（1.5～3 毫克）。所谓“冰浴”其实很简单：从便利店买两三包冰包（十几块钱一个），放半浴缸的水，把冰包放进去。等冰融化了 80% 的时候，人就可以站进去了。刚接触冰浴的人不要一下子将全身都没进水里，前5分钟先让下身浸入，后5分钟可以试着让上身也进去，不过双手不用放进浴缸，也不要碰水。

效果好到难以想象。而且，当你逐渐适应了，褪黑素也可以省略，同样可以带给你“呼呼大睡”的夜晚。

- **使用超声波加湿器**

Air·O·Swiss牌旅行超声波加湿器（制冷型）是个相当了不起的产品，它的体积非常小，甚至可以放进上衣口袋（重1千克多点）。最方便之处在于它的加湿水箱非常好找，你在任何便利店都能买到。没错，就是一瓶矿泉水。当然，你要倒着放。超声波科技是通过高频振动将水雾化为1～5微米的超微粒子，再通过风动装置将水雾扩散到空气中，从而达到均匀加湿空气的目的。不用我多说你也能猜到，这个玩意儿和飞利浦的GoLite是我的“哼哈二将”。尤其是在旅行的时候，将两者结合使用可以让我的过敏性鼻炎症状大大减轻。当然，既然是加湿器，就有美容的作用，可以减少皱纹是必然的——虽然这并不是失眠者要追求的，不过相信这个副作用没人会拒绝吧。

Air·O·Swiss加湿器有很多种子产品，比如我使用的旅行便携装就是其中一种，而且旅行装附赠电源适配器，在欧洲和美国都可以用。我唯一不满的是它的设计也太老土了，难道就不能用好看一点的蓝色吗？

- **使用睡眠助手NightWave**

NightWave是一个好朋友介绍给我的，他叫迈克尔，也有很严重的睡眠问题。

在我测试各种助睡仪器的时候，他总是在我面前叨叨这个烟盒大小的玩意儿有多好使，只要打开它，自己就能在7分钟之内睡着。作为康奈尔大学的心理学教授，詹姆斯·B. 玛雅斯博士是众多认可NightWave助睡眠效果的研究者之一。

NightWave的网站是这么介绍这款产品的：

NightWave可以在黑暗的卧室内投出一股柔和的蓝光，蓝光的“亮度”会缓慢地增强和减弱。躺在床上，睁着眼睛，你可以按照蓝光变换的节奏调整自己的呼吸。蓝光变幻会越来越慢，你的呼吸也会跟着渐渐平缓而舒畅。过一小会儿（具体多久因人而异，比如我朋友迈克尔的周期就是7分钟），NightWave 就会自动关闭，你则翻身睡着了……不同于声音辅助机器，NightWave 柔和的光线不会打扰到别人。

的确管用，但是对我来说它的功能似乎不太稳定，而在迈克尔身上有效率则几乎达到了 100%。所以，现在我只在旅行的时候带着它，作为 GoLite 的替代品。

- **用军人的睡觉姿势**

趴在床上，头枕着枕头，身体朝右侧微微转。双手放在身体两侧，手掌向上。现在，带动你的右臂向上弯直到大臂和小臂呈 90° 直角。此时，你的右手应该在头附近。手还可以放在枕下或者你的头下。下面，伸出的右腿膝盖，也弯曲成大概 90° 的样子。

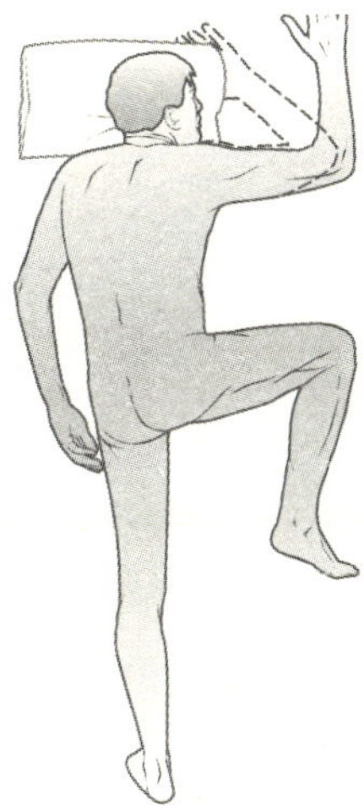

你最后形成的这个姿势之所以有利于睡眠，是因为——你动不了了。

这有点像小孩睡觉。因纽特人和其他一些民族的人就有这个习惯，孩子一闹，就把孩子摆成这个姿势。这个姿势也是军营里战士睡觉最常保持的睡姿，因为只有这样躺着，才有可能在紧急集合的时候立刻从床上起来。最佳的入睡姿势就是能让你移动最少的姿势，比如这个。

工具指南：

• F. lux（http：//stereopsis.com/flux/）：知道吗？你睡不着的原因很可能是你的电脑桌面不对头。F. lux 是一款电脑应用产品，它可以让你的屏幕随着日光的强弱变幻而变化。

•California Poppy Extract(www.fourhourbody.com/poppy)：这是一种植物提取液，可以起到镇定的作用。我发现它对增加深慢波睡眠比例很有效。

• Philips Golite（www.fourhourbody.com/golite）：很多年来，我尝试过的催眠产品太多了，但是只有飞利浦的这款灯让我可以在躺下 10 分钟之内睡着。我每天把它放在我的笔记本旁 15 分钟，就可以了。电池的寿命很长，这点我喜欢。同时，它很小巧，旅行出差可以随身携带。有了它，你连早上的提神咖啡都可以省掉。

• NightWave（www.fourhourbody.com/nightwave）：我的朋友迈克觉得“夜波”根治了他的失眠症。注意，迈克说的是“根治”。虽然它对于我来说只是GoLite的补充，但也许你更像迈克而不是我。

• Air • O • Swiss Travel Ultrasonic Cool Mist Humidifier（www.fourhourbody.com/humidifier）：我最喜欢把“瑞士风”的这款超声波旅行加湿器跟我的GoLite配合在一起使用，它不仅可以拉长睡眠的总时间，还可以让深度睡眠时间变长——这才是最重要的。况且，湿润的空气对皮肤非常好。

• Sleep Cycle iPhone Application（www.lexwarelabs.com/sleepcycle）：这款iPhone App可跟普通的闹铃不同，它不但可以叫你起床，还能分析你的睡眠模型（几点睡、几点起、一天睡几次什么的）。在美国，这是购买率最高的App产品，在德国、日本和俄罗斯也是如此。

• “Lucid Dreaming: A Beginner’s Guide”（www.fourhourbody.com/lucid）：这篇有关“清明梦”的文章是由斯坦福大学的史蒂芬•拉伯格所著。所谓“清明梦”是指在眼球快速运动睡眠期间保持清醒，并能让意识影响梦境。控制梦境并不是一个简单的事情，但却是一件好玩儿的事情。读读这篇文章，哪怕你对醒着做梦不那么感兴趣。

第二十二章

成为现代人
——“多相”睡眠，不用睡很多

人们在死亡面前哭泣，却把自己生命中三分之一的时间用来睡觉。

——拜伦勋爵（英国诗人、革命家）

他们说他每天晚上只睡一个钟头。你认识这家伙吗？泰勒·德顿？

——《搏击俱乐部》（*Fight Club*）

为什么人类把生命中大约三分之一的时间用于睡觉，科学家们知之甚少，至今也没给出个像样的答案。别说什么为了“组织修复”，这个答案简单得近乎简陋。如果只是需要时间来休养身体，那么重达800千克的成年长颈鹿岂不是睡不醒了？实际上，这个比人类更需要休息的庞然大物，每24小时仅用1.9小时的时间来睡觉。8小时睡眠在大多数哺乳动物的世界都行不通，为什么人类就不能跟长颈鹿学学不睡觉就精神抖擞的功夫呢？

可不可以只睡现在的一半，但却能够完全地摆脱疲劳、应付白天的种种呢？

我就不卖关子了，可以。真的可以。

1996年，我尝试着连续5天不睡觉，只是想看看是不是能一周不睡觉（结果证明，不能）。还有，连续那么多天不睡觉会有什么不良影响。极度缺乏睡眠让我产生了幻觉，此实验不得不止步于5天。但从那之后，我一直坚持用各种各样的实验探究睡眠周期的底线。

其中最让我着迷的一个实验概念就是“多相”睡眠：把整块的睡眠分解

成多个阶段的睡眠，既能让你迅速恢复体能，又能使你尽可能少休息，每天 2 小时的睡眠就足够了。对于初为人父人母的家长和短时期内无法获得完整睡眠的人来说，这种全新睡眠模式的优势极为明显。除此之外，想想你能利用这多出来的 6 小时多读多少书，多学多少新的知识，多享受多少次冒险？这将为你开辟一个全新的世界。

就算没有成千上万的人，也有成百上千的人通过托马斯·爱迪生的方法大大地减少了自己睡眠的时间。甚至当他们告诉你他们一天睡多长时间的时候，你会感慨："那么一点时间也能叫'睡觉'吗？最多算打盹儿吧？"

为了让实验结果更加真实，我请出了一位真人讲述他的"多相睡眠"故事，他就是达斯汀·柯蒂斯。

键人达斯汀·柯蒂斯

我的身体与地球不兼容。

我的睡眠觉醒周期是 28 小时，而不是普通人的 24 小时。这也就是说，我每天要比别人多保持大约 4 小时的清醒时间。在这周中间的几天，我有时在深夜 11 点醒来，然后第二天下午一两点再去睡觉。我小时候，大家都觉得我有病，人们以为我疯了。我对小学生涯的唯一印象就是：困。

最后，我终于发现，如果我坚持 28 小时周期的时间表，我的身体就会很高兴。我醒来的时候觉得轻松，睡觉的时候觉得疲倦，跟正常人是一样的，感觉一下子就对了。除了……嗯，我的生活与这个世界上其他人的生活不兼容。

按照正常人的作息时间表睡觉、醒着对我来说太残酷，可让别人都配合我这个古怪的时间表那又不太可能。我还不准备自杀，这个世界也没有要毁灭的迹象，所以我必须找到一个两全其美的解决办法。

经过一番研究，我发现自己可能是一名"非 24 小时睡眠——觉醒综合征"患者。此症状的解决办法就是多相睡眠，任何人都可以使用这种方法把他们的正常睡眠时间减少 6 小时。

· 多相睡眠，你好！

多相睡眠的基本理论前提是，最有益的睡眠阶段是快速眼动阶段。正常人每晚的快速眼动睡眠仅有 1 ～ 2 小时。多相睡眠的秘诀就在于如何获得更多的快速眼动睡眠，如果我们可以提高快速眼动睡眠的比例，那么你自然不用睡那么长时间了。

强行让大脑进入快速眼动睡眠而非其他阶段睡眠的方法之一就是……累！没错，疲惫不堪、一分钟也忍不了的累。如果你刚刚上了 24 小时的班，你也许站着就能睡着，而且还能做个情节曲折跌宕的梦。这是因为身体为了防止大脑受到损伤，开启了自动保护机制，让你的身体立即进入快速眼动睡眠。除了让身体极度疲劳，还有一种方法可以让你迅速进入快速眼动睡眠阶段，那就是“引诱”你的身体，让它相信，你只想睡很短很短的一段时间。你可以训练自己的身体，比如午间睡 20 分钟也可以进入快速眼动睡眠，而不是每天只在一个时间段固定地睡一个整觉。

实际上，我会提供 6 种方法，你可以随意挑选。一个是单相睡眠，也许在看到这本书之前，你一辈子都是这么睡的，所以你并不陌生。不过，跟其他 5 个相比，单相睡眠的人生就显得太无聊了。

单相睡眠意味着：你每天晚上睡 8 小时，其中大约 2 小时为快速眼动睡眠。这是大多数人的睡眠模式，也是很浪费的睡眠模式，因为 8 小时里面的 5 小时是毫无意义的无意识“沉沦”（至少目前的科学证明如此）。

在其他 5 个多相睡眠模式中，有一个共同的重点：白天的 20 分钟小睡。在某些情况下，我会建议在晚上进行几小时的核心睡眠，但大部分还是用白天的分散睡眠代替晚上的整块睡眠。最简单易行也最贴近普遍睡眠模式的方法是“午睡法”：白天打一个盹儿，然后当天晚上睡整觉。很多人都无法相信，但这是事实：白天睡一小会儿，晚上就可以省掉 1 小时 40 分钟的无效睡眠。

“人人法”要比“午睡法”复杂一点，它糅合了几种日间的小睡和晚间的核心睡眠。不过，每天全部的睡眠时间加起来还是要比传统睡眠的时间少很多。

最后就是“现代人法”， PureDoxyk 发明的。这是最高级也是最高难度的睡眠方法——每天小睡 6 次，完全抛弃掉核心睡眠。令人惊讶的是，使用“现代人法”可以让你在只睡 2 小时的情况下依然保持旺盛的精力。

方法

每天只睡2小时却能保持体力充沛，太不可思议了，是吧？可别高兴得太早，因为有人说过，这世界上没有免费的午餐。小睡的次数越多（总共的睡眠时间也就越短），执行就要越严格。在“人人法”2和3里，你绝对不能推迟小睡的时间。在“现代人法”里，每次小睡不能超过30分钟。如果你错过了其中一次小睡，或者睡得时间过长，那么你就前功尽弃了。不仅没法缩短总共的睡眠时间，而且身体根本无法得到恢复，你会觉得疲惫不堪。

这种过于严格的要求让很多朝九晚五的上班族抱怨不已，因为他们根本做不到。所以，如果你是个自由工作者，或者不用坐班，那么你就已经赢在起跑线上了。你可以先选择一种方法尝试几个月，你会发现，以前总是没时间做的事情现在都可以完成。

对我来说，这是我战胜大脑的最成功的一次战役。

快速眼动睡眠阶段

其他睡眠阶段

单相睡眠

浪费主义的8小时睡眠（8小时核心睡眠）

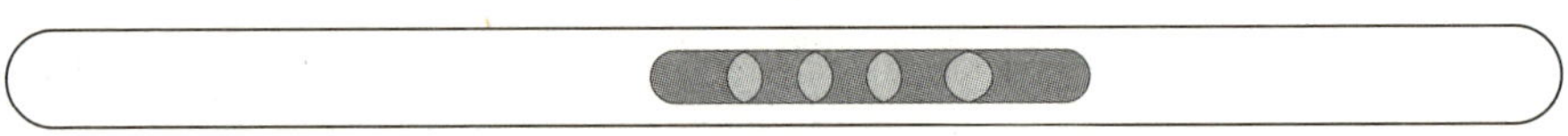

晚上12点　　半夜　　上午11点

多相睡眠

午睡法6.3小时睡眠（一个20分钟小睡，6小时核心睡眠）

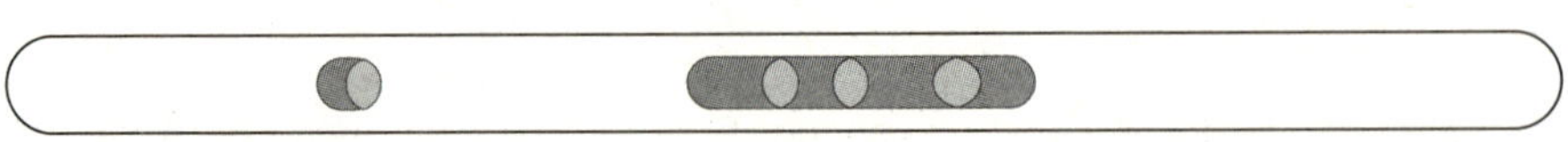

晚上12点　　半夜　　上午11点

人人法 5.2 小时睡眠（两个 20 分钟小睡，4.5 小时核心睡眠）

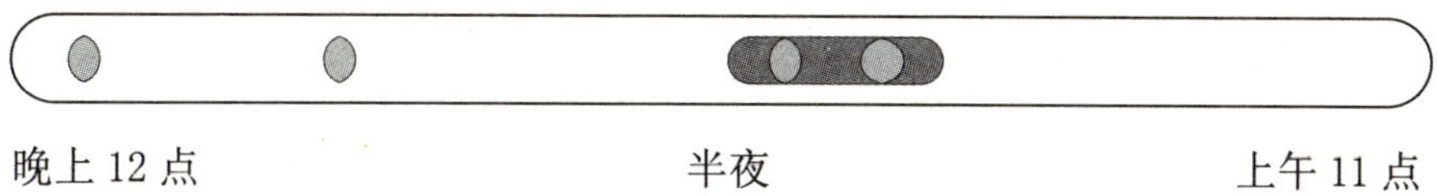

人人法 4 小时睡眠（三个 20 分钟小睡，3 小时核心睡眠）

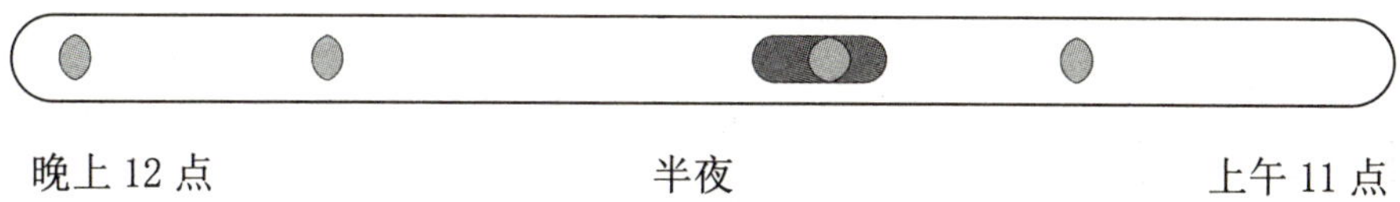

人人法 2.8 小时睡眠（四个 20 分钟小睡，1.5 小时核心睡眠）

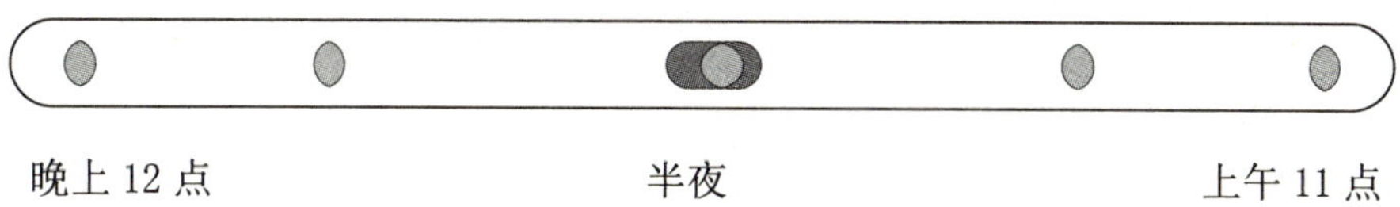

现代人法 2 小时睡眠（6 个 20 分钟小睡）

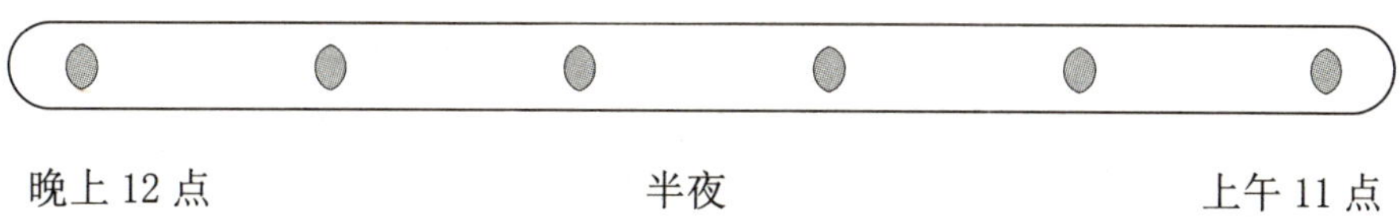

现代人法

步骤一：制订好小睡时间表。

你应该每隔 4 小时就小睡 20 分钟，一共有六段这样的小睡。具体是什么样不重要，重要的是要均匀地分配好 24 小时。比如，你可以在凌晨 2 点、早晨 6 点、上午 10 点、下午 2 点、下午 6 点和晚上 10 点分别小睡，然后不要再更改，就一直按照这个节奏来睡。

步骤二：确保不要睡过头。

你只要睡过头一次，就会破坏掉其他五段小睡的效果，而且在接下来的24小时里会觉得非常难受。无论如何，你都不能超过20分钟，这个强制性的短睡会让你摆脱掉单相睡眠的节奏。如果你没法控制好自己，那就买个靠谱点的闹钟——铃声很大，甚至会跳舞的都没关系。而且，把闹钟放得远点，避免它一响就立刻被你按掉。

步骤三：确保不要睡漏掉。

既然这个作息时间表是你自己定的，你就一定要严格执行。如果哪天你准备给自己放个假，或者给自己找理由不去按时间表作息，那结果将是毁灭性的。你错过了其中任何一个小睡都会损失掉大量的能量，要再增加两个小睡才能补回来。

步骤四：熬过十天。

刚开始的前十天是最难受的。只要能够做到不睡过头、不漏睡，坚持两周就完全可以自如地适应新的作息表。最糟糕的也就是要坚持三周，不会再长了。

工具指南：

• Dustin Curtis（http://blog.dustincurtis.com/）：本章引用的故事就来自这位博主，他是一位界面设计师、业余神经学家。

• Steve Pavlina’s Sleep Logs（www.fourhourbody.com/pavlina）：我是从史蒂夫•宝琳娜的多相睡眠实验开始接触“现代人法”的，她的网站是你在网络上能够找到的信息最详细的有关多相睡眠的博客。

• Uberman Schedule Success Stories（www.poly-phasers.com, www.fourhourbody.com/kuro5hin）：这里集中了大批使用“现代人法”而获得成功的案例。马特•马伦维格是目前最流行的博客软件WordPress的主要开发人员之一，他通过Kuro5hin结识了现代人法睡眠模式，并坚持了一年。谈起这一年的改变，他是这么说的：“这是我一生中最富有成效的时期之一。当然，前三四周，我活脱脱就是一个僵尸。可一旦你融入你的时间表，到后来你甚至都不需要闹钟响就能自然醒来，你会发现这一切都太神奇了。WordPress.org的绝大部分程序都是在这段时间内写成的。然后，丘比特击中了我，我恋爱了。自然而然地，现代人法的睡眠方式停止了，我也没那么多工作压力了，把更多的精力放在跟女朋友在一起过浪漫的日子。说句实话，能跟你爱的人共度良宵，还是比晚上只睡 20 分钟要来得幸福。”

• Try Polyphasic（http：//forums.trypolyphasic.com/）：这个专业论坛为新手朋友提供了很多基础信息，也有常见问题解答，大家可以互相交流意见，很多建议都很中肯。

• “How the Everyman Sleep Schedule Was Born”（www.fourhourbody.com/everyman）：这篇文章讲了如何微调现代人法，让它可以尽量适用于每个人的生活作息。

• “Polyphasic Sleep：Facts and Myths”（www.supermemo.com/articles/polyphasic.htm）：这篇文章比较并总结了多相睡眠与单相睡眠、双向睡眠各自的优劣势，同时还介绍了“自由跑”睡眠的概念。

如何遵守计划：

• Kuku Klok（www.kukuklok.com）：只要登录咕咕鸟网站，这个网站就会自动为你计时，并及时地叫醒你，哪怕临时断网都不用担心。

• Clocky Moving Alarm Clock（www.fourhourbody.com/clocky）：这款闹钟可了不得，它报时的时候不但会叫，而且会跳。还有，喜欢按掉闹钟继续睡的朋友没辙了，因为这个闹钟只允许按一次。

• Wakerupper（www.wakerupper.com）：这是一款在线电话提醒工具。只要你输入时间，到时候网站就会自动拨通你的手机叫你起床。

第八部分

扭转伤局

THE 4-HOUR BODY

每周健身4小时

第二十三章

扭转“永久性”损伤

我最近换了一个新医生，然后发现他的办公室坐落在一栋叫“专业大厦”的写字楼里。刹那间，我觉得自己的伤病就好了三成。

——乔治·加林

从 2004 年到 2009 年，我的 MRI 检测光片和 X 光片，空间有限，实际上这些连总数的一半都不到。

曾经有人问法国探险家、航海家、生物学家杰奎斯•康司徒如何定义“科学家”这种身份。他回答道，他就是一个对什么都好奇的家伙，喜欢盯着大自然的锁眼向外看，一心想知道外面发生了什么事情。

2009 年 6 月，我因为疼痛和绝望变得好奇心非常非常强，几乎好奇到想直接变成科学家的地步。我思考的问题是：如果我能在 14 天内扭转永久性损伤和身体的各种不适，那这个世界将会发生什么？

是不是等我当上百万富翁、亿万富豪，或者奥组委的专用医生和专用药品都听从我的调遣，我的梦想才能实现呢？

让自己现实点，似乎砸锅卖铁更适合我的现状，测试各种新奇疗法最后不幸英年早逝才是更合理的结果。

不过，你现在还能读到这本书，说明我还活得好好的。虽然有好几次死神离我不远，但我还是挺过来了。更重要的是，那些永久性损伤永久地离开了我。尽管整个探索实验的过程耗费了我 6 个月的时间，可是最后的结果还是相当令人满意的。

先上个开胃菜吊吊你的胃口，这不是个愉快故事，但这是真实世界中常见的一幕。之后，我们再去仔细讨论在医治伤痛的过程中尽量避免这种“赤脚大夫”混江湖的事情。

一万美元一堂课

在亚利桑那州的滕比市，我正坐在医生的桌子旁，忍受着冰冷的冷气，傻愣愣地盯着一幅鼓胀的结肠反转挂图看。

真是美好啊！

我动不了，因为有人正拿着一捆七八厘米长的针往我的脖子、肩膀和脚踝处注射。我只能像个塑像一样目视前方，而前方光秃秃的墙壁上除了这个结肠解剖图之外什么都没有。不知道是谁的主意，干吗把结肠解剖图画得这么大，还画得这么细致入微、逼真无比？结肠有这么重要吗？

第一根针落在我的颈椎上，还没等第二根针出动，我就已经冒汗了。游戏才刚刚开始，后面还有我受的呢。不到 2 小时，我就创下了这家诊所单次来访的最高针数纪录。我厉害吧？

在接下来的 8 天里，还有两个疗程等着我。这个时候，让我平静真是很难，我一会儿哀怨，一会儿恐惧，一会儿暗骂自己不该这么祸害身体。插在我脊

设置临床注射纪录

椎附近的针旨在吸出脊椎上的增生物质，它们发出刺耳的吱吱声，活像谁在用指甲挠黑板。几十分钟后，一个注射器扎进了我左脚踝的一侧。结果，脚踝的另一侧开始从内向外有节奏地鼓起，就好像那里有个外星婴儿马上要破皮而出，跟电影里演的一模一样。我被打了十多针麻醉剂，已经完全没什么理智可言，看着一鼓一鼓的脚踝竟然笑了起来。

最强力有效的医疗鸡尾酒（指多种化学药物混合在一起使用）其实就是一种氢化物，其中的成分含有给奥林匹克滑雪运动员膝盖专用的药物，也含有让撕裂韧带的短跑运动员 8 周就能恢复并赢得金牌的药物。

科学怪人做的事情其实就发生在我们身上。好吧，在我的身上。我在这家诊所挨了很多针，但具体注射的是什么呢？请看下面的清单。

- **高浓度血小板血浆（Platelet-rich Plasma，PRP）：** PRP 是一种主要应用于精英运动员的紧急治疗药物。2009 年，在超级碗比赛开始的几周前，两名匹兹堡钢铁人队的主力队员受伤严重，队医用 PRP 帮助他们神速恢复。结果，匹兹堡钢铁人队如愿捧获超级碗大赛冠军的奖杯。这一事件终于引发了人们对于 PRP 的全国性关注，这让它从幕后走到了台前。PRP 是一种利用自身血液制作的富含血小板的高浓度血浆。血小板含有最重要的人体生长和修复基因，我们大部分的肌肉组织修复都要靠血小板来完成。获得 PRP 的方法很简单，先是正常抽血，获得普通血浆，然后通过离心分离机制造 PRP。

在注射 PRP 的时候，我还加了下面几种“神药”。

- **肝细胞基因（Stem Cell Factor，SCF）：** 从以色列空运过来的，帮助生成血液细胞。

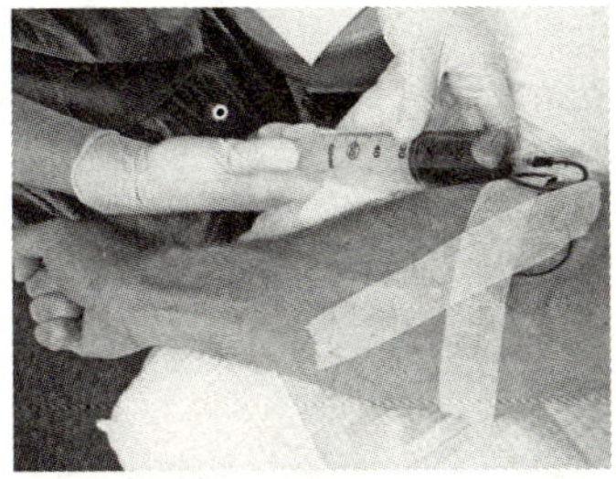

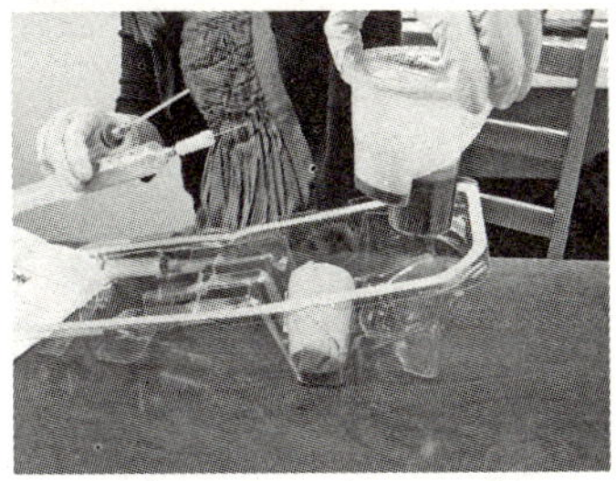

制作富含血小板的高浓度血浆

•骨蛋白质7号（Bone Morphogenic Protein7，BMP-7）：帮助成人干细胞（间叶细胞）形成骨头或软骨。现在回想起来，这估计是我尝试过的所有医疗鸡尾酒中最危险的一个。

•类胰岛素生长基因1号（Insulin-Like Growth Factor 1，IGF-1）：对于成人的合成代谢有促进效果，在生长激素的刺激下在肝脏中形成。这也是目前世界上最强力的激活细胞生长和繁殖的自然药剂。很多高级别的健美运动员使用基因1号，因为这东西的价格也很“高级别”。

接下来呢？

4个月后，到了见分晓的时候了。世界一流的脊椎专家、在哈佛受训的主治医师看了我之前和之后的MRI片子后，告诉我：“我看不出一丁点儿变化，以前和现在的状况几乎是一样的。”

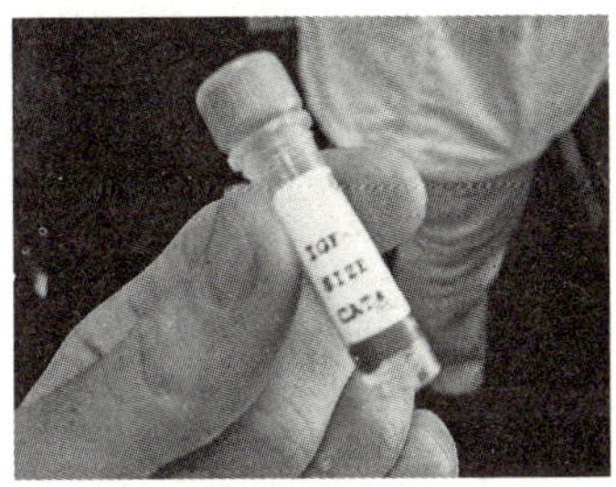

胰岛素增长因子

一丁点儿变化都没有是言过其实了，因为如果你用显微镜查看，还是有点变化的。我的主治医师说的没变化是指我的伤痛。

也就是说，我的损伤丝毫没有好转。

三个疗程花了7000美元，如果仅仅是钱上的损失也就罢了，更糟糕的事情还在后面。

不久后，我右手肘上的一个针眼出现了葡萄球菌感染，结果我不得不去加利福尼亚大学旧金山校区的医疗中心做紧急手术。整整两个月，我手臂都动弹不得，光是住院的费用就花了10,000美元。

我联系了当时负责给我注射的运动科学家，向他说明了整个情况，并希望他能分担1500美元治疗费用作为赔偿。这位专家给我回了电子邮件，表达了跟他的治疗手法一样不负责任的观点：

“你在这儿跟我费什么口舌呢？有这些时间，你早就可以出去找点活儿干，赚上好几个 1500 美元了。”

我哑口无言。

他这是在赞美我赚钱的能力呢，还是在暗讽运动科学界工资水平较低呢？

总之，大概就是这样的人让“科学”二字日益不得人心了吧。

所以，并不是 PRP 这项技术不起作用（我相信它绝对会颠覆再生医疗界），而是你找不到值得信赖的医生能使用这项技术帮你康复。

如果你想省钱，或者想寻求权威以外的帮助，那就更危险了。天桥上从来不缺卖大力丸的家伙，因为不相信医生，所以转而去寻求神婆，那就不是倒霉，而是愚蠢了。好，正统科学找不到负责任的人，非正统科学都是负责任的骗子，那意味着什么？读者们，也就是说，你就活该损失那 7000 ～ 20,000 美元，然后一无所获，或者收获一个感染的针眼吗？

不，你需要一个自告奋勇当小白鼠的人把能试的方法都试遍了，然后告诉你哪种方法好用，哪种方法害人。

这，就是我的工作。

为什么

先解释一下，为什么我要对自己做这些。

很简单。在经历了超过 15 年的各种尝试之后，我的确收获颇丰，但也付出了代价。20 多次骨折，20 多次脱臼，两处关节手术（肩部和新伤——肘部），还有数不清的扭伤、拉伤和泪水。常年的过量运动和什么都敢尝试的“愚蠢”举动让我的身体过早地呈现老态，曾经有一个外科医生说我是“30 岁的年轻灵魂住在 60 岁的衰老身体里”。

很准确。

你也许觉得这是我要寻求解决之道的原因，实际上，并非如此。虽然被医生这么说我应该很震惊，但在各种运动中，损伤类的事故太常见了。不管你自己的状况多严重，肯定有人比你还严重。我最好的男性朋友以前是职业运动员，过了 30 岁之后，他全身的“零件”都在吱吱作响。每天，不是这里疼，就是那里痛。从前的小伤小痛演变成了顽疾，甩也甩不掉，治也治不好，每年到了一定的时候就疼。最糟糕的是，我俩都明白，随着年龄增长，情况只会恶化，永远不可能好转了。

对我来说，压倒骆驼的最后一根稻草是 2009 年的“泼尼松事件”。最初，我的肩部只是有些无伤大雅的疼痛，隐隐约约，时来时去。我去做了 MRI，结果显示肩伤没什么问题，倒是五块颈椎骨有老化的倾向。

医生拿着我的片子给我做了最后诊断，他说：“这没法治，这辈子，你只能忍着了。”这位颈椎专家是 NHL 和 NFL 的指定队医，他的诊断很有权威性，基本上我没必要再去别的地方复诊了。看着他为了安慰我强挤出来的微笑，我真不知道是该哭还是该笑。他推荐了一些口服药物和针剂给我，但它们无一能根治我的病症，只能缓解疼痛。比起我的问题，这些缓兵之计似乎只是为了缓解我的心理焦虑而准备的，用不用没有实质性的差别。不过，我还是“谨遵医嘱”，选了几种药物进行治疗。

在治疗过程中，我需要接受一种叫泼尼松（合成类固醇，$C_{21}H_{26}O_5$，与用作抗过敏、免疫抑制和抗癌药，并在风湿性关节炎的治疗中作为消炎药的可的松相似）的针剂注射，剂量很大。注射完的第二天下午，我花了好几小时去停车场找一小时前停在那里的车。我头昏脑涨，在停车场里转了不知道多少圈，结果还是没找到自己的车，只好打了个车去赴约。

第二天早上醒来，我趴在床上，活像只哈巴狗，完全想不起前一天晚上我是跟谁吃的饭、怎么回到住处的。够了，我对自己说。如果传统药物治不了我的毛病，那我就走非传统路线。

我的习惯是，如果我要搞懂一个事情，那就要把所有的事情都搞懂。

清 单

按照下面这四个步骤，你可以省掉很多不必要的检查和花费。如果第一个步骤的内容治不好你，你就进入第二个步骤。如果第二个步骤的内容也没用，就接着往下走，直到你来到第四个步骤——手术治疗。

步骤一：动作训练。通过某些动作纠正姿势和恢复肌肉机能。

步骤二：物理治疗。用工具（针灸）或者只是用手（按摩）来纠正软组织损伤。

步骤三：医疗。注射药物、口服药物或者通过其他医疗手段治疗。

步骤四：机械重建。到了这步，就只剩手术可选了。

下面是我在 2009 年专门为这本书做的为期五个月的实验成果，其中有些结论来源于 2004 年我的肩部手术过程。在这五个月中，每隔 2 ～ 4 周我就会去验一次血。

之所以会做这个实验，并不都是因为孤注一掷的悲观想法。2004 年，我在肩部手术结束后接受了一系列物理治疗，结果非常惊人——我做手术的那个肩膀在恢复后竟然比我没受伤的肩膀更有力，这实在超出了我的想象。这也说明了，只要方法正确，手术并不是传说中的“终结者”。所以，即使你被手术刀切开过，也可能成为一个里外“全新”的人。这可以改变很多人的人生，为什么不试试？

下面带＊的都是我认为见效快、效果持续时间长的方法，括号里是此种方法针对的身体部位。我会挑其中几个最佳方法在本章的后面详细讲解。

动作训练

- 水疗
- 普拉提
- 双人拉伸
- 太极拳
- 瑜伽
- ＊光脚走路（有益后腰背）
- ＊格斯丘物理疗法（有益颈椎、脖子和后背中部）

物理治疗

- 按摩
- 针灸 / 针压
- ＊活性释放技术（Active-releas Technique，ART）
- ＊肌肉整合疗法（Advanced Muscle Integration Therapy ，AMIT，有益于胸腔、臀部和小腿）

- 格雷斯顿技术

医疗

局部的

- 结晶睾酮
- 二甲基亚砜（二甲基亚砜是一种透明、无色、无臭、呈微苦味的液体，毒性极低。它是一种水溶性的化合物，能溶解绝大多数有机化合物）
- 吖啶

口服

- 三磺甲状腺氨酸钠
- 大剂量L-谷氨酸盐（每天50～80g）
- 大剂量牛或鸡骨胶原（1、2、3型）

内关节注射

- 高浓度血小板血浆
- 可的松
- * 增生疗法（有益于左膝和右腰）

内肌肉注射

- *代卡－多乐宝灵（有益左肩）
- 庚酸睾酮
- 环戊丙酸睾酮油剂（环戊丙酸睾酮）
- 睾丸素　250g（混合睾酮）
- 人生长激素
- 运用针灸注入微量创份美尔和Lymphomyosot（有益跟腱、冈下肌）皮下注射

活像张超市购物单吧？

优选的几项

以上的所有选择都是有效的，但是，只有那么几项在实施结束48小时之后依然有效。有些锻炼看起来不复杂，但是自己一个人不能做，这也多少影响

了它们的可行性。

这其中的五项可以扭转永久性损伤，而且一个人也容易做到，下面我们就来看看它们的真面目。

1. 去掉鞋跟和V底训练——我的被治疗区域：后腰背

只要穿着有跟的鞋子，你在展现身姿的时候就要付出代价。这个代价通常是伴随你一生的各种疼痛。我活了三十多年，才明白这个简单的道理。因为，综合训练芝加哥分部的健身教练鲁迪·塔帕拉向我介绍了一种V底五趾鞋，它们看上去活像大号的手套。

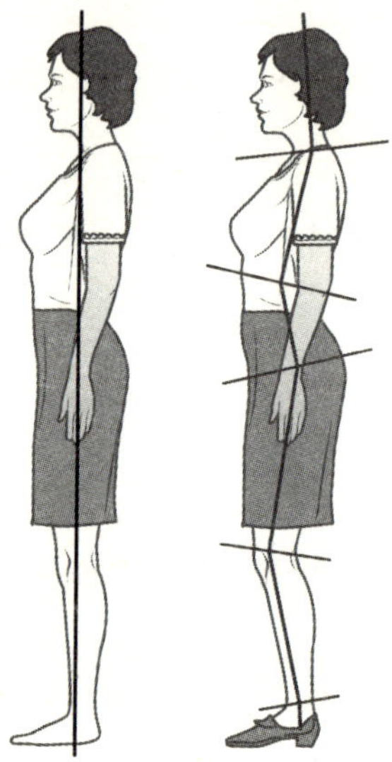

常年穿高跟鞋，通常会导致某些角度的脊柱后凸或脊柱前弯，伴随脊柱的变形，背部下方和中下方的疼痛也会接踵而至。所谓脊柱后凸或脊柱前弯，就是一种“因颈椎变形扭曲和背部内陷所导致的骨盆前倾”。知道老百姓怎么解释这个名词吗？驼背。

这就是为什么不管男人还是女人，只要体脂下降到体重的10%以下，就会腆个肚子，像怀孕了似的。这是由于背部下方过度拱起造成的，并不是脂肪惹的祸。很多人不明就里，就拼命减脂，却始终得不到平坦的腹部。

解决的方法并不复杂，尽量穿平底鞋，或者脚掌前部和脚跟处厚度相等的鞋子。把普通鞋子换成V底五趾鞋和泰拉光脚鞋，它们治好了困扰我十多年的背痛。而且，V底五趾鞋还在很大程度上帮我矫正了脚型。什么叫矫正脚型？难道我的脚是畸形的吗？不，我的脚很普通，是双现代人的脚，但是我想让双脚尽量恢复到自然的形态。请看下页图中的第一组图片，这组图片第一次出现在公众面前是在1905年的《美国正骨外科月刊》上。

别误会我的意思，在有些场合，有一双得体的高跟鞋还是非常有必要的，尤其是对女士而言。

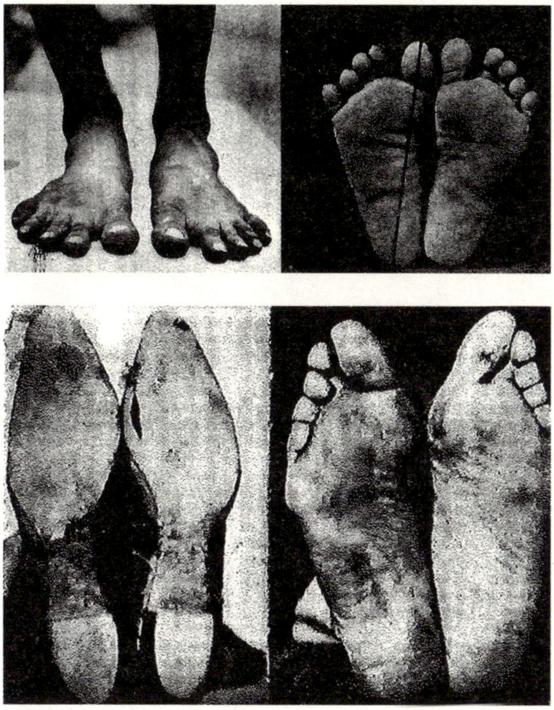

只不过，别让高跟鞋长在自己的脚上。

光脚走路的人的双脚，脚趾像扇子一样自然向外张开，这可以为行走提供最稳固的支撑。注意看，从脚跟中部到大脚趾的那条自然的外倾线，这样的脚掌很少会出现内旋的现象（也就是我们常说的崴脚），同时也避免了膝盖问题和背部下方的疼痛。

上图的第二组图片肯定会让你想起中国以前裹小脚的妇女，可脚掌既不是中国人的，也不是女人的，这是一双普通的欧洲男性的脚掌。在这双常年穿皮鞋的脚掌上，那条本应存在的外倾线根本找不到了。

2. 艾格奥斯奎疗法——我的被治疗区域：颈椎、脖子和后背中部

皮特·艾格奥斯奎是艾格奥斯奎疗法的创始人，他在全世界开办了 24 所姿态理疗中心。皮特曾在海军服役，后来自学成才，成为一名治疗师。在行医期间，他不断地摸索新方法，不断地在自己和运动员身上做实验。很多实验既获得成功又具有颠覆性，他的名气逐渐大起来。有很多方法，完全没办法靠书本传授，皮特在观察和总结的过程中发现了很多宝藏。

有一次，一名摔跤运动员扭伤了脚踝，皮特就来到更衣室里为这名运动员治疗。皮特当时并没有什么经验，之所以能为运动员服务，是因为他的一个好朋友恰好在这里有点关系。皮特让摔跤运动员躺在地板上，然后把受伤的那条腿放到更衣箱的门上。除此之外，皮特也不知道自己还能做什么。总之，在脚踝受伤的时候，将它抬高总是没错的。这时，皮特接了个电话，就离开了更衣室。15分钟之后，他回来了，躺在地上的伤员很直白地告诉他，这简直是在浪费时间，自己没什么好转，脚踝还是那样。

但不知怎么回事，那名运动员告诉皮特，自己多年来的背痛缓解了很多。

皮特自己也很困惑，为什么这招会对缓解背痛有效？不过，他没忽略这个信息。在接下来的日子里，一有机会，他就让向自己求助的伤员平躺，把腿抬高，结果背痛缓解的反馈非常频繁。到最后，皮特终于得到了足够多的实验数据。他觉得这个方法该有一个自己的名字了，于是，他给它起了个听起来多少有点色情的名字——上翻腹股沟前进练习（supine groin progressive）。我得承认，这项练习是我的大爱。很多年后，他在艾格奥斯奎大学讲课，讲到质疑的重要性的时候，他说："同学们，在我的世界里，就是因为我什么都不懂，所以什么都是有可能的。"

虽然现在我十分喜欢上翻腹股沟前进练习，但是一开始我对艾格奥斯奎疗法的印象并不好。

2009年，我有机会亲身接触艾格奥斯奎疗法之前，已经无数次从运动员朋友那里听到过这个名字。以我的好奇心，早就应该飞奔去看看这个好玩意儿到底什么样，可我一直都没这么做，就是因为别人跟我讲述、向我引荐、给我介绍的时候，我感觉非常不舒服，就好像被疯狂的邪教人士或上门推销员纠缠似的。

我所在地的艾格奥斯奎疗法的宣传语非常夸张，声称包治百病，从过敏症状到消化不良，通通有效。我还看过一段视频，里面的一个学员在做某个练习的时候突然全身不由自主地抽筋，那场面真是又诡异又骇人。

于是，我决定远离这种神神鬼鬼的治疗法。如果我需要在头顶摇一只死猫来治疗背痛，那我还是别出去丢人了，直接在家里跟死猫玩儿就可以了。所以，尽管高尔夫传奇人物杰克·尼克劳斯和超级碗明星球员约翰·林奇都曾经向我大力推荐艾格奥斯奎疗法，可我还是不为所动，继续与它保持距离。

2009 年 6 月，我正在亚利桑那州滕比市跟一个朋友吃午餐。他那天下午正好预约了一次艾格奥斯奎治疗，主治医师就是约翰·凯特摩尔。凯特摩尔拥有 25 年的物理治疗从业经验，经验非常丰富，见识过大风大浪，在行业内颇受尊敬。我答应朋友下午陪他一起去做治疗，心里已经准备好迎接“大仙”降临了。

让我没想到的是，虽然“大仙”没出现，但是 90 分钟的治疗结束后，我背部持续了 6 个月的疼痛突然消失了。我想，皮特听说那个摔跤队员的背痛得到缓解的时候，应该与我此刻的心情一样——既兴奋又困惑，很难不问上一句：“为什么啊？”

这不是我第一次“打自己的脸”了，不过这次的经历再次印证了两个真理：1. 任何方法的执行者，或者任何行业的从业者都可能在“领会精神”上犯错误，他们自己学的就不正确，在宣传和兜售这种方法的时候只会越走越歪；2. 更重要的是，就像李小龙所说的，“吸收有益的，砍掉无益的，再加上仅属于你一个人的，这就是宗法”。

我做了好几个月的实验，有些是在自己身上尝试，有些则是请其他的“电脑奴隶”帮忙。终于，有六个符合 80/20 原则的专为伏案工作者设计的练习脱颖而出，它们可以通过纠正姿势而有效缓解疼痛。对于少数在家工作的人，我建议每隔两三小时的伏案工作（或长时间坐着）就做一下下面将要介绍的练习（1）（2）（3），然后每周至少做一次全套练习。

艾格奥斯奎疗法中的上翻腹股沟前进练习是最复杂、最不方便、耗时最长的一个练习，但这也是唯一能减缓腰肌、臀屈肌僵硬状况的动作，对于释放骨盆和解决腘绳肌腱僵直有着难以想象的帮助。

（1）静态背部着地

组数：1 组

次数：1 次

耗时：5 分钟

方法：

• 背部着地躺下，把双腿放在一个箱子或者椅子上。

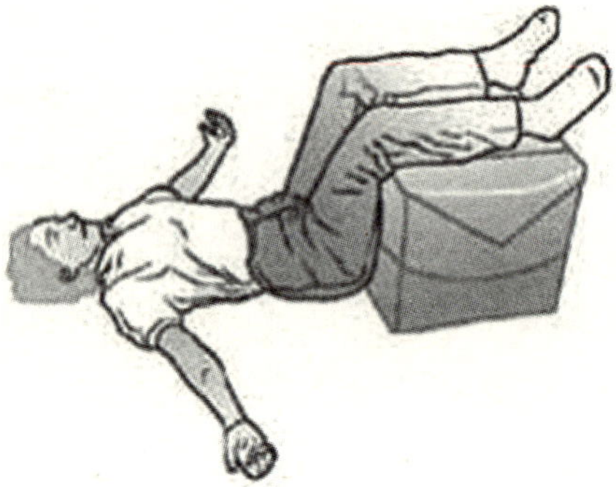

• 双手向两边展开，手臂与身体大概成45°角，手掌向上，大拇指要碰到地面。

• 放松你的背部下方，要保证你的腰背处完全接触到地面，不要左右倾斜。

• 保持这个姿势5分钟。

（2）静态双肘伸展

组数：1组

次数：1次

耗时：1分钟

方法：

• 脸朝下，双手和双膝着地（按右边下图所示）。保证所有的关节成直线（比如，肩部、双肘、手腕要在一条直线上，臀部要位于膝盖正上方）。

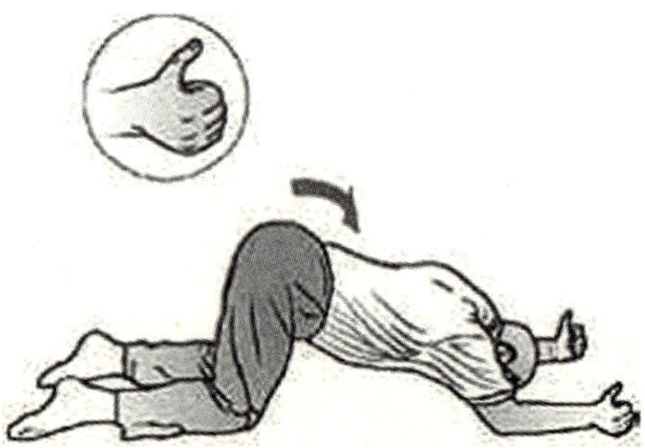

• 向前移动你的双手大概15厘米，然后把手肘放下，让其着地。

• 双手分开，分别轻握拳，以双肘为轴，向外转动双臂。同时，伸出大拇指。

• 臀部向后脚跟处坐，让背部下方拱起。

• 低头。

• 保持1分钟。

（3）肩部上拱夹枕

组数：1 组

次数：1 次

耗时：1 分钟

方法：

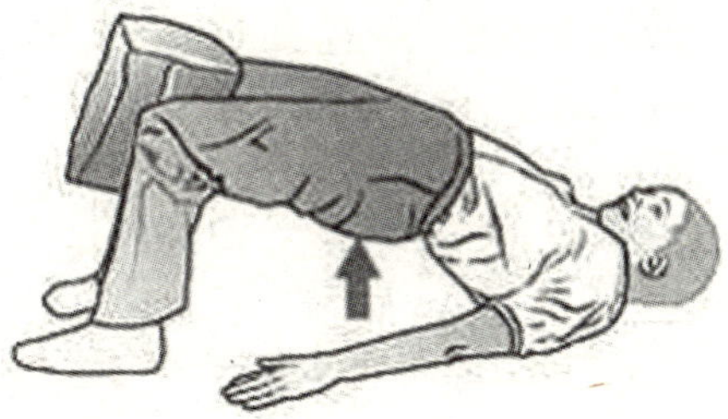

• 背部着地躺下，膝部弯曲，双脚平行，脚尖向前。

• 拿一个枕头放在双膝之间，在做动作的时候，双膝要保证夹住枕头，不使其滑落。

• 上半身保持放松，抬起臀部，背部也离开地面。

• 到达顶部的时候保持 1 分钟。

（4）运动上拱夹枕

组数：3 组

次数：15 次

方法：

• 还是重复上一个动作，不过，到了顶部时尽量抬高臀部，然后再慢慢放下来。保持整个过程流畅稳定，不要摇晃。

• 分 3 组，一共重复 15 次。

（5）上翻腹股沟前进练习

a. 艾格奥斯奎疗法的上翻腹股沟前进练习。

耗时：每边 25 分钟

方法：

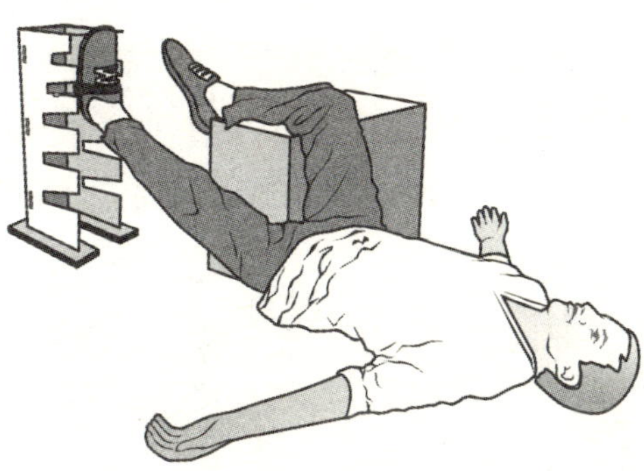

• 背部着地躺下，一条腿搭在一个硬物或者椅子上，小腿和大腿成 90° 角（如右下图

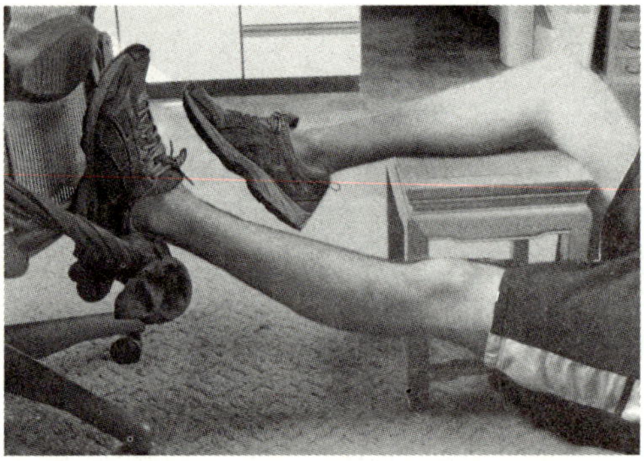

所示的右腿）。双臂自然放在身体两侧，与身体呈45°角，手掌向上。

• 另一只脚放在带等长豁口的一个架子上。

• 放在架子上的这只脚应该从最低处开始，一级级往上移动，直到你腰背处开始有拱起的迹象。这就是你在最开始5分钟里的水平。

• 保持这个动作直到你的背部可以平躺在地面上，别去管时间，就专注于让背部跟地面完全接触。

• 5分钟之后，架子上的腿向下移动一级，保持。

• 一直向下移动，直到你的腿完全伸直并已经来到了最低的那级上。

• 换另一条腿，重复刚才的动作。

b. 利用椅子完成的上翻腹股沟前进变形练习。

这个版本的练习没有“前进”的部分，但是它更方便，而且从原理上讲，跟上翻腹股沟前进有一样的作用。

• 拿一件破T恤或者破牛仔裤缠在椅子或者门把手上。

• 你用的椅子、桌子或者门把手的高度应该差不多到你膝盖，你可以参看上一组图片上那个架子的样子。

• 一条腿还是搭在一把椅子或硬物上，把另一条腿的脚跟放在你用旧衣服做好的绳索上。保持10分钟。

• 换另一条腿。

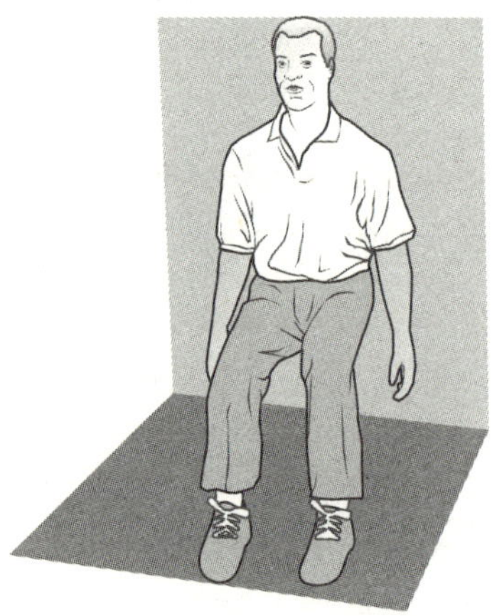

（6）腾空坐

组数：1组

次数：1次

耗时：2分钟

方法：

• 双脚分开，脚尖向前，背部依靠住一堵墙。

• 双脚慢慢地向前移动，离墙。与此同时，身体在背部与墙保持接触的条件下慢慢下坐，直到膝盖弯曲成90°角。脚踝的位置要略微比膝盖靠前。此时，你的腰背处应该完全跟墙壁贴合。双臂在身体两侧自然下垂，或者自然地放在大腿上。保持让脚跟处承受身体的重量，脚趾不要向前用力。

• 保持2分钟。

3. 高级肌肉综合疗法（Advanced Muscle Integration Therapy，AMIT）——我的被治疗区域：胸腔、臀部和小腿

我把当小白鼠的任务分了一半给一个半职业运动员，我们都管他叫“海饼干”。我俩在伤痛复原这条路上太有共同语言了。比如，他在短跑训练中撕裂了自己的腘绳肌腱，这比我最严重的运动外伤还要严重。再如，我接受了生化治疗和很多注射，而他则是在物理治疗和机械修正方面经验颇丰。还有就是，我俩都为了这些可恶的伤痛四处求医，从墨西哥到迈阿密，两人的医疗支出加在一起超过了10万美元。

结果是，没什么是真正有用的。

“两指医生”是“海饼干”多年来唯一的收获，他给我发短信表达了自己的激动之情，末了还来了一句：“伙计，你最好把自己哪里的骨头弄断——‘两指医生’绝对妙手回春，你试试就知道了。”

弄断骨头这事儿，我是一直在努力，从不松懈的。所以，收到短信后，我立刻飞到盐湖城，又开了一小时的车来到凯斯威尔小镇，这里就是“两指医生”克雷格·布勒办公室的所在地。他的诊所叫ChiroMAT，真是够怪的。

候诊室的墙几乎被大大小小的感谢信和签名球衣盖满了。在落款中，你很容易就能找到每个行业中的标兵人物，比如被四次评为超级碗明星中后卫的比尔·罗马诺瓦斯基、NBA球员约翰·斯多克顿和卡尔·马龙、高山滑雪明星皮卡波·斯特里……这个名单真的很长。

布勒的治疗手法和逻辑非常奇特，跟大多数理疗师都不一样。

最普通的治疗方法就是，头疼医头脚疼医脚。你脚疼啊？来看看脚。你跟腱僵硬？那我们来锻炼一下跟腱。布勒却喜欢从本体感受出发，抽丝剥茧式地解决问题。他看重的是神经系统如何影响肌肉的发挥和收缩。

那为什么“海饼干”给布勒起名“两指医生”呢？布勒有一种“神功”，他可以通过两个指头的触碰判断出哪些肌肉受到损伤或者功能被搁置了。对于一些非常高级别的运动员客户，布勒可能要为他们全身700多处肌肉做鉴定。通常，他用一根手指大力按下某个肌肉的根部（腱缝处），再用另一只手的一根手指按在另一端。做过一系列测试后，他就会启动某些“冬眠”肌肉的活性，让其恢复以前的功能。

他的诊所摆放的一本小册子上是这么写的：

我们发现，一旦身体的某个部分被超负荷使用，那么结果肯定都是一样的，要么这部分肌肉或者关节组织受伤，要么就是本体感受系统降低了这部分肌肉的功能——就像电路中的电阻一样，为了让整个线路短路，必须阻止能量通过。

那么，当这部分肌肉机能“冬眠”了，身体就要启动其他肌肉或肌肉群来执行相同的任务。经过多次重复后，被临时调用的肌肉越来越有力，而本来应该发挥功能的肌肉则不断地萎缩。

没过多久，我就亲身体验了这个“替身与冬眠说”。“两指医生”用FET力量感应器测试了我的Upraspinatus（这也是最容易受伤的ROTATOR CUFF肌肉）力量，结果显示我这部分肌肉的力量直追达科塔·范宁（好莱坞童星），紧接着启动肌肉力量之后，我的测试成绩翻了四倍。

不到5分钟，我的举重成绩就从6磅（约合2.7千克）提升到了28磅（约合12.6千克）。

“你右脚的Achilles腱底部疼不疼？”布勒问我。他根本没看过我的右脚，更别说Achilles腱了，可他怎么知道我那里疼，而且疼了很长时间、疼得很厉害？他看到我吃惊的表情，慢悠悠地解释起来：“你腓肠肌（小腿后方的一块大肌肉）发力有问题，你基本上都没怎么用它，所以你的Achilles腱和膝盖都会疼。如果你的腘绳肌腱疼，也是这个原因。”

接下来，一次又一次，布勒用实际行动证明了我认为出问题的部位都不是真正有问题的部位。这块肌肉帮那块肌肉承担压力，那块肌肉本来也没干自己的活儿，而是帮另一块肌肉分担责任。最开始承力的那块肌肉也许已经不堪重负，正在睡觉，而它离你觉得出了问题的那块肌肉十万八千里，前者可能是在胸前，而你明明是后脖颈疼。

布勒似乎有双火眼金睛，只要他说哪部分有问题，那就一定不是瞎猜。有个世界一流的举重运动员来到布勒的诊所，这是他们第一次见面，布勒根本都没碰他，就告诉这名举重好手：“你的四头肌有问题，它们太弱了。”这位举重达人立刻不干了，嚷道：“你知道我是干什么的吗？我的四头肌太弱了？我能举起 900 磅（约合 405 千克）的重量！如果我的四头肌没劲儿，那世界上没有谁的四头肌是不弱的了！”这名气愤的举重好手没有看病就直接回家了。可他后来在看自己比赛录像的慢动作回放时，终于明白，他在提杠时极其迅速，就是因为他的四头肌的确没劲儿，他是通过大腿的力量补足了四头肌的无力。虽然他能举起重 900 磅的杠铃，却不可避免地被伤痛困扰。

虽然每处肌肉 50 美元的收费的确昂贵，但我跟“两指医生”相处的时间还是越来越多——我接受了总共四个疗程，共计超过 50 块肌肉的治疗。

坦白地讲，他的转移论我并不完全买账，但是我也明白这是一个用事实说话最有用的领域。如果我买账的那些理论达不到效果，那再完美的理论又有什么意义？在探索真知的路上，你不得不边尝试边总结边忍受，而且你一定要学会闭嘴，因为没人邀请你来做法官。

最后，我使出了撒手锏，如果他能过得了这关，那我就彻底服了。

达到目标重量。

然后，我就服了。

就拿胸肌说吧。我小时候太过淘气，两根锁骨都断过。从那以后，我总是觉得胸部根本没什么力量可言。直接导致的结果就是，我的平躺推举和类似项目的成绩都不堪入目。

在距第二个疗程开始还有 24 小时的时候，我测试了自己的斜下飞鸟成绩：40 磅（约合 18 千克），最多能做 5 次。

在第二个疗程结束后的 24 小时后，我再次测试，成绩竟然是 50 磅（约合 22.5 千克），增长了 20%，连续推举了 14 次（增长 180%）。

心服口服。完全折服。

在你试图通过加大锻炼量来改善肌肉表现之前，一定要先知道这个表现是不是应该由这个肌肉负责。或者说，你要锻炼的这个肌肉或肌肉群是不是运作正常。如果它们各就各位、表现良好，那么你的锻炼就可以让它们变得更好。

如果它们本身已经火力不够或者喧宾夺主，那么如果你加量，它们的功能只能越来越被扭曲。

如果去凯斯威尔不太现实，那么请看本章后的“工具指南”中介绍的MAT在各地的资源，也许你能找到离你最近的。

4. 活性释放技术（Active-release Technique，ART）——我的被治疗区域：肩部关节

P. 迈克·莱希医生在空军服役的时候接受了工程学教育。然而，直到1985年，他对建筑工程学的专长才被完全发挥出来。这一年，他把工程学原理应用到人类软组织修复的过程中，并创造了ART的基本模型。莱希曾经参加过25次铁人三项比赛，从1985年开始一直作为理疗医师为各类运动员服务。其中不乏明星级人物，比如奥林匹克冠军得主、短跑运动员多诺万·贝利，国家曲棍球多伦多枫叶队的球员加里·罗伯茨和环球先生米洛斯·萨凯夫。

这种方法的基本原理很简单：缩短组织长度，施加手力，再拉长组织长度，让它与相连的组织产生合适的空隙。听上去简单不代表真的简单，正如莱希医生所言：“这就像弹钢琴一样简单，也像弹好钢琴那么难。”

这个疗法在执行的时候到底是什么样子？如果肌肉跟另一块肌肉或附近的骨头粘连，那么这个疗法就是要把这种粘连生生“撕开”。请看左图中我的表情和旁边人的手法。

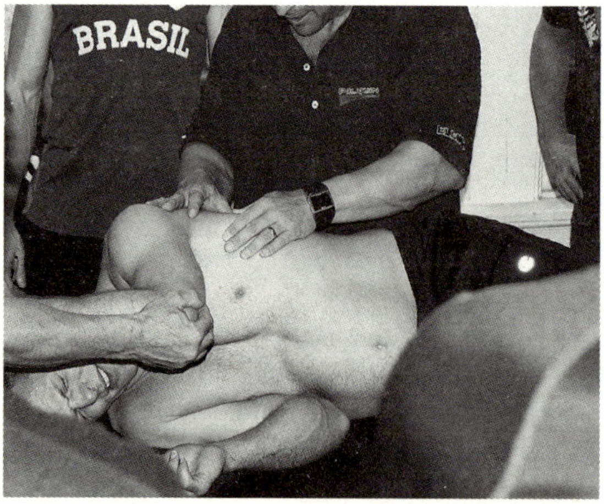

接受治疗

2001年，我第一次接触到ART是通过弗兰克·山姆洛克——五次中量级终极格斗赛的冠军。

2001年，弗兰克在训练中后腰受伤严重，疼痛不已。于是，他在当年的7月接受了首次ART治疗。他当时都没法走路，对于这种全新的疗法也没什么信心，他说：“后腰的疼痛和我腿部的麻木感已经持续了 16 年，我看遍了世界各地的‘名医’——至少 30 位。这次在运动中受伤，旧疾新伤一起袭击了我。现在，我手都抬不过腰，没法正常睡觉，每晚都是用婴儿睡觉的姿势躺在客厅的地板上熬过黑夜。我遇到的每一个医生开出的处方都无非是这两个中的一个：要么我做手术，在脊椎里装铁板；要么我什么都不做，终生忍受这种无法缓解的疼痛。根据以往的经验，我对 ART 也没抱多大希望，我觉得自己肯定参加不了下个月的 K-1 跆拳道比赛了——尽管我已经为这场比赛准备了很久。”

加利福尼亚州圣何塞市的 Janzen & Janzen 运动健康诊所的医生们收治了弗兰克。治疗暂定为四个疗程，每个疗程大概 10 分钟。医生们找到了弗兰克累积多年的受伤组织，解除了他后腰肌肉组织的粘连。上周四，他还在治疗室里疼得鬼哭狼嚎，这周二他就可以 100% 恢复正常训练了。

三周后，弗兰克如愿以偿，他取得了 K-1 跆拳道比赛的胜利。后来，弗兰克又把 ART 推荐给了巴西籍世界柔术冠军潘恩。潘恩通过 ART 治疗恢复了左肩、右肩、腘绳肌腱的运动机能，并逃过了手术之劫（左肩本来已经计划接受手术）。UFC 冠军赛之前的两周，潘恩的后腰疼痛在两个时长 15 分钟的疗程里被 ART 医师治愈。2001 年 11 月 2 日——比赛当天，潘恩神勇异常，在第一个回合里只用了 11 秒就撂倒了广为外界看好的夺金种子选手卡尔·尤诺。

ART 实验

镜头闪回 2009 年 9 月的纽约，那是一个令人心烦的雨天。

冰冷的雨水倾盆而下，把 Peak Performance 健身中心外面的街道打得又湿又滑。健身房里大约有 20 人，有些是来这里接受力量训练的学员，有些是教练。我在这里参加一个全天封闭式的 PIMST 研讨班。PIMST 是“保利琴快速肌肉增力技巧”（Poliquin Instant Muscle Strengthening Technique）的简称，由职业奥林匹克训练员查尔斯·保利琴发明。每次检验训练结果和练习的时候，我们都被分为两人一组的小组。第一个练习是我们互相检测对方的肩部内旋力量（你掰手腕或者在棒球比赛中投球的动作都是依靠内旋力量）和外旋力量。我的外旋动作很不错，但是我的内旋几乎“旋”不起来。我的搭档看着我所谓的内旋动作，还以为我在跟他开玩笑：“哇哦！你在搞笑吧，兄弟？”

不幸的是，他很快就发现我并非在搞笑。我已经忘了上一次够自己的背部是什么时候的事了，如果真用枪指着我的头，估计我还是只能够到后腰那里。再往上？还是杀了我吧。

我的这个残疾被指出来了，所以我准备脱胎换骨、重新做人。在休息的时候，我单独找到查尔斯，跟他说明了情况。他顿了一下，然后看着我说：“你愿意让我帮你吗？”

我高兴得不知道该怎么回答，只会说：“那样，就太好了！”

查尔斯领我来到健身房外的一张按摩桌旁，让我在上面躺好。他找来了所有的学员，准备亲自演示如何解除关节的粘连和约束。

尽管我是那天到场的所有学员里最弱的一个，但在20分钟后，那些大块头、举重好手、搏击冠军还是对我肃然起敬，因为那是他们一生中观看过的最漫长、最痛苦、最残酷的一个“活体演示”。查尔斯曾经在迈克·莱希的手下工作过4年，用ART治疗过无数的运动员，这还是他第一次用两只手一起工作。

“你要知道，如果我得用两只手，就说明情况……很糟糕。我还从来没用两只手给谁纠正过！”他说。

与此同时，他还找来两个100多千克的助手拉住我的双臂，然后他使劲儿地用手指压入我肌肉之间的缝隙，足足有3厘米深。

当时，我感觉自己就像一只感恩节的火鸡、砧板上的生鱼片一样，只有被人“摆弄”的份儿。

从后面的“之前”和“之后”的对比图片中，你就能读出更多的故事。

查尔斯估摸还需要3～4个疗程才能彻底解决我两个肩膀的问题。

这不是他第一次帮助学员做肩部复位了。

“几年前，我的一个好朋友米洛斯·萨凯夫突然给我打电话。他是一名职业健美运动员。他告诉我，下周他就要去做手术了，两个肩膀都要做。他当时情绪很低落，当然，这事换谁都不会高兴。手术要花18,000美元，这是一笔巨款。而且，在术后他还要经历漫长的恢复阶段。也就是说，他好长时间都不能去比赛赚钱了，没有了收入，生计便很成问题。我告诉他，不管他现在在干吗、在哪里，都赶紧上我这儿来，让迈克·莱希医生给他看完再说手术的事儿。

“米洛斯来到办公室的时候，已经因为无法忍受疼痛停训 4 个月了。哪怕是不加杠铃片，在低位提空杠，他都会疼得嗷嗷叫。可是，45 分钟的治疗后（解除了他的肩胛下肌附近的粘连），莱希医生就让米洛斯去健身房试试常规重量。说实话，米洛斯有点不想去，可最后还是勉强让我带着他去了趟当地的一家健身房。他成功地完成了两次 315 磅（约合 141.8 千克）的平躺推举，他自己也吓了一跳。5 天后，他可以连续六次推举起 315 磅，什么痛感都没有了！”他说。

ART 治疗每个疗程通常是 5 ～ 15 分钟，每次收费 45 ～ 100 美元。大多数人的损伤只需 1 ～ 6 次疗程。ART 疗法适合的软组织损伤包括：腱鞘炎、后腰扭伤、颈部扭伤引起的震荡综合征、脚踝和手腕扭伤、外胫夹、臀屈肌和腕管综合征。

但是，ART 也不是万灵丹。

正如查尔斯所言，“ART 对于 70% 的伤者具有 100% 的疗效”。

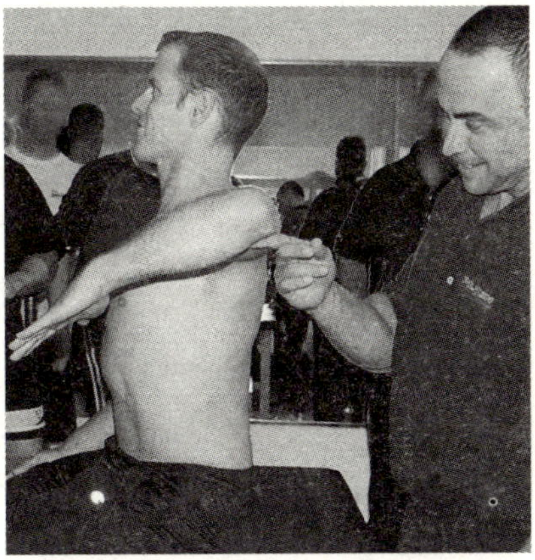

在治疗之前，查尔斯检查我的肩部内旋。你看到查尔斯的表情了吗？他在“笑话”我。

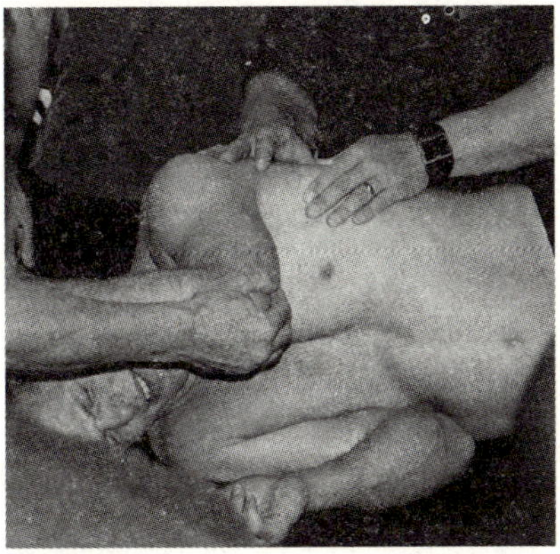

治疗中

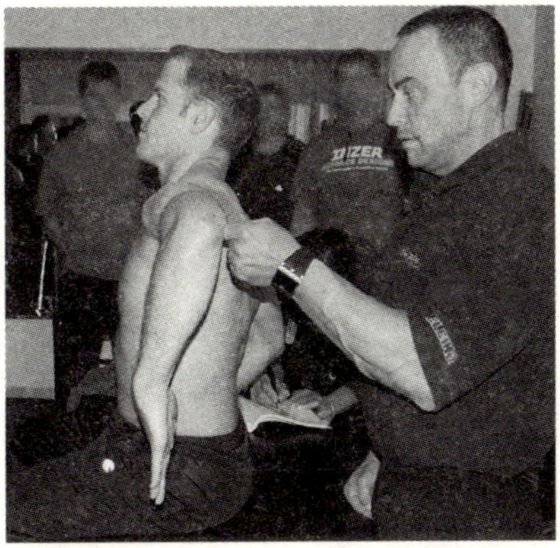

治疗后

大部分慢性疼痛都需要结合多种疗法治疗才能见效，尤其是针筒的参与。这也引出了我们的下一个步骤——使用药物。

5. 增生疗法（Prolotherapy）——我的被治疗区域：左膝和右腰

在增生疗法中，一种刺激混合物被注射进伤者的筋、腱、韧带和关节中间，目的是制造温和的发炎效果，从而刺激肌肉组织的自我修复。

配方是最简单，也是存在时间最长的一款增生疗法鸡尾酒，就是由增生疗法创始人乔治·哈切特博士调配的。他管这个配方叫“糖水”——葡萄糖混合被当地普遍使用的麻醉药（利多卡因），再加上点盐（生理盐水）。

美国第13任外科总医师埃弗里特·库珀医生曾公开支持增生疗法，他的肯定态度也让这个不怎么主流的疗法有了更广阔的空间和服务平台。

“除非你亲身试验过增生疗法，除非你亲身享受过它的功效和益处，否则你无法想象为什么这么简单的方法可以医好所有令其他方法都束手无策的顽疾。

“在我40岁的时候，曾有两家神经医疗诊所同时诊断我患有一种‘无法治愈’的疼痛病症。当时，我就想，我才40岁，实在不应该这么早就患有‘无法治愈’的病。一次很偶然的机会，我听说古斯塔夫·赫姆沃尔医生在芝加哥的郊区行医，他就是一名增生疗法专家……后来，长话短说吧，我的‘不可治愈’的疼痛全部被治愈了，而且我的身体更健壮了。

“增生疗法最美妙的一点就是，如果执行得当，它是完全没有副作用的。你想想，给你的关节注射点糖水能把你伤成什么样呢？”

2005年，梅奥诊所（Mayo Clinic，梅奥诊所位于明尼苏达州的罗切斯特，由美国外科医师梅奥和其弟查理·赫拉斯·梅奥共同创办，是全美最著名的私人医疗中心）的医生开始尝试增生疗法，并最终认可增生疗法在以下部位伤痛缓解效果最佳：膝盖、手肘、脚踝和后腰骶骨关节。在梅奥诊所的每月通信中，有这样一段描述奠定了主流医院对这种非主流疗法的肯定：皮质类固醇注射可以让伤势暂时缓解，但并没有根治的作用，而增生疗法与皮质类固醇注射的差别就在于，通过刺激组织的生长从而从根本上改善关节组织的状况。

在本章开头提到的，我在诊所里使用的“鸡尾酒”配方比传统配方稍微复杂些，成分包括：

- 葡萄糖
- 盐酸布比卡因注射液（局麻药）
- 维生素 B_{12}
- 脯氨酸
- 赖氨酸
- 硫酸氨基葡萄糖

我第一个阶段的治疗需要注射 12 针。连挨 12 针的滋味实在不怎么样，在第一阶段结束后，我出现了头晕、全身寒冷、右手麻木的症状。

好消息是：最后一阶段治疗结束大概 21 天后，我右手腕的旧伤（十几年前做运动时挫伤）和我左膝伤痛（摔跤训练）都消失了。

增生疗法的危险性并不高，尤其是它的传统配方，根据多年来的记录，出问题的概率非常低。但即使是万分之一的概率，出现在你身上也是百分之百，所以针剂注射的风险是永远存在的。只要针头穿过你的皮肤，就有可能把表皮的细菌带到肌肉中去，所以在各种注射和外科手术中感染的情况都会频发。更糟糕的是，增生疗法针对关节，而关节感染则会比肌肉感染更严重，筋、腱感染后，关节软骨组织在短短的 72 小时之内就会受到影响。

一项来自法国的调查显示，每 100 万次注射就有 13 次感染败血症的风险，只有使用一次性注射器才能降低比例。

也就是说，在这次鸡尾酒注射之后，我真的再也不想在自己的胳膊上扎针眼了，因为我不想当那 13/1,000,000。这条路走不通，就让我们试试下一条吧——生物穿刺。

6. 生物穿刺（有益冈下肌和跟骨腱）

“你听得见吗？”李·沃尔夫医生问。

我听得见，而且很讨厌我所听见的。李·沃尔夫医生是美国一流的脊柱和后背专家，她正在用一种很小的针给我注射，需要注射 40 ～ 60 次，这种针通常被用于肺结核病的检测。每次注射，针头都只探进皮肤下大概一厘米多点，但是我的冈下肌处发出的噪声却活像一个人穿着皮靴走在厚厚的积雪上。

“钙结晶结在了不该结的地方，就是这动静。”

注射还得好一阵子才能结束，我拜托她治疗的部位包括脖子、后背上部、肩膀、脚踝，现在才刚刚开始。

李是个狂热的“筋膜主义者”。她认为，如果人们像关注肌肉和骨骼那样关注筋膜的话，很多问题就不会出现了。她的“筋膜关注”方法效果极其惊人，但是李谦虚地说：“我终于成了一名快乐的医生，而不是愁眉苦脸的‘白衣天使’。我现在做的是，帮助我的病人们自己恢复。”

筋膜就好比一张三维的由纤维连接组织构成的网，是这张网保持了整个身体的稳定结构。如果你搭过帐篷，那么筋膜就是帐篷支撑杆和地钉子、风绳。如果只有那张防水布，帐篷是站不起来的，也不能称为“帐篷”。筋膜就是把肌肉连接在一起，并保持脏器能在体内自由伸缩的那个东西。听跑步者抱怨过 Plantar Fasciitis 没有？那就是筋膜的问题，而且是让你很疼的筋膜问题。足部筋膜是一张很厚的连接组织板，这块板从脚跟一直延伸到五个脚趾，是它撑起了足弓。如果足部筋膜发炎或者过度疲劳，慢性疼痛就出现了。

这不仅仅是脚的问题，筋膜遍布身体各个角落，在生化科学中也有重要的地位。

李对筋膜的狂热始于一篇有关后腰疼痛的研究报告，她发现报告的作者观察到了一些奇怪的现象：这些腰痛病患者的筋膜状况跟糖尿病患者的类似——腰部组织的钙结晶状况异常。后来，李的确在自己的病人身上发现了这种状况。

整个背部中，最引人注意的“中央车站”就是胸背游离肌筋膜。这个筋膜连接了背部最主要的几块主肌肉，比如背阔肌和腰椎附近的臀肌。这里一旦出了问题，那么整个身体就会出问题。筋膜堪称“误导派”的大师，它可以胡乱地连接两块看似完全没有关系的肌肉，比如右肩和左后腰。在筋膜的“烟幕弹”下，想找到问题的真正所在简直连福尔摩斯都做不到。所以，伤者经常拿着同样的 X 光片却得到无数个不同的医师诊断。

饮食可以解决一些问题。李发现，吃营养丰富的动物性食品和可溶解脂肪维生素（A、D、E 和 K），对于非正常钙结晶的慢性组织发炎有治疗作用。

现在，李正在用我来测试她最新也是最重要的发现——生物穿刺。

首次治疗两边冈下肌 12 小时后，我两肩根部的疼痛全部消失了。这种疼痛，我忍受了整整6年，而15分钟的治疗就把它撵走了，而且迄今为止，再也没回来过。

我在右跟骨腱上也试了这种方法，效果一样好。

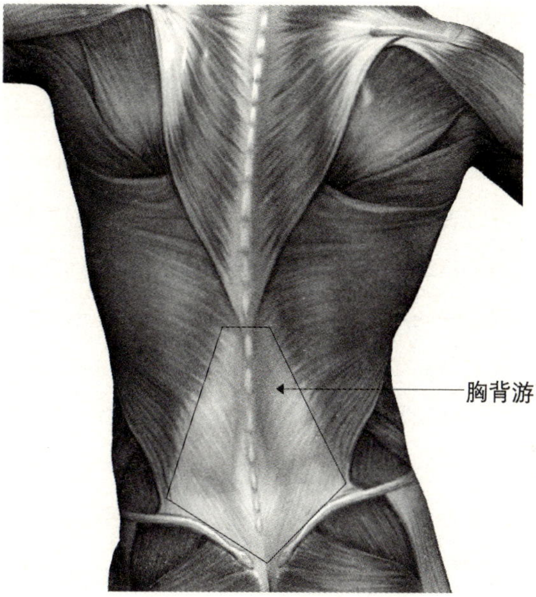

我觉得，不同部位在同样的疗法下所执行的治疗原则也不同。比如我的冈下肌，治疗的时候之所以会听到那些声音，我觉得是一种机械反应。也就是说，那些针的确刺到了钙结晶。但是，当我治疗跟腱的时候，这些声音就没再出现。李认为，起效的原因是那些针刺激到了皮肤。

工具指南：

坦白地讲，此书一出，难免会催生出一批声称自己也是专家的江湖大夫。尽管由于地理关系，你未必能有跟书中介绍的专家面对面的机会，但如果你在自己所在城市选择医生的话，也请你尽量挑选那些在本书出版之前就已经有良好口碑和行医资格的专业人士。

• Vibram Five Finger and Terra Plana Shoes（www.fourhourbody.com/vibram, www.fourhourbody.com/terra）：这两个牌子的鞋我都亲自穿过，而且它们也都有效地减缓了我的后腰疼痛。坦白地讲，我更喜欢V底五趾鞋，但是它看起来的确非常怪，在很多场合无法穿着。而泰拉的鞋子就很低调，可以跟平常的衣服配着穿，别人根本看不出来它有什么不同，只有穿鞋子的人才知道它们有多舒服。

• Healthytoes Toe Stretchers（www.fourhourbody.com/toe-stretch）：使用这个牌子的脚趾伸展器相当于给脚重新安上了一套黄铜脚趾关节。它们可以帮助你恢复脚趾的原始状态，并能缓解因为鞋子过尖而引发的脚趾疼痛。最初使用时，每晚5

分钟就可以了，慢慢适应。

• Active Release Technique（ART）Practitioner Database（www.activerelease.com）：这是ART医师的数据库，你可以通过这个网站找到离你最近的ART专家。

• 下面有三个增生医疗机构是我绝对信任并推荐的：

Hackett-Hemwall Foundation（HHF）（www.hacketthemwall.org）

American Academy of Orthopedic Medicine（AAOM）（www.aaomed.org）

American College of Osteopathic Sclerotherapeutic Pain Management（这是“增生疗法”以前的名字，www.acopms.com）

• ChiroMAT（www.chiromat.com/index.asp）：这就是我们“两指医生”的网站了。他的客户包括NBA球星、棒球明星和你绝对耳熟能详的橄榄球明星。他收费不菲，但绝对物超所值。

• Muscle Activation Technique（MAT）Specialists（www.fourhourbody.com/mat）：如果你没法去犹他州找克雷格·布勒医生，那么可以通过这个网站看看能不能找到其他的MAT医师。

• Southern California Orthopedic Institute（www.scoi.com）：南加利福尼亚州整形外科医院的斯蒂芬妮·辛德尔大夫近年来创造了不少专门针对肩部手术的整形新技术和新疗法，我的朋友斯科特·曼德尔森就曾是她的病人。现在，斯科特的平躺推举成绩超过1000磅（约合450千克）。你说，这像一个接受过肩部手术的人吗？

• Video of My Reconstructive Shoulder Surgery with Dr. Snyder（www.fourhourbody.com/surgery）：这是一段肩部手术之前的真实脱臼视频，想看看我龇牙咧嘴的样子吗？千万别错过这段——很娱乐，虽然我当时显得气急败坏。

• Biopuncture: Common Questions and Answers（www.chiromedicalgroup.com/biopuncture）：这里有关于生物穿刺疗法的常见问题和回答。

• Overview of Biotensegrity（www.fourhourbody.com/biotensegrity）：这段文章解释了筋膜强大而又诡异的功能。整形外科医生史蒂文·莱文讲解了如何用R.布克敏斯特·福勒的建筑学原理解释筋膜的生物学原理：骨头在身体这个建筑中起到的是纵向抗压作用，而软组织的作用则体现在横向拉伸。如果你有极客潜质，那么就去看看《软组织在支撑身体中的重要性》（*The Importance of Soft Tissues for*

Structural Support of the Body）这篇文章，写得相当棒。

• Egoscue（www.egoscue.com）：Egoscue 在全世界有 24 家诊所，专治由不良姿态引起的身体疼痛。这种疗法不需要使用任何药物、手术或者器械。

• *Atlas of Human Anatomy* by Frank H. Netter（www.fourhourbody.com/netter）：这是我见过的装帧最精美、覆盖最广泛的一本解剖学专业书。听说我想了解解剖学，很多医生都建议我买这本书来看，其中就包括李·沃尔夫医生。这本书虽然是写给专业医生看的，但并不是所有医生都是外科医生，所以作者弗兰克·H. 奈特还是写得尽量平实、生动。这套书还配有需单独购买的一套医学卡片，就是你在电视上看到的医学院学生经常要拿着背知识点的那种。我也收藏了一套，没准哪天我也去考医学院呢。

第二十四章

边度假边逛医院

我巴不得我们能一直光着身子生活，我觉得那才是我们真实的样子。

——席琳·迪翁（著名流行女歌手）

埃德温喜欢席琳·迪翁，而且也很喜欢告诉别人他喜欢席琳·迪翁这件事。

在爱荷华州接受放射学训练的时候，埃德温曾经在WWE上见过史蒂夫·奥斯丁——那个大名鼎鼎的蛇人。所以，埃德温的一个心愿算是满足了，但是席琳·迪翁还在他的“最想见的名人”名单上。

“我们有好多事情要做！不要动，一定不要动！好了，开始……”埃德温是我的MRI技师，也是要与我共度接下来的4小时的人。4小时，听上去有点恐怖，但是看看周围的环境你就知道了，爱因斯坦的相对论是非常有道理的。薇薇安·佩拉首都医院是位于尼加拉瓜首都马那瓜湖市中心的一家私人诊所，这个城市的美景每年都吸引成千上万的游客蜂拥而至，而我现在就在这美景的心脏部位。

差不多三周前，我特意飞到尼加拉瓜来专心写作和非专心冲浪。前面提到过的那位从新西兰来的“猕猴桃”老兄，还记得吗？我俩合租了一栋半山别墅，不仅带游泳池，还可以直接俯视大海，堪称物美价廉的人间仙境。我们没去跟成群的游人抢那几块可怜的海滩，反正我俩都不是来这儿晒日光浴或者邂逅比基尼美女的。索性，我们租了一艘带船长的快艇，每天挑最合适的时间去附近的冲浪点冲浪。回到住处后，船长还会客串一下大厨，把在海上捕捞到的鲜鱼直接做成晚餐。

神仙般的日子。

现在，我马上就要离开这片人间仙境了。再过 12 小时，我就要搭乘返回旧金山的飞机回家，而我的告别仪式就是去当地的医院转转。

医疗之旅简介

先让我们来算一笔账，下面是我一个人在尼加拉瓜旅游的基本花销：

- 从旧金山到尼加拉瓜的联程票票价：385 美元（不含税金，联程票不是直达，飞机在休斯敦停了一下，但是总价比直达票便宜）
- 租船的费用——20 美元 / 人 / 次
- 第一周的房费——222 美元 / 周（你可以像我们一样，租一个前 NBA 球员的出租别墅，这里有 14 张床位，适合 14 个成年人同时入住，每周的房租是 2000 美元）
- 第二周的房费——129 美元 / 晚（这是一个离市区更近的小别墅，有两张床，里面的设施和窗外的景色都非常棒）
- 租车的费用——140 美元 / 周（这是路虎的价格）

两周半的花费，不含食物 =1812 美元

我没有把吃的费用加进去，因为一笔笔的，太琐碎了。不过，反正我在旧金山也是每天在外面吃两顿，所以我就把在旧金山时吃的花销（600 美元）直接加上了：

两周半的花费，包含食物和酒水 =2412 美元

虽然我觉得可以负担这样的旅行费用，但是怎么能让我的旅行性价比更高？我准备用一种方法将旅行的花销一笔勾销。什么？对，我要让这次旅行看起来像一分钱没花，甚至还赚了不少。怎么做到？

你跟我来。

把钱省在看病上

我以每次 400 美元的价格做了 7 次 MRI。如果是在旧金山，同等级的 MRI 最少要 750 美元一次。所以，这相当于变相地省了 7×350=2450 美元。

我还在综合血液检测、尿液检测项目上省了大概 640 美元。在尼加拉瓜，这些项目的收费都比在美国低。所以，我在看病方面就省下了 3090 美元。

我在世界上最美的冲浪点上激情运动，在半山别墅里安静写作，在私人诊所里做例行体检，并确定自己的身体状况可以接受之后的集中训练。而所有这些享受不仅让我“没花钱”，反而让我省下了 687 美元的花费。

“但是，”你肯定会反问，“如果我不是你这样的神经病，会想去连着做 7 次 MRI 检测，那我不还是该花多少就花多少吗？你这么算有意义吗？”

听我慢慢解释这其中的意义。

首先，并不像坊间传言的那样，MRI 是具有放射性的，多做对人体有害。核磁共振成像技术现在已经非常成熟，它不仅绝对安全，而且如果你有长时间持续的疼痛和损伤却又不明原因，你应该尽快去做一次 MRI 检测。即使你没有任何身体不适（坦白地讲，敢这么说的人说的都是假话），做 MRI 仍然是必需的。为什么？去问问那些得了癌症的人，他们有谁不后悔没早点儿去做个检测？

好吧，就算你觉得这实在是无稽之谈，那异国旅行的乐趣总能吸引你吧？

在 2009 年之前，我也从没想过什么“医疗旅行”，因为我既没什么在国内负担不起的关键手术要做，也不想给自己整个容、换个脸什么的。既然如此，我干吗要去“医疗旅行”？因为提前检测防患于未然这件事情随着我伤病的增多逐步走进了我的生活。更何况，这又是一个能把世界一流的医疗水平与世界一流的自然美景结合的旅行计划，我又干吗要拒绝？

你有定期洗牙的习惯，却没有定期验血的习惯，对吧？我建议你最长每六个月验血一次——任何医生都会给你这样的忠告，就像牙医永远会对你说：“你距离上次洗牙的时间太长了。”而你也同时梦想着一次异国之旅，计划总是被一拖再拖，似乎“纯粹只是为了娱乐”，实在是太不求上进了。正好，把验血和旅行安排到一块，既省钱，又健康，还开心。

或者，正是因为要旅行，所以你才开始注意自己的健康了？

下面，我要解除你的另一个疑惑：这复杂吗？

比起美国国内的收费和服务，你就知道旅行中的医疗体验也可以被称为“享受”。

简单、方便

一天晚上10:30，我出现在这家私人医院的急诊室。那天是周天，我并没有提前打电话预约。“猕猴桃”在游泳的时候耳朵进水了，他需要在上飞机前把这个问题解决掉，而我则是过来“省钱”的。我的计划很简单，把所有的关节都做一遍MRI，看看有没有运动损伤或者其他方面的问题。

“猕猴桃”看耳朵的时候，我问他的医生，这家医院能不能做MRI？医生跟我说得请示上级，然后就给她的上级打了个电话。这家医院的MRI标价是每次600美元。我问她，如果我做5次，最低能给我多少折扣？她又咨询了一下，告诉我，做5次总价为2400美元。我问她，我付现金（不是走保险），但是我想做7次，只付2800美元，医院是否能接受这个报价？她代表医院同意了。整个讨价还价的过程非常愉快，丝毫没有谁勉强谁的意思。

她的上级在5分钟之内就安排好了MRI的事宜，并派了一辆车去接MRI技师埃德温医生——他当时并不上班，而我不需要付接医生的车费。医院里的医生知道我要等上一会儿，特意让我到医生休息室休息，并给我端了一些他们最爱的水果——Jocote。我来尼加拉瓜这么长时间，从没吃过这东西，味道太赞了！

我问他们，我是否还有什么别的测试可以做，比如验血、验尿之类的综合检测，因为我要等大概60分钟，水果可吃不了这么长时间。医生索性给我列了个清单，我照单全收。其中有25项数值是我已经计划好要去检测的，还有几项是医生建议过，但是经常被我忽略掉的重要项目——每项检测他们都给了我优惠价。更让我惊喜的是，抽完血之后不到10分钟，他们跟我说3小时之后验血结果就可以出来。3小时？在美国，不等上7～10天，你什么也看不到！

我记得有一次在加利福尼亚大学旧金山校区的急诊室，我已经在空荡荡的大厅等了三个多小时，实在无聊，就看了一眼自己的病历，结果一个医生扯着嗓子对我喊道："你干吗？这是加利福尼亚大学旧金山校区的财产！病人能看自己的病历吗？！快给我！"

而尼加拉瓜的这家私人医院纤尘不染，服务热心、周到。我甚至都忘了自己是在急诊室，这里太像一个私人会所了。尽管这里也是空空荡荡的，却如此让人舒服。

埃德温到了。我们做完了MRI，在他的坚持下，我又做了几个免费的X光检测。他把所有的片子交给我，我俩一起来到了急诊室的前台。与此同时，我的血检报告、尿检报告和一杯温水已经等在那里了。负责安排MRI的领导跟我说这个时间（凌晨3点钟）附近几乎没有出租车了，所以她"自作主张"帮我叫了一辆车，送我回酒店的车费由医院负责。

然后，她热情地拥抱了我，并祝我旅途一路顺风。

回到美国后，在MD（医学博士）的帮助下，我开始做更多的损伤恢复训练。在尼加拉瓜提前做的MRI检测功不可没，我用不着瞎猜"今天我到底恢复了多少"或者"这个方法到底对不对"，所有的方法在通过与MRI片子比较的时候都可以一目了然。令人悲哀的是，在美国，平均每次MRI的耗时只有11分钟，这么仓促的检查必然大大地增加了结果的不准确性。

别再把你的旅行计划搁置了，哪怕是为了你的健康着想。虽然旅行和看病这两件事听起来风马牛不相及，但读完这章之后，你肯定会对下一次旅行充满了向往。

说不定，你也能吃到Jocote呢。

工具指南：

• *Patients Beyond Borders* by Josef Woodman（www.fourhourbody.com/woodman）：这是目前我能找到的最详尽的医疗旅行指南。这本400多页的书中介绍了40个全球最值得一试的医疗旅行目的地，有上百家医院上榜，同时指南里还特意为不同症状的旅行者推荐了有不同专长的诊所。当然，书中也提供了当地旅行信息。不过，你要是想看哪里的海滩比较安静，或者哪里的商店比较划算，还是买一本真正的"旅游指南”吧。

• *International Medical Travel Journal* Medical Tourism Guide（www.imtjonline.com/resources/patient-guide）：《国际医疗旅行月刊》对于初次尝试医疗旅行的朋友来说非常有帮助，里面介绍了10个步骤，包括路线选定、医疗项目筛选、联系医师等。只要你按照建议，一步步执行，整个旅行肯定会有非常大的收获。同时，面对医院里多如牛毛的检测项目该如何甄别，《国际医疗旅行月刊》也给出了切实可行的指导，仔细阅读就可以有效地避免无效或者重复的检测。

• Bumrungrad Hospital（www.bumrungrad.com）：这家位于泰国的私人医院（以创始人的名字命名）曾经被《新闻周刊》评为“全世界最棒的医疗旅行目的地”，《华尔街月刊》称它是“四大医疗旅行先锋”之一。网站上的医院图片会让你觉得自己国家的医院就是一家难民营。

• Med Retreat（www.medretreat.com）：这家网站可以帮你设计最佳的医疗旅行线路，你不仅可以通过它的指导享受到最棒的国际化诊所，还能欣赏到最美的风景。同时，可以省下一大笔钱。它推荐的最热门目的地包括阿根廷、哥斯达黎加和土耳其。

• Med Trava（www.medtrava.com）：这家公司跟Med Retreat 提供的服务类似，它的总部位于得克萨斯州的奥斯丁市。

第二十五章

热　身
——对伤痛有准备的身体

我从没经历过特别恼人的伤痛，因为无论什么时候，我都会提前做好准备，尤其是我需要大展身手的时候。

——埃德温·莫塞斯（两次400米跨栏奥林匹克金牌得主，在赛场生涯中，他一共赢得了122次比赛的冠军）

前言：这将是全书中最难的一章，对于很多读者来说，这也是最重要的一章。

想快速提高自己的运动表现，却不想了解本章介绍的“预防损伤”知识，就像去参加F1比赛却不愿意在出发前检查轮胎一样愚蠢和不可救药。这章虽然很长，但其中介绍的预热方法做起来却并不会花很长时间（通常2～4周）。比起遭受伤痛后的复原抑或是短暂成绩提高后的大退步，这短短的时间是绝对值得投资的。

如果你的耐心不足以支撑这漫长的一章，你可以先跳过这章，不过在开始训练之前，一定要把这章补上。切记，切记！

下午1:30，南非，开普敦

Virgin Active健康俱乐部的保安并非不讲理。在一个失业率高达25%

的国度里，这里的治安状况已经算控制得很好了，至少比媒体渲染的要正常，但是，放松警惕仍然不是个好选择。

我一遍又一遍地解释为什么要把一根90厘米的大金属管子带进健身房，而保安大哥只是一遍又一遍地摇头。这根管子其实是一个户外凉伞的支撑杆，我锯掉了伞头的部分，在铁管上还钻了一个直径超过一厘米的小洞。

“不不不，真的。我是用它来健身的，不是用它来打人的。我谁也不打，真的。别人打我，我也不还手，行了吧？”

显然，我的争辩毫无效果。保安一听见我反复地提到“打人”，头摇得更厉害了。

“但是，但是，是格雷·库克让我这么做的！”我要发飙了，“你连格雷·库克都不认识吗？”

他当然不认识。

原因很简单：没人认识格雷·库克，即使这个家伙可以让你的身体变得坚不可摧。

实习医生格雷：从NFL到特种部队

有那么几个月，米歇尔·韦成了这个地球上最著名的“伤病运动员”。

在2008年的一段时间里，受伤的她连单脚站10秒钟都办不到，做一个俯卧撑就疼得哇哇叫。米歇尔并不是单纯因为受伤而出名的，她是所有获得LPGA高尔夫巡回赛入场券的女性高尔夫球手中最年轻、最有前途的，她的赞助商是大名鼎鼎的Nike（耐克），她甚至被《时代周刊》评为“100个改变我们世界的人”，而当时她竟然还不到20岁。

一场突如其来的伤痛似乎让她的鼎盛时期永远定格在了那一刻，她没法再继续改变我们的世界了。

“在训练之前，米歇尔的顺风挥杆距离可以达到320码（约合292米）。现在，过了一年，她还是能挥出320码。不同的是，现在她可以一天挥出300多次320码。”

米歇尔的康复之快令全世界咂舌，而其身后的那个智囊、导师、教练正是格雷·库克。此时，库克正在他位于弗吉尼亚州丹尼维尔的基地给我上课，四周很安静，只有库克的说话声和我记笔记的声音。

他看到了大众看不到的。米歇尔在受伤的情况下还是能挥杆击球，大部分人都认为，只要还有劲儿击球，就应该没有大问题。但是，她的成绩不稳定，时好时坏。力量只是拼图中的一块，并不是整个画面。

格雷的专长就是通过训练运动员的耐力让伤痛自己消失，这个绝技让格雷成为世界上最厉害的伤后恢复和伤痛预防专家。2007年，芝加哥灰熊队和印第安纳小马队都曾经邀请他作为秘密武器协助作战，这两个队伍最终都进入了“超级碗”的XLI。

虽然格雷的受雇名单上不乏耳熟能详的体育联盟缩写，比如NFL（美国橄榄球联盟）、NHL（全美曲棍球联盟）、NBA（美国职业篮球联赛），但他的才能并非只限于体育运动。美国特种部队也曾经向这个说话轻柔的南方佬讨教经验，没想到吧？

“美国五角大楼为了培养一个能完成任务的特种兵往往不惜血本，哪个人身上没有个几百万？那股劲儿跟NFL要培养一个明星球员是一样的。只不过，不管什么明星，职业生涯的黄金时期也就三年，可一个为美国政府执行特殊任务的人至少能有10年的职业寿命。”

几百万，怪不得。

如果你既没有NFL的实力，也没有五角大楼特种兵的头衔，自然请不起格雷·库克这样的大腕儿面对面地教授你如何最大限度地防止运动损伤的发生。

那，什么意思？只有等着伤痛来袭吗？

绝不。现在就要请出我最爱的那个免费教练——“80/20原则先生”。

80/20功能性预览

格雷认为，人在运动中之所以会受伤，不是因为哪里的肌肉太弱了，或者哪里的筋太紧了，而是因为不平衡，错误地以为狂做仰卧起坐或者单独训练腹肌就能锻炼到核心肌肉。

格雷诊断不平衡的基础工具就是他自己的发明创造——功能性运动预览检测系统（Functional Movement Screen，FMS）。FMS 由七个动作组成，需要在经过认证的专业教练指示下完成这些动作。根据每个动作的完成状况，教练会给出 1 ～ 3 分的评分。

对于自我检测，可以将 7 个动作缩减成 5 个，这 5 个也是无须专业人士指导便能完成的：

1. 深蹲（Deep Squat）
2. 跨栏步（Hurdle Step）
3. 一字马步（In-line Lunge）
4. 高抬腿（Active Straight Leg Raise）
5. 坐姿旋转（Seated Rotation）

这个自测模式的简略版 FMS 不是万能的，它旨在判断两个东西：左右不平衡（不对称）和动能控制问题（摇摆和晃动）。

就算你能平推起 600 磅（约合 270 千克）的重量，也不代表在比赛开始还没 5 分钟就扭伤肩膀这种事不会发生在你身上。力气大跟平衡性、控制性好是两码事。

“你拿一个重物出来，让人们顶着它走路，很多人可能走两步就不行了。但是，你让同一个人去健身房推举同样的重量，你会发现这个人可以推好多次。去健身房推举杠铃，靠的是力量；顶着重物走，靠的是平衡力和稳定性。”格雷·库克解释道，“这就是秘密所在。人们总是误以为增加关节处的力量就可以预防受伤，其实你增加的那一点点就跟往大海里尿尿似的——想把整个大海尿成黄色，有可能吗？”

单独锻炼肌肉可以改变肌肉，但是不一定会让肌肉运动变得更安全。相反，锻炼基本的运动模式既可以让肌肉变得更有力，又可以让运动（既指你跑 50 米短跑，也指你拉行李、推沙发床，这些都算运动）变得稳定，从而降低受伤的风险。

FMS 真的管用吗？

在 2007 年的美联—NFL 赛季结束后，亚特兰大猎鹰队有七人受伤。到了 2008 年，受伤人数减少到一人，而且还是非常小的手术就能解决的那种。仅仅一年，变化就如此之大，原因就是他们换了新的运动总监杰夫·费舍。杰夫把FMS引入了球队中，一旦有球员被FMS“诊断”为不平衡，这名球员就会立刻接受个人指导，直到恢复到合格的范围内。

同样的情况也出现在小马队。在过去的九年中，印第安纳小马队是整个NFL中规模最小的球队，但同时，他们也是获胜场次最多和受伤人数最少的球队。这样的成绩组合在NFL中是非常罕见的，而小马队的首席力量教练乔恩·特林在任职期间一直使用FMS为球员检测。

关键四项

一开始，我准备用整章的内容来介绍FMS。后来，我慢慢意识到用FMS来识别问题所在只是第一步。第二步就应该告诉大家，这五个动作中普遍存在的五个错误该如何纠正。可如果要说“纠正”的话题，可能50页都说不清楚——我的出版商要跳楼了。

于是，我给格雷写了电子邮件求救：

假设人们只是在做快速阅读，你最强烈推荐的2～4个有效纠正常见不平衡或不足的锻炼方法是什么？假如有人拿枪指着你的头，让你在一分钟内说出2～4个能纠正所有运动项目中错误的锻炼方法，你会选哪几个？

我的“刁难”似乎并没成功，因为格雷的选择很迅速也很坚决，下面是他挑出来的四个锻炼方法：

- 劈和抬
- 土耳其旋身
- 双臂单腿原地提举
- 单臂单腿原地提举

上述顺序是按照从易到难排列的，第一个最简单，单人最容易操作，越往下就越需要指导。所以，如果在一开始的2～4周里，你觉得除了第一个，别的都做不了的话，也很正常。其余三个对于普通人来说，是需要点精力和时间的。

在讲每个动作的具体细节之前，我先列出了自己在纠正不平衡时的训练安排表，这样你对如何达到目的就有一个大概的了解了。你可以借鉴这个时间表，然后把动作讲解当成指南，来安排一个适合自己状况的训练计划。

其实，这个训练并不复杂，但是用语言来表述动作一向是无法达意的，所以我建议你边看这部分文字，边去网站上看视频（在后面的“工具指南”里都有相关链接）。

“关键四项”训练时间表：找到问题，修正问题

第一周：周二，30 ~ 45 分钟。

协调性

这不是训练。这部分主要是让你动起来，就像跳舞或者练习空手道那样。所以，可能会用到重量不大的哑铃或者壶铃球，只是为了增加些压力，让你的不平衡可以在随意的动作中表露出来。

建立协调性的基准线意义在于，有些不平衡完全可以在几分钟之内就被矫正过来，根本用不着制订一个 6 ～ 12 周的计划去改善。我们的训练计划是针对那些的确需要一段时间运动锻炼才能纠正过来的根本性的不平衡，所以“好钢要用在刀刃上”。

做土耳其旋身和 SDL 这两个动作时不要着急加重量，先把动作练熟，保证左右两边都能流畅地完成动作，然后再酌情加重量。在所有的项目中，使用能帮你平衡身体的最小重量。

第一周：周四和周六，每个动作 45 ~ 60 分钟。

测试

现在，我们来测试你最弱的象限和较弱的边在哪里，只有你可以在不负重的情况下流畅地完成土耳其旋身和 SDL 的时候，你才需要做这两个动作。

劈和抬（可参看后面我的动作照片）

向下劈左膝：6 ～ 12 次

向下劈右膝：6 ～ 12 次

向上抬左膝：6 ～ 12 次（低处的动作一定要慢，否则牵引的重量会让你

失去平衡）

向上抬右膝：6 ～ 12 次

土耳其旋身

每侧做 5 套土耳其旋身（用 16 千克的壶铃球）

每侧做 5 套土耳其旋身（用 24 千克的壶铃球）

这是我用的壶铃球重量。该怎么选择土耳其旋身使用的壶铃球，我在后面有详细而重点的解释，不要错过。如果没有壶铃球，用同重量的哑铃也可以。

双臂单腿原地提举：每条腿 5 次

单臂单腿原地提举：每条腿 5 次

全范围深蹲：10 次

这个全范围深蹲是我自己加的，不过练习这个动作绝对有助于“四项”的训练。

这个测试我做了两次，一次是在周四，另一次是在周六。做两次就是为了避免出现误差和误诊。第二次测试的时候不要改变重量，但是也别看第一次你在同样重量下完成的次数。第二次测试不是要证明你进步了多少，而只是让测试无限地接近准确而已。

第二周到第六周：周一和周五，每个动作 30 ～ 45 分钟。

修正

一旦你确定了不平衡状况，第二周到第六周的锻炼就要解决这种不平衡。

如果你能连做 10 个屁股碰到脚后跟的深蹲，那么就做下面几个动作（做多少组，做多少次下面马上会讲到）：

1. 半膝劈和抬

2. 土耳其旋身

3. 单臂单腿原地提举

如果你做不了 10 个全范围深蹲，那么你就做下面几个动作：

1. 半膝劈和抬

2. 全膝劈和抬

3. 土耳其旋身

4. 单臂单腿原地提举

做多少组和做多少次：对于第二周到第六周的所有练习，都使用 2：5 的原则。也就是说，如果力量较强的一侧做 5 组的话，力量较弱的那一侧就做 2 组，始终保持这个比例。每组的次数都是 3 ～ 5 次。

较强的一边 ×3 ～ 5 次（我所有的都做了 5 次）

较弱的一边 ×3 ～ 5 次

较强的一边 ×3 ～ 5 次

较弱的一边 ×3 ～ 5 次

较弱的一边 ×3 ～ 5 次

较弱的一边 ×3 ～ 5 次

较弱的一边 ×3 ～ 5 次

在每两组之间休息一分钟。如果你在一个重量上做不了 5 次，那就减少次数，不要减重量。记录下每个信息。

我建议使用 1 秒或 2 秒的向上速度和 4 秒的向下速度。当然，如果你喜欢按照自己的节奏也可以，但要保证这个节奏是一致的，不要将它打乱。

第七周（可选择的）：周一和周五，每个动作 30 ～ 45 分钟——延长训练

在第七周，或者你还想延长到第八周、第九周都没关系，你可以把全膝劈和抬同双臂单腿原地提举结合在一起。既可以纠正不平衡，也可以提高力量。我每隔 4 ～ 6 周就做一次测试，然后随时调整。

但是，如果你要继续进行纠正不平衡的训练，那么你就要注意别矫枉过正。一旦你纠正了 10% 或者更多的不平衡，那么你就可以两边各做 2 组，每组 3 ～ 5 次了。2：5 的比例仅限于你没有被纠正之前。

土耳其旋身

全膝劈和抬

双臂单腿原地提举

半膝劈和抬

单臂单腿原地提举

双臂单腿原地提举与单臂单腿原地提举的动作是一模一样的，只不过是用一条胳膊做。你可以双手抓一个杠，也可以两手分别抓一个哑铃或壶铃球。

每周 2 次，每次拿出 30 ～ 45 分钟做这样的练习，可以让你的其他训练成果翻倍，更重要的是可以大大降低受伤的可能。

4 个动作就能让你变得平稳而强壮。太复杂了，你没那么多时间？那你有多少时间就做多少，做多少就能获益多少。

我的原则就是：提前准备一个月，省得受伤后休息一年。

锻炼细节

锻炼一：劈和抬

“劈”的起始和结束的位置

“劈”的动作是从高处至低处的下拉动作，而“抬”是从低处至高处的牵引动作，它们应该是完全一致的，就像在照镜子一样，仅仅是方向不同而已。

这个动作有两个常用姿势，我们分开来讨论。

我选择把“半膝劈抬”作为主要介绍的姿势，原因有二：一，在不平衡问题给你造成困扰之前找到问题所在是非常重要的，半膝的姿势不仅能强调上身的动作，还能凸显下身的平衡力；二，我曾经让 6 个人做过单腿平衡力测试，

“抬”的起始和结束的位置

图中人物右膝底下的那块砖可以不用，我在训练的时候就没用。演示的时候之所以垫了一块砖，是为了增加向上的角度。

无一例外，他们都有严重的左右不平衡问题。

所谓“半膝”的姿势应该是……

一条腿跪地，另一条腿弯曲成 90°（没错，就是电影里常演的求婚姿势）。

在做动作的时候，“劈”的动作是朝向跪在地面上的那条腿的，而“抬”的动作则是永远朝向弯曲 90° 的那条腿。每个动作不是下拉就是牵引，这时双手要靠近胸口。比如，劈的时候，你拉动钢索通过胸骨前方，然后一直朝着地板向下。在整个过程中，钢索的运动路线应该是直线，而不是弧线。

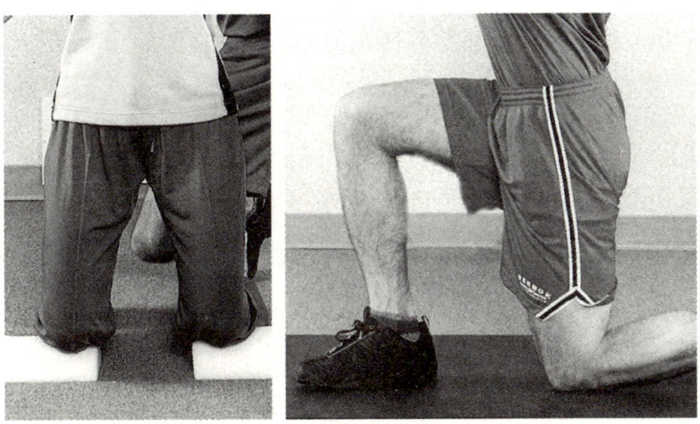

全跪和半跪的腿部姿势

呈 90° 弯曲那条腿的脚和跪着那条腿的膝盖最好成一条直线（如下图所示），最好能在地板上做个什么标记，让你能检测出它们是不是在一条直线上。

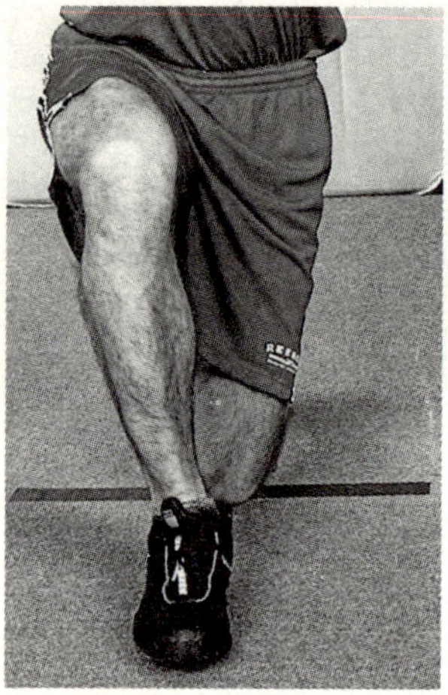

最完美的位置（脚和膝在一条线上）

如果你没法在这个姿势下保持平衡，那就慢慢训练。开始时，你的脚可以偏离膝盖 10 厘米左右，然后，每次试着把这个距离拉近一点，当然，前提还是保持平衡。如果你在不做动作的时候都跪不稳当，就别指望“劈”和“抬”的动作能做流畅。

把 80/20 原则应用到劈和抬上

指导如下。

1. 在头一两个月里，坚持只使用同一个“横杠”。

三角肌绳索固定器（正常状态）

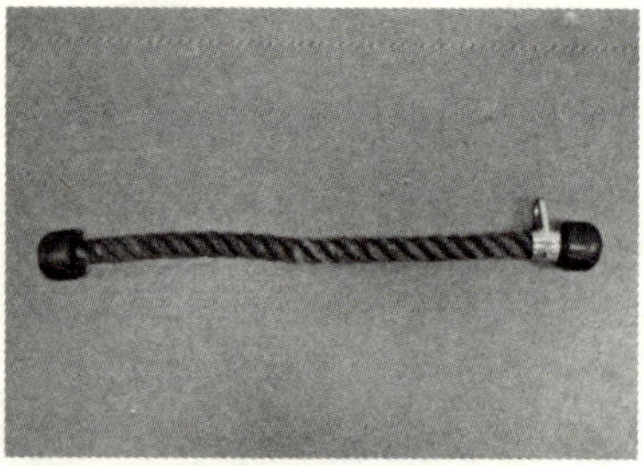

三角肌绳索固定器被改装成了一根“杠”的样子

半膝劈和半膝抬的动作都得用到钢索（其实就是一条电缆线），要么将钢索固定在一个横杠上，要么就用普通的带绳子的“三角肌绳索固定器”。这样，绳子可以从一端滑到另一端，模仿横杠的作用。我用的就是这个。

单腿柔韧度测试

试试自己的柔韧度到底有多好（差）：

步骤1. 双脚并拢，双腿要尽量并拢。弯腰用双手去够脚趾，膝盖不能弯曲。如果这个动作对你来说太容易了，那就试着用手掌去碰脚趾。

步骤2. 现在分别测试身体两边的柔韧度。把一只脚放在略高一点的物体上——几本书或者一个矮凳，另一条腿的膝盖还是不能弯曲。看看你能够到哪里。

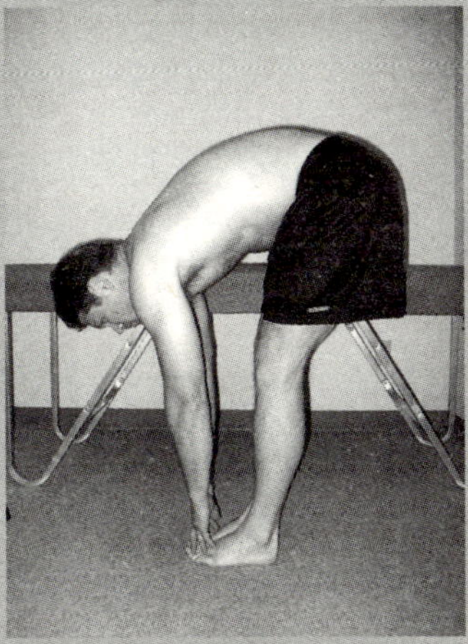

步骤 1

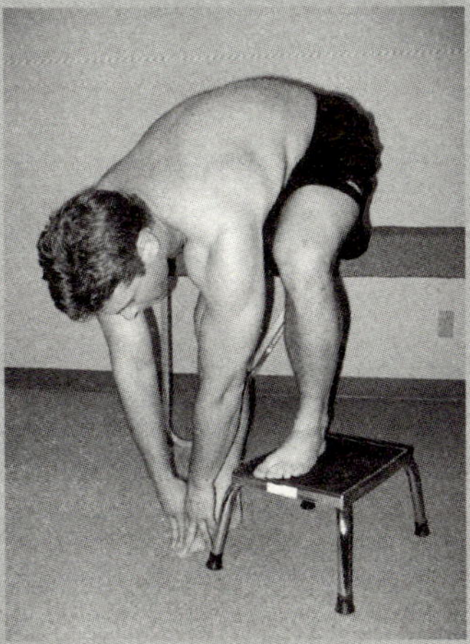

步骤 2

你两边的柔韧度一样吗？我的左边比右边短了 7.6 厘米。

如果你在出差或者旅行的时候也想练习动作，那就带个拉力器。不过，拉力器的阻力可要比绳子大太多，需要适应一阵子。

2. 别憋着气。

当我能应对的重量越来越大时，我习惯在抬的时候屏住气，然后在劈的时候缓缓呼气。这有点像作弊，但是对于较重的重量来说，这样的呼吸法的确管用。下面是我对呼吸的一些建议（你可以借鉴，但是千万别在呼吸的时候露出“狰狞”的表情）：

• 在动作开始的时候，吸一大口气，收紧腹部，绷住屁股和上身。虽然如此，但是你的身体不能因为用力而缩起来，必须保持舒展。

• 在每个动作中拉的部分开始时，吐气。不要张嘴吐气，你的牙齿应该紧闭，让气从牙齿间挤出来，所以你会发出像蛇一样“咔咔”的声音。缓慢而连贯地吐气的同时，你由拉的部分转到推的部分。推到尽头的时候，你应该还有 50% 的气没有吐完。慢慢地把剩下的气吐光，一个完整的劈和抬动作结束。

• 在每个完整的动作结束后，都做 2 个正常呼吸来调整一下。

3. 训练时的姿势要 100% 保持一致，才能达到预期的效果。

(1) 脚的位置：为了准确地衡量你的姿势是否准确，格雷建议大家在瑜伽垫上做半膝的姿势。你跪着的膝盖应该在瑜伽垫从头到尾的约三分之一处。如果你买了瑜伽垫（这东西不贵，而且卷起来只有一个小卷，不占地方，我觉得很值得买一个），就用记号笔画出膝盖在劈、抬两个动作中的位置。如果你不准备买瑜伽垫，也可以在地上贴胶带当记号。下面是格雷定义的“最佳姿势”，我就是一直以这个姿势锻炼劈和抬动作的。

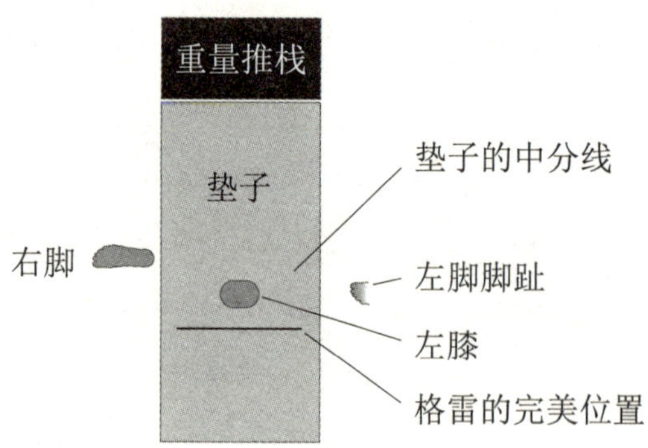

垫子的位置

以左膝跪下的劈的动作为例：

一开始，我用的是标准弹力垫，因为直接跪在地板上太疼了，但是我很快就意识到，使用垫子是最方便并且能够最准确记录位置和姿势的方法。只要把垫子的一头顶住机器，然后在垫子上画出你膝盖和脚应该在的位置，每次练习的时候按标记跪，就不会出错。这比使用胶带方便多了。

（2）手的位置：在劈和抬的时候，手的位置都是一样的。离机器比较远的那只手跟绳索杠尾端的距离是三个手宽，离机器比较近的那只手则尽量靠近钢索。

（3）头和肩的位置：头部的要点就是不要乱动。肩动，头才动；肩不动，头就不要动。如果在静止姿势时，你的肩膀和臀部是成直角的，那么在做动作的时候，肩部跟臀部的角度最多能改变 20°。转肩转得再过的话，你的腹部的受力就太多了，你的脊椎在这种情况下很难保证平衡。

开始测试吧

通过劈和抬找到不平衡时会涉及的四个象限——低处左侧、低处右侧、高处左侧和高处右侧，目的是找到最弱的那个象限。不管什么时候都要先做劈的测试，因为劈的力量永远比抬的力量大。

向下劈左膝：6 ～ 12 次

向下劈右膝：6 ～ 12 次

向上抬左膝：6 ～ 12 次（低处的动作一定要慢，否则牵引的重量会让你失去平衡。）

向上抬右膝：6 ～ 12 次

最好在健身锻炼开始时就做这个测试。劈的测试做完后，把重量减一半或三分之二，再做抬的测试。接下来，选一个你觉得劈和抬都能重复 6 ～ 12 次的重量，然后再一点点加重量，看看劈和抬各自能达到的最大重量是多少，你两侧的力量差异也就非常清楚了。

在整个过程中应该会有挣扎，但又不会太剧烈。如果你想完成 6 ～ 12 次完整的动作，肯定会在某一点失去平衡，或者姿势变形。如果你努力想维持平衡，那么应该展现的技术点就会被破坏。

也就是说，你不是拉不动或者提不动这些重量，而是无法以规定的姿势处理这些重量。你是败在了技术上，不是纯粹的力量上。

在劈和抬的时候，你的后背应该挺直，臀部不向两边歪，头部尽量摆正，颈部向上伸展。当你无法保持这个姿势的时候，就是失去平衡的时候，比如头部开始扭动，臀部也开始斜向一边。如果你无论怎么使劲儿都无法纠正自己的不平衡，那就停下来吧，数数自己做了几次。虽然这个动作可以单独做，但我还是强烈建议你找个朋友在旁边监督你，或者你自己把动作录下来。两边都是如此，当动作无法保证流畅和平衡的时候就停下来记录。

一旦测试完成，你就可以评估一下四个象限的差距了。超过 10% 的重量差别（次数一样的话）或者 10% 的次数差别（重量一样的话）就可以被认定为不平衡。

找到最弱的那个象限进行练习，直到重新恢复平衡。

下面是我第一次测试的结果。

向下劈左膝：9 千克 ×7.5 次

向下劈右膝：9 千克 ×15 次（我还能再做 3 ～ 4 次！）

向上抬左膝：4.5 千克 ×13 次

向上抬右膝：4.5 千克 ×14 次

两天后，我重新测了一遍，因为我实在无法相信自己左右两侧的力量差这么多，我想确定这是真实无误的。在测第二次的时候，数字与第一次已经发生了些许变化（我的力量增加了，但是差异依然在），这表示两天以来我的驱动控制已经得到了改善。

向下劈左膝：9 千克 ×16 次

向下劈右膝：9 千克 ×20 次（我还能再做 7 ～ 8 次，没有再做那 7 ～ 8 次，是因为我不得不承认第一次测试的正确性。）

向上抬左膝：6.8 千克 ×6 ～ 7 次（重量加大后，让这一侧的弱势显得比上一次更明显了。）

向上抬右膝：6.8 千克 ×11 次

两次锻炼之后，我用两侧的力量都能劈 45 磅（约合 20.3 千克）了，最糟糕的不平衡得到了纠正，同时因为长时间写作而患上的背部酸痛也随之消失了。

只要找到最弱的那个象限，使之与其他部分的肌肉平衡，就可以连带解决很多意想不到的问题（说实话，我从没想过背痛真的会消失），这实在非常奇妙。

锻炼二：土耳其旋身

如果让格雷从四个锻炼动作中只挑一个保留，他会选土耳其旋身。

这个动作并不简单，好在这是一个值得长时间锻炼的动作。即使你的进展并不顺利，也别太着急，就把它当成每次健身前一个几分钟的热身活动，慢慢地让动作连贯、稳定，直到你可以自如地做完所有步骤，再增加手上的力量。

这也是格雷在帮助米歇尔·韦康复的时候，配合壶铃球摇摆（摇摆动作并没有进入“四大”，但却是我个人喜欢的锻炼动作之一，我在“完美外形”那章详细地介绍过这个动作）用得最多的一个动作。土耳其旋身包括 9 个分解动作，每个姿势都非常优雅，有舞蹈的美感，并且能够有效地调动所有的主要肌肉群和运动平面。格雷强调了为什么在主流健身界没人喜欢这个动作，他说：“土耳其旋身和壶铃球摇摆的姿势太普通，不够炫，杂志喜欢性感妖娆的健身姿态。要让我说，光做这两个动作来预防运动损伤就足以让你成为世界级的运动员了。真的。”

一旦米歇尔能举起 16 千克的壶铃球完成整套土耳其旋身动作，她之前所做的修复练习、劈和抬练习和单腿原地提举练习的成果一下子就会被整合，每个练习都能够发挥其最大作用。土耳其旋身本身可以被看作一条串连珍珠的线，或者是凝固所有砖块的水泥。换句话说，劈和抬动作是只练上身，不动下身；SDL（下面会介绍）是只练下身，不动上身。它们都只算分解动作。而只有完成了土耳其旋身的练习，碎片才被黏合，运动者将会得到一幅完整的画面。如果你只在特定的时间练习上半身，在另外的时间练习下半身，而忽视了土耳其旋身的串联作用，那么你得到的仍然只是支离破碎的结果。

同时，土耳其旋身无须借助固定的器械，单独一人便可完成，很少有这么简单的配备却能达到如此惊人效果的动作。

乔恩·特林——我们前面提到过的印第安纳小马队的首席力量教练，用不可置疑的语气评价土耳其旋身："我的工作就是训练运动员，防止运动员受伤，让他们表现得更好。所以，我的训练是以土耳其旋身开始，以土耳其旋身结束，然后再用土耳其旋身检查他们的进度。"

土耳其旋身中壶铃球的重量应该按照以下级别来划分，这跟你在其他运动中能应付多大的重量没关系。在做动作的时候，哑铃和壶铃球都可以用，重量划分如下：

女性

初级水平：8.8～13.2磅（4～6 千克）

中级水平：13.2～17.6磅（6～8 千克）

高级水平：17.6～26.4磅（8～12 千克）或更重

男性：

初级水平：17.6～26.4磅（8～12 千克）

中级水平：26.4～35.2磅（12～16 千克）

高级水平：35.2～52.8磅（16～24 千克）或更重

土耳其旋身实际上有很多套动作，给大家介绍的这套是一个综合性的全身纠正练习，是目前为止大家反馈最容易上手，也是最有效的一种。

图中的示范人员是布莱特·琼斯，整套动作被分解成九个步骤，分别以九张顺序连贯的图片来表示。这个顺序还可以调转，也就是以举球动作为开始，以球落地为结束。除了壶铃球，土耳其旋身还可以选用同等重量的哑铃来完成。

分解图片仅供参考。如果你准备练习整套动作，还是需要到网站上看动作教学视频，网址是 www.fourhourbody.com/，光看文字和图片是很难理解每个动作的要求的。

如果看完视频，你还是觉得整套土耳其旋身动作太难模仿，那么你可以只做前 5 个动作，然后停在上举壶铃球那个动作处，你依然可以凭借这 5 个分解动作来分辨哪里有左右不平衡的状况。这个被称为“土耳其起身半法”的动作对于肩部的康复非常有益，很多高端的物理理疗诊所都用这个方法来检查并治疗肩伤。

锻炼三和四：单臂单腿原地提举

右图是双臂单腿原地提举的起始和结束姿势。注意看抬起那条腿的脚尖，应该指向地面，而不是外侧。

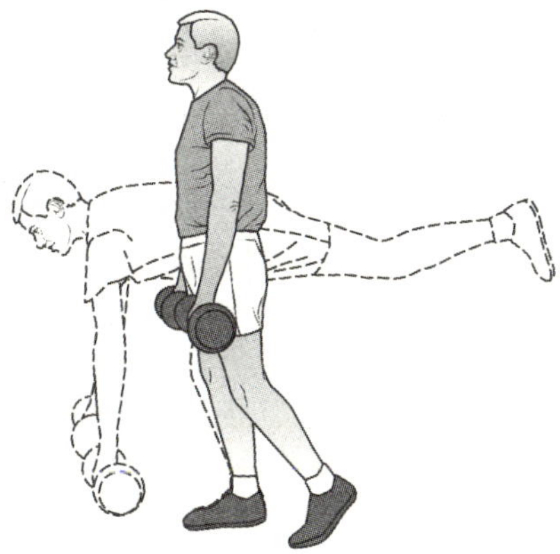

2 磅（约合 0.9 千克）重的哑铃提举起点和终点。请注意：脚趾、后脚必须指向地面，不向外。

标准的原地提举动作很简单：在膝外用双手抓住杠铃，然后起身，把杠铃举起，就可以了。

单腿原地提举，顾名思义，就是用一条腿做标准原地提举的动作。

臀部的深处肌肉跟一个发动机差不多，主要起到稳定给力的作用。在你做单腿原地提举的时候，这些肌肉就会扮演这样的角色，同时让你的左右不平衡状况一目了然。我们要用到的姿势则是单腿原地提举的变形——交叉单臂单腿原地提举，而且我们用的不是杠铃，而是一个壶铃球或者一个哑铃。

单臂暂且先放放，首先，我们要确保你能在单腿的情况下完成指定动作。

先学双臂单腿原地提举

我们在训练中实际用到的是单臂单腿原地提举，不过，一开始还是从两只胳膊做起为好。双臂同时运动能在最大程度上保持身体平衡，而在平衡的时候，你才能集中精力控制好臀部——而这是整个训练的意义所在。

学会用双臂单腿做原地提举只需要不到15分钟，下面是步骤。

用两组较轻的哑铃（每个4.5～13.6千克），做3～5组，每组3～5次双臂单腿原地提举。目的是先熟悉一下单腿用力，找到核心稳定力的所在。双臂单腿原地提举动作的要领跟单臂单腿原地提举完全一样，只不过是用两只手拿两个哑铃而已。

初次做这个动作时，感觉一定会有些怪，弯腰的时候，后背会有酸痛感。熟悉双臂单腿原地提举之后，再去做单臂单腿原地提举，你就不会觉得双臂单腿原地提举太难以掌握了。相对于双臂单腿原地提举，单臂单腿原地提举则需要更好的控制力和两侧平衡感。

下面的这些指导同样适用于双臂单腿原地提举。先遵循指导练习双臂单腿原地提举，熟练后再做单臂单腿原地提举。

- 单腿站立，膝部略弯曲20°左右，将壶铃球或哑铃放在站立腿的内侧，这样可以保持平衡。如果需要，可以略升高壶铃球或哑铃的位置。抬起的腿向身后完全伸展，不要内旋或者外旋。换句话说，后面这条腿的脚趾应该一直指着地面。

- 以臀部为轴，向下弯上身，用站立腿的另一侧的手抓住重物，用另一只手平衡身体。整个动作就像压跷跷板。你一只腿站立，用一只手去带动重物的时候，肯定会有想扭转身体的冲动，但是一定要克制住，这也是这个动作要训练的——保持核心稳定力。

- 每次都要把重物完全放下，然后第二次重复时再去抓提。格雷同很多运动精英合作过，通过这个方法训练过的运动员运动受伤率为零。

如果你的目标是每组5次，那么实际上你是做了每组9次——5次负重动作，4次没重量的连接动作。就是这样：弯腰够到重物，提起重物然后直立；缓慢地放下重物，再空手站直身体；重新调整姿势，深呼吸，再重复上述动作。学会如何让臀部成为整个动作的轴点，作为支撑的那只脚要均匀受力、跟地面接触，而不是脚趾紧紧扒着地面，脚跟却要翘起来。跟劈和抬动作一样，当手里无负重时动作也要做标准。

格雷对原地提举的指导建议：

1. 看起来，原地提举只涉及向前弯腰。实际上，这个动作是通过尽量后坐产生推力，所以腰臀部必须要坐到脚跟后面。如果用一条腿或者两条腿做原地提举，就一定要保持胫骨（脚踝处的骨头）与地面垂直。

2. 抓杠要有力，这样肩部才能安全。向后牵引肩部是完全没必要的。用稍重的重量，然后牢牢地抓住杠，这样肩关节利用反射收缩就能既保证安全，又发挥力量。

3. 要完全地伸展后面那条腿，把它当作脊椎的延长线。如果你的胸肌下沉了 5 厘米，你的脚跟就要提起 5 厘米；如果你的胸肌提起了 5 厘米，那你就得把脚跟放低 5 厘米。这个关联动作必须做到、做好。

4. 哪怕会破坏一些动作的完整性，也要举起较重的重量。

看到一些私人健身教练给自己的客户只用 5 磅（约合 2.3 千克）的哑铃，格雷总是感到很吃惊，因为这些客户出了健身房就是妈妈或者公务员，他们可能每天都抱着三十几磅（约合 14 千克）的孩子或提着四十几磅（约合 18 千克）的电脑包，5 磅的一小时锻炼对他们能有什么用呢？而且，在原地提举这样有弯腰和上提动作的练习中，过轻的重量会促发肘部牵引（弯曲）和耸肩向上，这些都会导致关节损伤。

原地提举的重点在于保持较低的重复频率，以优化神经肌肉群的反应，给臀部驱动创造核心稳定力。所以，重复的次数最好被控制在 1 ～ 5 次。注意：如果你想长肌肉，那么这套动作不适合你；如果你想建立一个稳定的发力底盘，那么你来对了地方。

在你还不能把原地提举的动作做满的时候，你可以只做一半，或一部分。比如，你可以把壶铃球从一个箱子上提起，或者从台阶提举起哑铃。只要物体够重，臀部发力够稳，就算你并不是“原地”提举，也能大获裨益。随着你对动作的掌握越来越熟练，可以慢慢地降低高度，最终从地上提举起重物，这就是标准的原地提举了。

工具指南：

• Find a Functional Movement Screen（FMS）Expert（www.fourhourbody.com/fms）：FMS 是格雷创造的用来判断、检测不平衡状况的工具。这个网址上有所有经过认证的FMS专家的所在地，他们可以负责检测和纠正你的不平衡状况和控制力问题。

如果你喜欢有专人指导服务，可以就近联系他们。如果经过检测，你的得分低于14分，那么你就已经进入了“危险区域”。如果以这种状态进行运动，你的受伤概率将达到35%。我的首次FMS测试得分为17分，是请位于新泽西One Human（一个人）运动中心的艾瑞克·D. 阿加提监测的。One Human运动中心也是美国橄榄球职业联盟巨人队的FMS基地。

• FMS Self-Screen（www.fourhourbody.com/fms-self）：实在等不及找专家了，那就用这个自我检测系统吧。

• Chop and Lift Video（www.fourhourbody.com/cl）：这是劈和抬动作的演示录像。

• Turkish Get-Up（www.fourhourbody.com/tgu）：扎克·伊文艾施演示了土耳其旋身的动作。看的时候最好拿个笔记本，记下动作要点和时间节奏。这算是一套分解动作的讲解，每个动作之间都有短暂的停顿。你做得越慢，对技术掌握得就越扎实。不要求快，只求流畅稳定。

• Cross-body One-arm Single-leg Deadlift（www.fourhourbody.com/sldl）：这个录像演示了正确完成单臂单腿原地提举动作的过程。

• Squat（www.fourhourbody.com/squat）：在做深蹲动作下蹲至底时，什么样的后腰动作才是正确的，如果不正确该如何纠正？看过这个指导录像，你就会非常清楚了。

• Kayaking Dry Bags（www.fourhourbody.com/kayak）：在漂流或者皮划艇运动中常常需要用到防潮袋。这种袋子一般是完全防水的，因此，水放在袋子里漏不出来。防潮袋一般都很轻，也不占地方，所以如果你在旅行或出差的时候想练习土耳其旋身，就可以用它装上同等重量的水进行练习。我用的是SealLine Baja 30升的防潮袋，一升=一千克，30升也就是差不多66磅（约合29.7千克），足够用了。

• Bands for Mobile C&L: Gray Cook Bands（www.fourhourbody.com/cl-band）：若想在旅行或独自在家的时候做劈和抬动作的话，这些弹力管可以作为健身房器材的替代品。

第九部分

跑得更快，跑得更远

THE
4-HOUR
BODY

每周健身4小时

第二十六章

超级耐力（一）
——12 周内从 5 千米到 50 千米

当你超越了身体的极度疲劳和痛苦之后，会迎来一种从未感受过的力量和自在。我们其实从没真正“用尽全力”，因为前方似乎总是障碍重重，而借口又总是用不完。

——威廉姆 · 詹姆斯

“用你的那俩玩意儿顶住杠。”

你懂的，睾丸这玩意儿跟钢铁的关系有点像油和醋：它们很像，但想混在一起却很难。

可惜，我听到的不是“商量”而是“命令”。所以，只好委屈你了，我的小同志们。

我听话地用“那俩玩意儿”顶住了杠。

凯利 • 斯达莱特看到我的相扑举重姿势终于对了，满意地点了点头。凯利是旧金山综合训练健身中心的创始人，绰号“K 星”。此刻，他正在大谈力量举重之神戴夫 • 泰特的名言：落杠的时候，你的屁股一定要尽可能地贴近杠，就好像你要把抱在怀里的双胞胎同时放在地上，让他们撒欢一样。很温馨的画面，对吧？事实上，如果你做这个动作就知道了，好似分娩的姿势让你觉得自己真的要裂成两半，绝不像听起来那么舒服。

当然，此时此刻的背景还是很美的。我身后就是昔日的要塞旧金山湾，海岸边的建筑充满了殖民时期的优雅风格，一栋栋住宅不是红色就是白色。顺着海滩拾级而上就是坡度很缓的小山坡，满眼绿色，青葱安静。落日的余晖穿透薄雾，把不远处的金门大桥包裹在一团光晕之中。凯利的下一个客户迟到了，所以我们就趁着这段时间，从新陈代谢到运动备战状态，天南地北地聊了起来。

在马上要接待下一个训练者的时候，他抛出了一个问题："你的 RKC 抓抛测试的成绩是多少？"

"抓抛"是一个奥林匹克举重项目专有名词，这个动作是指参赛者从地面上抓起杠铃后不经推举动作而直接连贯地将杠铃抛过头顶，整个动作一气呵成没有停顿。抓抛测试是俄罗斯壶铃球认证中心（Russian Kettlebell Certification，RKC）训练项目中的一项。我已经通过了测试，标准是 53 磅（约合 23.9 千克）的壶铃球，时间是 5 分钟之内，原则是我们不能让壶铃球落地。

"我体重 77 千克，3 分半钟之内的抓抛次数是 77 次。"我回答道。

"嗯，在我们这儿，要是不想活了，就会那么练。"

我有点没听明白，不知道他问这个问题和说这些话是什么意思。不过，如果你让我猜，我觉得他在讽刺我是个傻 ×。

凯利接着说："我今年 36 岁，但是我的抓抛是 300。我可以原地后空翻，也能跑 28.4 英里（约合 45.4 千米）长、高度变化 18,500 英尺（约合 5550 米）的 Quad Dipsea 超级马拉松。而且，跟大多数参赛的跑步者不同，我不会跑完就瘫痪、四周什么也做不了。我在马拉松结束的第二周就能开始进行举重练习和其他训练。"

他是想让我恭维他，大赞他的神奇能力吗？正在我胡思乱想之际，凯利突然扔了一个重磅炸弹在我的脑海里："不过，在跑任何马拉松之前，我训练时都不会跑超过 5 千米。"

我的大脑立刻就功能紊乱了，各种"不可能"一起涌出来，就像圣诞节时发生爆炸的商场。

"等下，你……连 5 千米都不跑，那还叫赛前训练吗？"

"我就跑 400 米往返，多跑几个。"

突然，我开始对这个让我用"那俩玩意儿顶住杠"的教练感兴趣起来。

跟很多人一样，我想在有生之年跑一次马拉松。我要的不是连吐带爬、狼狈地坚持着完成马拉松，我梦想的是那种到了终点依然体力充沛，甚至有点兴奋地“跑”完一个马拉松。

并不是说我觉得跑马拉松这事对身体有多好。不好，一点都不好。但是，完成一个长达26.2英里（约合41.9千米）非人类跑步赛事，哪个灵长类生物不想挑战一下？现在不是很流行“30岁/40岁/50岁/60岁/死之前再不做就永远没机会做了”这个概念吗？

不能免俗，我也有一个清单，除了跑一次马拉松，还包括尝试跳伞（完成）、在大堡礁浮浅（计划中，马上就出发了）、跟娜塔莉·波特曼约会（看到就给我打电话啊）。

可悲的是，才跑一英里多点我就像个喝多了的大猩猩。再坚持一会儿，我就变成了吐血的大猩猩。总之，我曾经以为跑马拉松这个梦想会永远死在这张清单上。

可如果只是跑400米的话，我这只大猩猩也可以做到啊！

希望之火立刻重新燃起了。

凯利笑了——我脸上的表情从不敢相信到浮想联翩（娜塔莉·波特曼，哦）再到满面欢喜，一定非常有喜感。紧接着，他对我说了一句话，从此，我便找到了跑步的圣杯。

他说：“你应该去找布莱恩·麦克肯基聊聊。”

两周半之后

我能感觉出来，科罗拉多州的路易斯维尔市不太喜欢我。

点的第一杯葡萄酒才喝了不到一半，我的头就已经晕得七荤八素了。本人的体质绝不孱弱，但是上升了1600多米之后，喝酒已经显得不那么明智了。

现在是晚上10点，阿洛夫特酒店的大堂里到处都是哥特式打扮的年轻人和狂欢者，因为第二天晚上这里将举办被众多粉丝推崇的咖啡因音乐节。吧台和酒廊里全是穿着厚底鞋、将头发染成各种颜色的音乐发烧友，他们抱着电脑上Facebook（脸谱）或者给朋友发短信来打发时光。每隔三分钟我就能听到“嘿，哥们儿，你也来了”，不出五分钟另一句台词就蹦了出来：“嘿，哥们儿，你有逍遥丸吗？”

终于，当一个身高 1.88 米、体重 87 千克的成年男性走进来的时候，我等的人到了。他拉过我面前的红皮椅，坐下。我这才看清他的脸，这家伙有点像亨利·罗林斯、基努·里维斯和海豹突击队员的结合体。

当然，他不是别人，他是布莱恩·麦克肯基。

他礼貌地跟我握手。我看到他的双手上纹了“UNSCARED”（无所畏惧）的字样，一个字母一根手指，一共八根手指，双手合并的时候，就“无所畏惧”了。聊了没一会儿，两人就都知道了，对面的这个家伙跟自己一样，是个“神经病”。神经病的意思是：都热衷于尝试任何没有定论或有定论的事情；都热衷于拿自己做实验；都热衷到有时候忘了自己是人，会死、会伤、会疼的地步。

在他早年的耐力实验中，他曾经想过去测试 10 秒间歇休息的 20 秒短跑训练——著名的 Tabata 训练法（以 Izumi Tabata 博士的名字命名的短跑训练方法，此方法不仅能显著提高短时间厌氧运动的表现力，还能提高长期的有氧运动表现能力，堪称锋利的双刃剑）。

布莱恩有很多奇思妙想，比如把跑步机设置成 15° 的倾斜角度，然后将速度档调成 10 英里 / 小时。结果跑了不到一分半钟，他就跑不下去了，不得不把跑步机的速度调成 9 英里 / 小时，把倾斜角度调整为 10°。然后，他就像一张人肉煎饼似的，被跑步机的履带以 9 英里 / 小时的速度摔到地上。他落地的时候一条腿已经抽筋了，大概过了 5 分钟之后才恢复正常，他差点因为心室纤维性颤动直接挂掉。更可气的是，当时他并不是一个人在跑，旁边的两个同伴丝毫没有注意到他已经接近死亡边缘，光顾着站在旁边捂着肚子笑话他：“老兄，你可真够厉害的！哈哈哈！”谁也没上来拉他一把。

唉，人啊！

我勉强把杯里剩下的三分之一梅洛葡萄酒灌进喉咙，开始说正事。

“那，你觉得 8 ～ 12 周内，你能把我训练成什么样？”

我跟他讲了我目前的糟糕状况，然后洗耳恭听他的计划。

“你说的这些都跟跑步没关系。8 周我就能让你跑完半程马拉松，但前提是你得有个基准线，能在 24 分钟之内完成 5 千米。”

“我要是从没跑过 5 千米呢？”

“那也没事。我先让你做几个区间跑，使你适应 5 千米。你没有关节损伤，比如踝部插了钢板之类的吧？”

“没。”

“我们只有 12 周的时间？”

“对。”

“好吧，让我们看看奇迹想不想来拜访我们。”

我觉得，奇迹很可能会“再”来。

他曾经在 11 周内培训过一个绰号叫“火箭”的家伙，这家伙成功地完成了 50 千米的山地马拉松赛。在接受训练之前，“火箭”连 7 千米都跑不下来。

还有一个 43 岁的女性马拉松爱好者，目前的速度是每英里耗时 8 分 30 秒。而在刚开始接受布莱恩训练的时候，她跑 3 个 400 米就不行了。她的体质并不适合长跑，真的是没有运动细胞的那类人。让她以 7 分 30 秒 / 英里的速度跑，她 3 分钟都跑不到就累得不行。

在纽约市马拉松开始前的2个月，布莱恩让她每周做总时16分钟的短跑训练，同时再加上每周4次的条件值训练，一般都是举重和伸展性的体操。这些训练都加起来，一周耗时也不到3小时。马拉松开跑的前一周，她每天都给布莱恩打电话哭诉：“这点训练怎么行啊……肯定不行啊……我跑不下来的……没有希望了……”

结果呢？

她不仅跑下来了，而且成绩是 3 小时 32 分钟。也就是说，她的速度是 8 分钟 / 英里，比训练时的成绩每英里还提高了 30 秒。如果她没有在结尾的时候仗义相助另一位受伤的跑步者，她的总成绩还能更好。

如果没有那段小插曲，布莱恩估算了她的真实成绩应该是下午三点半就到达终点，平均速率是 7 分 28.8 秒 / 英里。

也许她的确是没有跑步的天资，但布莱恩通过每周 16 分钟的训练让她有了“地资”。跑步嘛，我觉得，“地资”比“天资”重要。

你说呢？

从大剂量到小剂量的旅程

最开始，布莱恩是名短道游泳运动员。他只能游100米以下的比赛，只要过了100米，他就要散架了，直接变成碎片漂浮在泳池里。他的教练对此束手无策。

2000年年末，他参加了一个迷你版的铁三赛。这个比赛是由他的一个朋友发起的，这个47岁的朋友曾经完成过13次铁三比赛。迷你版的铁三赛很短、很可爱：游500米的泳，骑13英里（约合20.8千米）的车，再跑个5千米的步。比赛完成。

奇怪的是，布莱恩并没有在游泳的那个部分“变成碎片”。当然，原因之一是他的对手跟平时遭遇的游泳高手完全不同。布莱恩突然意识到，原来游泳没必要游得那么快，这么游500米也非常舒服。回来后第二天，他就去铁人三项比赛报名处报了名。

结果，布莱恩一发不可收拾地迷上了铁三赛，他接连不断地参加世界各地各种级别的铁三赛事。同时，他加大了训练强度和长度，每周要花24～30小时进行训练。这个训练量在铁三运动员中算是非常正常的，因为常规的训练项目包括8英里（约合12.8千米）的游泳、200英里（约合320千米）以上的骑车和50英里（约合80千米）以上的跑步。在耐力运动的世界里，这种大量的训练是常态，也是默认的“必须”。但是，跳出耐力运动圈，这个量对人的身体健康、家庭健康或者任何健康都没好处。布莱恩严重地训练过度，他的婚姻生活一塌糊涂，夫妻关系进入僵局。除了训练，他什么都没有了，他失去了太多。

2001年，他通过别人介绍，认识了颇具争议性的人物——尼古拉斯·罗马诺夫博士。这成为布莱恩运动史上的重要转折点，他开始质疑大量、低速的训练是否真的对提高成绩有益。很快，布莱恩开始跟大众作对，选择了离经叛道的小剂量训练法则。

2006年6月，他参加了美国西部州100英里耐力赛，这个比赛的赛程中有超过17,000英尺（约合5185米）的爬升和超过22,000英尺（约合6600米）的专门毁膝盖的下降。他只用了26小时就完成了比赛。跟只有11小时的铁三比赛相比，他已经把自己的训练量从每周30个小时减到每周10个半小时。

可每周10个半小时还是有点多，他的身体仍然觉得疲劳、疼痛。他的婚姻生活也好不到哪儿去。

2007年9月15日，经过进一步精化自己的训练安排，布莱恩完成了被认为是世界上第四残酷的100英里（约合160千米）跑步赛。与100英里跑步赛比起来，美国西部州100英里耐力赛就像是遛弯。从排名上讲，美国西部州100英里耐力赛连前十都没进。

这一次，他的训练时长只有每周6个半小时，主要是以力量训练（大概3小时）、高强度全身练习、间隔跑和频率训练为主。他的身体在较高速度的运动中也能保持有氧状态，即使在速度训练中，表现也非常棒。在采用这种综合训练方法之前，他一次深蹲提举的最大值是250磅（约合112.5千克）。而在这次比赛开始的前3周，他可以轻松地连续6次深蹲提举240磅（约合108千克），而他根本没费心去增重。

现在不管跑多远，他的速度都更快了。100米还是100英里，根本不是问题。

想跑步了？想跑的还是铁三赛？

让我们先从400米往返跑开始吧。

在那杯糟糕的葡萄酒对我百般折磨之后，我回到科罗拉多州的路易斯维尔。第二天早上，我突然想清楚了一件事。

在这里，“想”可是个体力活，因为你得不断地同肺部缺氧和头疼欲裂做斗争。

首先，我要跑四个400米，我要使出全身解数的95%，在每个400米之后只能休息一分半钟。

然后，我再去跑100米往返，跑10分钟，在每个往返之间休息10秒钟。

坦白地讲，我觉得我既跑不了那个“首先”，也跑不了那个“然后”。

事实证明，我很有自知之明。

第二个400米才跑到一半，我就已经喘得像只上了年纪的德国牧羊犬。跑完最后一个400米时，我已经站不直了。我手扶着膝盖，随时都能把早饭吐出来。

至于100米往返？第六个往返还没做完，我就停下来了，我得扶着一张户外餐桌才不至于跌倒。虽然我用强大的意志力和自尊心重返训练场，但最后还是有四个往返是在走走停停中完成的。我在 10 分钟内完成了 20 个百米往返。

在这极度痛苦的 10 分钟内，我意识到了几个事情。

如果不想留下什么永久性的损伤，那么在跑任何接近、类似、相当于马拉松的比赛之前，我都必须做好三方面的准备：可能跑不完的心理准备、跑完却累死了的急救准备和保证能跑完而且能跑好的训练准备。还有，以我目前的水平，这个训练准备舒服不到哪儿去。

谢天谢地的是，我还有布莱恩。

准备开始：起落架升起

四周。

在长距离跑步中，你的最大阻碍并不来自你的肺活量或者慢动肌肉纤维，而是你的柔韧性。哪怕是区区 5 千米，你脚底撞击地面的次数也高达 2000 ～ 2500 下。为了保证每次撞击都能获得地面的推力又不会伤害到身体，就得保证你的韧带和跟腱都足够粗壮、结实、有弹性。同时，你还要保证你的肌肉群能够以正确的先后顺序高速运动。这样，你才可能跑得快、跑得稳。

我跑完 400 米之后，跟腱略微有拉伤的迹象。在训练结束后的三小时内，后背下方也有非常明显的痛感。其他几个与我一起训练的长距离跑步者身上也出现了类似的情况。

为什么会这样？

数据疯子请看这里

我的臀屈肌和四头肌太紧了，这在越来越多的城市伏案工作者中很常见。所以，我短跑的时候从屁股处向前弯身体。这个动作让我的腘绳肌腱承受了远远超出它能力范围的压力，不仅容易产生疲劳，而且更容易产生运动损伤。因此，我以这样的身体状态去跑步，怎么跑都是过量的，怎么跑都会拉伤我的腘绳肌腱。同时，僵硬的臀屈肌拽动底部的腰椎，所以我会觉得后背酸痛。

不止这些，昨晚做足部拉伸之后（马上要讲到这个动作），我的两个膝盖里面还隐隐作痛。造成膝盖疼痛的原因有两个：较弱的僵硬的四头肌和较弱的股内斜肌（VMO，这是一个水滴形状的肌肉组织，位于腿部前方）。

最后，也是最重要的一点，我的双脚和脚踝都有剧烈的疼痛感。这说明我的韧带、跟腱、足部和脚踝处的小块肌肉组织都不够发达，更别提有力了。

也就是说，我压根儿没准备好跑步。

在我考虑接受正规的训练之前，必须解决我的柔韧性问题。如果自欺欺人，非要跳过这个障碍，那我敢肯定，等着我的绝对不是完成梦寐以求的马拉松，而是余生都处在永久性损伤的噩梦中。

我可不想。

马拉松和尚与非洲羚羊：都占了酶多的便宜

在日本 Hiei 山上的“马拉松和尚”每天都走或跑一个与超级马拉松等长的距离。他们已经坚持这样做 6 年了，有些人在为期 100 天的训练中平均每天要跑 84 千米。

我这辈子是没有当和尚的命了。

“怎么样，教练，我能参加奥运会吗？”我开玩笑地问特迪尔斯·孔恩博士。我俩正面对面地坐在南非运动科学研究院中他的办公室里。五天前，我在这里做了一个活体组织切片检查，一支铅笔那么粗的采样针扎进了我的大腿，我当时就理解了什么叫“打落牙齿和血吞”。我并非是来测试自己能忍受多大疼痛的，而是要看看我肌肉组织的各方面极限在哪里。采集了三份肌肉样本后，医生把它们带进了肌动描记实验室。今天，我就可以拿到检测结果了。对面的特迪尔斯面容凝重，好像很悲伤，又好像很严肃。下面是我们的对话。

“我是名医生，医生习惯说实话。你的结果可能不是非常喜人，不过，它是真实的。”

“嗯，好的。”

“你可能不太容易跑完 10 千米。”

我点头。

“实际上，你跑完 5 千米的可能性都不大。”

这当然不是我最想听到的结果，不过，经过了三个月疯狂接触跟超级耐力相关的一切知识后，我现在至少不会惊慌了，因为我知道医生下此结论的依据是什么。

是酶。

CS、3–HAD、LDH 以及 PFK 都是会影响力量产生和输出的酶，途径不同，但效果是一样的。

南非的科萨人盛产中长距离跑步好手，原因之一就是他们拥有高质量的 LDH，这种酶会让他们的周转速率比普通人的高。更多的 LDH 就意味着有更少的乳酸产生，也就意味着更少地消耗肌肉力量。肯尼亚的跑步运动员体内的另一种酶——3–HAD，比普通人的含量高。更多的 3–HAD 意味着肯尼亚人在运动中能更好地利用脂肪而不是碳水化合物的能量。

那我体内的这些酶是多还是少呢？不仅少，而且少得可怜。看看下表，通过比较，你就知道了。

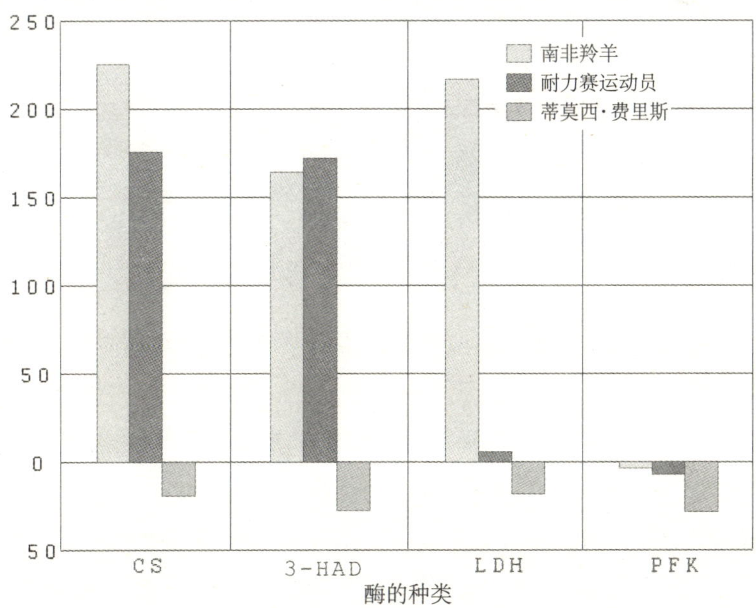

图中N的位置就是未经训练的普通人的基准值。非洲羚羊和耐力赛运动员体内活性酶的含量较高也就罢了，可你看到我的成绩了吗？四种酶，我的含量全部在平均值以下。

当特迪尔斯把这个数字拿给我看的时候，我忍不住哈哈大笑起来。我这个倒霉的家伙，真是先天残疾啊！我这么努力地训练，结果我的酶水平却连成天躺在沙发里看电视的懒汉都不如。

我明白，“不适合耐力项目”的结论就是从这种基因统计中得来的。根据这个测试结果，我这辈子都别想去做什么耐力型运动或者力量型运动了。我在脑海中拼命搜索，还有什么运动是跟耐力或力量不相关的，吃汉堡比赛？滑滑梯世界杯？

“您的体质，嗯，非常非常……普通。”这句话，特迪尔斯在接下来的30分钟内，几乎重复了不下10次，“我希望你不要难过，真的不要难过。我是医生，我必须如实相告——不管结果多糟糕。”

我也很想如实相告，我真的不难过。

事实上，我甚至有点小惊喜。特迪尔斯已经说得很婉转了，我不普通，我比普通人还糟糕。不过，这也就是说，我之后取得的任何进步、成绩、突破都与我的基因无关，完全是后天训练的结果。而这个被好基因遗忘的倒霉蛋，恰好没放弃，我就非要在后天的训练中弥补自己糟糕的基因。

如果这个倒霉蛋都能做到，那么别人也能做到。确切地说，别人会做得更好。

所以，还是让我们回到刚才的故事中吧。

我安排了四周作为训练前的准备，增加了用ART训练四头肌、腘绳肌腱和臀屈肌的运动。

我主要的训练方法就是下面这5个动作，我给每个动作都配了分解解说图，有些是错误示范图，你一定要仔细读相关的文字。

每个动作的伸展都要保持90秒以上，每个动作都要做左右两边各一遍。

1. 臀屈肌和四头肌的灵活度训练

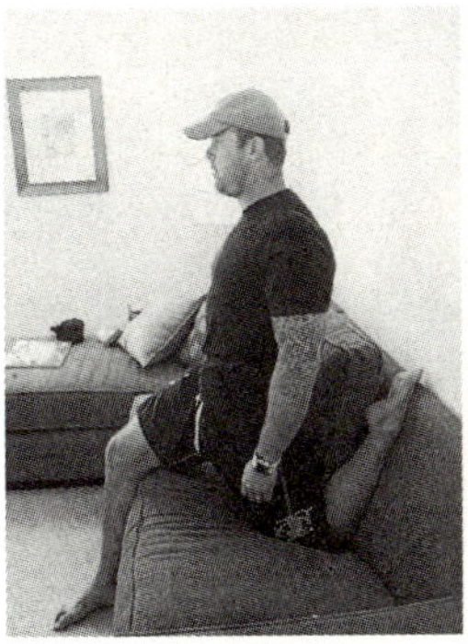
图 1

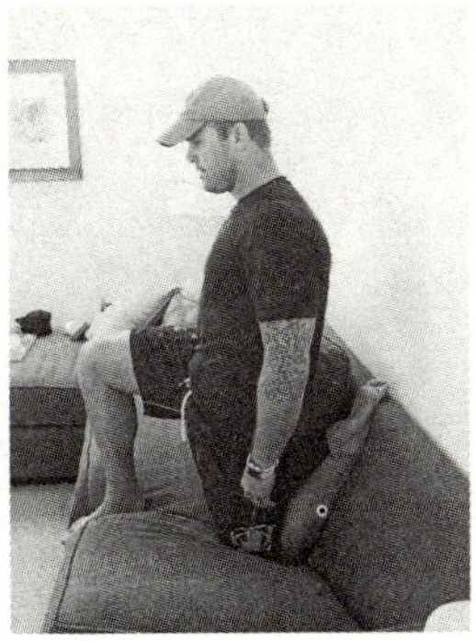
图 2

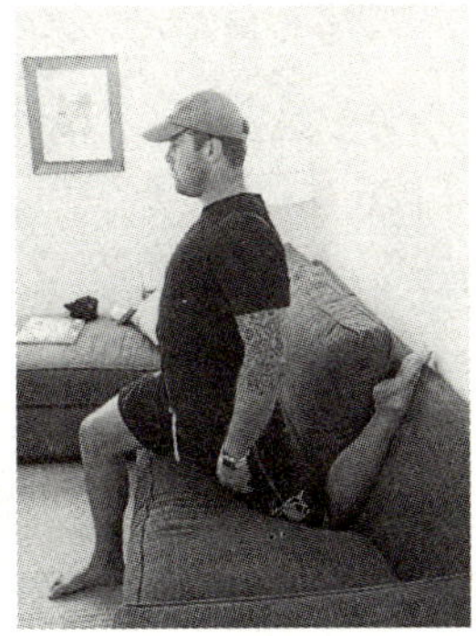
图 3

图中的“棒球帽男”就是凯利，他正在示范如何利用家里的沙发拉伸四头肌。图 1 中的姿势是一种较为轻松的选择，图 2 则是另外一种选择。我用的是图 2 的姿势，但有一点改动。我是坐在地板上，然后向后屈腿，抵住身后的沙发，脚正好落在沙发坐垫上。

这个动作的关键是脊椎要正，不能向左或右歪，建议你轻轻地吸肚子。图 2 中凯利就这么做了，很有帮助。图 3 所示的是“错误的姿势”，你可以看到凯利背部拱起，腹部向前突出。

2. 骨盆匀称和臀部灵活训练

图 1

图 2

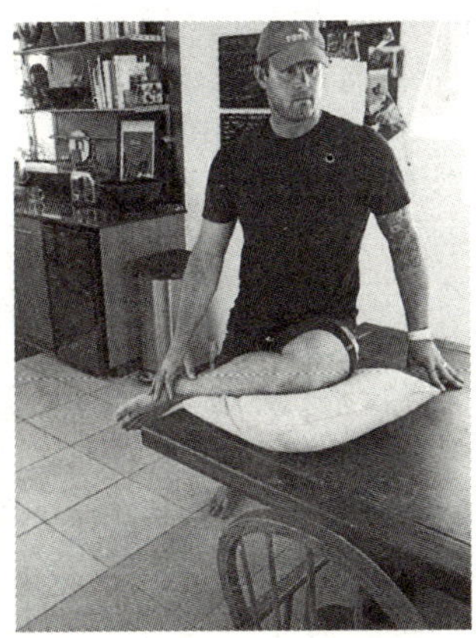
图 3

这个姿势很像瑜伽动作中的“鸽子式”，只不过我们的方法多了一张桌子做道具，而且更难被糊弄过去（桌子的高度可是没弹性的）。把一条腿按照图 1 的姿势放到桌子上面，膝盖弯曲 90°，身体向前倾斜（12 点钟的方向），保持 90 秒钟，然后分别向 10 点钟方向（如图 2 所示）和下午 2 点的方向各倾斜 90 秒。注意：图中凯利始终用一只手固定桌面上的脚，以防止它随着身体转动而移动。

如果你膝盖有伤，可以略微转身，把脚踝从桌上拿下来（如图 3 所示），我就是这么做的。如果你采取这个姿势的话，手不是扶在脚上而是扶在脚踝上。如果你的工作是成天坐在电脑前面敲字的话，这个姿势你甚至可以随时使用，比如在咖啡馆——只要别被撵出去就行。如果这样你还是感觉到膝盖很吃力，那就在膝盖底下垫个枕头或者几本书。

一旦你完成了桌面“鸽子式”，就把你的脚抬到桌面上（这个就别在咖啡馆里做了，你肯定会被撵出去的），身体向前倾斜，保持 90 秒（如图 4 所示）。然后把你的手放到膝盖窝内侧（如图 5 所示），尽量伸直你的手臂，同时身体借由推力尽量远离腿部（如图 6 所示），保持 90 秒。踩在桌面上的这只脚会随着手推膝盖的力道自然转动，直至脚面朝外。然后，用另一只脚重复以上动作。

图 4

图 5

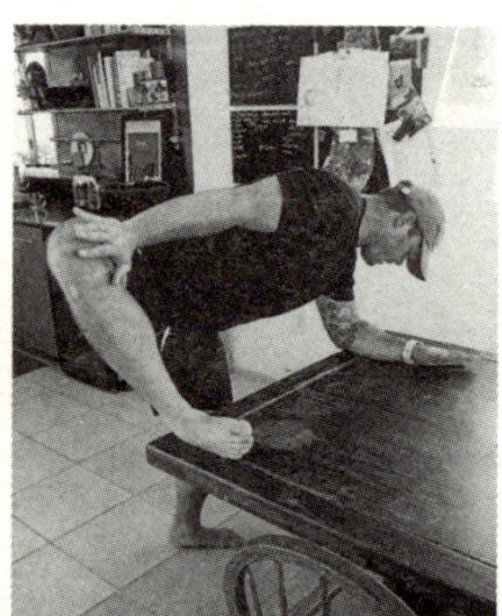

图 6

3. 骨盆调整

这个动作的设计目的是让股骨头（大腿骨的头部）到臀骨窝的后面去。长时间的坐姿会让这个球状骨头跑到骨窝前方，这也正是所有功能损伤和疼痛的根本原因。

四肢着地，膝盖的位置正好处于臀部的下方（如下图图 1 所示），把全身的重量压在一个膝盖上，保持 90 秒到 2 分钟。然后，把全身力量外倾大概 10 厘米，仍然是压在一个膝盖上，然后轻轻地转动双脚呈图 2 中的姿势。从图 2 凯利的姿势中可以看出，他的左腿完全没有吃力。保持这个姿势 90 秒到 2 分钟。然后再换另一侧，重复刚才的动作。

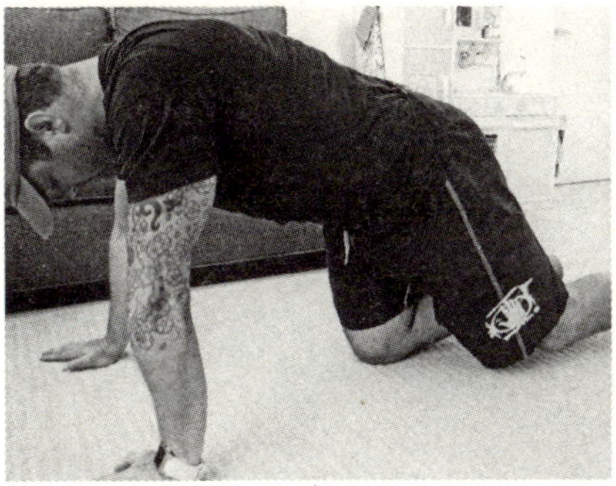

图 1

图 2

4. 健身前的臀部热身

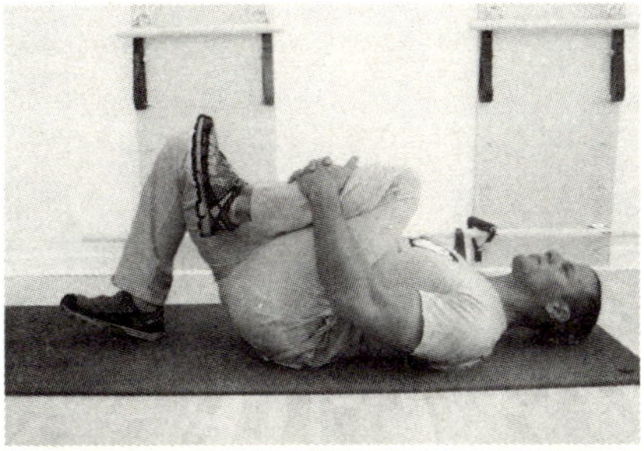

图 1

图 2

先做 10 次“塑造完美外形——或者可以说减掉 50 千克以上”那章里介绍的“双腿并拢提臀动作”，你的脚和臀部至少要保持 30 厘米的距离，而且要记下你臀部能提起的最大高度。然后再做 15 次“单腿提臀动作”（如上图所示），每次在顶部停顿一秒钟。当你用双臂环住弯曲的那条腿的时候，要尽量使这条腿贴近你的胸口，让它最大限度地紧绷。另一只脚的脚趾要向上翘起，从脚跟处发力。

做完单腿动作后，再做双腿提臀动作，你会发现自己提臀的最大高度有明显提升。如果还没出现提升，那就继续做单腿的练习，而且要使出更大的力气让弯曲的腿更贴近胸口。

5. 加强脚部和脚踝处的力量

光脚在草地上跑 30 分钟，每周 3 次。

这是杰拉德·哈特曼博士——一名爱尔兰籍的力量专家介绍的方法。很多顶级的长跑运动员都非常推崇他的方法，其中就包括曾打破过 27 项世界纪录的海尔·吉波塞拉西。斯坦福大学的传奇人物、跑步教练范·拉娜娜曾经培养出五届全国田径比赛冠军，她平时的训练项目中，就有让运动员光脚在草地上慢跑这一项。

但是，什么才是正确的跑步姿势呢？这是我们先要解决的问题。

于是，一位俄罗斯医生出场了。

让生物学为你服务
（形式和节奏）

运动就是打破平衡。

——莱昂纳多·达·芬奇

（意大利文艺复兴三杰之一，著名画家、寓言家、科学家）

的确有正确的跑步方法——虽然没有两个人的跑步姿势是完全相同的。

这不是布莱恩·麦克肯基一个人的观点，曾经 7 次获得美国西部州 100 英里（约 160 千米）耐力赛冠军、3 次被评为“当年最佳的超级马拉松跑步者”的斯科特·朱瑞克也认为跑步方法是有对错之分的。

布莱恩认为正确的跑步方法只有一点，那就是“姿势”。

尼古拉斯·S. 罗马诺夫博士创造了“姿势法跑步”，这位在 1951 年生于西伯利亚地区的俄罗斯科学家在 2005 年把自己的冰上跑步视频放到了网上（www.fourhourbody.com/ice-run）。结果，一夜之间，所有人都知道了西伯利亚有个疯子喜欢在冰上跑步。

谁会愿意在冰上光着脚丫子跑步？

不过，根据罗马诺夫博士的理论，在冰上跑步的方法同样适用于在陆地上跑步：

1. 利用重力（通过身体前倾）来向前移动，而不是用你的肌肉带动整个身体往前挣扎。

2. 脚落地时，应该是脚掌先着地。双脚着地的地方应该是你全身的重力中心，而不是你身子前面。

3. 腿别太用劲儿。双腿不要伸直，更不要保持紧张，让它们略有弯曲，这样对预防损伤、减少消耗非常有益。

4. 每分钟最少落地 180 次，也就是说，每分钟每条腿要最少落地 90 次。这会让你更好地利用肌肉的弹性。迈克·约翰森保持了 200 米短跑的世界纪录长达 12 年之久，还获得过四块奥林匹克运动会金牌——不同比赛项目的。而迈克最出名的就是他从来不喜欢高抬腿，他就喜欢在跑步的时候来点小碎步。你知道他每分钟的落地次数吗？ 300 次左右。

布莱恩还建议最好用精工牌的节拍器来调整自己的跑步节奏。我发现，最简单的办法就是每分钟每条腿数 90 次，不数脚步落地的次数，数脚后跟后摆的次数（摆至臀部附近）。

给自己录像，分析跑步姿势

布莱恩说，跑步分四个步骤：倾、落、抓、拉。

忘了所谓的“启动”：在发力阶段，你脚撞击地面的动作应该被视为地面抓住你，从而防止你跌倒，而不是推你。

他给所有的训练者都拍了视频录像，然后剪辑成每秒 30 帧图像的跑步分解动作，用的是卡西欧的 Exilim EX-FC100 相机。他认为——我也坚决同意，你坐下来花一小时研究自己的跑步录像，要比你花一年时间边自我臆想哪里不对边错误地训练有效得多。

下页的图是我跑第三个 400 米时的清晰连贯的静态图片，布莱恩把这些图片分成了以下几类。

1. 身体离开地面，开始在重力作用下运动（GCM）。

2. 身体落在地面上。

3. 身体腾在空中。

“数字四”或者是“数4”是指一条弯曲抬起的腿跟另外一条踏地借力的腿交叉在一起，形成一个很像阿拉伯数字“4”的图案。

一开始领会这些并不容易，你需要有点耐心。不过，你一旦掌握了分解动作的要点，进步可是非常惊人的。

第一次跑，未经任何人指导

1/2的身体，冲击前

1/2的身体

1又1/2的身体

2又1/2的身体

3又1/2的身体（数4）

4又1/2的身体

5又1/2的身体

6又1/2的身体

1 又 1/2 的身体，腾在空中

2 又 1/2 的身体，腾在空中

总结一下我的成绩：

- 符合“身体离开地面，开始在重力原则下运动(GCM)”特征的动作有 3.5 个（目标：整个身体的 3/4）
- 符合“身体落在地面上”特征的动作有 6 个（目标：3 个以下）
- 符合“身体腾在空中”特征的动作有 3 个（目标：5 个）

第二次跑，第一次结束 24 小时之后

撞击

1 个身体

2 个身体 (数 4) ——GCM

3 个身体

4 个身体

1 个身体腾在空中

2 个身体

3 个身体

4 个身体

这次再来看看我的成绩：

• 符合“身体离开地面，开始在重力原则下运动（GCM）”特征的动作有 2 个（目标：整个身体的 3/4）

• 符合“身体落在地面上”特征的动作有 4 个（目标：3 个以下）

• 符合“身体腾在空中”特征的动作有 4 个（目标：5 个）

第三次跑，第二次试跑结束 2 小时之后

撞击

1个身体——几乎 GCM

2 个身体

3 个身体

1 个身体腾在空中

2 个身体

3 个身体

4 个身体

这次我的成绩如下：

- 符合“身体离开地面，开始在重力原则下运动（GCM）”特征的动作有 1.5 个（目标：整个身体的 3/4）
- 符合“身体落在地面上”特征的动作有 3 个（目标：3 个以下）
- 符合“身体腾在空中”特征的动作有 4 个（目标：5 个）

在不到 36 小时之内，我就把我的“跑步经济”提高了 100%（此处并未用氧运输量的单位 LO_2/min 衡量）。跑步中最可贵的就是“腾在空中”的时间，而我经过训练后，“腾空”时间提高了 33%。

在整整两天的培训中，我们花了 6 小时跟白板做斗争，在上面写了无数的公式，画了无数的波形图。而在实际训练中，下面这 4 项要点对我的帮助最大。

1. 每条腿每分钟至少要落地 90 次。尤其是当你开始感到疲劳的时候，一定要全神贯注地保持这个频率。只有这个频率对了，其他有益的跑步机能才能被调动起来（比如脚掌先着地，比如迅速拉动身体，等等）。斯科特・朱瑞克也强调了这一点的重要性，他说：“你只要做好高频率落地这一件事就行，剩下的事都会自然而然地发生。”

这一点对我来说是非常有启发性的。肯・米尔克是一名世界级的铁三运动员，同时也是运动生理学家。他通过定格运动画面的方法，一帧一帧地研究肯尼亚选手的跑步录像。现在，他的训练方法是模仿肯尼亚选手的“热炭跑步法”。顾名思义，就是运动员每落下一个步子都要像踩在烧红的炭块上一样，要迅速点地，然后迅速抬脚。结果呢？米尔克训练的很多运动员都创造了奇迹。像阿兰·梅尔文，一开始也是一名铁三运动员，虽然不是专门练跑步的，但也是世界铁三大赛的常客。经过5个月的训练后，他每分钟落地次数提高到了180下。梅尔文跑四个1英里（约合1.6千米），每英里的速度比他之前跑400米的最快速度还快！这样惊人的提高实在让旁人无法理解，畅销书《为跑而生》称梅尔文“创造了不可能的可能”。

2. 倾斜、下落的时候要像棵笔直的树，而不是撅着屁股。你不应该撅着屁股像随时要往下坐似的，你要想着自己每次都是从骨盆处落下，而不是从头部落下。

3. 从地面上抬脚的时候（请看我第三次试跑图片的前三幅），想象着你正在提着后脚跟以45°角往臀部后踢，而不是直直地提起脚来。我能在2小时之内就从第二次试跑的状态进入第三次试跑的状态，就是因为我明白了这个动作的要领。如果按照我以前的习惯，从地面上直直地抬起脚，那么我就用不着前倾，不前倾就接不上重力的推力，就相当于自己给自己减速。一定要以某个角度前倾，然后以某个角度从地面上提起脚来。

4. 尽量减少手臂的动作幅度，在整个跑步过程中，你的手腕处于乳头附近是最佳的。一旦找到位置，就不要乱晃。在跑100米往返的时候，我特意跟在我们组里最厉害的超级长跑运动员身后跑，就是想模仿他的节奏和样子。我注意到，他在跑的时候手臂几乎不动，即使有摆动，幅度也极小。后来，我找到一种方法既能最大限度地模仿这种高手的“以不动制万动”，又能让普通跑步者尽快学会正确的手臂摆动姿势。所以，你在第三次试跑的图片中可以看出我的手臂摆动幅度特别大，但是这并不影响我的速度。原理是这样的，我们平时走路或跑步的时候，左腿向前迈，右臂肯定要向前摆。也就是说，如果你能让手臂和胳膊保持同样的频率，那就像没有用力一样，是它们之间自动带动运动的。但是，如果你的手臂摆动幅度很大，那么你的腿部为了配合手臂，必然也要提高幅度，而提高幅度就意味着减少落地次数，也就减慢了速度。所以，解决办法就是，跑步时手臂至少弯曲90°，每次摆动的轨迹固定，不要左右乱晃。

万能的“姿势法”：小心脚踝

“姿势法”并不是一块毫无瑕疵的美玉，它很有用，但仍然只是方法，需要在尊重基本原则的条件下起作用。尽管我很喜欢这个方法，但我并不认为它像它的创造者所说的“颠覆了整个宇宙法则”。

“姿势法”的广告声称：经过实验研究证明，采用这种方法跑步，跑步者可以有效地减少落地的力量对膝盖的冲击。

这么说也许没错，但问题是跑步除了用到膝盖，还用到其他部位，比如脚踝。而这项研究的其他结果显然没有被披露：历时两周的实验显示，“姿势法”虽然避免了冲击力对膝盖的损伤，但大大增加了脚踝的负担。从理论上讲，脚踝的压力增大就会导致阿基里斯跟腱损伤和小腿肌肉问题。我的朋友罗斯·塔克博士参加了这项实验研究，负责检测实验结果和形成实验报告，他通过了“姿势法”培训的一级跑步训练师的认证。在实验中，跑步者被分为两组，一组有教练指导监督，另一组没有。实验的目的是观察“姿势法”跑步技术的有效性和缺陷。可这项实验根本没有进行完，因为无人指导监督的那组的所有跑步者（全部参加过“姿势法”跑步培训）和有教练指导监督的那组（他们接受了罗马诺夫博士的亲自训练）的一半跑步者都出现了阿基里斯跟腱损伤和小腿肌肉问题。

罗斯后来写了一份电子邮件给我，说道：“在某些方面，这个跑步法还是有效且值得信赖的。但是在其他方面，这种方法具有毁灭性的效果，脚踝、跟腱、小腿无一幸免。”

那为什么还要讲这个方法？因为任何方法都不是一块无瑕的美玉，任何方法都需要慢慢地改变，而且一定要关注自己身体发出的信号，一旦觉得哪里不舒服，就要及时刹车。

如今在全世界，“姿势法”仍然有数以万计的拥趸。他们像信仰宗教一样信仰这种跑步方法，原因很简单：它，有时，的确，很有效。但是，这些拥趸中有多少人在忍受脚踝、跟腱的疼痛呢？统计不出来。完美的跑步法几乎不存在，就像这个世界没有真正的世外桃源一样。有些人觉得“姿势法”中的提踵姿势非常有用，有些人觉得“姿势法”中关于每分钟落地次数的建议非常有用，有人觉得……这个方法也许不完美，但可以各取所需，用方法中的技巧完善自己的跑步状态倒不失为一个好主意。

找到或者创造属于你自己的方法才是制胜之道。任何“适合每一个人”的方法都不适合你，因为你就是你，你不是“每一个人”。

第二十七章

超级耐力（二）
——12 周内从 5 千米到 50 千米

我们跑步，不是因为跑步真的有什么好处，而是我们实在太喜欢跑步而无法不去跑……我们的生活和工作越是憋闷、束缚、无趣，我们就越得找点“渠道”发泄我们的不满、放逐我们渴望自由的心情。没人会说，“你不能跑得比这再快了”或者“你可别跳得比这再高了”。人类能生存繁衍进化到现在，靠的就是不服输、思进取的本能。

——罗杰·班尼斯特爵士(把每英里的速度带进4分钟之内的第一人)

想在 12 周内拿下 50 千米，你就必须先搞明白人类身体的极限在哪里，然后，你才能超越这些极限。

肝脏和肌肉只能储存 1800 ～ 2200 卡路里以肝糖形式存在的碳水化合物。简单地说，如果你的跑步进入了厌氧阶段（从字面上理解，就是不需要氧气了——只是从字面上理解），那么你就需要从这个有限的储藏室调取能量。上一章我们提到布莱恩有一个 43 岁的女性学员，布莱恩认为她没有跑步的天资。这个“天资”指的并不是什么神秘本领，而是说这位女士只要一试图加快跑步速度，她的身体就立刻进入厌氧阶段，然后就需要从肝脏和肌肉里提取热量，而她又没那么多热量。

就算你跑超级马拉松的时候有机会吃东西，比如，你可以每小时补充 200 ～ 600 卡路里的热量（这个数字胃部是可以负担得起的），但是在到达终点线之前，你体内的肝糖还是会被消耗殆尽。没有了肝糖，人类什么运动都坚持不了，马拉松什么的，肯定是没戏了。

为了保持肝糖水平，强迫进食当然是一个方法，但这会导致出现其他问题。

在长时间有氧运动中消耗 1 磅脂肪，就相当于消耗了 4000 卡路里食物，这种能量密度堪比汽油。即使你的体脂仅有 5%，体重也只有 150 磅（约合 67.5 千克），那么你体内的 7.5 磅（约合 3.4 千克）脂肪也能支撑你跑上好几千米。

可问题是，你需要在高速运动中保持有氧状态——布莱恩的所有训练的根本目的就在于此。难得的是，他训练的一些运动员在连续 8 个往返的短跑中始终能保持有氧状态，而且速度只有 12% 的下降，每个回合之间只间隔 10 秒钟。

他的运动员不停地摄入脂肪卡路里的时候，你和我估计还在吃那些对跑步毫无益处的碳水化合物食物。

让布莱恩的运动员如此非凡的原因，基本上可以总结为两点：

1. 在长距离跑步后，跑步者都会觉得肌肉明显酸痛。这最主要是因为体内的钠钾输送能力较弱，而力量训练则是提高钠钾输送能力的最佳选择。布莱恩训练的运动员通常能在超级马拉松结束后第二天就四处走动，而其他很多跑步者即使完成全程也不得不在家躺一周。“如果谁的背部深蹲成绩有提高，这个人的马拉松成绩一定会提高。这个逻辑很疯狂，但却非常准。”布莱恩说。没错，大量的力量训练可以改善耐力运动后的恢复情况。

2. 如果你能轻松地跑完 10 千米，其实就已经有能力去跑 50 千米了，因为你的有氧基础足以应付 50 千米。而你训练的重点就是，让你在这样的有氧基础上提高运动速度。

第二点中提到的就是“有氧基础”，听起来不可怕吧。

实际上……你知道我要说什么。

移动你的有氧基准线

布莱恩通过每周总量为 30 千米的跑步训练，让 100 千米跑步者拥有快速的赛后恢复能力，这 30 千米中包括间隔跑和短跑两种跑法。

他的方法听上去非常简单，但也很有欺骗性：只关注能量最佳的那段，从来不在训练中跑 13.1 英里（约合 21 千米）以上的距离，跑 10 千米以上的次数都很少。

乳酸分泌系统是布莱恩在训练中试图克服的主要困难之一。按照布莱恩的说法，让“低天分”的跑步者在所有项目中变得“有实力”需要 6 ～ 8 周的时间。

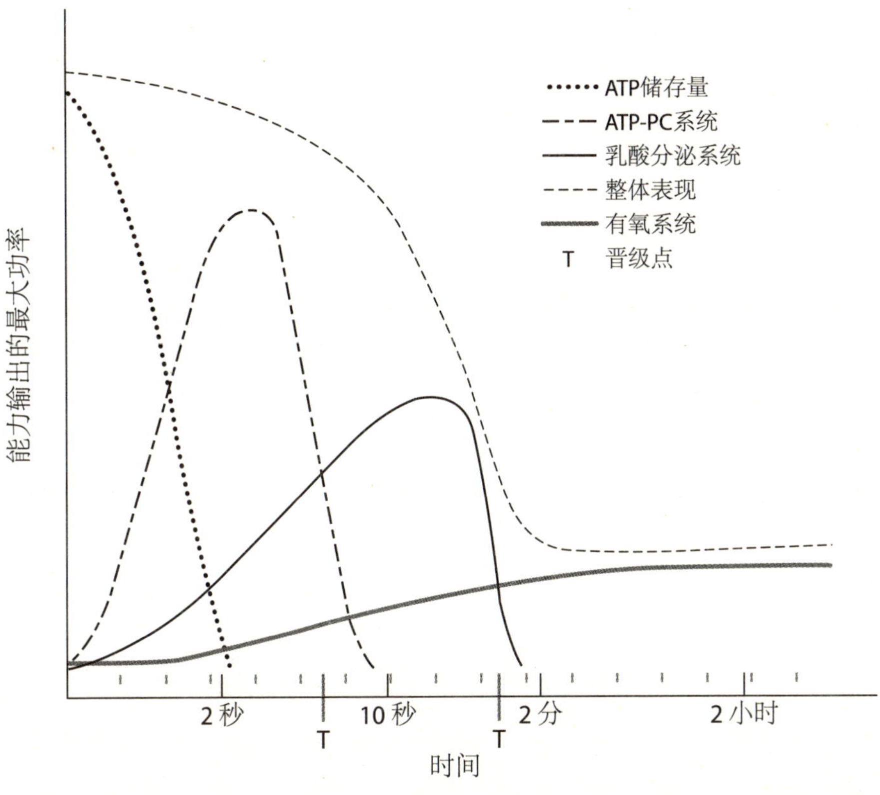

能量系统图

简单地说，能量的综合训练可以以周为单位做如下安排。注意，上午和下午的锻炼最少要间隔 3 小时。

	周一	周二	周三	周四	周五	周六	周日
上午	间隔	休息	休息	间隔	休息	休息	休息
下午	CF	CF	CF	CF	CF	休息	测时

- **间隔：**所谓间隔，就是此次训练的总量是固定的（通常是 1600 米），但是被分成几组是不定的。比如，1600 米既可以被分成 200 米 8 组（每组之间休息 90 秒），也可以被分成 400 米 4 组（每组之间休息 90 秒），还可以被分成 800 米 2 组（每组之间休息 2 ～ 3 分钟）。
- **CF：**综合训练（2 ～ 10 分钟的新陈代谢基准训练。在后面我的 12 周训练时间表里，你可以看到具体的例子，更方便你理解）。
- **测时：**测试一个固定距离的速度进步，比如 1000 米的速度提高多少。

你也可以用目前比较流行的时间表来设计，但是必须保证每周有 2 ～ 3 次间隔，而且每周要进行一次测时。

日	1	2	3	4	5	6	7	8	9	10	11
上午	休息	间隔	休息	休息	休息	休息	间隔	休息	休息	间隔	休息
下午	CF	CF	CF	测时	CF	CF	CF	测时	CF	CF	CF

如果你家附近没有现成的标准跑道，那么可以用免费的网络 GMaps Pedometer 软件，或者在亚马逊上购买 Keson RR112 Roadrunner 1 Measuring Wheel 测距工具。

在训练开始的前 3 周，别对自己的测时成绩太过在意，因为它们不会很漂亮。不过这很正常，你的身体会很快达到标准，并超越你此前的最佳成绩。

每次间隔跑的时候，不管你用什么方法训练，如果不能在 2 分钟内恢复心跳 120 次 / 分钟，那么当天的训练就结束了。在身体状态无法恢复，同时压力增加的情况下进行训练是有害无益的，应立刻停止，然后积攒好体力再进行训练。在前四周里，如果你还不适应，那么可以把休息的时间从 2 分钟延长至 3 分钟。

用术语说，比赛前一周的“锥形”安排——也就是像锥子一样，上面大下面小，意思是逐步减量——应该如下表所示：

锥形时间表

	周日	周一	周二	周三	周四	周五	周六
上午	45～60分钟的放松跑步／骑车	10组两次（10×2）或者7组3次的“一分钟之内[①]背部深蹲”或者8组1次的以分钟为单位的原地提举（最大力量的70%～90%）	8组200米（90秒休息），在12周训练的最初时间训练	休息	发挥以往最佳成绩的80%～90%实力完成6～8组Tabata间隔训练（每次20回合，每回合间歇10秒）[②]	休息	
下午	休息	休息	休息		休息	休息	如果你跑下来了，就找个好餐馆吃比萨、喝啤酒吧！

问问布莱恩（跑步中的常见问题）

- **我该穿什么鞋跑步？**

如果是普通的山地跑，我建议穿Inov•8 X•Talon 212和Inov•8 F•Lite

---

① “一分钟之内”意味着如果你用秒表来计时，就设置在1：00、2：00、3：00这些时间点。接下来就看你能在多快的时间内完成每组动作了。如果是“两分钟之内”，则需要设置在2：00、4：00、6：00这些时间点。

② 举例来说，如果你在以往的最好成绩是以10英里／时的速度完成6～8组Tabata间隔训练，保持12%的速度下降率，那么训练中维持这个减速率，但将速度降至8～9英里／时。如果你在平地上训练，可以直接将跑步距离减少20%（比如从100米减至80米）。

230 这两个型号。如果是公路跑或者跑其他较硬的地面，我建议穿 Inov·8 F·Lite 220，不过 Inov·8 F·Lite 230 基本可以应付所有路面。

什么鞋绝对不能穿？我自己的经验是，穿 Newton 跑步鞋的跑步者出问题的最多。我是绝对不会穿它跑步的。

别太相信光脚跑的神话。现在有种被误导的想法，觉得只要光脚跑，就不用被鞋子束缚了，所有跟跑步相关的问题就都不存在了。如果你从生下来就没穿过鞋子，那也许光脚跑很适合你。可如果你是城市现代人，平常做任何事都穿着鞋子，而突然训练和比赛不穿鞋子了，那你的阿基里斯跟腱肯定受不了。如果用一整年的时间来练习跟腱拉伸的话，基本上可以把跟腱的拉伸范围增长 0.6 厘米，所以如果你一下子把 1.2 厘米的鞋跟去掉，那就等着遭受各类损伤吧。脱掉鞋子并不能纠正错误的跑姿，很多光脚跑步的始祖是用臀屈肌来跑步的。

让我们举个例子，库珀峡谷超级马拉松在神奇的塔拉胡马拉印第安人聚居区举办，这里的印第安人因穿着一种绑带皮凉鞋还能健步如飞而出名。这种凉鞋的底就是一层极薄的已老化的橡胶，鞋面上的绑带是用草编的。

听起来很浪漫吧？但事实上，2010 年此项赛事的前三甲没有一个是不穿鞋跑步的，他们全都穿着合脚、经过精心挑选的跑步鞋。所以，出色的跑步者并不是因为他长了一双出色的脚。别迷信这个。

- **每次跑完，我脚踝的前面就疼得厉害。如何能避免疼痛？**

跑步的时候不要让踝关节内翻，也别向上撅你的脚趾头。

想想，如果你坐着的时候连续撅脚趾头 21,600 次，那是什么感觉？如果你去跑一个 4 小时的马拉松，而且保证自己每分钟落地 180 次，还要撅自己的脚趾头，那你就不是撅一次两次了，而是 21,600 次。不疼才怪。

如果这已经成为你跑步的习惯，那么训练期就先让脚趾头进入疲劳期：向脚心方向按压你的脚趾，同时轻轻内翻脚踝，两边各 30 次。

- **跑步的时候有没有什么简单的方法能让我迅速知道自己的姿势有问题？**

如果你听见自己的落地声音很大，那么你的四头肌和臀屈肌就太用力了，用力过头了——这在看跑步回放录像的时候特别明显。如果你想自己监督自己，就得时刻保持听觉敏锐。跑步跑得越轻快、越安静，你的姿势肯定就越正确。

如果你站在10千米的终点线处“听”运动员撞线时的脚步声，就会发现第一名的脚步声最轻巧，后来几名的脚步声都比第一名的大，越往后声音越大，直到最后的没有声音了——因为他们都是走着撞线的。越优秀的跑步者，跑起来越没动静。

- **如果我在间隔跑的时候就觉得特别累，而且开始完不成既定的训练量了，我该怎么办？**

如果发现训练计划表无法完成，那就把重点放在每个间隔的步幅率上，每分钟落地次数越多越好。

- **在训练期间，应该怎么调整饮食？**

在耐力运动方面的最大问题永远都是饮食，或者说营养供给。我曾经看过有些人成功跻身于135英里（约216千米）的Badwater超级马拉松前十名，而他们本身根本不具备这个排名的跑步素质，不过他们的身体就是能挺住。我训练过的一个家伙，在一个9小时的马拉松比赛中创造了自己的个人纪录。而在这9小时里，他一口东西也没吃过。大多数跑步者都会选择在跑步中喝佳得乐、吃能量棒，高碳水化合物的饮食是绝对的垃圾，你需要的是能补充肝糖的食物，但我不是让你在训练的时候去狂吃比萨、意大利面，或者麦片、面包之类的。

对饮食，我自己的原则就是尽量原始。我管这个饮食法叫“旧石器饮食法”，我也是这样建议我训练的运动员的：不吃一切淀粉、谷物和豆类，只摄取瘦肉、蔬菜和一点水果、一点食用油。没了。除了注意饮食，还要注意饮食跟自己身体的互动。所以，写至少3天的饮食日志是非常有必要的。你会看到身体对哪些食物有反应，是好反应还是坏反应，这样你才能随时调整。不管别人告诉你多么有效的饮食法，最终你都要看它跟你自身的情况是否契合。

- 你在训练后会服用什么东西吗？

“旧石器饮食法”精神在这里不适合，因为我的确会服用一些旧石器时代没有的东西。

我吃GENr8 Vitargo S2。这是一种碳水化合物补剂，它能帮助我迅速补充肝糖，速度比我用过的任何补剂来得都快。有些运动员能通过服用Vitargo一小时来摄取1100卡路里能量。如果需要，还可以同时从食物中获得200～600卡路里。

如果我能在训练结束的10分钟之内服用Vitargo，我就会吃70克。如果训练已经结束了10分钟以上，那我就吃35克。我也会在比赛前的3～4小时内先服用Vitargo，然后再吃食物。

结果检验

布莱恩的方法——12周的密集训练（够丰富，却绝对不是大量）基本上是屡试不爽的，所有经过他训练的人几乎都成功地完成了50千米的比赛。

那我呢？我这个曾经连5千米都应付不下来的大猩猩，经过布莱恩的雕琢，是不是能一下子变成超级马拉松精英了呢？

这真是够较劲的，因为这章是最后才决定加进来的内容，所以在此书出版的时候，我只有方法、时间表，却没有成绩单。

不过，我不会偷懒，更不会当逃兵。若想跟踪我的超级马拉松结果，请随时登录网址：www.fourhourbody.com/ultra。

到底这是自我发现还是自我毁灭，赛场上见。

斯科特·朱瑞克的边跑边吃之道

让身体适应边跑边吃需要一个过程，但你必须经历这个过程。在平时训练的时候，跑稍微长点的距离，就试着吃东西，摄入的量要保持在每千克体重每小时摄入一克碳水化合物。比如，你重110磅（约合49.5千克），那么你每小时的碳水化合物摄入量就是50克——大多数的香蕉是每根含碳水化合物25克，所以你每小时吃两根香蕉就可以了，但不是让你一次把两根香蕉都吃完了。还是假设你体重50千克，那么就要每隔20～30分钟吃25克，同时大口补水。为什么要“大口”补水？因为大口吞水能给胃施加压力，让它迅速清空消化，以防止食物停留在胃里的时间过长。如果你只是小口啜饮，是达不到这样的效果的。

迪恩的清单

凌晨 4 点，加利福尼亚州的戴利市。

迪恩 · 卡纳萨斯不知道自己跑了多长时间。实际上，他也压根儿不知道自己在哪儿。龙舌兰的酒劲儿渐渐过去，他也逐渐清醒。这时，他意识到了 3 件事情。

1．他刚过完 30 岁的生日，所以才会有前一天晚上的龙舌兰狂欢。嗯，这很正常。

2．他没穿裤子。也就是说，他在穿着内裤跑。嗯，不太正常。

3．他感觉好极了。实际上，自从他高中最后一次跑步之后，就再也没有过这么好的感觉。

所以，他又继续跑步上路了。

后来，他在圣克鲁斯一家 7–11 的停车场找到一个公用电话，给他妻子报平安。他妻子没太听明白，尤其是“没穿裤子”那部分。而电话这边的迪恩突然明白了一切，这里离他当初开始跑步的地方（旧金山自己家的门廊前）距离足足 30 英里（约合 48 千米），他只穿了双平时整理草坪时才穿的破旅游鞋。什么公司，什么新的凌志跑车，什么大房子，什么法国旅游，这些都不是迪恩想要的。到了该改变的时候了。

迪恩是个说到做到的家伙。

从此，那个在格子间兢兢业业加班的迪恩不见了。与此同时，超级马拉松界出现了一个新偶像，一个全新的迪恩 · 卡纳萨斯。如果全程 135 英里（约 216 千米）、顶着 48℃ 高温、不间断的死亡山谷马拉松（就是前面提到的 Badwater 超级马拉松）还不算什么，那么在零下 40℃ 的低温下，围着南极跑全长的标准马拉松就必须得算点什么了。更何况，迪恩穿的是网球鞋，而其他所有参赛者都穿着组委会提供的雪地靴。

为了引起全国媒体对青少年肥胖的关注，他在 50 天内连续参加了 50 个州的 50 场马拉松比赛。也就是说，迪恩在一年里参加的马拉松比赛比大多数跑步者一辈子参加的还要多，多出很多。

下面是迪恩为我们推荐的分别适合新手和高手参加的马拉松赛事名单（每个比赛后面的注释也是他提供的哦）：

最钟爱的5个美国马拉松赛事

· New York City（www.ingnycmarathon.org）：这是世界上最具盛名、最富有跑步文化的马拉松盛事。在这里，你可以真正地感受到跑步的精神和美感。

· Portland（www.portlandmarathon.org）：要想知道如何在俄勒冈跑步，就去参加这个马拉松吧。

· Marine Corps Marathon（www.marinemarathon.com）：参加一个马拉松就能跑遍美国全部的州府城市，酷！

· Rock'n'Roll San Diego（www.rnrmarathon.com）：如果每跑三步就有一个乐队在现场为你奏乐的话，谁还需要什么 iPod？

· Boston（www.bostonmarathon.org）：嘿，波士顿马拉松，对于这个推荐，我还需要做什么解释吗？

最适合初跑者的五个马拉松赛事

· Napa Valley（www.napavalleymarathon.org）：平坦的跑道，清爽的天气，终点处的香槟酒！还等什么，跑去吧！

· Hartford（www.hartfordmarathon.com）：这是最适合第一次参加马拉松跑步者的大城市比赛。

· Fargo（www.fargomarathon.com）：一流的医疗跟踪服务，路边的人群都非常热情，加油声震天响！

· Dallas White Rock（www.runtherock.com）：整个得克萨斯都找不出这么好的医疗队伍了。

· Disney（http：//bit.ly/3chiv）：真不骗你，迪士尼人物的参与真的会让你的比赛变得更难忘。

全美沿途风景最美的五个马拉松赛事

· 大苏尔马拉松（www.bsim.org）：无可比拟的海边美景！

· 波尔德马拉松（www.bouldermarathon.com）：如果你走运的话，在比赛开始的时候，附近的山顶上已经出现皑皑白雪了。

· 美特尔海滩马拉松（www.mbmarathon.com）：绝大部分的跑道都在海边，你都分不清自己是来冲浪还是来跑步的。

· 圣乔治马拉松（www.stgeorgemarathon.com）：赛前的篝火晚会实在令人难忘。

· 考爱岛马拉松（www.thekauaimarathon.com）：还有什么比来这里跑步更能体验夏威夷风情？

马拉松赛事搜索引擎

www.fourhourbody.com/marathon

www.fourhourbody.com/race-finder

铁人三项赛事搜索引擎

http：//www.trifind.com

6分钟的努力就能提高18.6英里（约合30千米）的比赛成绩，这是真的吗？

2005年6月6日，麦克马斯特大学的马丁·吉巴拉出现在CNN（美国有线电视新闻网）的一档节目中。他带给观众的消息似乎美好得无法让人相信，“每次只有艰难的6分钟，每周只锻炼3次，这比每天锻炼一小时的效果还好”。

通常，人们需要每周花费数小时的辛苦锻炼才能达到的效果，如今只需要几分钟。4～7组30秒的原地器械骑车练习，每组之间休息4分钟，每次蹬踏都要使出百分之两百的力气。每周做3次，坚持2周。这2周内，在器械车上的时间一共不到15分钟。在这种爆发式的训练之下，运动耐力却被大大提高，从26分钟增加到51分钟。同时，他们腿部肌肉的柠檬酸合成酶的含量也增长了38%，这种酶是耐力运动中最宝贵的秘密燃料。而所有关节部位都没受到损伤，也没有产生任何隐患。

听上去太不可思议了。

所有不可思议的东西都需要被不断地重复，人们才会相信它的真实性，否则那只是个神话。因此，这次研究者准备用一个18.6英里（约合30千米）的自行车比赛作为打破神话的契机。

实验分为两组，爆发训练组还是进行30秒的使用体力最大值的训练，控制组使用传统的方法和剂量——用60%的力量最大值每次训练60～90分钟。两组训练的频率一样，都是每周3次。两组都在训练前后进行了全程为18.6英里的测试赛，然后通过比对两组队员前后的成绩进行总结。结果跟之前的结论完全一样，这个训练方法（爆发式训练）通过了考验。

长时间地泡在健身房里，与其说是勤奋，不如说是懒得想更好的方法。到底是每周在健身房练上三四小时却毫无效果好，还是每周只训练15分钟却能大大提高成绩好？决定权在你。如果你真的很享受训练的过程，那我无话可说。如果你是一个为比赛和效果而生的运动者，那就用最有效的训练方法吧。

工具指南：

• CrossFit Endurance（http：//www.crossfitendurance.com/）：这是布莱恩·麦克肯基的“老巢”，上面有他总结的健身方法，还有一个论坛可以互动。布莱恩在网站上积极地回答网友的提问，让这个网站看起来很真实。如果你想找跑步者的组织，这里也提供相当详尽的训练队伍和各类跑步比赛的信息。

• *The Marathon Monks of Mount Hiei*（http：//der.org/films/marathon-monks.html）：这是一部讲述日本和尚运动员的纪录片，非常值得一看。片中介绍了他们自制的素食食谱，还有他们跑步时穿的自编草鞋。他们让跑步跟信仰和灵魂相关，并不仅仅因为他们是和尚，他们对跑步的理解和对生命的体验也的确非常深刻。坦白地讲，这是一部有关跑步灵魂，而非技巧的影片，所有跑步者都应该去领略一下。我的网站上也有一段这个纪录片的预告片，稍微短一点，11分钟，www.fourhourbody.com/monks。

耐力训练工具指南：

• Gmaps Pedometer（www.gmap-pedometer.com）：这个计步器相当好用，而且制作精良，你可以通过它来追踪你跑步和骑车的信息。虽然“谷歌地图”也能提供这个服务，但是这个小东西不仅可以利用谷歌的地图数据，还能自动生成你的跑步路线图。你可以通过这个网站跟你的“同城跑友”分享你最喜欢的跑步路线。

• Keson RR112 Roadrunner 1 Measuring Wheel（www.fourhourbody.com/roadrunner）：这个轻巧的测量物一开始只在房地产经纪人中流行，他们用它来估算房子的面积，简便、廉价。如果你家附近没有标志清晰的跑道，你也可以用这个测量工具来测量短跑的距离。

• Seiko DM50L Metronome（www.fourhourbody.com/metronome）：这款节拍器是由布莱恩推荐的，训练时可以用它来控制脚每秒落地的次数。不过，我觉得自己数数更方便些。

• Casio High-Speed Exilim EX-FC100（www.fourhourbody.com/exilim）：这款照相机是布莱恩用来给他的运动员录像的装备，它能形成每秒 30 帧的清晰画面。正如他所言：“你坐下来花一小时研究自己的跑步录像，要比你花一年时间边自我臆想哪里不对边错误地训练有效得多。”因为普通的相机达不到这么快的速度，所以这款还是值得推荐的。

• *Pose Method of Running* by Dr. Nicholas Romanov（www.fourhourbody.com/pose-method）：除了罗马诺夫博士的研究，并没有其他研究能够证明“姿势法”的正确性。跑步需要练习，但绝对不只是技巧。这本书所教授的理论、方法和逻辑都是建立在罗马诺夫博士自己的研究基础之上的，所以，请有保留地阅读此书。

• CrossFit Exercises（www.fourhourbody.com/crossfit）：这些视频真实且详细地介绍了几乎每一种综合训练的练习和动作。如果你觉得书中的文字描述得不够清楚，就上网看动作演示吧。

• GENr8 Vitargo S2（www.fourhourbody.com/genr8）：布莱恩在运动时就是服用这种碳水化合物补剂的，它可以加速肝糖的补充。提示：服用这种补剂的时候不能同时饮用佳得乐。

• *Trail Runner*（www.trailrunnermag.com）：《山地跑步》是唯一一本介绍非赛道跑步的专业跑步杂志。这本杂志的作者几乎都是山地跑爱好者，从只能跑 5 英里（约合8千米）的新手到能跑200英里（约合320千米）以上的“神人”都汇聚在此。《山地跑步》推出的年度跑步指南还会总结全世界最知名、最有趣、最经典的1100条山地跑步路线，非常值得收藏。

• *Born to Run*（www.borntorun.org）：这本书的作者是克里斯托弗·麦克道格尔，以前是美联社的前方报道员，现在是《男士健康》的编辑，本身是个“超级马拉松”的爱好者。他在书中介绍了位于墨西哥沙漠边缘的塔拉胡马拉印第安人聚居区，那是一个非常落后的部落，但是却盛产厉害的超级跑步者。另外，书里介绍的光脚跑步虽然并不适合比赛（原因我在之前已经说过了），但却在作者的笔下显得如此诱人，以至于很多并非跑步爱好者的家伙（比如我）都忍不住光着脚丫子在家附近的草坪上跑了好几次。

• *Running Barefoot: Training Tips*（www.fourhourbody.com/harvard-barefoot）：哈佛大学的光脚跑步的传统是使“光脚跑”逐渐成为潮流之事的重要原因之一，这篇文章介绍了光脚跑的训练要点和注意事项。如果你刚刚开始光脚跑，一定要先阅读此文。

适合山地跑的超级耐力跑步鞋：

• Inov•8 X•Talon 212（www.fourhourbody.com/talon212）：在布莱恩推荐的所有鞋子中，这双是我最喜爱的。

• Inov•8 F•Lite 230（www.fourhourbody.com/f•Lite230）：Inov•8是一家很小的制鞋企业，并不是在哪儿都能买到它的产品，而且总是断货。所以，如果实在买不着Inov•8，那么其他的主流品牌也可以选。比如，山地跑的话，可以选La Sportiva牌的Crosslite低帮鞋；公路赛的话，New Balance 205的平底设计也很不错。

适合公路赛和硬地面的超级耐力鞋：

• Inov•8 F•Lite 220（www.fourhourbody.com/talon212）

• Inov•8 F•Lite 230（www.fourhourbody.com/f•lite230）

第十部分

变得更强壮

THE
4-HOUR
BODY
每周健身4小时

第二十八章

无须费力做超人
——跟巴里·罗斯一起打破世界纪录

需要多少就做多少，而不是能做多少就做多少。

——汉克·克拉金霍夫（曾多次获奥林匹克和世界冠军）

引子：圣何塞，加利福尼亚州科莱特运动训练器械中心

帕沃尔·查索林正在打我的屁股。

作为电极测量肌肉活动，帕沃尔表演 Zorcher 和 315 磅（约合 141.8 千克）的杠铃。照片由麦吉尔博士和脊柱生物力学实验室提供。

不是每天都有俄罗斯特种部队教员跑过来打你屁股的，所以虽然很疼，但我还是感觉有点荣幸。这是我在俄罗斯壶铃球认证中心度过的第二天。我们正在练习几个高难度的动作，其中有一个技术是可以增加爆发力的，我们靠打击对方的身体来测试力量是否增长。帕沃尔现在是美国公民了，也是美国秘密服务局的一名专家，他来回在我身边移动，寻找下手的落点。

2 小时之前，帕沃尔看到场中有人怎么也做不好一个过头推举动作，便自告奋勇地跑去帮忙。在帕沃尔的指导下，短短 5 分钟内，那个人的成绩就从 24 千克升至 32.7 千克，足足提高了 26%。5 分钟啊，如果我说这只是一眨眼的工夫，你能允许我夸张点吗？

力量虽然是门技术，但是并不复杂，学起来很快。

当然，直到几个月之后，帕沃尔介绍我认识了一位有趣的短跑教练——巴里·罗斯，我才知道“学起来很快”到底有多快！

要减，就减那些不能减掉的

2003 年，艾莉森·菲利克斯还是一名 17 岁的高中生。

在 12 个月里，她打破了马利恩·琼斯高中 200 米短跑的纪录，继而成为世界上跑得最快的 200 米短跑选手，然后顺理成章地成为第一名直接进入职业资格赛的高中运动员。

她的教练叫巴里·罗斯。

在过去 20 年里，巴里一直在思考一个问题的最完美的答案：如何能让人类跑得更快？这个问题看似简单，实则很复杂。很多人都想知道答案，可惜从来没有人站出来说“我找到答案了”。

直到巴里·罗斯的成功。

他的方法不仅减少了很多能去掉的障碍，甚至减掉了那些人类认为永远束手无策的麻烦。这一点远远超出我的意料，真正地令人震撼。我在写这章的时候嘴可没闲着，我一边大嚼费舍曼牌华夫饼，一边吃着海鲜炖菜和炸鱿鱼（你猜到了，这是周六，我的“去你的减脂日”）。我在 2 个月之内增加了不到 4.5 千克的体重，却把原地抓举磅数提高了整整 120 磅（约合 54 千克）。这实在太令人难以置信了，我从没经历过这么大幅度的力量增长。

不过，用巴里的话说，这算什么啊？太普通了。

看看巴里培养的运动员都有什么样的成绩，你就知道为什么在巴里看来我的成绩“太普通”了。

- 在他的弟子中，女子多项成绩最佳的运动员原地抓举成绩为 405 磅（约合 182.3 千克），而这名女选手的体重只有 132 磅（约合 59.4 千克），本章后面会出现这名女选手的照片。

• 在他的弟子中，长跑成绩最佳的女运动员原地抓举最高为 380 磅（约合 171 千克），而这名女长跑选手的体重只有 138 磅（约合 62.1 千克）。

• 在他的弟子中，年纪最小的男性举重运动员只有 11 岁，原地抓举最好成绩是 225 磅（约合 101.3 千克），而这位小兄弟的体重只有 45 千克。

他训练过的所有运动员，包括女运动员，都能在不佩戴任何护具的情况下举起比自己体重重两倍以上的重量。前提是，只要他们增长了 10% 的体重。

再加一句，他们只接受每周 15 分钟的举重训练，有时连 15 分钟都不到。而他们各自的运动项目也决定了他们不可能每天拿出多少时间来锻炼自己的举重能力（天，真是想不出长跑选手练习举重有什么用）。

从 4×100 米接力跑到泛美十项全能，巴里•罗斯改写了体育界中的无数“不可能”。在这章里，我将详细介绍如何将巴里的奇招妙法应用在短跑训练中。你可以在跑步或者健身时使用这些秘籍，以提高你的运动能力。

无须费力做超人之法

2003 年，艾莉森•菲利克斯在夺冠之前使用的就是下面这个训练方法，频率为一周三次。

1. 在每组动作之前都要做“动态拉伸”，这个动作后面有详细解说。

2. 做一组下面的动作，每组中间休息 5 分钟。

a）平躺推举[①]：推举 2 ～ 3 次，做 2 ～ 3 组。

b）俯卧撑：做 10 ～ 12 次[②]。

3. 传统原地举重，提举高度只到膝盖，以“每次最大重量”的 85% ~ 95% 的力度提举 2 ~ 3 次，做 2 ~ 3 组。杠铃不要过膝，一旦提杠及

① 为了避免肩部出现问题，不要让杠铃放在低于胸部的位置，而要将它放在胸口以上 4～5 英寸处（相当于一拳高）。必要时可以使用杠铃架，并在这时记下个人成绩标记。按比赛标准级别来锻炼托举是乏味无聊的，就像那些竞技选手是为了体育性能而不是力量举重竞赛而训练一样。

② 一旦竞技选手能够完成 12 次标准俯卧撑，巴里就会要求他们抬起大腿来增加阻力。大腿抬举的角度相对于地面不能超过 50°，否则就是在锻炼肩部而非胸肌。对单一型跑步选手而言，这项训练是综合性的胸肌锻炼，而不是单纯为了运动。胸肌是唯一的一组不受接下来的提举动作作用的肌肉群。

膝立刻扔掉杠铃，而不是像常规的让杠铃复位。扔掉杠铃的动作是为了避免低位动作，这对于防止腘绳肌腱损伤至关重要。短跑类训练多少都会威胁到这根腿筋，所以保护好它就相当于成功了一半。每组动作的肌肉紧张时间不要超过 10 秒钟。举重的部分要注意两点。

（1）在每组结束后要立刻进行柔韧性训练（以不同的高度做箱子跳[①]，做 4 ～ 6 组）。

（2）在每组之间休息 5 分钟（这 5 分钟是指跳完后的 5 分钟）。

4. 核心练习，每组 3 ～ 5 次，做 3 ～ 5 组（等长收缩肌肉的动作）。

5. 静态拉伸。

数据狂人请看这里

曾有研究宣布，艾莉森进行的健身训练说明了更强的地面作用力（着地时对地面施加的力量）比更短的腿部摆动时长更有助于跑步者达到更快的最高速度。每增加 1 米 / 秒的速度，所需要的作用力相当于跑步者休重的十分之一。骨骼肌是发力的启动机，1 千克骨骼肌能够产生足够支撑 44 千克的肌肉群的力量。

以往，教练认为肌肉能量供应减少是速度减慢的原因。此后的研究证明，减速的真正原因在于肌肉纤维不能持续地保持足够紧绷。

如果你想肌肉纤维更加紧绷，就需要更多力量。

一个出色的选手会以大约大于自身重量两倍的力量作用于地面，并得到等量的地面反作用力。质量比（Mass-specific）作用力（也就是肌肉产生的反作用力）超过了选手体重的 5 倍，在大约 0.05 秒内传至地面。请记住每次只有一条腿在产生作用。在其他条件等同的情况下，身体更健壮的跑步者会胜出。

① 这种思路是在每次着地时都尽量缩短与地面的接触时间，最多着地 6 次。在巴里的训练课程中，有时是跳到一个箱子上，有时是跳过箱子，或者是替换为立定三级跳远和跳远。个人认为，简单起见，可以使用一个标准的训练平椅，在落地前用两只脚轻击顶部（而不是下落），重复 6 次。

如何做传统式的原地提举

下面的这系列图片要感谢《美国力量举重》杂志的编辑迈克·兰伯特协助提供，图中的示范人物正是美国举重界的传奇人物拉马·甘特。拉马是国际力量举重联合会名人堂中的一员，他是历史上第一个在比赛中原地提举起自己体重五倍重量的运动员：体重仅有132磅（约合60千克）的拉马举起了661磅（约合300千克）的重量。

巴里让他的运动员在杠铃达到膝盖骨上方时便弃杠（第四幅图所示的位置），这样可以最大限度地避免伤到腘绳肌腱。下页的图也同样阐述了这个原则。

他告诉自己的运动员不要过早地伸直双腿，而且在整个过程中背部一定要挺直，感觉就像在肩胛骨之间夹了个钱包一样。你可能会看到拉马的背部似乎一直是拱起的，但是如果你仔细观察就会发现，拉马拱起的是他的颈和脊椎的部分（胸椎），而他的腰背部始终是挺直的。拉马之所以会略微拱起是因为他提举的重量非常惊人，而在平常练习的时候，我们几乎不会接触

超过我们体重两倍的重量，所以还是要向上图一样，保持背部弯曲挺直。

这个力量训练之后可以紧接着跑步，减少对旷日持久的分散训练的需求。

除了第一项锻炼前的上／下动态伸展，训练中没有热身运动。出于以下原因，上／下动态伸展是十分有必要的。

用一个杠铃架或栏架，在 30～32 英寸（约合 0.8 米）处和腰部高度处各做一个标记或设一个栏架。蹲下并从较低的标记／栏杆下面向一边跨出，再立刻从较高的标记／栏杆上面跨回来，如此为一个组合。请不要运用双手或将手放在腿上。这样重复 6～7 次，然后直接进入训练。如果有必要的话，巴里和他的运动员都从训练中负荷最大的一项开始，接着才是负荷较轻的训练。

为了估计一项特定训练中你 1 次能举起的最大力量，可以将你 5 次举起的最大力量 ×1.2。

基本原则：不要超过 10 秒

在所有的训练中有一条基本的指导原则，那就是维持每组动作的紧张感不要超过 10 秒，这是为了尽量减少肌肉分泌的乳酸。

尽管乳酸在某些情况下是有益的，但它的确会妨碍身体功能的恢复。一旦运动员需要在短时间内达到指定的成绩，巴里就希望他们的身体功能能够尽快恢复或者不受影响，这样就可以连续5天做同样量的训练。

这个方法对于短跑训练也很有效。顺便说一句，这个方法对年龄没有要求，就算你并非处于15～30岁的黄金时期，一样可以受益于这种训练模式。阿瑟•德范尼是加利福尼亚大学欧文分校的一名经济学和数学行为科学教授，他使用这种方法训练自己的时候已经72岁，身高1.85米，体重205磅（约合92.3千克），体脂含量仅有8%。

另一个非跑步运动员的例子是斯凯勒•麦克奈特，他向往的圣何塞州立足球队要求加入的新人必须能连续20次成功平躺推举起225磅（约合101.3千克）的重量。而摆在麦克奈特面前的障碍可不小，因为距离甄选赛只有3周了，而他最多只能勉强举起这个重量3次。3周的时间也不能都用来训练，实际能用的天数只有15天。于是，他每周拿出5天来，每天做五组2次巴里推荐的练习，每组练习中间休息5分钟。他提高了每次提举的重量，但是没有增加次数。

在甄选赛当天，他成功地完成了18次平躺推举起225磅，这离要求的20次还差2次，但是主教练已经非常吃惊于麦克奈特的巨大进步，破格录取了他。

另一个例子发生在格雷格•阿尔蒙身上，他是中国国家速滑队外聘的力量专家。下面是他写给巴里的信。

亲爱的巴里，我想跟你说说，用了你的“原地提举力量训练方法”后，我训练的滑冰运动员的情况。

中国女子速滑队在短道速滑项目（500米/1000米）中获得了10多枚金牌，银牌和铜牌的总数也超过了10枚。我们现在有5名运动员在500米短道速滑的最佳成绩为44秒，比之前的成绩大为提高，其中还有人在刚刚结束的比赛中打破了世界纪录。

虽然一开始说服教练改变训练方法并不容易，但是经过了连续几天的沟通，她最终还是同意试一试。在过去的三个半月里，我们的女子速滑选手的原地提举能力平均提高了115磅（约合51.8千克）。更重要的是，比赛的成绩摆在那里，谁也驳不倒……

感谢你，巴里，无数次地感谢你！

格雷格

经过改善的全新三位一体原则

自2003年艾莉森以高中生的身份打破了世界纪录，到现在8年过去了，巴里的这个方法有什么改变或者改善吗？

根据最近的研究，他把全速短跑项目的训练精简为三个简单却相互关联的目的：

1. 为达到比赛条件值而训练；

2. 为追求最大力量而训练；

3. 为追求最快速度而训练。

每个目的都是从汉克·克拉金霍夫教练的名言“需要多少就做多少，而不是能做多少就做多少”变化而来的，他是巴里崇拜的前辈之一。而达到这三个目的所需的运动量“一定”比大家想的要少，或者说，“必须”比大家想的要少。

为比赛条件值而训练

2004年，一篇名为《高速跑的动能学——经典原理和现代观察的结合》的研究报告中着重论述了训练的第一要义就是“条件作用”。

这篇研究报告提出了ASR速度法则，这是一项由赖斯大学发明并获得专利权的数学运算公式。发明人宣称，这个公式能够计算出任何个人（不只是运动员，而是任何个体）在固定距离内的跑步速度及时间，远至1英里（约合1.6千米），近至几米之内，都能计算无误。

虽然赖斯大学这么说，但巴里的实验结果还是让该大学和很多专业人士都震惊了。在巴里测试的无数名运动员中，这个运算公式的准确率高达97%。同时，这个公式还能显示跑步运动员的条件水平。

短跑运动员（比赛赛程在1英里以内）的最小条件值大概是4.2米/秒，也就是说，这些运动员的100米短跑成绩不能长于23.8秒。

怎么能让运动员达到这个条件值？说出来你可能不信——通过走路。方法很简单：每周3次，每次15分钟，能走多快就走多快。用七分半钟走出去，然后再以七分半钟由原路走回来。这听起来一点都不难，也的确不难……至少一开始不难吧。唯一较劲的地方是运动员必须出去用时七分半钟，回来也是七分半钟，不能多也不能少。

而“能走多快就走多快”意味着你有非常强烈，甚至是难以克制的欲望想……跑起来。快走继而小跑是一个非常自然流畅的过程，而快走、快走、快走……还是快走就会让整个动作连贯得非常怪异，有劲儿使不出来。而巴里要的就是这个“有劲儿使不出来”的劲儿。

如果你找不到足够长的平滑场地（最理想的场所是跑道）让你能走七分半钟出去，再走七分半钟回来，那就用固定的距离作为基准，比如走5个街区出去，再走5个街区原路返回。当然，你这5个街区走下来，最好是正好七分半钟。

这么准确计时走上四周（每周3次，每次15分钟），运动员就完成了第一个目标：达到了比赛条件的基础值。

这么说，你可能会觉得我在胡扯。放心，你不是唯一这么想的人，所以在这章里我准备了很多真实案例，他们的成功会让你不得不信。

为追求最大力量而训练

下面，巴里要做的就是让他的运动员变得强壮起来。不是一般的强壮，而是非常非常强壮。

大体上，他目前的方法跟他2003年训练艾莉森的方法没什么太大区别，但是训练量被进一步精确和限制了。之前，艾莉森用的方法中只是简单地说“每次2～3组，每组2～3次”，但是现在巴里的平躺推举训练和原地提举是“第一组用最大力量的95%做2～3次，第二组用最大力量的85%做5次”。

注意，每组之间还是休息5分钟，但这5分钟是从做完肌肉增强训练开始计算的。

下面的这个普通训练模板对大多数运动员来说都合适，频率可以保持每周3次（比如，周一、周三、周五）。

1. 每组动作之前要做动态拉伸：上下各6～7次，不要超过5分钟，不要有静态拉伸。

2. 每组都要做下面这两个动作中的一个（肌肉紧张的时间应该控制在每组15秒钟以内）。

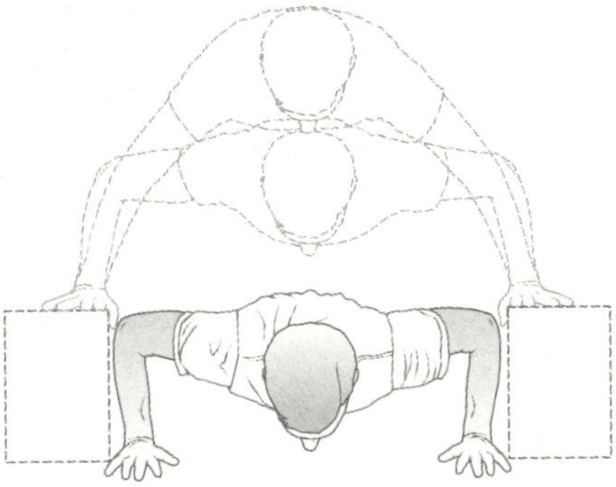

（1）平躺推举：第一组用最大力量的95%做2～3次，第二组用最大力量的85%做5次。

（2）俯卧撑：10～12次（跟以前的一样）。

如果你选了平躺推举，并且条件允许的话，那么做完每组平躺推举后马上做4～5次肌肉增强训练。

把两个15～30厘米高的箱子摆在地上，间距大概一肩宽，如上图所示。你做俯卧撑的动作位于两个箱子之间，胸口贴地。启动的时候，双臂用力地带动身体上部跃起，双手迅速地跃至箱子顶部。然后再用双手撑住箱子顶部，带动身体下落，回落到两个箱子中间的启动位置。跟跳箱子的动作原理相同，身体跟地面（箱子面）接触的时间越短越好。

如果肌肉增强训练的动作伤到了你的肩膀（像我一样），或者这个对你来说太不方便，那不做也行，并不会影响你的训练效果。

3. 原地提举，第一组用最大力量的95%做2～3次，第二组用最大力量的85%做5次。做法跟之前一样，杠到膝盖上方就弃杠。如果你的运动项目不是高速跑，那么缓慢地放下杠也是可以的。每组原地提举结束后都要做一分钟的肌肉增强训练：以不同的高度跳箱子、跳绳，如果场地够大还可以做几组快速的10米往返跑。最佳选择是2～4组的10～15米的短跑，次佳选择是5～7次30～45厘米高度的箱子跳。

4. 核心练习：3～5组的魔鬼转身练习，每组3～5次（每组间隔30秒钟）。

核心练习部分，现在巴里只用“魔鬼转身”这一个动作。每一个受过“魔鬼转身”训练的运动员都十分憎恨这项训练。在训练的时候，运动员要横躺在一个平躺椅上。从上面看，就像个十字架。同时，运动员要把脚压在一个力量杆下面。最糟的情况是，你只能把脚卡在另一个平躺椅下面（因为不是每个人每次都能在屋子找到配合自己训练的器材，这是实情）。

此时，运动员的身子要跟地面平行，然后以某个角度起身坐立，每组之间隔30秒钟。一开始，先试着做3组，每组3次，左右两侧各转身保持3秒。你第一个阶段的动作应如下所述（还记得前文说的那个体重60千克，却能举起180千克的小女孩吗？图中的人物就是她）：

尽力转身至右侧，保持3秒。

转到左侧，保持3秒。

再重复两次，加起来一共是每侧3次转身，每次3秒停顿。

坐起来休息30秒。

再做两组上述动作。

进阶：在之后的练习中，慢慢地增加到5组，然后增加每次停顿的秒数，一秒一秒地增加，直到增加到最大值5组，每组每侧3次，每次15秒。

到达最大值时，你的运动量如下。

总锻炼时间（包括休息）：不超过60分钟。

每次锻炼中的肌肉紧张时间：不超过5分钟。

锻炼后的感觉：兴奋，而不是疲劳。

相扑提举

巴里建议，如果条件允许，最好用相扑2（第四幅图所示位置）。注意一点，跟拉马的动作一模一样，迈克在整个的提杠过程中，始终抬头目视上方45°角的位置，直到弃杠为止。

为追求最快速度而训练

最终，在巴里的运动员们变得强壮后，他就要让他们提速了。

如果你实在对跑步没兴趣，可以直接跳过这个部分看后面的内容，但是，如果没有其他的原因，下面的故事和运动趣闻还是非常值得一看的。现在，我们重回到巴里的故事中……

每个运动员在开始的时候都要跑两个预赛：一个是短距预赛，赛距只有20米，运动员基本是用飞的；另一个是300米的长距预赛。跑短距预赛的时候，运动员跑的其实是往返跑，也就是40米，但是只有后半段的20米成绩有记录。在长距预赛中，起跑线之前有5米的热身距离，然后才是计时的300米跑道。不管是短距还是长距，运动员要做到的都是：在穿越计时开始的那个“起始线”时达到最高速。

既然有两个距离需要跑，巴里就可以利用ASR运算公式计算出每个选手在每段距离的每个时间段内所跑的速度。

下面是一组真实的数组，来自一名叫斯科特的跑步运动员。

20米短距　1.88秒

300米长距　36.00秒

训练距离被随机安排在15米和55米之间，因为55米 < 5.57秒。这也就

是说，斯科特的训练是10组55米的跑步训练，而且每个55米的速度不能超过5.57秒，在每两组55米跑之间休息4分钟。

如果斯科特的第一次55米没能在5.57秒之内跑完，那他还能有第二次机会。如果在第十次55米到来之前，斯科特能在5.57秒之内跑完任何一个55米，那么他当天的训练任务就结束了。

这跟传统的短跑训练实在是大相径庭。

短跑教练通常都会告诉自己的运动员反复以一个固定的速度跑一个固定的距离，最常见的训练量就是“用最快速度的80%跑十个100米”。不幸的是，谁也说不准运动员到底是不是用了最快速度的80%在跑100米，就连运动员自己都不知道。

教练们还喜欢用所谓的“超距跑”来提高“速度耐力”，比如100米的训练实际让运动员跑110米，甚至150米，然后计时标准还是按100米计时。这是巴里不喜欢的一个方法，他从来不在自己的训练中这么做。

可问题是，怎么在比赛中测试巴里的做法是否好用呢？

记住，他的运动员重复跑的平均距离在40米以下，而且他应对400米比赛的训练跑距离只有70米，有时连70米都不到。在很多人看来，这简直是对短跑运动的亵渎。可不管怎么说，训练就是为了比赛，比赛就是为了取得好成绩。我们还是来看看巴里的门徒的成绩吧。

一名高中女生，经过巴里的训练后，400米成绩提高了两秒，300米跨栏成绩提高了一秒半，100米成绩从之前的13.35秒提高到12.75秒。也许在不接触专业跑步运动的人来看，这提高得也太少了，还不到半秒呢。然而，在毫秒必争的百米短跑比赛中，能随随便便提高0.5秒几乎就是个神话了。

这个女生平时训练的长度只有33米，当然她不是什么新手，她已经跑了6年了。

在赛季开始之前，她就是每周3天走那来去同程的15分钟。她的目标就是把每次的训练都增加长度（在七分半钟之内尽量走得更远），但不改变时间。她自己、她爸爸、她的教练都对这个方法有所怀疑，不知道她这么练下去还能不能获得参加400米跑或者300米跨栏跑的资格。如此低的训练量甚至让她自己都越练越害怕。

结果是，在那年的比赛中，她在 300 米跨栏赛上击败了两名劲敌。说是劲敌有点夸张，因为这个女生在之前的比赛中从没超过这两名选手中的任何一名。

看完她的比赛，她的教练对她爸爸说：“我再也不会让我的短跑选手练习 70 米以上的距离了！”

这个女孩体重不到 60 千克，但是原地提举成绩是 340 磅（约合 153 千克）。

运动规则被彻底改写了，神话活生生地发生在赛场之上。“练得聪明永远会胜过练得勤奋，不管是在杠铃前，还是在跑道上。”这句话很有道理。

重复 10 次的原则

作者：帕沃尔·查索林

运动员们常常无法领会力量训练的意义。

有些人不懂为什么自己一定要达到某个条件值，有些人不懂自己明明是跑步的为什么却要去练习举重。杠铃不是为了让你在“重压下”显得自己很男人（或者很女人）而设计的，加入举重练习是为了让你在跳高场上、田径场上、冰道上更出色。练习举重就是要让你比你的对手更厉害，因为你比他更有力量——哪怕你们掌握的是一模一样的技术。你出色的力量就能为你带来出色的赛场表现。

力量训练不会，也不应该干扰你的项目训练。这一点是至关重要的，但是很多力量教练却恰恰忽略了这一点。

这也是为什么在非举重项目的力量训练中，举重应该是“举起重物”，而不是“举起你举不起的重物”。重复 10 次的原则在这里得到很好的体现。

1. 挑选两三个全身综合性的举重练习（比如，原地提举或平躺推举）运用在力量训练中。

2. 每周举 3 次（比如，周一、周三、周五），条件值训练和其他额外加的训练要分开，项目训练每周进行六天，剩下一天好好休息。

3. 每组就做两到三次。两次是俄罗斯国家举重队最常用的频次。

4. 以总数计，每次健身都要完成大概 10 次（比如，三组 3 次，五组 2 次这样子）。

5. 别用尽全力，更别追求力竭的感觉，永远保证有一两次你是没有用上什么力气的。

6. 每组之间的休息时间为5分钟。

7. 在训练结束后，运动员应该觉得比训练开始前更有力量、更舒展了。

这样训练的目的是最大限度地增加你的力量，同时又能让你保持体力，为你的项目训练做准备。如果力量训练让你感到疲劳了，你要做的不是硬挺，不是改变训练项目来配合，而是立刻减少力量训练的频次（比如，一周3次变成一周2次）。

跟玛利亚·莎拉波娃共事时，我让她做几个单引体向上、双引体向上、三引体向上、手枪式深蹲（一条腿做深蹲，另一条不用的腿在深蹲时向前伸直）、仰卧起坐、Janda（扬）仰卧起坐，就这些而已。这位温布尔登之星在每天的网球训练中已经做了很多条件值训练，而且在体力消耗已经如此大的前提下，最不应该忍受的就是更多的来自力量训练的疲劳和伤痛。

有人会问，一旦累了就可以减少力量训练的频次，这怎么解释呢？

对于职业运动员来说，一周3次（周一、周三、周五）的力量训练其实是应该保证的，减少频次虽然也是为了增加力量的大方向考虑，但那并非是最佳选择。根据20世纪80年代和90年代的美国举重赛事的记录，即使你每周只训练一次，也有可能成为世界一流的深蹲提举好手。但问题是，你的成绩只会是昙花一现，因为每次做提举，你的身体都会像一个新手一样产生酸痛感。这点小小的不适对于力量举重运动员来说可能没什么，但是对于拳击手或者需要在接下来的48小时里接受其他训练的运动员来说，简直就是灭顶之灾。

较多的量可以更好地塑造力量吗？

当然。最有代表性的就是斯摩罗夫深蹲周期训练，这个训练为时13周，在第一个月里每周的重复次数高达136次。真是让人毛骨悚然！然而，这样噩梦般的训练却能让你最狂野的美梦成真。我认识的一个人使用了这种训练方法，他在13周之内把自己的深蹲提举力量增加了105磅（约合47.3千克），在力量最高峰时，他可以举起600多磅（约合270千克）的重量。而且，在整个过程中，他连一克补剂都没服用。虽然他的成绩在众多使用斯摩罗夫训练法的人中并不算非常突出，但足以让他自己乐开了花。在训练过程中，你会非常疲劳、全身酸疼，以至于你接下来只能应付“国际象棋”类的运动了。因此，斯摩罗夫训练法只适用于没有特定项目的运动员。也就是说，如果你是长跑运动员，你的项目是跑步，力量训练只是促进而非主题，那么斯摩罗夫就不适合你。但是，如果现在正好是你的非赛季，你想纯粹地增加力量或肌肉，那么不管你是什么项目的运动员都可以尝试，比如足球运动员（每年的赛季比较集中）。

加拿大田径教练查理·弗朗西斯也有一套自己的训练方法，非常特别。声誉不佳的短跑运动员本·约翰森就是在弗朗西斯的调教下成为田径场上的名人的。按照弗朗西斯的方法，短跑选手的运动量需要保持在非常低的状态下，比如每次六组，每组两次 600 磅（约合 270 千克）的深蹲提举和每次两组，每组两次 385 磅（约合 173.3 千克）的平躺推举。体重 78.5 千克的约翰森的平躺推举成绩是 400 磅（约合 180 千克），但是弗朗西斯深信他完全可以举起 440 磅（约合 198 千克）。注意，为了避免运动损伤，聪明的教练从来不会让自己的运动员真的用尽全力去探试底线！虽然弗朗西斯在这一点上显得不那么聪明，但他显然很幸运，因为约翰森最终还是打破了他自己的个人纪录。

弗朗西斯的力量训练方法与俄罗斯学校使用的方法非常相似。尼克雷·奥左林是苏联运动科学的创始人之一，他就建议教练们把赛季内的训练量减少到非赛季时的三分之二，但是重量可以不动。弗朗西斯调低了约翰森本来就很低的训练量，这样的安排使得约翰森既不损失自己的力量，又能让他在赛季中觉得十分活跃，身心轻松。

弗朗西斯的做法跟传统的训练手法基本是拧着来的。“我的绝大部分时间是看着运动员，防止他们训练过量，只拿出了十分之一的精力看着他们做练习。”他说。

对于赛季内的运动员来说，每个动作做 2 ～ 3 次就足够了，如果做 4 ～ 5 次则对于神经训练和肌肉增长非常有效，但也意味着你可能会因为训练而变得体形庞大。除了以重量级别划分比赛（比如拳击）的项目之外，大概没有哪个项目的运动员希望自己越练块头越大。

史蒂夫·巴克利是知名的格斗术教练，他的客户包括大名鼎鼎的乔·劳宗。巴克利也认为不应该过劳训练，他说：“我觉得‘轻松的’力量训练才是唯一有效的竞赛格斗术力量训练方法……但是大多数人都觉得训练如果不汗如雨下，那肯定就没训练到位。这曾经让我觉得很困扰。不过现在好了，因为我训练的格斗士成绩就是好。让事实说话，最有力。”

最后，巴克利总结道：“力量训练就像在你有钱的时候把钱存在银行，然后在你需要用钱——比赛的时候再把它提出来。”

所以，让疲劳感见鬼去吧。

莎拉波娃的仰卧起坐：Janda

如果你想寻找一种既可以练习腹部肌肉，又不会让自己的块头“变大”的力量训练方法，那没有什么比 Janda 式仰卧起坐更适合你了。

帕维尔在斯图尔特·麦吉尔博士的实验室里，借助一个应该被称作器械的物品，在 Janda 式仰卧起坐中，发挥出了超过其最大自主等长收缩力（Maximal Voluntary Isometric Contraction，MVC）175% 的收缩力，创造了纪录。研究者认为，理论上腿筋向下的收缩力使得臀屈肌放松，最大化地限制臀屈肌参与运动。因此，超过 100% 的剩余力量的最大自主等长收缩力都落在了腹部直肌上。

所以，100% 的剩余力量的 MVC 都落在了腹部直肌上。

如果在没有器材的情况下做 Janda 式仰卧起坐，那你应该这么做。

1. 拿一条长毛巾，绕在你的小腿上。找一个帮手，朝斜上 45° 角拉着毛巾，试着抬起双脚。如果不是每天都能找到乐意给你拉毛巾的人，那么自己做的话就要费劲点：找个松紧带（宽一点）绕在门把手上，另一边还是绕在你的小腿上，并且角度要确保是 45°。

2. 然后同时提起你的尾骨和肚脐处，慢慢地坐起来。这时，你的脚不能抬起来，也不能向你的方向滑动。

实际上，做起来比看起来难很多，就算你平时做50个仰卧起坐丝毫不费力，也很有可能连一个合格的 Janda 式仰卧起坐都做不了。

如果你真的一个都做不了，就只能降低高度，缩小角度。

我们刚刚讲的“10 次原则”也能应用于此练习中。比如，你一开始可以做五组 2 次（5×2），然后逐步加量。当你变得更有力量了，就可以做 2323 节奏（这个是说你做四组，第一组 2 次，第二组 3 次，第三组 2 次，第四组 3 次），接下来还可以做 343 节奏，然后是 235，最后是 2×5。

一旦你能控制自己完成这些“降低高度，缩小角度”的“减负”动作，你就可以开始利用同样的程序或者另一种“10 次原则”组合完成一组完整的动作了。

记得在完成“减负”动作的时候保持均匀的速度。不要长时间停留在一点上，然后自由下落到地面。有必要的话可以用手握住支撑物，比如一根桌腿或带有把手的拉力绳。

按时锻炼：用好生物钟让效果更明显

什么是生物钟？科学家认为，人体生理在每天固定的时间会有固定的表现。

肌肉力量和短时力量爆发的最佳时期是在傍晚（下午 4～6 点），巧合的是，这也是体温最高的时间段。疼痛忍耐力（至少是针对骨质增生和关节炎带来的疼痛）的最高值是在下午 4～5 点。

然而，这个黄金时间段对我来说却并没有产生过最佳的锻炼效果。我相信这是因为所谓生物钟不是按照钟表上的时间分配的，而是按照每个人的作息时间运转的，否则就没必要叫“生物”钟了。

如果我们假设大部分人的起床时间是早上 8 点——这么假设是因为大部分的工作是从早上 9 点开始的，那么如果下午 4～6 点是黄金时间，也就是说，在醒后的 8～10 小时就是你最有效率的时间。

我是夜猫子，我平时的起床时间是上午 11 点，用 8～10 小时计算，我的黄金时间就是晚上 7～9 点。

这也就是为什么我在晚上 7～9 点锻炼的时候，可以多加 2～3 组，却只用最大值 85% 的量就能完成。黄金时间嘛！

我并不是建议你也非要在晚上锻炼，只是希望你找到自己的生物钟，尤其是当你感觉自己在建议的黄金时间里得不到黄金效果的时候。

工具指南：

• Over-unders Dynamic Warm-Up（www.fourhourbody.com/over-under）：这是一个视频小样，是教你怎么利用一个单杠进行臀部运动的。注意（0：30）时边栏（side hurdle）和（1：30）栏下深蹲的演示，这也是巴里建议的一个热身动作。

• Underground Secrets to Faster Running by Barry Ross（www.fourhourbody.com/underground）：艾莉森·菲利克斯在她成为 2003 年 200 米赛道上跑步最快的女性之前，用的就是这本书上介绍的训练方法。这个训练方法不仅可以大大加快跑步的速度，还可以提升弹跳的高度和肌肉的爆发力。

• *High-Speed Running Performance: A New Approach to Assessment and Prediction* by Matthew W. Bundle, Reed W. Hoyt, and Peter G. Weyand（www.fourhourbody.com/hsrp）：《高速跑表现：待评估的新方法》是赖斯大学发明的 ASR 速度公式的最原始研究成果，用巴里·罗斯的话说，“他们发现的不是一个普通的运算公式，而是加快跑步速度的圣杯”。

• ASRspeed（http：//www.asrspeed.com/default.aspx）：这就是这章里提到的巴里·罗斯使用的那个短跑计算公式。任何需要向前全速奔跑的爆发力的运动员（短跑、篮球、棒球、足球、橄榄球等）都能使用这个公式，而且也绝对可以从中受益无穷。就算你不是运动员，只是个运动爱好者（喜欢跑山、伞降、滑雪等），这个公式也能让你成功加速。

• “How to Add 100 Pounds to Your Squat in 13 Weeks with the Smolov Cycle”（www.fourhourbody.com/smolov）：Smolov Cycle 是一个来自俄罗斯的训练教程，由运动大师 S. Y. Smolov 设计发明。这个教程虽然跟本书介绍的其他方法相比有点复杂，甚至有点野蛮，但是效果却非常明显，可以轻松地让你的深蹲推举重量蹿升 60～100 磅（约合 27～45 千克）。同时，链接里还提供了免费下载跟踪记载成绩的电子表格。如果你对这个教程感兴趣，这个表格对你的帮助会非常大。

• Fat Gripz（www.fourhourbody.com/fatgripz）：粗杠训练可以迅速提高抓举的力量，但是粗杠要价不菲，最低的也要200美元一根。不过，有了Fat Gripz你就可以省下一大笔银子了。它们的个头只有红牛饮料罐那么大（不仅便宜，还方便携带），只需10秒钟就可以把它们穿到普通的杠上。你可以在结束为期四周的高重量级别的训练后，单独拿出一周来把Fat Gripz套在较轻的杠上训练。相信我，绝对没有你想的那么容易。这些小家伙虽然个头小，但难为起人来可一点不含糊。

第二十九章

吃掉一头大象
——如何让你的平躺推举多加 45 千克

记住：在中国的某个地方，一个小姑娘正在用你能举起的最大重量做热身运动呢。

——吉姆·康罗伊（奥林匹克举重教练）

“如果你推到 142.9 千克，就能换一下你 iPod[①]里的曲子。”

我再一次大笑起来，并不是因为这个笑话有多好笑，反正这压根儿就不是个笑话。德弗朗科指着墙上贴的一大张纸，上面写着：

平躺推举 142.9？

深蹲 183.7？

在 ESPN 上露脸?

如果都做不到，就别碰 iPod！

尽管我现在可以很骄傲地告诉你，我刚刚打破了自己的最佳纪录，但新的最佳纪录离 315 磅（约合 141.8 千克）也还有相当一段距离呢。所以，一时半会儿，我是听不到最爱的迪斯科舞曲了。

德弗朗科的那些男孩子，推个 142.9 千克非常轻松。他的弟子——包括推举天才里奇·蒂莫尔斯，都可以连续推举 142.9 千克 39 次。真是厉害！

① 苹果公司音乐播放器。

当然，这个还只是厉害，并没有让我惊掉下巴。

真正让我惊掉下巴的是乔·柴科洛夫斯基，他体重不到65千克，平躺推举磅数却高达600磅（约合270千克）！

真正让我惊掉下巴的还有斯科特·曼德尔森，他体重125千克，推举磅数竟然可以达到1031磅（约合464千克）！

推举起464千克是什么概念？你去一个标准大小的健身房，找了一个平躺推椅躺下来，开始让旁边的人给你加45磅（约合20.3千克）的杠铃片。最后，加到你的杠铃上已经没有地方可加了，可你推举起来还是轻松得像推了一团棉花！正常杠铃加满20.3千克的杠铃片也才401.7千克。所以，斯科特加的都是45千克的杠铃片。于是，那个如孙悟空手中的定海神针般粗大的杠铃竟然被一堆45千克的杠铃片压得弯了下来。斯科特平时会带护嘴，所以不必担心用力的时候真的把牙咬碎和血吞。但是把杠铃停放在胸口的时候，他的视觉都会变得畸形。

这些的确都不是一般人，这是夸奖，绝对的。把一件事做到极致，往往会让你学到更多、看到更多。

我的推举“前科”：罩门VS弱点

平躺推举一直是我的弱项，因为很少有运动会真正用到胸肌的力量。我的主要运动项目是搏击摔跤，它几乎完全跟胸肌什么的不沾边。

我就算按照巴里的规定，坚持每天摄入双份的营养，平躺推举的成绩也没见提高。在这个实验中，我的确算异类，别人都有明显的进步。

所以，我跑去求助力量举重能手帮我解决这个大麻烦。

马蒂·加勒佛离开力量训练圈子很久了，但他的名字一直被写在纪录保持者的名单上。他一直当教练，训练过很多举重界的“狠角色”，像艾德·科恩、科克·卡沃斯基、道格·福奈斯、迈克·豪尔和丹·奥斯丁都曾经是他的客户和门徒。不用说别人，光是科恩一个人就创下了70多项世界纪录。而被称为“柯克船长”的柯克·卡瓦斯基更是神人一个，他把国际举重联合会（International Powerlifting Federation ，IPF）深蹲项目的世界纪录提高了45千克，从原来的410千克变成了455千克。这个世界纪录保持了整整16年，堪称举重界里的长寿数字了。

马蒂自己也是3次世界举重锦标赛的获奖者和6次全美举重锦标赛的冠军。同时，他还是1991年美国参加IPF时的举重队教练。

总而言之，没有任何人比他更了解这项钢铁运动了。

他指导我，不只是口头指导，而是帮助我一磅一磅地增加、一次一次地尝试。对于任何想在6个月内让自己的平躺推举成绩提高100磅（约合45千克）的朋友来说，马蒂的方法都是最值得信赖的。

键人“马蒂·加勒佛”

对于一个平躺推举成绩在200磅（约合90千克）左右的普通人来说，6个月内他能推举起300磅（约合135千克）的重量吗？回答是：第一，不可能；第二，不太可能；第三，根本不可能。一口吃个胖子的意思是：每天吃一口，然后坚持吃。

下面有三个要求必须达到：

第一个要求：有一个阶段性的、技术含量较高的训练计划。

在这里，阶段性训练指的是一段非常严酷、严谨、严肃的力量训练。举重精英分子、参加奥林匹克运动会的举重运动员和职业举重运动员都会在赛前给自己安排一次阶段性训练，为期一般都在12～16周。经过这种安排缜密、一丝不苟的训练，这些举重者的力量会像上楼梯一样，一点点地稳步提升。即使是普通的健身爱好者，通过这种方法，也能让自己的力量增长从不可能到逐步梦想成真。

在科克·科沃斯基的职业生涯晚期，他给自己制订的阶段性训练计划近乎残酷，而且他能坚持在12周的训练中全勤参与——没有一天生病、没有一次做不到、没有任何借口。你能想象得到吗？一个托举千斤的大力士在全国或者全世界锦标赛来临之前，手握一支铅笔和一张纸，认真地设计好12周每天每时的训练项目和时间，甚至包括每个动作的角度和变化，事无巨细。然后，在这12周里风雨无阻地实现自己的计划，就像个铁人。哦不，像个机器人一样。艾德·科恩和道格·福奈斯都做得到，他们也的确就是这么做的。

所以说，计划很重要，说到做到更重要。

第二个要求：有了计划之后，一次训练都不能耽误。

第三个要求：有了计划，又按时完成计划的同时，必须增加大量的瘦肌肉。

我们来假设这位需要提高平推力量的运动员是一个对健身非常狂热的家伙，他经过几年的严格训练后，已经能使用正确的平躺推举技巧推起 90.7 千克的重量。也许他身高 1.86 米，体重 90 千克，体脂含量 14%；也许他身高只有 1.7 米，体重 90 千克，体脂含量 30%。不管他是哪种情况，如果想把他的平躺推举能力从 90.7 千克提高到 136 千克，首先要做的一件事就是增加他身体内的瘦肌肉的含量。这个家伙需要的是更多的来自肌肉的爆发力和耐力。

如果你碰到了一个自称为“健身专家”的人，如果你从来没接受过任何正规的举重训练，如果他告诉你，你无须增加肌肉便能在短时期内把平躺推举的成绩提高 50%，只需要使用他的器材、方法和健身房就可以。那么，这个家伙不是幻想症病人就是个大骗子。跟天底下所有的事情一样，健身没有真正的捷径和秘籍，也不存在什么魔术，一切都要合乎逻辑方可成功，不合逻辑必然失败。如果你不增加肌肉总量，却想把平躺推举能力在短期内增长 50%，那几乎是做梦。最乐观的数据是，每增加 10% 的瘦肌肉，平躺推举能力就会增加50%。这还只是在短时期内的效果，不一定能长期保持，过了集中训练的阶段，成绩还是会略有缩水的。

我们假设这名运动员从体重 90 千克开始，在 26 周之内，他需要把自身的瘦肌肉增加 6 ～ 9 千克。

平躺推举每周训练一次，每次训练分为三种抓举，分别练习：最有竞争力的力量抓举、最适合增加起始力量的宽距抓举、最适合增加结束力量的窄距抓举。

第一阶段：为期12周的平躺推举训练

周	力量抓举 28英寸≈71厘米	宽距抓举 32英寸≈81厘米	窄距抓举 22英寸≈56厘米	体重（磅）
1	140（70%）×8，1组	120（60%）×10，2组	110（55%）×10，2组	200
2	150（75%）×8，1组	130（65%）×10，2组	120（60%）×10，2组	201
3	160（80%）×8，1组	140（70%）×10，2组	130（65%）×10，2组	202
4	170（85%）×8，1组	150（75%）×10，2组	140（70%）×10，2组	203
5	185（93%）×5，1组	165（83%）×8，2组	145（73%）×8，2组	204
6	195（98%）×5，1组	175（88%）×8，2组	155（78%）×8，2组	205
7	205（103%）×5，1组	185（93%）×8，2组	165（83%）×8，2组	206
8	215（108%）×5，1组	195（98%）×8，2组	175（88%）×8，2组	207
9	225（113%）×3，1组	205（103%）×5，2组	185（93%）×5，2组	208
10	235（118%）×3，1组	215（108%）×5，2组	195（98%）×5，2组	209
11	245（123%）×2，1组	225（113%）×5，2组	205（103%）×5，2组	210
12	260（130%）×1组			211

表中的百分比是为了让你能制订出更适合自己的训练计划。比如“140（70%）×8，1组”的意思是，此名运动员的起始重量是200磅（约合90千克），200磅是他的“一次最大推举量”，那么140磅（约合63千克）=200磅的70%。可如果你没法举起200磅，你的“一次最大推举量”只是150磅（约合67.5千克），那么你一开始做这个12周的练习的时候，就要把“140（70%）×8，1组”变成你自己的“105（70%）×8，1组”。后面还会出现“133%”这样的数字，那就意味着你做的时候要把你的“一次最大推举量”150磅乘以1.33这个数字，也就是说199.5磅（约合89.8

千克）是合适你的重量。

练习抓举的时候，不用特意带尺子去健身房量抓杠时双手的间距。我教你几个办法，把自己的身体变成尺子。

记住，标准的奥林匹克杠铃两端铃片之间的距离是 32 英寸（约合 81.3 厘米）。如果你身高在 1.78 ～ 1.83 米，抓举时双臂之间应保持握杠时小手指恰好能碰到手掌的状态下的距离。如果你的身高在 1.68 ～ 1.75 米，抓举时双臂之间应保持握杠时双手距铃片掌宽的状态下的距离。

如果你觉得这么抓不对劲，那就按照力量抓举的本质去做：力量抓举就是能让你举起最大重量的抓举动作。多试几次，看看手距多宽的时候你抓举的重量最大，那个就应该是你自己的力量抓举手距。

对于所有的身高，宽距抓举的距离就是双手抓杠时距铃片一掌宽的距离，窄距抓举的距离就是双手抓杠时双手之间相距一掌宽的距离。

通过表格你可以看到，在第一个阶段内，这名运动员的瘦肌肉在 12 周内提高了 11%。同时，他的平躺推举重量提高了 30%。为了保持个人的新陈代谢正常，他每周摄入的卡路里也相应提高了。提高了多少？他增加体重的时候需要多少，就提高了多少。那增加多少总体重是正常的？如果你的体重在 90 千克以下，那么你的增重目标应该是每周 0.45 千克；如果你的体重在 90 千克以上，你的增重目标是 0.9 千克。别担心卡路里什么的，只要你的体重持续增长且保持一定的瘦肌肉比例就可以。

为了保持瘦肌肉匀速增加，你每天每次必须保证摄入 200 克以上的蛋白质。

现在怎么办？继续练吗？

不止一次的经验证明，运动员在经过一个为期 12 周的阶段性训练之后，成果需要得到适当的巩固才不会功亏一篑。有些很心急的运动员，在一个阶段完成之后，赶紧进入下一个阶段的训练。这样做的结果只能是让你第一个阶段的成果毁于一旦。克服贪心和运动惯性是至关重要的，否则就是在自我戕害。

科学和实验数据都显示，大量的运动后，人体需要 4 ～ 6 周来消化和反应。也就是说，得给身体一个调整和重置的时间。下丘脑区域控制着我们的体重、体温、饥饿感、口渴感、疲劳感和生物钟节奏。运动后的暂停可以让下丘脑区域重新校正数据，能够进行新的工作。适时地逃离平躺推举与认真地开始、执行平躺推举训练计划一样重要，两者都决定了你的训练是否会成功。

最理想的暂停安排并不是什么都不做，等着身体恢复。我们建议用重哑铃推举代替平躺推举，让身体“忘记”之前12周里不断重复的三个动作（力量抓举、宽距抓举和窄距抓举）。当第三阶段到来的时候，这三个被遗忘的动作反而会显得更新鲜、更有刺激性，这样松松紧紧的节奏是效果最好的。

暂停阶段的平躺推举哑铃和暂停阶段的上斜飞鸟推举哑铃是第二阶段的主要动作，每周一次，每次两个动作，分组完成。

第二阶段：重置体内平衡

周	暂停阶段平躺推举哑铃	暂停阶段斜上飞鸟推举哑铃	体重（磅）
1	60磅（60%）—3 组 × 10	50磅（50%）—3 组 × 10	210
2	65磅（65%）—3 组 × 10	55磅（55%）—3 组 × 10	210
3	80磅（80%）—2 组 × 6	70磅（70%）—2 组 × 6	210
4	85磅（85%）—2 组 × 6	75磅（75%）—2 组 × 6	210
5	95磅（95%）—2 组 × 4	80磅（80%）—2 组 × 4	210
6	100磅（100%）—1 组 × 4	85磅（85%）—1 组 × 4	210

6周的暂停阶段结束后，第一个阶段里的力量增加成果就会变成坚实的基础，不会再出现明显的退步。随着推力的增加，运动员自身的体重管理调节器也被重置了，身体已经“忘记了”平躺推举杠铃的三个动作。当我们重新开始这三个动作的时候，之前的训练效果会被完全启动了，胸部、手臂、肩膀等主要部位的肌肉和力量再次开始爆发式增长。

第三阶段：冲刺 300 磅

周	力量抓举（磅） 28 英寸≈71 厘米	宽距抓举（磅） 32 英寸≈81 厘米	窄距抓举（磅） 22 英寸≈56 厘米	体重（磅）
1	215（108%）×5，4 组	185（93%）×5，2 组	175（88%）×5，2 组	211
2	225（113%）×5，3 组	195（98%）×5，2 组	185（93%）×5，2 组	212
3	235（118%）×5，2 组	205（103%）×5，2 组	195（98%）×5，2 组	213
4	245（123%）×5，1 组	215（108%）×5，2 组	205（103%）×5，2 组	214
5	255（128%）×3，4 组	225（113%）×3，2 组	215（108%）×3，2 组	215
6	265（133%）×3，3 组	235（118%）×3，2 组	225（113%）×3，2 组	216
7	275（138%）×2，2 组	245（123%）×2，2 组	235（118%）×2，2 组	217
8	285（143%）×2，1 组	255（128%）×2，2 组	245（123%）×2，2 组	218
9	300（145%）×1			220

如果你完全按照这三个步骤做，6 个月之内，你的平躺推举能力必然会提高 100 磅（约合 45 千克）。

平躺推举 854 磅（约合 384.3 千克）：启动和技巧

马克·贝尔是萨克拉曼多市一家名叫 Supertraining Gym 的健身房的老板。马克体重 125 千克，他的平躺推举磅数是 854 磅（约合 384.3 千克）。

很多世界级的平躺推举选手都采用一种近乎柔术运动员的方法完成推举——整个背拱起，双脚垫在臀部底下（有人甚至能把脚弄到脑袋附近，非常骇人）。这的确减少了上推的距离，距离减短就意味着用同样的力气可以承担更多的重量，所以推举的磅数就会相应增加。但是，不用看你也能猜到，这个姿势对于关节的损伤有多大，尤其是对于新手和不太成熟的运动员，受伤概率很高。

马克的方法更普通些，他躺在躺椅上，双脚自然地分开，平放在地面上。

以这个普通的姿势，马克就能举起854磅的重量。既然没什么玄妙的柔术杂技，那么马克能做到的，你也能做到。

下面就是步骤。

启动

以俯视角度看启动动作

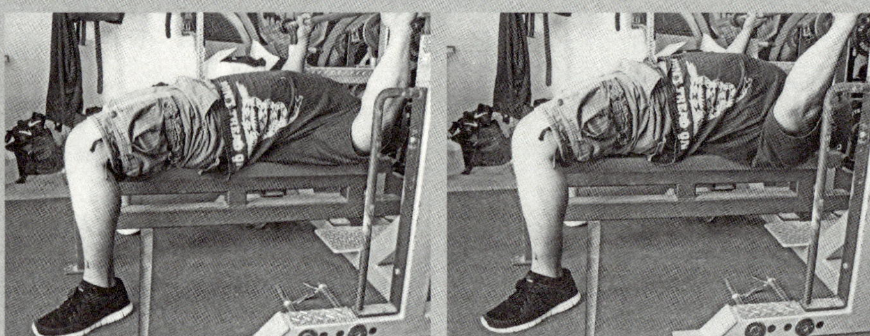

侧面平视启动之前（左）和启动之后（右）的动作

注意：马克的脚跟位置，是处于他的膝盖窝之下的。

1．躺在平躺椅上，头部要伸出来一点，几乎有半个头部在椅子边缘之外。

2．用力量抓举的手距抓杠（马克的无名指正好放在滑片上），朝杠的方向挺胸，收缩双肩向中间用力，就好像你想用两个肩膀夹住硬币一样。

3．确保自己的臀部贴稳椅子，继续收缩双肩，把背部拱起，向屁股的方向推动双肩（就好像你要把手里的杠抬到你的前额处一样）。

4．调整后背跟椅子的贴合度，目的是让你的头顶跟椅子的边缘平齐。马克的块头太大了，所以办不到，不过我相信像马克这么大块头儿的人并不多。

所以，如果你是“正常的”，就让自己的头部处于正确的位置吧。

5. 处于现在这个位置，你的肩部得到了很好的保护。这个姿势不是很舒服，没关系，如果你做对了，就不应该觉得很舒服。

6. 你的腿部和臀部应该保持紧张状态，你的脚趾应该用力地顶住鞋的前部。如果 20 秒钟之后你的腿和臀部没有疲劳感，那就是你用力不够，或者不够紧张。

7. 现在，你要放手，让身边的监护员完成后面的工作。如果你用的是自由举重器材，绝对不可以单独做平躺推举动作，必须有人在一旁保护。

8. 此时，监护员应该用另一种抓举方法（只要不是用你刚才的抓举方法就行）抬起杠，然后把杠调整到你乳头上方的位置。

9. 现在，你要准备在乳头上方做推举了。压住肩膀，不要让肩膀抬起一丝一毫，就好像你马上要参加划船比赛一样，然后弯曲双臂。在把杠铃完全推举至底的过程中，你胳膊的弯曲弧度越小，你的推举动作就越安全，你能推举的磅数就越高。

在弯曲双臂之前，压下肩膀。你可以对比两幅图片中马克的肘部高度，他把杠铃放低了七八厘米后，手臂仍然保持伸直，一点也没有弯曲。

10. 在抓举下压后，把杠铃放低到胸骨上方或者腹部的最高点，把肘部收进来一点，让它们更贴近身体两侧。

11. 用最短的抓举距离把杠铃推回到杠铃架上。如果感到有点吃力，可以稍微抖一下手肘。

工具指南：

• The Bench Press Interviews（www.fourhourbody.com/bench）：如果你对平躺推举感兴趣，我相信这个采访一定会让你大开眼界。一流平躺推举运动员跟普通平躺推举爱好者到底有什么区别呢？世界锦标赛冠军又有什么心得呢？如果在平躺推举训练中只能改进一处，那么应该最先改进哪里？为了完成此书，我特意采访了这个行业中最出色的教练、运动员、健身房老板，包括戴夫·泰特、杰森·费鲁贾和迈克·罗伯森。

• *The Purposeful Primitive* by Marty Gallagher（www.fourhourbody.com/primitive）：这本《目的为王》估计是在过去五年中我读完的唯一一本关于举重、健身和减脂的书了，原因只有一个，它的确很棒。这本书全面地介绍了业内精英们的训练方法和饮食搭配经验，以及你想都想不到的各国名人现身说法，讲述他们在训练和比赛中最难忘的经历，其中就包括本章提到过的艾德·科恩和柯克·卡瓦斯基。

• *Powerlifting USA Magazine*（www.powerliftingusa.com）：《美国力量举重》杂志是全美资格最老也是最值得信任的一本健身健美杂志。如果你真的对去健身房认真起来了，那么我建议你先买几本这个杂志了解一下，因为如果没去过健身房，有些健身词汇你甚至都无法理解。如果你感兴趣的不是自己健身，而是观看比赛，那么这本杂志也会在第一时间预告各类大小比赛的举办地点和参赛名人。

第十一部分

从旱鸭子到游泳健将

THE 4-HOUR BODY

每周健身4小时

第三十章

十天内如何轻松学会游泳

我总是想成为彼得·潘，做个永远长不大的小男孩。当然，我不会飞，但游泳是仅次于飞的美事。游泳时，我觉得平和宁静。水就是我的天空。

——克莱顿·琼斯（罗克韦尔·科林斯集团的首席执行官兼总裁）

美事？游泳对我来说，永远都是噩梦。

虽然我是很多运动项目的全美冠军，但我是彻彻底底的旱鸭子，在水中的最高漂浮纪录是 30 秒。游泳技术匮乏让我非常缺少安全感，同时，每每想起或谈起此事又觉得有点丢人。

我不是没尝试过，可每次去学游泳不是撞头就是呛水。几次过后，我发现自己一进泳池心跳便飙升至 180 次 / 分钟。人在这种心跳速率之下做任何运动都会觉得极度疲劳和不适，更何况是游泳。

所以，琼斯所说的“平和宁静”在我身上从没发生过，我也想象不出那是什么感觉。

在不到 10 天的时间里，我从最多坚持游两组泳道长度（2 次游完长 18.39 米的泳道，国际统一的泳道按码计算，18.39 米正好是 20 码，为最短的标准泳道），到可以分组 2 ～ 4 次游完 40 个泳道长度。从那时开始，我先试着在自然海域里游一千米，然后是能游上 1 英里。整个进阶过程总共不到 2 个月。

我会在这章里告诉你，在黔驴技穷的情况下，我是怎么做到这一切的。同时，用这种方法，你也可以从旱鸭子变成飞鱼。

2008 年 1 月末，我的一个好朋友许下了一个新年誓言：如果我去学游泳，并且能在公开水域一千米游泳比赛中游完全程的话，他会在 2008 年一整年里都不碰咖啡和任何提神饮料。

他从小就学游泳，长大后自然是游泳健将。他告诉我，比起我那些毫无用处的肌肉练习运动，游泳才是真正的生存技巧。他还说："你总不希望你的孩子也是旱鸭子吧？或者，他们两岁就会游泳了，可是每次去海边度假的时候，你都只能站在岸上看，他们有了危险你也束手无策？"

总之，他的意思就是，就算你做别的什么都不行，为了增加生存和幸福概率，也得把游泳学好了。

我同意。我做了千万种尝试，我去读最畅销的《游泳指南》，还有……反正就是不行，就是游不了。

用漂浮板？别跟我提漂浮板，我抱着那块泡沫几乎一动不动。如果我本来就是个笨蛋也就罢了，可在其他运动中那么出色的我在水里却如此愚蠢，真是丢人丢到家了！

手蹼？试过了。用了手蹼之后，肩膀太吃力了，我的肩伤使我根本承受不起这么大的冲击——不都说游泳是对关节最好、最柔和的运动吗？骗人！

这么折腾了两个月，我都准备放弃，直接认输了。这时，我在一次烧烤聚会上认识了克里斯·萨卡——他曾经的谷歌名人，如今的投资者兼铁三运动员。我跟他说了我和朋友赌学游泳这件事。还没等我把整个故事讲完，他就打断我说："我知道一个方法，肯定能让你学会游泳。这个方法颠覆了我对游泳的全部定义。"

也许，这就是人们常说的"柳暗花明又一村"吧。

秘诀

克里斯向我介绍了"全浸法"（Total Immersion，TI），是美国游泳队教练特里·拉夫林让这个方法大放光彩的。我立刻订购了"全浸法"的书和自由泳演示 DVD。

我第一次按照这种方法练习的时候旁边并没有教练，但是我的动作舒展度和亲水性都提高了50%。平生第一次，我游了两圈以上。到第四次的时候，我已经把划水频率提高了将近一倍。以前，我游20码的标准泳道需要划水25下，而现在只需要11下就能游到泳道那头了。

换句话说，现在我再划水25下，就能游原来距离的两倍还多。更重要的是，我不再觉得紧张和害怕——刚开始学游泳的人都能理解那种一沾水就觉得自己要被淹死的焦虑吧。我越来越喜欢在水里翻腾的感觉，这太不可思议了。坦白地讲，迄今为止，我还有点不敢相信这是真的。

如果你也买了书和DVD，我建议先看DVD，再去读书，因为用文字来描述泳姿实在太困难了，就连最好的作者也很难描述清楚。我一开始先看的书，结果110页和150页之间的动作我就是做不了（那时候，我没法全身水平地浮在水面上），试了好多次都失败了，搞得情绪很焦躁。直到我返回去看DVD录像，我才明白怎么用推力完成漂浮这个动作。

给新手的8条建议。

1. 起始的蹬腿要有力，借力向前滑行的时候身体要尽量放松，把注意力放在肩膀上，保持身体和水面平行，千万不要加上手的动作或者是乱踩水。这是违背人类的直觉反应的，但是如果你想变成飞鱼，就必须把自己当成鱼。

2. 一开始的借力漂浮一定要保持身体和水面平行，不要抬头，头部和脊椎应在一条直线上。也就是说，你在水里应该是目视池底的。试想你放松头部、目视前方地走路，然后把这个姿势从垂直变为平行，就应该是你在水里的姿势。漂浮结束，开始划水的第一下，你要从水底提起手臂，同时借助压力把身体带出水面。这个动作还是请你去网站看两个视频短片，比听我描述要清晰得多。第一个是日本游泳者Shiji Takeuchi的水底短片，你可以从0：49处开始看（www.fourhourbody.com/shinji-demo）。第二个是美国选手娜塔莉·考福林的解说（www.fourhourbody.com/coughlin）。看的时候你要注意，Shiji在提动手臂划水的时候，腿部几乎没有任何动作，因为这个动作只是为了转动臀部，同时为另一条手臂的动作提供拉力。光是这一个提示，就让我省了不少力气。

3. 在Shiji的视频开头，他说了一个准则，是我非常认同的，也是非常重要的，那就是：自由泳是一种通过身体两侧互换力量而推动向前的泳姿，用力的不是你的腹部。如果你攀过岩，或者抱过石，你就知道什么叫“身体两侧互换力量而推动向前”了。在攀岩的时候，你先踩住一个点蹬腿，力量全部在蹬腿的这一侧。同时，你又转动臀部留出了空间让另一侧的腿继续上蹬前进。为了找到这种感觉，你可以做下面这个小练习：脸朝墙，贴墙站好，伸出右手，尽量向上伸展，然后转动右边屁股，让它也碰到墙，最后再向上伸展右手。反复做这个小练习，可以让你的划水臂伸长 7 ～ 15 厘米。也就是说，你每一下划水的范围越大，前进的速度自然也会越快。

下面是一个完整的手臂划水动作的分解图，图中的示范者正是“全浸法”的创立者特里·拉夫林。注意：他在压水和转身的时候，腿部动作的幅度非常小。如果想练好自由泳，你的每一下划水都应该跟图上的动作一模一样。

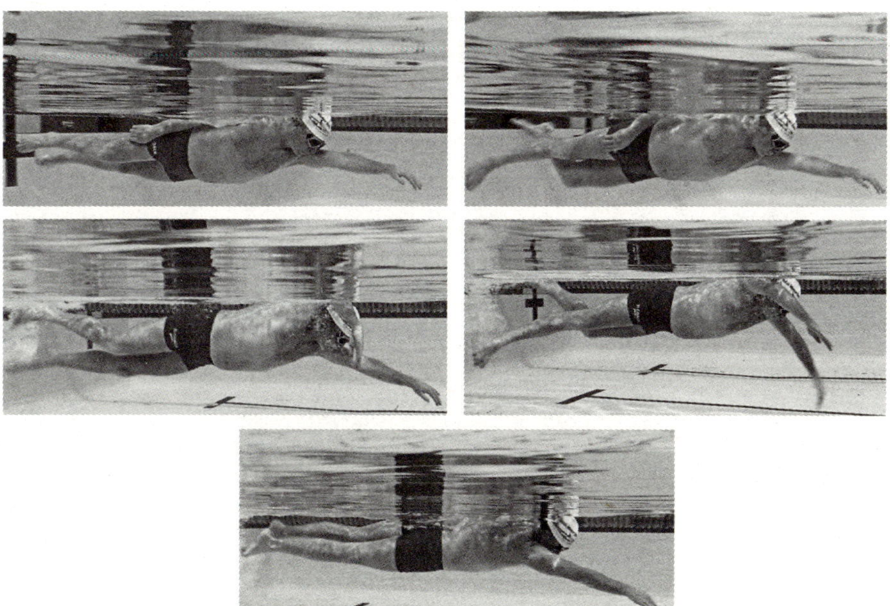

4. 划水时，并拢手指的角度要冲下，尽全力伸展手臂。压水的位置不是在前方，而是在头部下方。头扎得越深越好，同时，颈部伸展得越长越好。这个手臂压水的动作会让你的双腿向上，减少身体因蜷曲而产生的拖拽。实际上，你在水里的感觉不是向前游，而是向下游，这样才对。下面的第一张图中显示了手指插入水中时最常犯的错误：角度太平，不够向下。

手臂一旦入水，它伸展的角度就是向下倾斜的。上图上部为错误演示，上图下部为正确姿势演示。

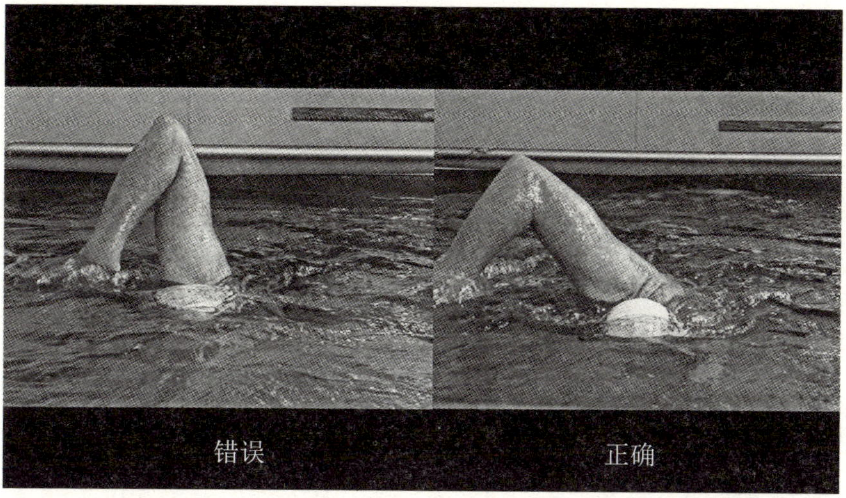

别把手臂提得那么高，如果你的身体转动角度正确，手臂根本无须提那么高。左图为错误演示，右图为正确演示。

5. 把注意力放在增加每一下划水的长度（SL）而不是划水的频率（SR）上。你要做的是让手臂尽量舒展，让每一下划水都用上手臂的最大长度，从而减少划水的次数。

6. 伸展你在水里的手臂，然后转动身体，争取时间换气。在每次换气的时候，你都应该能感到背阔肌在你身体下方拉扯般地使劲，就好像你正在伸手去够一个放在高架子上的饼干盒。这样，你的头部会离水面更近，方便你呼吸。有些铁三运动员转身幅度非常大，几乎是把头转到了背部，然后面朝上空呼吸。这可以避免呼吸不均匀和氧气吸入量不够的状况发生（此建议来自戴维·斯科特，6 次铁人三项的世界冠军）。

你在第一次练习的时候，划两次水换气一次。等你慢慢放松了，就要找到自己力气较差的那一侧呼吸（对右撇子来说，右手划水应该比左手划水更有力，所以一般都是左手划水的时候换气）。我建议你练习划三次水换气一次，也就是说，你可能得去力气较大的那一侧换气。

记住，在水底吐气的时候一定要吐干净，而且要吐得缓慢。如果你吐气吐得不好，就得在抬头换气的时候又呼又吸，肯定会觉得特别匆忙，一般呛水都是在这个时候发生的。就算你不呛水，也会消耗额外的体力，游完会非常疲劳。所以，一定要在水下吐气。换气的视频也比文字有用（www.fourhourbody.com/extend-air）。

看着你手的方向。

7. 试着把手变成一个钻头。其实，真正游的时候，你几乎没时间想这些动作要领。为了把学到的都应用上，我走了条捷径。我发现，只要把手臂的动作做对，其余的动作都会被它带动牵引，想错也错不了。而手臂的正确动作就是模拟钻头。上面这个画面应该会对你有帮助：集中精力保持一只手臂尽量向前伸长，然后你的另一只手臂也跟上来，穿过前一只手臂小臂处的水面入水。这个钻头动作迫使你用身体的两侧（而不是腹部）游动，并尽量延长你的划水长度，你整个人会进入游泳教练们常说的“向前进”状态。总之，只要把这个动作做对了，其他部位的动作就不用担心了。

8. 忘掉力量，关注技巧。游泳说白了就是让人忘掉人类的行动反应，模拟鱼儿的行动反应。所以，你的重点是怎么能尽量让自己像条鱼，更适应水的包围，更适应一上一下地换气，而不是像大象一样，怎么有劲儿怎么来。如果你在水里还是觉得紧张，那只能说明你的姿势有问题，绝对不是体力跟不上。

泳具和泳池

想试试这个方法吗？如果你像我一样曾经惧怕游泳，或者在学习游泳的过程中留下了阴影，那“全浸法”简直就是为你而准备的。当然，方法对了之后，千万别在泳具和泳池的选择上摔跟头。给你提几条建议：

1. 男士们，千万别穿沙滩短裤游泳。我在巴西的时候这么干过，蠢极了，就像挂着一个跳伞在水里挣扎一样。买条流线型的泳裤，在沙滩上待着也适合，游泳的时候也不至于让你想淹死算了。

2. 泳镜一定要买好的。我试过很多种了，从欧洲牌子到美国牌子，从贵得莫名其妙的大牌到平民流行的潮牌。但是在几乎所有的测试中，这些号称“防水防雾”的泳镜都表现差不多，每隔 100 ～ 125 米，我就得停下来清理泳镜上的雾或者泳镜里的水——如果我不想被泳池的水或者海水弄瞎的话。现在，我几乎把所有其他牌子的泳镜都扔了，只用 Aqua Sphere Kaiman 泳镜。这个牌子的泳具口碑很好，拥趸众多。其中的泳镜产品是真正的“防雾防水”，用了这么长时间，我还从没有一次因为泳镜进水而停下来。同时，如果你想调整橡胶松紧带，也不用把泳镜从头上摘下来，这个功能实在太人性化了。因此，我几乎不会再考虑用其他牌子来替代了。

3. 选择有浅水区和短泳道的泳池作为开始练习的地点。在最初练习的时候，你最好选泳道长度为 20 码的标准泳道，泳池浅处的深度应该以 1.2 米为上限，再浅些会更好。在这样的泳池里练习，你不会觉得紧张，也能更专心地练习技术。一旦你可以在 20 码的泳池里轻松自如了，就可以尝试稍微长一点的泳道，比如 25 码（有一次，我一口气游了 10 组 100 码泳道，每组之间只休息了 30 ～ 45 秒）。最终，你就可以在奥林匹克标准的 50 米泳道上大展身手了，祝你好运。

难以置信

我做梦都没想过，有朝一日我会对别人说：“我很爱游泳。”

因为这太可笑了，上到上帝，下到撒旦，都知道我多憎恶游泳。而现在，我一有时间就泡在泳池里，那里几乎是我的流动按摩诊所。

我可以连续游两小时，休息一会儿，喝点饮料，然后再回去继续游两小时。就像我前面说的，到现在为止，我仍然感觉像做梦。

最后，我忘了去参加那个公开水域的一千米游泳比赛了吗？我当然没忘。不过，2008 年，我去了一直梦想游览的博内尔岛（荷兰属安的列斯群岛中的一个岛屿，在加勒比海上，离委内瑞拉北部海滨不远），结果"浪费"了大把光阴。等到我回来的时候，2008 年已经快过去了，我实在找不到能符合我时间表的赛事，但是我的朋友原谅了我。我的理由实在难以驳斥，对吧？更何况，我只要游给他看一次，他就明白了。所以，在距离那个赌局结束还有 4 个月的时候，我跑回了长岛的家，跟家人、好友一起庆祝了我的生日。

一天早晨，我醒得很早，就去了海边。海面并不平静，可看着海浪，我倒是平静得很。我站在湿漉漉的沙子上看着撞到岸边的白色浪花，看了好一会儿之后，我走到救生员值班岗亭边上。

"那个房子离这儿多远？"我手指着远处的一个红顶小屋，问那天当班的救生员。

"差不多……怎么也得 1 英里。"

"好。谢了。"

我盯着那个红色的屋顶一直走过去，20 分钟之后走到了小屋前。我拿出我的 Kaiman 泳镜，做了几个深呼吸，对自己吼了一句"去你的吧"，然后像金刚一样乱七八糟地咆哮了几声就扎进了海水中。

我游到了救生员那里，又游过了大概 200 米的样子，到了岸边，上了岸。我既不累，也不怎么激动，我只是证明了自己的观点。除了那个救生员，没人看见这一切，所以我只能说我是向自己证明。我一步一步地走在沙滩上，从未像那一刻那样为自己骄傲过。一种"活过"的快感和满足感充满了我的整个身心。我抬头看着周围，想着 21 岁的迈克·泰森在拳坛上征服了全世界的时候是不是也曾这样驻足回望。那一刻，我觉得自己就是这个宇宙的主人。曾经在我生命中盘桓扎根的那种不安全感、恐惧感、束缚感霎时间全部被击碎了，我知道它们永远都回不来了。

我不敢说我涅槃了，但我的确是飘飘然的。

我希望所有读到这本书的朋友，不管你是要克服自己对水的恐惧，还是要赢得铁三比赛，抑或是想通过“全浸法”提高自己的游泳技巧，大胆地去尝试，尝试的乐趣是真正促使自己寻找方法、完成改变的动因。这个世界真的很大，跟它比，你所抱守的“不可能”真的很小。别拒绝这些乐趣，你还要活很久。

你可能会说，动嘴容易，动手可就难得多了。下面这两个朋友尝试了我推荐给他们的“全浸法”，这是他们给我的反馈。

罗吉的反馈：

……我在健身房的游泳池里用了你推荐的方法，我只游了2天。原来我只能游2圈，现在我竟然能游25圈了。我昨天还跟朋友说，我长大后有3件事非常想做却怎么也做不好，游泳绝对是No.1（第一件）。

迪亚哥的反馈：

蒂莫西，我一直恐水，没被狗追也恐惧得厉害，不过这次我终于要向恐惧挑战了。上个月，就是一个月之前，我试着在水里练漂浮。可想而知吧，我就像个要淹死又淹不死的家伙在泳池里扑腾……然后，我开始尝试你推荐的“全浸法”，我买了书（我把它全拆成一页一页的了，因为我要把它带到泳池边上，看一眼做一下），也看了好几遍录像，然后就像个笨蛋一样带着散乱的书去泳池一遍遍地练习……

一个月，就过了一个月……上周，我在泳池里不歇气地游了2.5千米。我“只”游了2.5千米，不是因为我“只能”游2.5千米，而是因为我游到游泳馆关门了，他们硬生生把我赶出去了。而且，我现在在自然水域也能游得不错了。天啊，我这辈子都一直梦想着能参加一次铁三，而把我这只曾经的旱鸭子挡在铁三门外的就是游泳！现在，我要向我的梦想前进了！

谢谢你，真的谢谢！希望有时间可以见面。

佛罗里达的朋友，

迪亚哥

工具指南：

• Total Immersion, Freestyle Made Easy, DVD（www.fourhourbody.com/immersion）：这个 DVD 录像是我最终能克服对游泳的恐惧开始练习的关键因素，而且越到后来我越喜欢它。因为看了它，在 10 天之内，我有了惊人的进步。它使我从最多坚持游两组泳道长度到可以分组 2 ～ 4 次游完 40 个泳道长度。

• Aqua Sphere Kaiman Goggles（www.fourhourbody.com/kaiman）：这款防水防雾的泳镜是我的游泳必备工具，也是我的心爱之物。它不仅能应付泳池里的情况，在户外使用也不逊色，有防紫外线的功能。

• Total Immersion Swimming Freestyle Demo by Shinji Takeuchi（www.fourhourbody.com/shinji）：如果你想看一个人如何像鱼一样在水底自由摆动滑行，那么看这个就足够了。

• Swimmers Guide（www.swimmersguide.com）：这个网站提供了全世界 167 个国家的公共游泳设施的信息，不管你身在何地，它都能帮到你。不过，不管去哪里，都别忘带上自己的泳镜。

第三十一章

闭气大法
——如何比魔术师更厉害

我会给自己施加压力，一直到人类能承受的极限……这不是最安全的方法，但我能做的就是走到危险的边缘，然后希望最坏的事情永远别发生。

——戴维 · 布莱恩（美国魔术师）

当我觉得忧伤的时候，我才开始呼吸。

——莱曼 · 弗兰克 · 鲍姆（《绿野仙踪》的作者）

在戴维·布莱恩 4 岁的时候，他第一次对魔术产生了兴趣，起源是祖母给他买的一副塔罗牌。

第二年，戴维 5 岁的时候，他对妈妈说自己长大了要做艺人。妈妈问，为什么？原来，戴维家附近有一个老头每天什么都不做，就坐在自家的门廊前发呆，日复一日，脸上什么表情都没有。有一天，戴维用塔罗牌变了一个小戏法给老人家看，竟然把老头逗得哈哈大笑。

戴维慢慢长大，青少年时期的他几乎沉迷在魔术与幻觉之中，这个世界再没有什么别的事情能吸引他的注意力了。回忆起那段时光，戴维说：“就像上了瘾，生活就剩下这个瘾了，我完全控制不了自己。”

18 岁那年，戴维开始在一些小酒吧免费演出。在一次演出中，他娴熟的纸牌技术吸引了百万富翁杰弗瑞·斯坦纳的注意力。斯坦纳决定带这个年轻人去圣特罗佩，让自己家里招待的客人见识见识。布鲁克林的所有街道几乎都被富人名流们的娱乐场所占据了，戴维便在快餐店里为杰克·尼克尔森表演。

故事才刚刚开始。

到了 2002 年，戴维已经成为世界顶尖的魔术师。“顶尖”并不是一个模糊的形容词，他的表演的确达到了无人可模仿，更别提超越的地步。为了挑战幻想极限，戴维在没有任何保护措施的情况下，站在一个 25 米高，却仅有 55 厘米宽的容器顶部。这个表演的地点是纽约市的布莱恩特公园。戴维用了 35 小时把他身后的建筑物变成了一群动物的头，然后他在幻想之下跳进了一个巨大的管子，落在了一堆纸壳箱之上。

于是，戴维的身上又有了一个新标签：耐力艺术家。

1999 年 4 月，他被活埋过一次。整整一周，他被埋在一个塑料棺材里，只靠每天喝几勺清水度日，没有吃任何食物。

2000 年 11 月，他被冰冻过一次。他把自己冻在一块冰里将近 64 小时。为了把他弄出来，助手用上电锯才锯断了冰块。在这次尝试之后，他休息了一个月，因为他根本站不起来了。

震惊吧？可是戴维·布莱恩不觉得，他觉得非常不满足，他要找到更刺激、更难以超越、更不可想象的表演。那能是什么？呼吸控制戏法。也就是我们常说的“闭气”的本事。他想找出闭气表演的玄机，或者说为闭气表演制造一个工具。他服用镇定剂，然后让人把一个吸尘器那么粗的管子塞进他的喉管里。结果当然是失败了。他试过很多方法都失败了，后来他终于灵光一闪，想出了解决办法：如果自己想表演闭气，那就别去发明什么机关了，直接去学怎么闭气不就得了。

他先后去了海军的海豹突击队训练基地和热带海湾，终于找到了闭气功夫的精髓。仅仅 4 个月后，戴维便创造了吉尼斯新的静氧协助无呼吸（吸纯氧后屏住呼吸）的世界纪录：17 分 4.4 秒。

这个纪录在2008年9月19日被汤姆·西耶塔斯打破，但却并没有什么意义。汤姆是一名职业潜水员，他从小就在水里接受闭气训练。可以说，闭气是他身体功能、职业生涯、生活经历的一部分。而戴维则是异类，他只是为了学闭气而去学了闭气。竟然，还学得这么成功。

于是，当我在医学会议 TEDMED 上偶遇到了这位传奇人物的时候，我怎么能放弃大好的机会？我立刻恳求他教我闭气大法。因为，嗯，那个，我也算个异类吧。我是早产儿，出生时左肺衰竭，这辈子我就没因为任何事能屏住呼吸长过一分钟，一次也没有。

所以，我是异类。

戴维同意了我的请求。

我们见面的第二天晚上，我就加入了一个小组，进行了一次未向外界公开的秘密训练。整个训练也只有 15 分钟而已，可是结果……你自己看吧。

之前：闭气 40 秒。

之后：闭气 3 分 33 秒！

那天参加培训的大概有 12 名 TEDMED 的与会人员，除了一人之外，剩下所有的人经过培训后都打破了哈丽·霍迪尼（Harry Houdini，美国魔术师，以能从锁链、手铐、紧身衣及用挂锁锁住的箱子中逃脱而闻名）的 3 分 30 秒的闭气纪录。一名女性甚至闭气长达 5 分多钟，让人咂舌。谷歌公司的首席健康策略专家罗尼·泽格博士的成绩是 4 分零 5 秒，在当晚的 12 人中名列前茅。他回忆起当晚的经历时说："我们是在骗自己的身体，我当时明显感觉到手指麻木刺痛和头晕眼花。我觉得那很像在高空跳伞时的体会，就是那种你既觉得自己很强大，又觉得自己很脆弱，会随时摔死——哦，不，憋死。很幸运，我没憋死，不过我再也不会制造这样的机会了。"

戴维·布莱恩的做法

声明：不建议大家在水中或者在没有专家指导的情况下拿自己或者他人做实验，这只是一条信息分享，并非方法指南。

我们是这么干的。

首先，也是最重要的一点，请你再认真阅读一遍上面的"声明"。每个字都是严肃的，我没开玩笑。就连戴维自己也曾经好几次差点把自己弄死。如果你还是觉得没什么大不了的，就先去后面的"工具指南"中看看网站链接里的视频资料。在视频中，戴维在水下用这个方法闭气，结果出现了严重的痉挛。我真的不觉得你比他还有经验，所以，别做傻事。

本章所讲的这些要点，都是我在第一次做闭气练习时，边做边在一张纸上潦草记录下来的。很多都是在我已经失去了大部分感官功能和辨识颜色的能力之后写下的。闭气3分20秒之后，我已经开始全身发抖了。

不过，以上的这些现象都是正常的，很快就能恢复。

定义：

深呼吸：用嘴巴深深地吸一大口气，停住一秒，然后用10秒钟把气吐出去。注意：吐气时你的嘴巴要紧闭，舌头要顶住下齿。也就是说，你要把嘴里的气生生地挤出去。你在这么做的时候，会发出嗞嗞的声音。所有的呼吸和练习，不管是呼气还是吸气，都只用嘴巴完成，不要用鼻子。

清泻：非常用力地呼气，就好像你要把水池这边的一个玩具帆船吹到水池那边一样。气呼尽了之后，迅速地深吸一大口气。戴维给我们演示怎么“大力呼气”的时候，两个腮帮子都像球一样鼓起来了（或者你想象一下大灰狼要吹倒三只小猪的房子时是怎么做的）。注意：在用力的时候，身子不要前后摇摆，这个动作会消耗氧气，尽量保持静止状态。

半泻：将呼吸保持在深呼吸和清泻之间，比深呼吸更有力，比清泻要再柔和些。半泻通常用于每次闭气尝试之后的还原过程中。

步骤：

所有的计时都是用 × 分 × 秒的格式，所有的步骤都需要你坐着完成。

- 1：30 深呼吸
- 1：15 清泻（如果你觉得自己快晕过去了，就别做得那么用力）
- 屏住呼吸1分30秒，别再多了
- 屏住呼吸之后做3次半泻呼吸
- 1：30 深呼吸
- 1：30 清泻
- 屏住呼吸2分30秒，别再多了
- 屏住呼吸之后做3次半泻呼吸

- 2：00 深呼吸
- 1：45 清泻
- 尽力屏住呼吸，能多久就多久
- 呼气之后进行 3 ～ 10 次用力的半泻呼吸，直到你的身体恢复正常

其他观察

使用这种方法，戴维的最高纪录是 7 分 47 秒，他在闭气时心跳会降到每分钟 20 下。

专家的指导是非常重要的，戴维在指导我们做的时候，让我们每隔 30 秒动一下食指，以确保我们在闭气的同时还能神志清醒。当然，如果动作幅度过大，就会消耗氧气，闭气就会失败。

他还建议我们在查秒的时候去想字母表、好友的姓名拼写，名人和历史事件的回顾也非常有用，这会让你从“我在闭气、我闭了几分钟了”这些想法中分神。

你越是不断地看表，你的最终成绩就越短，因为关注时间必然会让你感到紧张焦虑。所有的参与人员都做过两次实验，一次是戴维每隔 5 秒报时，另一次是每隔 30 秒报时。大家无一例外地都在 30 秒报时一次的实验中表现得更好。在之后的练习中，我都找了朋友帮忙，我让他们在 2 分钟的时候报时一次、3 分钟的时候报时一次，3 分钟过后每隔 10 秒钟报时一次。

在空腹 4 ～ 6 小时之后，闭气练习会变得更容易些。体重较轻的人比大块头的人练习闭气要容易些，因为身体需氧量没那么多。戴维在严酷的训练之前会特意减重 10 千克以上，就是为了减少负担，增加成功概率。

再提醒你一句，别做傻事，不许在水里练习这个闭气方法，绝对不可以！

如果你非要做，请确保旁边有急救人员、潜水员、警察等专业营救人员或能够阻止你的人在身边。

不过，最好还是别做！

工具指南：

• David Blaine’s TEDMED Talk（www.fourhourbody.com/blaine）：这是戴维在 TED 会议上发言的一段录音，他的演讲非常有趣，充满激情。他讲述了自己的魔术生涯

和那次超过17分钟的水下经历。我只建议你把这个当故事听，切勿模仿。这里还有一个视频，是戴维一次濒死体验的实录。我希望你能反复看这段录像，然后意识到这件事的危险性有多大。不管是在海里、河里，还是你家的游泳池里，闭气失败一次，你可能就永远都上不来了。

• Performance Freediving—The Official School of Kirk Krack（www.fourhourbody.com/krack）：科克·克莱克是一名职业潜水教练，在冲击吉尼斯世界纪录之前，戴维就曾经在科克那里接受潜水闭气培训。截至目前，科克已经和8名吉尼斯世界纪录保持者合作过，堪称吉尼斯的金牌教练。他设置的初学者课程只需要两天半、总计8小时的学时就可以完成。他是加拿大自由潜水和闭气协会（Canadian Association of Freediving and Apnea）加拿大组的组长，他带领自己的小队两次赢得世界锦标赛的冠军。他潜水的深度纪录是水下152米。

• *Manual of Freediving: Underwater on a Single Breath* by Umberto Pelizzari and Stefano Tovaglieri（www.fourhourbody.com/freediving）：乌姆波托·贝利萨利和斯蒂法诺·拖托瓦格里利合著的《自由潜水手册》是全世界潜水者的潜水圣经。这本书基本涵盖了自由潜水的所有基本点，从闭气、深潜到潜泳技巧都有专业的阐述。全书图文结合，很多动作一看就明白。另外，除了对水里的动作拆解，还有很多关于陆上动作的介绍，比如如何通过瑜伽让肺呼吸更有力，等等。

• PowerLung Sport（www.fourhourbody.com/powerlung）：这款手持的呼吸控制仪器对于改善呼吸耐力非常有帮助，不仅在游泳者中很受欢迎，长距离跑步运动员、高海拔攀登者、歌唱家，甚至哮喘病患者都非常认可这款产品。看来，只要是跟呼吸有关的，就没有它不行的地方。

• Static Apnea Training Tables（www.fourhourbody.com/apnea）：这款可定制的时间表是专门为自由潜水运动员和潜水爱好者设计的，目的是让他们可以在无水环境中安全地练习闭气。

• The Lung Vacuuming Technique（www.ftrain.com/lungvacuuming.html）：这款重启频率为20秒的肺部管理机，最开始是歌剧演唱者用来整理自己呼吸的。不过现在，更多的人发现它对于运动训练和防止舞台紧张也非常有帮助。

第十二部分

活得更长，活得更好

第三十二章

永　生
——疫苗、放血和其他的乐趣

迄今为止，生物学拿不出任何证据可以证明“人必有一死”。

——理查德·费曼（1965 年诺贝尔物理学奖获得者之一）

生命并不足惜，唯有美好的生活才值得追求珍重。

——苏格拉底（古希腊哲学家）

我敢打赌，这章是你读过的关于“如何延长生命”这个话题最短的文字了。

一直觉得，最好的开篇方法就是讲故事，所以我要先给大家讲《两只猴子》的故事：坎托和欧文是两只恒河猴，当然它们不住在恒河附近，而是住在威斯康星大学里。这两只猴子看上去几乎一模一样，但知情者却很清楚它俩的区别——坎托只吃规定的营养饮食，它每天摄入的卡路里被严格控制在正常数量的30%。这两只猴子都参加了一个体重观察实验。与坎托相反，欧文被分到了“丰富生活组”，它想吃什么就可以吃什么。到现在，这个实验已经持续了 20 多年。“丰富生活组”的成员可以“随便吃、随便喝、随便交配”，但是 37% 的成员已经死于衰老。而“卡路里控制组”虽然也有死亡个案，但是死亡率要远比“丰富生活组”低，几乎只有后者的三分之一。

看到这个，你肯定想取消你的比萨订单！实际上，你想彻底取消你的晚餐！

哦，不，等等。这个故事讲完了吗？我注定要当早死的欧文喽？罗杰·科恩的父亲是名医生，而他自己则是终生研究狒狒习性的专家，他曾在《纽约时报》上表达了一种没有那么耸人听闻的观点。

我看到的低卡路里的坎托和高卡路里的欧文是这个样子的：坎托看上去疲惫、无神、苍白、低落，半张着嘴，眼里空洞一片，当然它很瘦——也许在人类看来很美、很健康。如果它的眼神会说话，那么它喊的就是："求求你了，求求你们放过我吧！"

而吃喝玩乐过生活的欧文则是另一番光景，它脸上带着坏笑，四处都可睡可卧，它体形浑圆，双眼放光，嘴部放松，毛皮锃亮，流露出怡然自得又坐拥天下的"贵族气质"。把它的形体语言翻译过来，就是：活着需要有目标，但只有活过才知道自己是不是达成了目标。

一个家伙吃着肥瘦相间的高级肋眼牛排，另一个家伙吃着割掉了所有肥肉和香气的皮革般口感的瘦肉片；一个家伙喝着窖藏的珍品赤霞珠葡萄酒就着美味的布里干酪，另一个家伙只有一杯白水。这两者的区别，只用寿命和体重来衡量吗？正如埃德加在《李尔王》中所说："成熟既完成。"你用不着每天早餐吃着苹果皮来迎接你的人生成熟之时吧？

如果活得久比活得好更重要，那么你可以选择当坎托，活他个120岁，瘦瘦的，安安静静的，老老实实的。可我真不想这么活。就连坎托自己——如果它能说人类的语言，相信它也早就申请安乐死了。

就算人类研究出了长生不老之道，也研究不出读心术。我相信，从某个意义上讲，猴子欧文的快乐人生一点不会比猴子坎托的悲惨人生短。

爱笑者长寿。当然，在低卡路里的世界里，只有低卡路里才能让人长寿。在我的世界里，爱笑的猴子欧文才是那个笑到最后的生活赢家。

如果你的人生目标就是让生命尽量延长，那么不能做的事情很多，想列个清单的话，也许等你死了，单子还没列完呢。而好消息则是，你也可以选择一些不那么麻烦的方法让自己活得久点。

比如对于男士来说，这事简单到你关掉几个黄色网站，然后削弱一些男性特质就可以了。不明白？那好，我们来看看1992年的《纽约时报》上登了什么惊天大新闻：

虫子实验证明，射精会缩短男性寿命，至少在虫子身上是这样的。

亚利桑那大学的韦恩·范·伏沃利斯医生做了一个虫子的实验。在实验中，线虫们通过不停地交配结束了自己的生命。在他的实验里，被禁止交配的线虫的平均寿命是 11.1 天，而随心所欲交配的线虫平均活了 8.1 天。整整少活了 3 天！多么重要的 3 天！它们因为少活了这 3 天肯定错过了孙子们的毕业典礼！这该死的 3 天！

可怜的睾丸，看看你们惹了多大的祸！

“线虫的基因和生化过程跟人类和其他哺乳动物是完全相同的。”威斯康星大学的菲利普·安德森医生解释说。

《纽约时报》干脆把所有散落的线索组合起来，得出了自己的专家结论：不间断地进行精子喷射简直就是全体男性的丧钟，精子的产生需要消耗大量的多种酶……会产生有害的新陈代谢影响……女性和男性的寿命之所以有差别（女性的平均寿命要比男性的平均寿命长 6 年），也许就是与男性需要花力气制造精子有关。

结案陈词就是：别射精！

怎么样，就好像你听牙医的话，用了一辈子牙线，最后发现原来用牙线根本是对牙齿有害的。不过，现在你可以摆脱让你精疲力竭的性事，或者，让你的手腕好好休息一阵子。不做爱，你的寿命就可以像线虫一样延长 37%！

如果你想活得长久点，需要注意也能注意到的危险和需要注意可却避免不了的危险到处都是。如果你只是想活着，那可简单极了，空气、水、流质蛋白质，再有个能挡风遮雨的地方，就足够了。可如果你想尽量长寿，那你就最好别离开家，因为外面很危险，所以你也用不着开车或者旅行。当然，也最好别接触别的人，因为你可能被传染流感或皮疹。

从理论上来讲，如果这些你都做到了，那你就能拥有你想要的了——漫长而糟糕的人生。

但是，如果假设你是少数派（几十亿人中的一个），除了活得长，你还想享受快乐和自由，那么真正的问题就来了：我怎么能既活得开心，同时又活得长久？

最基本的方法无非就是好好吃、好好喝、该结婚就结婚，相信笑声和美味的卡路里能打败实验室里冰冷的数字，至少我觉得这几招都管用。

除此之外还有一些方法可以作为补充，比如对一些发病率很高的疾病提前做好预防。这些提前准备并不麻烦，无须我们像真得了病一样大费周章。更重要的是，科学证明，在这些病症上，提前预防的确是行之有效的。

清 单

这个清单非常短，因为从伦理道德上，有些方法是我们不支持的。怎么会牵扯伦理道德问题？

我举例说明，如果你是女性，想给自己买一个癌症保险，那么你必须符合以下条件：20 岁之前有过成功受孕、怀孕、生产的经历。有些科学家相信“最有效、最自然的乳腺癌预防方法就是 20 岁之前怀孕”，这估计是根据人绒毛膜促性腺激素的特性得出的一个理论。

就算这个理论是完全正确的，你在 20 岁之前生过孩子了吗？为了使自己活得更久点，就着急忙慌地去创造另一个生命？我们不支持这种做法。所以，这样的选择是不会出现在我们的清单上的——哪怕它再有效。这就是我说的“伦理道德”上的考虑。

经过严格筛选，剩下的都是我们认为的确值得一试的：

- **白藜芦醇**（存于葡萄、桑葚、花生和其他植物或食物产品中的天然化合物，尤指红酒，用于抗氧化剂、抗致癌突变剂和抗发炎药以预防癌症和心血管疾病）
- **免疫抑制剂药物注射**
- **阿尔茨海默病（老年痴呆症）**
- **干细胞治疗**

要是以上 4 条你都做了，说不定你能活到 200 岁，甚至更长。给自己多准备点养老金吧。

我是绝对不会这么做的。

可……为什么？

因为我相信，很多科学家也相信，只关注“综合疗法”（采用药物或仪器治疗，但分子作用非常广泛，可以说作用有多大，副作用就有多大）而忽略长期的人类数据的行为最终会失败。就好像你要在一棵苹果树上种一个大大的西瓜，西瓜越大，苹果树越不堪重负。最后，你毁掉了一棵茁壮的苹果树，只为了得到一个畸形的西瓜，实在是无法称之为“胜利”。

拿白藜芦醇为例，现在它算非处方药，在美国的任何药店都买得到。根据实验结果，它对所有的物种都有延长寿命的作用，但是（大家都明白，这时的转折意味着“但是”后面的话要比前面的话更重要）它的副作用更要命。比如，它要么会阻塞雌性激素受体，要么会刺激雌性激素受体，总之它就是专门给雌性激素捣乱的。那长期服用白藜芦醇会不会导致不孕？谁知道它会不会还影响其他激素的表现或者新陈代谢能力？很难说。所以，有时我会在追踪血液生物标志（一种生理物质，如人绒毛膜组织分泌的促性腺物质或甲胎蛋白。当这些物质在血清中异常大量地增加或减少时，预示可能有疾病存在，如恶性肿瘤引起的疾病）时使用大剂量的白藜芦醇，但若让我长期服用，打死我也不干。再如，TA-65端粒催化剂的作用是放慢一种叫“端粒”的染色体生物钟，把原来一小时的时间变成半小时，这就相当于变相延长了寿命。TA-65的花费差不多是每年15,000美元。然而问题又来了，增强细胞复制能力的确可以延长寿命，但也同时壮大了危险癌细胞的力量。换句话说，如果你本来好，那TA-65可以让你更好，但若是你本来就糟，那它只能让你更糟。这是一个单纯的加速器，根本没有方向，你也做不了它的主人。所以，对TA-65我是避而远之的。

既然综合疗法不值得信赖，那我们就干脆等着死神来敲门吗？

我们希望有朝一日，只要走进沃尔玛超市，就能以一瓶啤酒的价钱买到瞬间让我们恢复青春，或者活到99岁都没问题的药剂。但在这个梦想成真之前，让我们来看看有没有什么靠谱的第二选择。

真的有。下面就是我目前采用的几种方法。它们算三“低”产品，因为它们都低价、低科技含量、低风险。更有趣的是，如果你只有二十几岁，而延长寿命这个事要用几十年来检验效果。在漫长的等待中，你可能会觉得很无聊。那么，这些方法除了让你长寿外，还可以让你拥有运动员般的力量和肌肉，算是一举多得吧。

1. 定期服用5～10克氨基酸—水化合物（花费：20美元/月）

自1993年起，氨基酸—水化合物便从实验室走进了药房，正式市场化。

曾经，这种药物只是在主攻力量项目的运动员中流行，而如今，氨基酸一水化合物成了预防和减缓老年痴呆症、帕金森综合征和亨廷顿舞蹈症的主力军。

有关人类使用氨基酸一水化合物的研究持续了将近20年，每年都有大量的研究结果被披露和报道。因为在我的家族里，父方家族和母方家族均有老年痴呆症和帕金森综合征的案例，而这两种病的遗传可能性非常大，所以我必须先行一步。这个方法花费不多，又没什么副作用，以我的遗传背景来看，每个月花20美元就能预防两大病症，简直相当于买了世界上最便宜的保险。在每两个月中连续两周，我每天服用5～10克粉末状氨基酸一水化合物。如果你也像我一样定期摄入，那么我提醒你要追踪查看肝酶（Hepatic Enzymes）、血尿素氮（BUN）和所有跟肾脏有关的验血项目。服用氨基酸一水化合物导致的并发症很罕见，但是我觉得凡事预防一定比治疗来得容易。如果你想活得久点，就更得拥护这个道理。

2. 间歇性断食和定期服用蛋白质（花费：0）

如果可怜的坎托并不是一直被限制饮食，而是偶尔断食一两天，他的寿命会不会也一样能延长呢？

长期限制卡路里摄入并不是没有副作用，任何事做绝了，都会产生阴影。缺乏足够的卡路里，身体内的性激素就会处于非常低的水平，能够直接导致女性非正常停经。光是这一点就足够把极端节食法打入地狱了，更何况还有骨质疏松、贫血等其他数不清的问题的影响。

事实上，你可以通过间歇性断食来避免严格节食给身体带来的伤害，同时享受一样的长寿人生。

下面有几种非常流行的完全断食和半断食饮食方法，你可以借鉴符合自己生活习惯的试一下。

Fast·5：连续断食18小时，断食时间从睡觉前开始计算。在断食结束后的5小时之内，要放开来吃，直到饥饿感消失为止。这个方法在减肥人群中非常流行，虽然它的减肥效果并不突出，但却非常连贯。尤其是从第三周开始，体重会有明显变化，此后每周都能持续减重大约0.5千克。

有些研究者认为，间歇性断食对于延长寿命没什么作用，因为只有当白天摄入的卡路里被严格控制的时候，间歇性断食才能真正有助于长寿。

如果这些人的观点是正确的，那么间歇性断食的确对于减肥有更明显的效果。

ADCR：可变化性日间卡路里控制法（Alternate Day Caloric Restriction，ADCR）需要使用者每隔一天就把卡路里摄入减少 50% ～ 80%。使用这个方法两周后，使用者体内的胰岛素浓度会得到改善，免疫力得到提高，在某些使用者身上还出现了哮喘症状减轻的现象。

Protein cycling：罗恩·米格奈丽医生（也是《蛋白质循环减肥法》的作者），认为哪怕每周只拿出一天来把蛋白质限制到平常摄入量的 5%，就可以达到与严格限制卡路里摄入一样的效果。

如果间歇性断食或者限制卡路里摄入利用的是人类的自我储存反应机制，那么蛋白质循环法的确有其道理。碳水化合物并不是饮食中的必要组成部分，单纯地减少卡路里（或者碳水化合物）不一定会造成生物逻辑上的紧急情况。另外，偶尔且短暂地损失一些氨基酸，比如赖氨酸，也许正好可以刺激到“开关”。我们在这里说的“开关”是针对细胞清扫过程而言的，科学家称此过程为“细胞的自体吞噬”。用米格奈丽医生的话来说，之所以会产生这个过程，“就是为了清除掉细胞内陈旧的、无用的、不能被细胞其他循环机能所支配的蛋白质”。也就是说，如果你清理垃圾的速度比垃圾囤积的速度快，就相当于推迟了衰老。

现在，我正在尝试把 18 小时断食（从当日晚饭后开始断食到第二天午饭结束，正好持续 18 小时）和一日蛋白质循环结合起来，我相信这个组合不仅可以让我活得更久，还可以让我在暴食的时候提高体内的蛋白质合成能力。

下面是一个简单的食谱，完全符合米格奈丽医生所说的一天少于 5% 的蛋白质摄入原则。你会发现，这个食谱跟我们前面讲过的慢碳水化合物饮食法南辕北辙。你肯定会大叫：这还让不让人活了，前两章说这么吃，后两章就翻脸，说要反着吃。先看食谱，过一会儿，我再告诉你，我是怎么处理这两种冲突的饮食结合的。

- **混杂早餐**——早餐可以包含一切以面（赖氨酸含量极少的食物）为基础的食物，比如烤面包、纸杯蛋糕、甜甜圈。这么吃的理由是，把面食作为唯一的蛋白质来源。面食中蛋白质含量极少，这一点就控制住了蛋白质的摄入。
- **烤面包配蘑菇、洋葱和肉汤**——你可以用西方制作高汤的方法做一些红色高汤（当然会含脂肪，但因为是汤，所以脂肪含量极其有限，却有肉的味道），在吃烤面包的时候蘸食。

- **醋拌菠菜**——冷冻菠菜（少于两杯）用微波炉解冻，可以用任何烹调醋调味，蛋白质的含量几乎为零，同时又很有口感。
- **肉食代替品**——将一片微波后的茄子夹在两片面包中间，这个健康的三明治看起来很像咸肉三明治，而且不少素食者都会告诉你，茄子的粗纤维吃上去也很像肉。再加点黑橄榄，不仅风味更足，而且蛋白质含量也非常低。
- **豆类代替品**——豆类和所有青豆（豆角等菜中含的豆子）富含蛋白质，所以这类食物不能出现在蛋白质循环中。但是，你可以用含有木薯淀粉的木薯珍珠来代替豆类。在很多热带国家，木薯就是主食，木薯珍珠多大都有，如果你喜欢喝珍珠奶茶，那么这种东西你一定不陌生。

好，不卖关子了，下面就是我怎么把慢碳水化合物饮食和蛋白质循环饮食结合在一起的。

首先，我把含有脂肪的肉高汤滴在一碗木薯珍珠上。

想吐了吧？我开玩笑的。

我通常在周五晚餐（下午 6 点）后开始断食，到第二天早上（上午 10 点）结束。然后，我会吃一杯有点辣味的醋拌菠菜，这一餐跟前一天的晚餐正好间隔了 16 小时。除了菠菜，我还会吃烤面包和很多奶油，再来一大杯美味的葡萄汁。好吃极了！中午过后，我会找个时间去吃我最爱的巧克力羊角面包，同时在周六（我的“去你的减脂日”）大吃大喝到动不了。

3. 重拾放血的艺术（花费：0）

放血疗法曾经在赛伦之妖被审判之前很是流行，现在它已是明日黄花，风光不再？

不敢苟同。

我敢打赌，就算放血疗法曾经衰落过，它也很快就将重回医疗健康界，而且它的回归肯定跟血液中的铁元素相关。

女性通常比男性长寿，很大一部分原因是女性较少遭受心脏病的打击。然而，经过统计，绝经期延长的女性与男性患心脏病的概率相同。这里除了激素在捣乱之外，肯定还有别的什么原因。

从2001年起，我定期献血，就是为了让自己早点“绝经”。

不是只有我这么“变态”。波士顿大学的医药学院主持了一个名为“针对新英格兰百岁以上老人”的研究，这个研究也是迄今为止调查人数最多、涉及范围最广的关于百岁以上老人的医学调研。汤姆·珀尔斯医生是这次调研的主持人，也是一名很有名望的医学教授。他每隔8周献血一次，目的就是模仿女性经期对血液中铁元素的释放。他认为，让自己像女性一样定期释放身体里的铁可以延长寿命，“细胞中的铁元素有一个功能非常致命，就是制造一种叫‘自由放射分子’的讨厌玩意儿。而之所以说‘自由放射分子’讨厌，是因为它是导致人类变老的罪魁祸首……简言之，尽量保持身体里的铁不要太多”。

这不算是危言耸听，大量的医学研究证明，通过接受静脉切开术（放血疗法）能有效减少身体内的铁元素，而且这么做不仅有助于改善胰岛素敏感度，还能减少癌症罹患概率和死亡率。有很多很多成年男性平时并没有心脏机能衰弱的症状，但是却心脏病突发，甚至因此丧生。这些人体内大多数含有高浓度的铁，而献血或定期放血被证明可以明显减缓突发性心脏疾病的发病率。

尽管也有科学家说铁元素的损耗才是诱发心脏病的罪魁祸首，但十多年的献血生涯足以使我相信那些跟他们唱反调的大多数科学家的言论。

还是那句话，等科学家们口径一致了，那就地球毁灭了。不过，我是这么想的，献血就算不能真正延长自己的生命，但也许在某个时刻却能延长别人的生命。而当你遇到危急情况需要输血的时候，肯定也希望地球上有很多人跟你有一样的想法。

轮回业力什么的，其实还是有一定道理的。

来朵小花吧

著名的丹麦童话作家汉斯·克里斯蒂安·安徒生，大家一定都知道，就是这个家伙写出了流传了几代的《小美人鱼》和《皇帝的新装》等脍炙人口的故事。他曾经说过：“光是活着是不够的，我们必须拥有阳光、自由和一朵小花。”

用更低的生活质量换取更长的生活长度是毫无意义的。盯着“不能做”“不该做”其实很简单，但是却违背了人之生活的本意。没有了自由，生活就不能称之为“生”，也不算真正“活”过。

生活回馈于每个人最美好的礼物不在于时间长短，而恰恰是你手里的那朵小花。

所以，我觉得射精还是很必要的，少活几天就少活几天吧。

你说呢？

工具指南：

• 献血：如果你体内的铁含量超标（我在食谱中加入橙汁后就出现了这个状况），那么最简单也最易行的解决办法就是献血。我相信，不管你在哪个国家、哪个城市，一定都能在自己最方便的区域内找到献血机构（甚至是献血车）。只要是合法的机构，尽管去报名。那里的医务人员会指导你该献多少，你救了自己，也帮了别人。

• Alcor（www.alcor.org）：如果你的病症呈现出“束手无策”的征兆，也许你希望通过无冰冷冻疗法冷冻自己的躯体，等科学进步了，再把你救过来。如果你有这种想法的话，亚利桑那州斯科特戴尔市的 Alcor 是你首选的机构。泰德·威廉姆斯的脑部细胞就存在那里。

• *Transcend: Nine Steps to Living Well Forever* by Ray Kurzweil（www.fourhourbody.com/transcend）：《公司》杂志曾经称柯泽威尔为“托马斯·爱迪生的继承人”，而他最感兴趣的研究方向就是“激进的长寿方法”。在这本柯法威尔亲自撰写的《潮流：九个步骤让你活得长久美好》里，他提出了九个关键领域对长寿的影响，有些非常具有前瞻性。DNA 重组和细胞修复机器人到底是狂想还是我们的未来，也许真得再活个几十年才能见分晓。

• *Protein-Cycling Diet* by Dr. Ron Mignery（www.fourhourbody.com/protein-cycle）：罗恩·米格奈丽医生写的这本《蛋白质循环饮食法》中提到，每周只要拿出一天来把蛋白质和卡路里控制好，就可以达到很惊人的效果。在链接中，你可以免费阅读整本书。

• Methuselah Foundation（www.mfoundation.org）：玛士撒拉基金是一家非营利性医疗慈善机构，旨在帮助人们获得更好、更健康的生活。此基金还通过“新器官网络”（New Organ Network）公布器官捐赠的信息，使需要更换器官的病患在第一时间内得到信息，同时也方便亲朋好友互相报告捐赠和移植近况。

• Immortality Institute（www.imminst.org）：“永生研究所”是一家国际化的非营利性机构，旨在“与自然死亡的威胁进行对抗”。尽管我觉得自然死亡并不是威胁，但我的确非常喜欢这个研究所的网站论坛。上面什么人都有，有些人拿自己做实验，有些人显然是有医学机构背景，有些人甚至可以得到一些政府信息，因为不公布真正身份，所以大家可以畅所欲言。每天都有人声称自己的实验取得了重大进展，还有人创立了仅存于网站之上的永生疗法。虽然不都靠谱，但非常有启发性。

• Snowball（www.fourhourbody.com/snowball）：如果你总是思考死亡，如果生命对你来说太过严肃，我建议你上这个网站看看，你一定会对生活有全新的看法。真的，相信我。

第十三部分

后　记

THE 4-HOUR BODY

每周健身4小时

我们要么就是孱弱不堪，要么就是强大无比。

——卡罗斯·卡斯坦尼达

第三十三章

后 记
——特洛伊木马

“跑超级马拉松不可能对你有什么好处，我想不出那种运动怎么会对身体有好处。”我说。

我的耐力很差，跑步以前就不是我的长项，当然，现在也不算是。布莱恩·麦克肯基大笑了起来：“对身体有好处？不，的确对身体没好处。可就算是你受伤了，也能痊愈。就算累着了，也能休息回来。关键是，当你跑完了 50 千米或者是 160 千米，当你跑过终点线的一刹那，你就不再是起跑线上的那个你了。这一点，我敢向你保证。”

我想了一分钟，从那一刻起，我就已经不是一分钟前的我了。

我跟很多从事力量练习或比赛的人打过交道，不只是寒暄，而是深交。可不知道是怎么回事，我结交的人里没有跟耐力运动相关的。就好像你看过很多书，可就是没有看过跟这本书内容相关的。我那时就想，从知识经济学角度来讲，多加几个杠铃片或者再减掉 2% 的体脂有什么意义呢？

现在，我明白了，意义就是“改变”。

我父亲在 10 个月内减掉了 30 多千克脂肪，并让自己的力量增长了 3 倍。他参加每年的例行体检的时候，他的医生惊讶极了，并声称：“这位先生活到 200 岁没问题。”

身体上的变化的确很惊人，但真正有趣的却并不是减掉的那些脂肪，得到那些清晰可见的腹肌和血管。我爸爸曾经这么跟我说：

“很奇怪。我以前觉得自己就是个透明人，但是现在不同了，人们喜欢询问我的意见，并认真地思考我的回复和建议。我从无人理睬的普通人变成了众望所归的大英雄。减脂健身让我变得强壮，我穿衣服好看了，步伐也轻盈了。而更让我想不到的是，还让我的社会形象改善了。我不再是透明人了。

“对于我自己减掉20多千克、30多千克这件事以前那简直是无法想象的。我会不停地问自己，这怎么可能呢？可当你真的做到了，就会发现自己有把不可能变成可能的本事。于是，重新审视生活，你会发现很多‘不可能’都充满了可能性。”

这本书就是一个装满了“要从不可能变成可能”的特洛伊木马。

我不是要告诉你怎么减脂、怎么健身、怎么跑步，我是要帮你成为一个全新的人，让你身边的每一个人都渴望成为你这样的人。

不完整的完整性

我们大都不愿意接受自己的完整性，宁愿自己的生活是支离破碎的，就像查德·福勒在减掉将近50千克之前的那样。不完整的完整性有很多口头的表现形式，你肯定耳熟能详。

“我就是不（瘦、美、壮、富有），那又怎么了？我就这样。”

“那个什么什么才不重要呢！我根本就不重视那些东西。”

我们这么说、这么想，是出于很多原因。大多时候，是因为我们觉得自己改变不了，只好阿Q一下，索性说那些我们得不到的是酸葡萄。

好消息是，在这个世界上没有什么是我们得不到的，更没有什么是改变不了的。

我不是在写“心灵鸡汤”或者《读者文摘》，你放心。

我想说的是，身体上的改变不只是身体上的改变，而是整个人生的改变。

2007年，我接受Eben Pagan的月报采访，这家两性关系咨询大鳄每年的营业额高达3千万美元。他们提出的一个问题就是：一个人改变自己内心的最佳捷径是什么？

我的回答是：改变自己的外在。

如果你想变得更有信心、更有效率，别去静心打坐、修禅问道，你去练习如何跑得更快、如何举得更高、把那顽固的最后2.5千克赘肉减掉。这些变化是如此清晰可见，它们可以量化，看得见摸得着，做到了就是做到了，失败了就是失败了。然后，当外在的变化产生了，你所做的就是等待，内在的变化会自己出现。

笛卡儿把身心割裂开的学说我是不同意的。我觉得身就是心，心就是身，这两者是交织相融，无法分开的。当你想改变你的心的时候，先去改变你的身。

让自己完整

你身体的掌控权永远在你自己手里。

这似乎不可能，至少也是很新鲜的说法。关注自己身体的变化就能防止你变成“无名氏”，因为所有“无名氏”都只关注自己控制不了的东西。因为自己控制不了，所以给了自己更多的理由“破罐子破摔”。

工作不如意？公司有问题？总是碰到浑蛋、傻瓜、小人和缺德缺到家的家伙？我来告诉你怎么处理：在泳池里多坚持十个来回、把短跑成绩提高5秒，这周就会成为你人生中最美好的一周。你会忘记所有，因为所有都已经发生变化。

控制好自己的身体，你就能控制好人生这部复杂的车。

生完孩子仅仅15个月后，达拉·托里斯赢得了全美100米自由跑比赛的冠军。那年，她40岁。3天后，她又参加了一个基本上只有年轻人参加的50米自由跑比赛，她不仅再次捧金成功，还打破了自己在15岁参赛时创下的纪录。

乔治·弗曼以45岁的高龄打败了26岁的对手迈克·摩尔，再次成功问鼎重量级拳击冠军宝座。20年前，他因为遇到了人生劲敌默罕默德·阿里而黯然离场。谁又能想到，这个家伙竟然能坚持20年，只为夺回桂冠？

被称为“Dipsea魔鬼”的杰克·科克在1905年第一次参加了臭名昭著的“Dipsea跑山赛”。从那以后，他一共跑了67次这个比赛，最后一次参赛时他94岁，并打破了波士顿马拉松传奇人物约翰尼·凯利创造的连续步行赛纪录。杰克经常说的一句话就是：“不能因为你老了就不跑了，因为你要是不跑了，你就真的老了。”

这些家伙就是不要不完整。

现在，你要做的就是，拿出一支笔，列出所有你认为的你在身体方面的弱项和不如意之处。然后问自己，如果你改善了这些不如意，你将会是什么样子？

这张清单会一直在你心里，盯着你、催促你、激励你。这不是一张仅仅获得全新外在的蓝图，而是一张描绘了全新生命的蓝图。

计算机科学家阿兰·凯曾说过：“预测未来的最好办法就是创造未来。”

你的未来，从哪里开始呢？

感　谢

首先，我要感谢那些敢于以身试“法”、在自己身上做实验的科学家、运动员、健身爱好者和仅仅是热爱探索的人。没有你们的尝试和努力，没有你们的新鲜想法和勇敢信念，这本书便是空中楼阁。是你们，让这个阁楼变得丰富、迷人、真实。你们中的很多人我见过，不过更多的是我从未谋面，甚至都不知晓姓名的，但上帝看得见你们为更好地生活所做的一切，他会保佑你们的。篇幅有限，我的大脑记忆力也不是很强，如果你曾经为此书做过或大或小的贡献却没有看到你的名字出现在这里，我先深深致歉，但请你们相信，我的感激要比这短短的一篇小文章更深切。另外，如果本书有任何使用不当的地方让你觉得受到了侵犯，也请你跟我联系，我会在第一时间做更正和弥补。

史蒂芬·汉瑟尔曼（Stephen Hanselman），你是世界上最棒的经纪人，你让这本书从我的世界走出去，你让这本书的草稿有机会被人翻阅、被人欣赏、被人购买，是你让我的梦想变成了看得见摸得着的现实。从签约到细节商定，你的本事让我心悦诚服。

海瑟·杰克森（Heather Jackson），你有远见的编辑指导和非凡的乐观精神是成就这本书的关键原因。谢谢你信任我，让写作成为一件乐事而非苦差。整个皇冠出版团队都是我的英雄，尤其是那些每周被我叨扰绝对不止四小时的工作人员，请原谅我因为太喜爱你们而无理纠缠：蒂娜·康斯达珀（Tina Constable）、玛雅·马福吉（Maya Mavjee）、迈克·帕尔根（Michael Palgon）、琳达·卡普兰（Linda Kaplan）、卡琳·舒尔泽（Karin Schulze）、杰奎琳·勒伯（Jacqueline Lebow）、吉尔·弗莱克斯曼（Jill Flaxman）、梅瑞狄斯·麦克金尼斯（Meredith McGinnis）、吉尔·布朗宁（Jill Browning）、玛丽·卓特波斯基（Mary Choteborsky）、罗伯特·西耶克（Robert Siek）、伊丽莎白·兰德弗雷舍（Elizabeth Rendfleisch）、塔拉·阿格罗斯金（Tara Agroskin）和詹妮弗·雷亚斯（Jennifer Reyes）。

我还要特别提到两个人，查理·霍伊恩（Charlie Hoehn）和亚历山德拉·卡米克尔（Alexandra Carmichael），我该从哪儿说起我的谢意呢？

查理，在最开始的那些日子里，你的创意、灵感、建议无所不在，是我们一起完成这本书的。希望最后的这个成品没有让你失望。虽然这并不是一本画册，可咱俩都知道那些 Photoshop 软件有多折磨人，唯一让我遗憾的是书里的图片最终只能以黑白的形式呈现。路还很长，我相信机会有的是，这本书应该不是我的最后一本，等着我。

亚历山德拉，你是我的公主，聪明至极的公主。如果没有你，那这本书里只会充斥着通篇无聊的“科学文献”，而不是像现在这样，这么有趣、耐读、亲切。你的帮助贯穿全书，我甚至都说不出哪个部分没有你的影子。哦，对了，你的网站 CureTogether.com 棒极了！

奈特·格林（Nate Green），如果没有你，很多章节里提到的采访都根本无法完成。感谢你永远支持我，做我的救火队员，在我撑不下去的时候“踹着”我前行。我会同所有的困难抗争到底，放心吧。

杰克·坎菲尔德（Jack Canfield），你是我的灵感来源，也是你让我明白了这个世界除了有精细之美，还有庞大之美。你是我见过的最善良的人儿。《每周工作 4 小时》之后，我似乎有点“本钱”可以继续写作了，但是只有我自己知道，是你的鼓励、肯定、帮助才让我坚定了完成这本《每周健身 4 小时》的信念。我无法表达清楚自己有多感激你的智慧和在此书创作初期给予我的支持和友谊。

还要把我的谢意和敬意献给史蒂夫·奇奥力克师傅（Sifu Steve Goericke）和约翰·伯克西顿（Coach John Buxton）教练，是你们让我懂得了，即使内心无比恐惧也要勇往直前，只要你想好了什么是对的，放手去做就可以了。这本书，甚至是我的人生都因你们而改变、而精彩、而有意义。愿上帝保佑你们！我相信，如果每个年轻人都能遇到像你们这样的人生导师，世界将会变得无比美好。

最后也是最重要的，我要将此书献给我的父母，唐纳德·费里斯（Donald Ferriss）和弗朗西斯·费里斯（Frances Ferriss）。是你们指引我、鼓励我、宠爱我、容忍我的一切，我才能完成这本书。我爱你们，千言万语也表达不尽我的爱意。